Winfried D'Avis
Der informierte Mensch

Winfried D'Avis

Der informierte Mensch

Sein Weltbild – Sein Gehirn – Sein Computer

Mit 10 Abbildungen

edition q

Die Deutsche Bibliothek – CIP-Einheitsaufnahme

D'Avis, Winfried:
Der informierte Mensch: sein Weltbild – sein Gehirn -
sein Computer / Winfried D'Avis. – Berlin : Ed. q, 1999
ISBN 3-86124-517-5

Covergestaltung: Thomas Pricker
Coverabbildung: The Image Bank
Alle Abbildungen ohne Quellenangabe stammen aus dem
Archiv des Autors (8).

Druck und Bindearbeiten: Ebner Ulm
Printed in Germany

ISBN 3-86124-517-5

Für meine Mutter,
von der ich das Selbstvertrauen,
und für meinen Vater,
von dem ich die kritische Weltsicht habe.

Inhalt

II. Weltbild 121

III. Gehirn 207

Einleitung

Was sagt sich leicht daher, ist schwer zu erklären und noch schwerer zu realisieren? „Die Informationsgesellschaft"!

DER INFORMIERTE MENSCH ist ein Versuch, für die Lösung der schwierigen Aufgabe einen Beitrag zu leisten. Vorbereitung und Umsetzung des Vorhabens sind eine Jahrhundertaufgabe. Viel ist zu tun, vieles noch ungeklärt, nur eines ist sicher: Zentauren, hier: sich mehrende Mischwesen aus Einstein und Schwarzenegger, stören den Versuch. Zumal sie in unseliger Verteilung so gut gedeihen und so zahlreich daherkommen. In Anlehnung an Österreichs Erste Allgemeine Verunsicherung: Zunächst froh über die Mischung von Körper und Geist, Schwarzenegger und Einstein ... Das Unglück nur: vom ersten hat er den Verstand und von Einstein die Figur.

Wie bei jedem Vorhaben, steht zunächst einmal die Bestimmung des Ist-Zustandes an. Und der sieht nicht gut aus. Die Signatur unserer Zeit: Mehr Schein als Sein. Kein Schiff steht also fahrbereit, sondern eines ist erst fit zu machen für die schwierige Fahrt – und dann geht es erst einmal gegen den Strom: Gegen die derzeitige Marketinggesellschaft, die sich der Informationsgesellschaft breit und mächtig in den Weg stellt. Ihr durchgreifendes Motiv: Nicht Inhalte, sondern ihre Vermarktung beherrschen die Szene. Vieles liegt im argen. Wenn BILD in öffentlichen Verkehrsmitteln ungeniert mit dem Slogan wirbt „Wir machen jede Fahrt zur Bildungsreise", und Millionen das Angebot täglich verbrauchen (z. B. „Kleiner Schumi verfolgt von Boxenluder"), ist sicher, daß die Fahrt in die falsche Richtung geht. Die Gründe für den desolaten Ist-Zustand sind vielfältig, aber einer dürfte die Bilderflut sein, die uns täglich und zunehmend überschwemmt.

Die sie erzeugen, sind reich und einflußreich geworden (Kirch z. B.), und zu den willigen Vollstreckern zählen Heerscharen von Werbeagenturen, die das Land bevölkern und das Wort verdrängen. Ihr Befund: „Die Welt hat keine Zeit mehr für Worte". Erstaunlich ist: Der Befund selbst ist noch in Worte gefaßt. Der ihn verkündet, ist nicht Philosoph, sondern Geschäftsführer der berühmten Werbeagentur Springer & Jacoby. Sein Name: André Kemper. Wenn Reklamemacher anfangen, sich öffentlich den Kopf von Philosophen zu zerbrechen (und BILD zur Bildungsreise lädt), liegt das Kind schon im Brunnen. Aber der Mann hat leider Recht (und BILD die Leser), darf aber nicht Recht behalten. Sonst geht der Informationsgesellschaft der Atem schon aus, bevor sie überhaupt auf Touren kommt. Der Kampf zwischen Marketing- und Informationsgesellschaft steht noch bevor.

Beginnen müssen wir also mit Bewegung gegen den Strom. Eine erste Übung: DER INFORMIERTE MENSCH ist kein Bilderbuch, sondern am Zeitgeist vorbei altmodisch in Worten verfaßt, die nur ausnahmsweise das Bildmedium unterstützend nutzen. Als Feldzug „Wort gegen Bild" wäre es mißverstanden, worum es geht, ist Zurückdrängung der *Über*macht der Bilder, insbesondere des Stakkatos der harten und zusammenhanglosen Schnitte. Und das aus gutem Grund: Wer vornehmlich Bilder konsumiert, läßt generell in der Aufnahme- und Gedächtnisleistung nach – auch in bezug auf Bilder. Das anhaltende Nacheinander von Worten dagegen fordert und fördert den Kopf und stärkt die Fähigkeit zur Analyse und anhaltenden Konzentration (es geht nämlich um mehr als um Fitze Fitze Fatze und Piep Piep Piep). Der willkommene Nebeneffekt: Wer die Wortsprache übt, versteht auch die Bildsprache besser. Das umgekehrte gilt dagegen nicht. Auch wenn es leichter ist und Spaß macht, so ist es nun einmal: Die Welt besteht nicht nur aus Jux, und ihre Zukunft ist nicht durch seine Mehrung zu gestalten.

Soll „Informationsgesellschaft" nicht zur leeren Marketingparole verkommen, ist Anstrengung gegen einen Strom gefordert, der als Marketinggesellschaft so harmlos daherkommt, seine Kraft aber aus der Verschleierung von Täuschung bezieht – mit all seinen zahlreichen Facetten (die Übermacht des Bildes ist nur eine davon). Das ist Thema von Kapitel I. Klar ist: Beides zusammen geht nicht, eine von beiden muß und wird auf der Strecke bleiben. Zunächst nennen wir deshalb Stolpersteine, die auf dem Weg zur Informationsgesellschaft so zahlreich herumliegen und sich unter dem Motto „Mehr Schein als Sein" so rasend wie die Kaninchen vermehren: ProfessorInnen, die nicht forschen, ModeratorInnen, die nicht moderieren, PolitikerInnen, die nicht handeln, SängerInnen, die nicht singen, Bildende KünstlerInnen, die nichts bilden etc. etc. – und gerade die sind die Stars der Szene, Medienstars. So etwas gelingt nur, wenn Marketing die schlechte Sache schönredet und die Gesellschaft das Spiel des Etikettenschwindels mitspielt – Unterhaltungsgesellschaft eben. Wer Bill Gates „Computergenie" (und nicht „Vermarktungsgenie") und Lothar Späth „Unternehmer" (und nicht „Manager") nennt, ist diesem Schwindel schon auf den Leim gegangen oder ist an seiner Verbreitung interessiert. Eine unter vielen Formen des Widerstandes besteht also darin, die leeren Wortspielereien nicht mehr mitzuspielen und die Bedeutung von Worten wieder ernst zu nehmen. Ist der Etikettenschwindel beseitigt, ist ein wichtiger Schritt schon getan.

Mit zum Geschäft der Entsorgung von Worthülsen gehört der Nachweis, daß die Computertechnik nicht automatisch zur Informationsgesellschaft führt. Das zu denken, ist weit verbreitet, aber Illusion. Informationsgesellschaft hat zunächst einmal *nichts* mit Maschinen, sondern mit Menschen zu tun. Am Anfang ist der menschliche Kopf, nicht die Technik zu stärken, und Stärkung der Technik ist nicht automatisch Stärkung des Kopfes – schon gar nicht seiner gesellschaftlichen Grundlagen. So beginnen wir den Diskurs über das Modell der Informationsgesellschaft computerfrei. Und lassen wir uns auf den Versuch erst einmal ein, passiert Wesentliches: Geht es nur um Information, also unabhängig von der Frage nach der *Form* ihrer Erzeugung, Verbreitung und Anwendung (egal ob qua Computer, Buch, gesprochen oder wie auch sonst immer), wird der Blick frei für andere Gesellschaften und andere evolutionäre Niveaus. Dann zeigt sich: Die Frage nach der Informationsgesellschaft ist nicht schon mit dem abwertenden Blick historisch zurück oder zeitgeschichtlich zur Seite von vornherein zu unseren Gunsten entschieden. Im Gegenteil. Unter dem Thema „Informationsgesellschaft" (und nicht unter dem Thema „Anzahl der Computer") wird schnell klar, daß Industriegesellschaften im Vergleich mit „primitiven" Gesellschaften nicht gut abschneiden – wir geraten eher ins Hintertreffen als an die Front der von und für uns reservierten Informationsgesellschaft. Eine von vielen Begründungen: Im Unterschied z. B. zu den „primitiven" Pygmäen nutzen wir den tropischen Regenwald nicht, sondern zerstören ihn – im Widerspruch zu unserem Wissen, daß die Zerstörung des Waldes Zerstörung der eigenen Lebensgrundlagen nach sich zieht. So verhält sich eine Informationsgesellschaft nicht. Bevor wir im Blick auf die neue Gesellschaft gedankenlos in technischer Euphorie vergehen, geht es zunächst darum, einfaches zu begreifen und Konsequenzen zu ziehen, auch für unser Naturverhältnis. Ein Beispiel: Ein Vogel, der über tausende von Kilometer den Nistplatz sicher findet, verarbeitet mehr Information als ein Politiker, der eine Rede hält, die andere geschrieben haben.

Was auf dem Weg in die Informationsgesellschaft vor aller Ausbreitung der Computertechnik ansteht, ist eine gründliche und selbstkritische Revision unseres Naturverhältnisses. Gelingt sie nicht, können wir das neue Modell in den Wind schreiben, mögen die Rechner auch immer schneller und ihre Zahl immer größer werden. Die Luft zum Atmen ist wichtiger als der Strom zum Betreiben von Maschinen. Erst wenn wir das begriffen, akzeptiert *und* die Umsetzung politisch in Angriff genommen haben, stimmt die Richtung und können die nächsten Schritte gedacht werden: Zum Beispiel ist eine Informationsgesellschaft die, in der Bildung zum Menschenrecht und Wissenschaft zur Führungsgröße wird. *Hier* schlägt die Stunde der modernen Gesellschaft und hier beginnt ihre Chance, vom bloßen Jonglieren mit einem in die Mode gekommenen Wort überzugehen zum Vollzug einer Gesellschaftsform, die unter der Führung wissenschaftlich geschützter Information qualitativ neu ist – sich heraushebt aus der bisherigen menschlichen Geschichte wie auch aus der Evolution der Arten insgesamt. Und so geht es weiter: Wesentliches Merkmal einer Informationsgesellschaft ist die Teilhabe des Alltags am großen Wissen der Menschheit. Nicht Meiser, Armani, Schrowange und Feldbusch, sondern Einstein und & Co. müssen das Lebensgefühl des Alltags bestimmen. Wer die Modefarben kennt und trägt, aber nicht weiß, wie Farben physikalisch entstehen, lebt geistig unter seinem körperlichen Niveau. Zum notwendigen Bestand des neuen Alltagswissens zählen auch die Weltbilder der heutigen Wissenschaften, sie gehören nicht nur in die Köpfe von Wissenschaftlern, sondern in die *aller* Bürger; denn unser Thema ist nicht „Information", sondern „Informations*gesellschaft*".

Damit befaßt sich Kapitel II. Nicht irgendein, sondern das *große* Wissen der Menschheit steht zur Diskussion. Mögen die Privaten die Körbchengröße von Dolly Buster inzwischen zum notwendigen Fundus moderner Allgemeinbildung rechnen, hier werden ihre Bellos nur aufgewertet zum Sinnbild für starke Krümmungen der Raum-Zeit. „Groß" nennen wir Wissen, das durch solche Theorien geschützt ist, die Weltbilder erzeugen (z. B. die Relativitätstheorie). Das Weltbild des Alltags und das Weltbild der Wissenschaften widersprechen sich in einer Informationsgesellschaft nicht. Gelingen kann diese Teilhabe nur unter der Voraussetzung, daß Information zum Selbstwert wird. Die Lust auf Information und nicht die auf Geld- oder Machtmehrung ist das Motiv der Teilhabe. Ein nicht unerheblicher Nebeneffekt: Bildung bildet Persönlichkeit.

Der zu stärkende Zusammenhang von Wissenschaft und Alltag hat allerdings nicht zur Folge, daß Wissenschaft unkritisch aufgenommen wird. Im Gegenteil: Kapitel II befaßt sich zunächst einmal kritisch mit ihr. Licht fällt auf die Irrationalitäten der Gemeinschaft der Forscher, auf ihre Eitelkeiten, Intrigen, Diffamierungen und Wahrheitsblockaden. Erst nachdem ihre Schwächen bekannt und die kritische Grundhaltung eingeübt ist, werden Grundgedanken großer Theorien zur Diskussion gestellt. Es beginnt mit Einsteins Relativitätstheorie. Insbesondere die physikalischen Eigenschaften des Lichtes sind es, die für Überraschungen und in den Überraschungen für Korrekturen der eigenen Weltsicht sorgen. Und immer ist der Alltag involviert. Nicht nur, aber auch deshalb muß es für eine Informationsgesellschaft selbstverständlich sein, daß ihre Bürger am großen Wissen der Menschheit teilhaben. Neben der Relativitätstheorie gehören zu diesem Wissen auch die Modelle der Quantenmechanik und der Kosmologie. Die Welt im kleinsten wie im größten zeigt Besonderheiten, die sich dem Verständnis des Alltags zunächst nicht erschließen. Die Einübung in ungewohnte Perspektivenwechsel ist dabei ein gewollter Nebeneffekt der Irritationen. Um nur ein Beispiel zu nennen: Nicht nur die Uhr, sondern die Zeit selbst kann schneller oder langsamer gehen. Das Weltwissen der Wissenschaften, insbesondere der Physik, ist wahrhaft beeindruckend und überraschend.

Aber eine Informationsgesellschaft weiß nicht nur vieles über die Welt, sondern kennt auch das Organ, das dieses Wissen erzeugt: das Gehirn. Deshalb befaßt sich Kapitel III mit dem neurobiologischen Wissen über Struktur und Funktionsweise des menschlichen Gehirns. Auch hier stoßen wir ständig auf Überraschendes, was nicht nur die Wissenschaft, sondern wiederum das Selbstverständnis des Alltags berührt. Ein Beispiel von vielen: Wir sehen nicht mit unseren Augen, sondern mit unserem Gehirn. Wie das funktioniert, ist Gegenstand von Kapitel III. Alles in allem: Das Gehirn ist der spannendste und komplizierteste Gegenstand, mit dem sich Wissenschaft zur Zeit befaßt – vielleicht sogar das komplizierteste Gebilde des ganzen Universums. Jerdenfalls gilt: Eine Informationsgesellschaft, deren Mitglieder nicht wissen, wie das Organ funktioniert, das Information erzeugt, ist ein Widerspruch in sich. Abermilliarden von kleinsten Komponenten spielen – von uns unbemerkt – in jedem Augenblick in unserem Kopf zusammen, damit das geschieht, was wir so einfach „denken" nennen. Überraschend ist: Immer spielen Gefühle eine entscheidende Rolle – auch bei den abstraktesten Gedanken. Der Teil des Gehirns, der unsere Gefühlswelt regelt, ist nämlich zuständig für die Bewertung *aller* Prozesse des

16

Gehirns. Unter dem heutigen neurobiologischen Wissen ist also die strikte Trennung von Denken und Fühlen eine Unwahrheit der Vergangenheit. Das bereits gesicherte Wissen der Neurobiologie ist beeindruckend und für unser Selbstverständnis aufschlußreich, aber wahr ist auch: die noch bestehenden Lücken sind groß. So entsteht der Eindruck: Über die Bedingungen des Denkens lehrt sie uns viel, über das Denken selbst noch zu wenig. Hier ist der Dialog mit den Sozialwissenschaften gefordert. Mit diesem vorläufigen Zustand des Wissens müssen wir zur Zeit leben. Damit gehört die klassische Frage, ob Geist und Gehirn Verschiedenes sind, noch längst nicht zum Müll der Wissenschaftsgeschichte. Viel Arbeit steht hier noch bevor.

Auch wenn eine Informationsgesellschaft computerfrei denk- und realisierbar ist, so wird sie in der tatsächlichen Ausprägung unserer Zeit den Computer für ihren Aufbau nutzen. Als Mittel ist er willkommen, als Zweck der Informationsgesellschaft wäre er der Anfang vom frühen Ende. Aus diesem Grund geht es in Kapitel IV um das Verhältnis von Mensch und Maschine. Die zentrale Frage: Ist der Computer kognitiv, also das Denken betreffend, eine wirkliche Konkurrenz zum Menschen oder kann er es in Zukunft werden? Die Künstliche-Intelligenz-Forschung (KI) bejaht die Frage. Ob die Antwort der KI überzeugend ist, gehört zu den Grundfragen dieses Kapitels. Die KI-These, daß Computer denken können, zu widerlegen, ist alles andere als einfach. Wir werden staunen, was Computer alles können. Die Standardkritik an der Vorstellung denkender Maschinen hält kritischer Prüfung jedenfalls nicht stand. Zum Beispiel ist die Behauptung, daß Computer nur das können, was Programmierer ihnen eingeben, erstens falsch und wäre zweitens auch dann keine Widerlegung, wenn sie zuträfe. Dem gehen wir nach.

Um die Frage nach dem Denken von Maschinen wohl begründet beantworten zu können, reicht Wissen, wie Computer bedient werden, nicht aus. Was erarbeitet werden muß, ist Wissen, wie er intern funktioniert. Auch das ist Aufgabe von Kapitel IV. Und die Antwort auf die Frage, ob Computer denken können, wird am Schluß gegeben – ohne wenn und aber.

Informationsgesellschaft, Weltbild, Gehirn und Computer sind also die Themen des Buches, notwendige Themen des „informierten Menschen" unserer Zeit. Adressaten sind wissenschaftlich interessierte Laien und interdisziplinär orientierte Wissenschaftler, die über den Tellerrand des gewohnten Alltags bzw. fachlicher Bindung hinausblicken wollen und bereit sind, sich auf einen nicht immer ganz einfachen Weg zu begeben, einen Weg, der Korrekturen von liebgewonnenen Urteilen und die Bereitschaft abfordert, die Welt mit anderen Augen zu sehen.

Der thematische Rahmen des Buches ist (unvermeidbar) breit mit der Folge, daß das vorgestellte Wissen nur ein winziger Ausschnitt vom verfügbaren Wissen sein kann. Die Auswahl war ein wirkliches Problem. So blieb vieles unberücksichtigt, was dazugehört hätte, nicht zuletzt, um den Umfang des Buches nicht in die Höhe zu treiben und seine Lesbarkeit zu stören. Letzteres war ein wichtiger Gesichtspunkt, der auch zum Verzicht auf die in wissenschaftlichen Publikationen übliche Zitier- und Belegfreude geführt hat. Wissenschaftler mögen das nachsehen! Auch die Detaillierung der Darstellung wissenschaftlicher Theorien läßt zu wünschen übrig, ist aber Folge des breiten interdisziplinären Themenraums und nicht zuletzt der Entscheidung, auch für interessierte Laien zu schreiben. Der Zweck: Neugier wecken, Grundeinsichten vermitteln und Anregungen geben. Am selbständigen Weitermachen wird niemand gehindert – im Gegenteil. In Planung sind vier weitere Bücher, die jedes der vier großen Themen noch einmal aufgreifen und für sich zum speziellen Gegenstand machen. Das schafft – unter Mithilfe anderer Autoren – Platz für alternative Sichtweisen wie auch für Ausfüllung der verbliebenen Lücken.

I. Informationsgesellschaft

Schein vor Sein

In aller Munde, ist „Informationsgesellschaft" zur umfassenden Lösungsformel geworden: Sie macht alles und jeden „zukunftsfähig". Nicht zu überhören ist der beschwörende Unterton: Es geht um Wohl oder Wehe moderner Gesellschaften. Wer sich verweigert, hat das Rennen um Fortschritt schon verloren. Aber schnellebig wie unsere Zeit nun einmal ist, haben die Fortschrittlichsten in Politik und Wirtschaft sie im neuen Modell der „Wissensgesellschaft" schon überholt. Kaum in der Wortwelt, fällt ihre zeitliche Zuordnung also schon schwer: Hatten wir eine Informationsgesellschaft, haben wir sie oder werden wir sie haben?

Jedenfalls tut sich was in unserem Lande: Journalisten werden Philosophen (z. B. Ullrich Wickert), Talkmaster Professoren (z. B. Alfred Biolek), und Pornostars rezitieren klassische Literatur (z. B. Dolly Buster) – alltägliche Ereignisse einer Gesellschaft im Wandel. Wandel wohin? Zum kollektiven Tollhaus, das auf den Ernst der Lage mit billigen Gags reagiert, oder hin zu einer Gesellschaft, die ihre Kraft aus Information und durchlässigen Grenzen schöpft? Wohin der Hase am Ende läuft, ist derzeit nicht auszumachen. Nur eines ist sicher: Talkmaster (und Schlagersänger, Journalisten, Unternehmer, Astrologen, Politiker, Intendanten, Verleger, Schauspieler und Kritiker), die derzeit zuhauf und auf wundersame Weise zu Professoren mutieren, sind kein Zeichen einer Informationsgesellschaft – eher für ihr Gegenteil, die Marketinggesellschaft. Beide sind klar unterscheidbar und der Unterschied ist folgenreich: Information ist auf Wahrheit, Marketing auf Wirkung angelegt. Anders gesagt: Eine Marketinggesellschaft optimiert sich unter dem Motto „Mehr Schein als

Sein", eine Informationsgesellschaft unter seiner Umkehrung. Und noch einmal anders: Erstere täuscht, letztere deckt den Schwindel auf.

Aber wen schert der Unterschied schon! Jedenfalls die nicht, die zum Professorentitel wie die Jungfrau zum Kind kommen – und auch die nicht, die ihn vergeben. So etwas schmückt eben, und Eitelkeit war doch immer schon allzumenschlich. Und außerdem: Nur keinen Neid! Wie bei der Frage nach der Herkunft von Reichtum ist es auch hier längst soweit: Wer nach dem *Grund* fragt und dabei an den Unterschied zwischen eigener und fremder Leistung (oder an Vitamin B) denkt, wird mit der Neidkeule erschlagen. Aber Tatsachen bleiben Tatsachen: Zur Zeit wird munter und hemmungslos nach dem Motto „Mehr Schein als Sein", also unter einem Etikettenschwindel gelebt. Etiketten sind nützlich, aber nur dann, wenn ihre Worte Realität ankündigen, wenn der Beweis also geführt werden kann – wenn Professoren also nicht nur so heißen, sondern anerkannte und ausgewiesene Mitglieder der Gemeinschaft der Forscher sind. Es ist wie bei einem Etikett auf einer Weinflasche, Herr Biolek: Ist sie leer, also *nur* Flasche, verliert das Etikett seinen anzeigenden Wert. Nur wenn Feta, der griechische Schafskäse, von Allgäuer Kuhmilch stammt, verschlägt's dem Bio dann doch die Sprache. Ansonsten ist er eher anspruchslos, schon das Anreichen eines Tellers nennt er „wunderbar".

Nun sind Professoren nicht der Nabel der Welt und schon gar nicht die, die sich nur so nennen. Eine Informationsgesellschaft bringen sie nicht zum Scheitern, zumal sie auf große Zahlen zielt. Und die sprechen zunächst einmal für sich: Die Deutschen geben pro Jahr mehr als 10 Milliarden Mark für „Mentalfitneß" aus. Hört sich gut an, die Freundschaft von Geld und Geist, aber was steckt hinter dem Etikett? Zur Aufklärung: Der 10-Milliarden-Betrag bezieht sich auf Farb-, Stil- und Karriereberatung, auf Motivations-, Rhetorik- und Körperspracheseminare und auf Springfluten von Videos und Büchern über all das. In Seminaren dieser Art müssen beinharte Manager für viel Geld ebenso beinharte Trainer und hilflose Mitteilnehmer z. B. über ihre peinlichsten

20

sexuellen Erlebnisse informieren und werden von Psychogurus in Körperhaltung und Kleidung auf Vorstandstauglichkeit getrimmt. Daß die Tatsachen schon hier der Wortbedeutung von „Mentalfitneß" entgleiten, also nichts mit einer Informationsgesellschaft zu tun haben, entlarvt sich am besten in den Worten von Trainern, die diesen Unsinn anbieten. Ein Beispiel: Nachdem einer von ihnen das Jackett einer Seminarteilnehmerin mit kritischem Blick gemustert hatte, kommentierte er abschließend gnädig: „Hauptsache, es drückt Kompetenz aus". Im Klartext: Hauptsache, der Schein wird gewahrt. Und wir reden nicht über Ausnahmen, sondern über Trends.

Sabine Meister ist eine in großen Konzernen gefragte Trainerin, Spezialistin für ‚Personality Concepts & Profiles'. Sie hat es auf Chefs abgesehen, und Chefs sind bei ihr Chefsache. Sie weiß nicht nur, was selbst sie will, sondern auch, was andere Chefs wollen sollen. Ihre Empfehlungen, besser: Anweisungen, sind radikal: Effiziente Führung fängt nicht erst beim Jackett, sondern schon bei der richtigen Wahl der Krawatte an. Zu auffällig, zu bunt, ist schlecht: „das vermittelt Unsicherheit" (guten Tag, Erich Böhme!). Und wer von den Chefs keinen Weinkeller hat, hat ihn gefälligst sich anzulegen, denn nur so können sie der Theorie zufolge Geschäftsessen bestehen. Ob Chefs *gerne* Wein trinken (und nur so kann man Kenner werden), spielt keine Rolle, Hauptsache auch hier, der Schein der Kompetenz wird gewahrt. Am Ende glaubt es der Manager des Autokonzerns dann selbst, daß Weinkennerschaft nicht weniger als Technik-Know-how zu seinem Anforderungsprofil gehört. Gemessen an den Anforderungen einer Informationsgesellschaft, ist so etwas barer Unsinn; gemessen an den Anforderungen einer Marketinggesellschaft, schiere Notwendigkeit. Hier werden Spezialisten für die Führungselite des Landes geschult, die so viel Persönlichkeit haben, daß sie von sich aus nicht wissen, wer sie sind und was sie wollen. Aber wer nach oben oder oben bleiben will und sich in die Hände von Beratern begibt, die Kompetenz ins Jackett und in Weinkeller verlegen, ist und bleibt eine Flasche. In solchen Seminaren mag vieles erreicht werden, aber zur Führung in einer Informationsgesellschaft bilden sie nicht aus. Sie füllen die Kasse der Anbieter, aber nicht die Köpfe der Teilnehmer.

Auch Lothar Mathäus hat die hohe Schule absolviert und achtet peinlich darauf, Gürtel und Schuhe „Ton in Ton" zu halten. Auch bei anderen: Otto (Rehagel) „paßt nicht zu uns ... Hitzfeld besitzt alle Voraussetzungen, mit einer international erfahrenen Mannschaft umzugehen. Er kann mit den Medien umgehen, ist bestens gekleidet und hüpft an der Seitenlinie nicht wie ein Rumpelstilzchen herum". Soweit Mathäus im Originalton. Nur: Rehagel hat den 1. FC Kaiserslautern aus der 2. Liga im glatten Durchmarsch zum Meister 98 der Bundesliga gemacht – *ohne* teures Tuch um den Fußballverstand.

Daß wir in einer Marketinggesellschaft leben, hat jüngst F. A. Porsche auch für die Autobranche auf den Punkt gebracht. Es ging um den Vergleich zwischen dem alten VW-Käfer und seinem Nachfolger „Beetle". Der erste war in seiner Zeit eine technische und ökonomische Revolution: zuverlässig und preiswert. Dann nach einer Besonderheit des neuen Beetle gefragt, war F. A. Porsches Antwort: „Das Marketing. Die Erkenntnis, wie man Autos verkauft." Kein Wort zum Auto, etwa zu technischen Neuerungen, sondern nur zu seinem Verkauf. Und F. A. Porsche redete zur Sache; denn aufregende technische Neuerungen gibt es keine, sondern nur alte Technik in neuer Verpackung – und die kommt gut an. Lifestyle ist der Schlüssel zum Verständnis des Phänomens und Lifestyle bringt Autos heute in Schwung, nicht ihre Technik. Allerdings: Wenn Form vor Funktion kommt, sind die Dinge bereits gründlich durcheinander – mit Reichweiten bis in die Köpfe der Käufer: „Endlich mal ein Auto mit Charakter, das auffällt und cute ist, und schon beschwert man sich darüber, daß es nur aus Marketing-Gründen gebaut wird. Na und? Was ist falsch daran, etwas zu bauen, das den Leuten gefällt und Spaß macht? Lieber ein etwas unpraktischer Beetle mit Charakter als ein logischer Golf ohne Seele". Soweit ein Leserbrief, der stellvertretend für alle „Liebhaber" des Beetle im vorauseilenden Gehorsam nur bestätigt, was Marketing im Versuch des Unmöglichen immer schon tut: Zurechnung von Eigenschaften zu

22

Produkten, die selbige nicht haben können. Autos mit „Charakter" und „Seele"? Hier spielt ein System in perfekter Ergänzung von Angebot und Nachfrage schlichtweg verrückt. Alles ist hier am Werke, nur keine Informationsgesellschaft. Wo der geistlose Umgang mit Sprache am Ende hinführt, wird das Beispiel Mitsubishi später noch zeigen.

Verkaufen geht vor

Das Unwesen der Marketinggesellschaft breitet sich aus wie Tinte im Wasserglas, bis in die Einkommensstruktur von Unternehmen – auch von solchen, die Informationstechnologien anbieten. So verdienen in Softwarehäusern die Verkäufer von Programmen mehr als die Erzeuger von Programmen, eine Asymmetrie, die einer Informationsgesellschaft im Wesen widerspricht. Ein realer Fall: In einem Softwarehaus gab es Streit darüber, daß die Programmverkäufer im Durchschnitt mehr verdienten als die Programmentwickler (zu dieser Zeit ging es um schwierige Probleme bei der Programmierung eines dreidimensionalen Geometrieprogramms). Die Asymmetrie der Einkommen zu verteidigen, gelingt rational nicht, es gibt einfach keine guten Gründe dafür – jedenfalls nicht unter den Bedingungen einer Informationsgesellschaft. Die Debatte ging ohne Ergebnis hin und her und schloß mit der hilflosen Bemerkung des Vertriebsleiters: „Ihr Programmierer hättet kein Einkommen, wenn wir die Programme nicht verkauften". Nun trifft das zwar zu, aber erstens gilt auch die Umkehrung (wenn Programmierer keine Programme erstellen, hat der Vertrieb nichts, was er verkaufen kann und damit auch selbst kein Einkommen), und zweitens war das nicht die Frage, die auf das wertende Verhältnis von Tätigkeit und Einkommen zielt. Aus der Alltagsperspektive: In einer Informationsgesellschaft werden die am besten bezahlt, die für das Unternehmen am wichtigsten sind.

Leicht gesagt! Doch wie stellt man das fest? Im Einzelfall mag es schwierig sein, aber für die Logik der Entscheidung gibt es einen einfachen Test: Man tausche für einen Zeitraum von drei Monaten die Personen in den verschiedenen Funktionen gegeneinander aus. Die Vertriebsleute gehen also an die Maschinen und lernen, Programme z. B. für Spline-Flächen zu schreiben, und die Programmierer erlernen den Verkauf der Programme. Nach drei Monaten wird überprüft, wer die Aufgaben des Anderen besser übernehmen kann: die Vertriebsleute die Programmentwicklung oder die Programmentwickler den Verkauf? Es darf als sicher gelten, daß der Vertrieb in diesem Test in der Regel und im Durchschnitt die schlechteren Karten hat. Trifft dies zu, dann ist die relative Bedeutung von Programmierern größer als die von Verkäufern. Warum diese Asymmetrie der Bedeutung im Einkommen nicht erscheint, kann also nicht in der Sache, sondern nur darin begründet sein, daß Verkäufer *sich* besser verkaufen als Programmierer. Genau das honoriert die Marketinggesellschaft. Aber es ist wie es ist und war: Der Techniker ist das Kamel, auf dem der Kaufmann durch die Wüste reitet (die Reihe ließe sich endlos fortsetzen und unter demselben Experiment auf Berechtigung prüfen: Die Erzeuger von Wein verdienen weniger als die Verkäufer von Wein; diejenigen, die Bücher schreiben, weniger als diejenigen, die sie verkaufen etc. etc.).

Aber wo liegt das Problem? Auch Marketing basiert auf *Wissen*, eben Wissen darüber, wie man Produkte verkauft. Also nicht doch ein, wenn auch kleiner, Teil der Informationsgesellschaft? Wissen als solches ist kein Kriterium, sondern nur eine bestimmte *Art* davon, nämlich Wissen, das den Schleier lüftet und nicht Wissen, das die Sache im Schönreden verhüllt. Vom Wissen einer Informationsgesellschaft wird Qualität verlangt, die sich letztendlich vom Ziel der *Mündigkeit* der Bürger herleitet: Sie ist eine aufgeklärte Gesellschaft. So hat Wissen, wie man Täuschung verhindert, diese zielbestimmte Qualität, Wissen, wie man sie anbringt, dagegen nicht. Nicht *jedes* Wissen beweist sie also, zumal nicht Wissen darüber, wie man schlechte Produkte gut verkauft (oder wie man sich einen Titel erschleicht o. ä.). Genau das aber ist die Kunst von Marketing, hier liegen seine größten Herausforderungen: Wem der Massenverkauf schlechter Produkte (oder guter

Produkte zu überhöhten Preisen) gelingt, betreibt Marketing in höchster Vollendung (zumindest muß die Verschleierung nachteiliger Eigenschaften gelingen). Die führenden Köpfe der Branche sehen es selbst so. In den Worten von André Kemper (Geschäftsführer der Agentur Springer & Jacoby): „Wir können aus Scheiße kein Gold machen. Wir können sie aber ein bißchen versilbern". Wer Selbstdarstellung und Selbstlob auf so klare Weise zusammenbringt, gibt Kritikern eine Vorlage, die wörtlich und kommentarlos übernommen werden kann. Am Ende bleibt immer nur der *Schein* des Großen: Der Berg hat gekreist und eine Maus wurde geboren. Viel Wind um nichts also – trotz Streß, langen Arbeitszeiten und hohen Gehältern in der Branche. Und das sind ihre geistigen Ergüsse: „Früher ging man für seine Ideale auf die Straße. Daran hat sich im Prinzip nichts geändert. Bekenntnisse zeugen von Charakter – genau wie ein BMW 5er. Denn Ideale muß man nicht definieren. Man muß sie verwirklichen." Würden die Reklamemacher doch nichts bezeugen, sondern endlich das Maul halten! Jedenfalls sind wir beim Schein wieder jenseits der Informationsgesellschaft und damit zurück bei Bio und dem Titel.

Wissenschaft im Bioloch

Zunächst ist der Begriff weiter zu klären: Professoren forschen und lehren an Universitäten (oder anderen vergleichbaren Institutionen), schreiben wissenschaftliche Bücher und/oder veröffentlichen Artikel in wissenschaftlichen Zeitschriften. Und schon *bevor* sie Professoren werden, haben sie sich in Forschung und Lehre ausgewiesen (durch Veröffentlichungen, Habilitation und Lehrveranstaltungen). Auch wer die Einzelheiten einer (selbst durchaus problematischen) Professorenlaufbahn nicht kennt, einen Zusammenhang mit Wissenschaft stellt jedermann her. Und das zu recht: Professor minus Wissenschaft – da bleiben nur Druckerschwärze und/oder Schallwellen des Wortes zurück. So weit so gut. Oder doch nicht? Nach der Klärung des Begriffs reißt jedenfalls die Verbindung zu Bio abrupt ab.

Aber der Mann ist doch eine ehrliche Haut, hat also vielleicht doch im Verborgenen (im Bioloch) geforscht und wird jetzt spät, aber nicht zu spät dafür belohnt? Tatsache ist: Es gibt keine öffentlich nachvollziehbaren wissenschaftlichen Leistungen, die seine Ernennung zum Professor der Kölner Kunsthochschule für Medien (KHM) rechtfertigen. Auf Tacheles: Der Titel täuscht wissenschaftliche Kompetenz nur vor. Seine Koch- und Talkshows mögen ja gute Unterhaltung sein, aber sie zeigen keine Befähigung, die einen *Professoren*titel rechtfertigt. Nicht dem, der unterhaltsam spricht, sondern dem, der die Sprache erforscht, gebührt die Auszeichnung. Und nicht Hitze am Herd, sondern Licht im Geiste schafft die Grundlage. Wir sind schon mitten im Tollhaus! Das alles weiß der Mann ja auch selbst. Aus gutem Grund hängt er den Titel nicht an die große Glocke (so steht er z. B. nicht auf seiner Visitenkarte und wahrscheinlich auch nicht an seiner Haustür) und gibt ganz ungeniert zu: „Ich habe kein Büro, keinen Schreibtisch, alles findet in der Küche statt". Wer ohne Schreibtisch lebt, schließt den Status legitimer Professorenschaft schon auf diese Weise aus.

Schlau ist er! Dem öffentlichkeitswirksamen Massenblatt STERN mitzuteilen, daß er den Titel nicht öffentlich führt, war ihm wichtig. So schlägt das Schlitzohr zwei Fliegen mit einer Klappe: Daß er den Titel hat, teilt er dadurch mit, daß er seine öffentliche Führung unterläßt. Die Botschaft: „Ich bin Professor und bleibe bescheiden." Nicht daß der Talkmaster ihn nicht *trägt* ist von Bedeutung, sondern daß er ihn – illegitim – *hat*; jedenfalls dann, wenn die Bedeutung des Wortes „Professor" nicht ins Lächerliche oder Privatsprachliche verfälscht werden soll. Wer mit unterhaltsamen Plaudereien am Küchenherd zum Professor mutiert, lebt nach dem Motto „Mehr Schein als Sein" – und hat Gönner in der universitären Szene, die sich dem Motto verpflichtet fühlen. Und daß er ihm angetragen wurde, ist eine faule Ausrede; denn mit der *Ablehnung* von Angeboten dieser Art (für Titel, Orden u. ä.) zeigt man Charakter, nicht mit ihrer Annahme und geschickten Vermarktung.

Aber vielleicht stellt sich Rechtfertigung im nachhinein ein. Denn jüngst wird verbreitet, der Master wirke demnächst an der

KHM im Studiengang „Audio-visuelle Medien" mit. Die Mitwirkung mag erfolgen und auch gerechtfertigt sein, aber sie heilt nicht die illegitime Übertragung des Titels Jahre zuvor. Auch wenn der Wissenschaft Kontakt zur Praxis guttut, an der sinnvollen Unterscheidung zwischen denen, die Medien *erforschen* und denen, die in Medien *agieren*, rüttelt dies nicht. Wie in der Pornographie: Sie zu praktizieren und sie zu erforschen ist nicht dasselbe Geschäft. Sonst ist das Tollhaus vielleicht bald schon überfüllt, wenn auch Dolly Buster – schon mit 27 Jahren „für ihr Lebenswerk" ausgezeichnet – eine Professur (und Verona Feldbusch eine Assistenzstelle) erhält – Spezialgebiet: Kant. Und die Fälle setzen sich fort. Eine fossile Symbolfigur des schönen Scheins wurde jüngst Gastdozent an der „Bayerischen Akademie für Werbung und Marketing". Sein Name: Hans-Hermann Weyer. Erlernter Beruf: Sitzkissenverkäufer. Ausgeübter Beruf: Titelhändler. Seine Tips: „Im Marketing ist es egal, ob Sie mit guten oder schlechten Schlagzeilen berühmt werden … Gepflegtes Äußeres, nie Schwäche zeigen und immer denken, daß man der Größte ist, auch wenn es nicht stimmt". Informationsgesellschaft pur!

Aber auch ohne den Dietrich der Medienbekanntheit gelingt die Pflege des akademischen Scheins – die Umsätze der Titelverkäufer zeigen es. Und Konsul Weyer singt noch immer ein Lied davon, das auch den Bundestag schon erreicht haben soll. Namen werden nie genannt. Verschwiegenheit gehört zur Seriosität der unseriösen Beschaffung und sichert lukrative Anschlußgeschäfte. Es ist ganz einfach: Eine Überweisung von DM 150.000,- (oder besser noch bar ohne Quittung und ohne Mitwisser überreicht), und der Professor ist geboren – mit allen notwendigen Formalitäten im Anhang (Ernennungsurkunde etc.), die nicht nur Geschäftsräume zieren, sondern auch vor juristischen Anfechtungen schützen. Ein realer Fall und einer unter vielen: Als ein bis dato titelloser Apotheker aus einem vierwöchigen Urlaub in Peru als Prof. Dr. Dr. h. c. nach Deutschland zurückkehrte, staunten die einen und lachten die anderen – seinem Selbstbewußtsein gab es allemal Schub. Beispiele für die Vorherrschaft des Scheins über das Sein und damit für das Gegenteil einer Informationsgesellschaft.

Auch die dramatische Zunahme der privaten Verschuldung ist ein Symptom dieses Scheins, in dem sich die Marketinggesellschaft breit und gemütlich längst eingerichtet hat: Wer sich kein Auto leisten kann, leistet sich wenigstens die Verschuldung dafür (so wie für Haushaltsgeräte, Kleider, Schmuck, sogar für den Urlaub). Hier wird mit hohem Risiko des finanziellen Desasters über die wahren Verhältnisse getäuscht. Nur die Bank kennt das Geheimnis, und der Nachbar spekuliert und ärgert sich blau. Die Last der Schulden verschwindet zunächst im schönen Schein der Karosse und wird mit trügerischem Selbstbewußtsein aufgewogen (daß die privaten Schulden sich in schwindelerregenden Schulden des Staates fortsetzen, rundet das Bild des Scheins im großen Maßstab gesamtgesellschaftlich nur ab).

Peep Peep Peep

So hat das Gift der Marketinggesellschaft also längst auch das Selbstbewußtsein erreicht und damit die Fremdtäuschung der Außenwelt in der Selbsttäuschung der Innenwelt zur Ergänzung gebracht. Das paßt gut zusammen und ist konsequent: Kein Licht, sondern Schein durchflutet die Gesellschaft – bis tief in ihren wichtigsten Bereich, ins Selbstbewußtsein ihrer Mitglieder.

Es war einmal ganz anders: „Selbstbewußtsein" meinte die *richtige* Einschätzung seiner selbst (= sich seiner Stärken *und* Schwächen bewußt sein). Inzwischen ist der Sprachgebrauch kollektiv so verkommen, daß Selbstbewußtsein nicht die richtige, sondern nur die *hohe* Selbsteinschätzung einer Person meint – unabhängig davon, ob es dafür gute Gründe gibt. „Jemand ist selbstbewußt" heißt heutzutage: Jemand hat eine hohe Meinung von sich. Der tiefenpsychologische Begriff der „Rationalisierung" trifft hier den Nagel auf den Kopf: Selbstbewußtsein wird durch gelungene Selbst- und versuchte Fremdtäuschung erreicht. Wenn der Talkmaster selbst erklärt, auf den Professorentitel sei er am meisten stolz in seinem Leben, hat die Rationalisierungsfalle schon zugeschnappt.

Soll aber der Zusammenhang von Wortbedeutung und erlern-

28

ter Funktion nicht widersinnig getrennt werden, wird nur so ein Schuh draus: Nicht derjenige, der viel von sich hält, sondern derjenige, der viel von sich weiß, hat ein hohes Selbstbewußtsein. Ins Bild paßt, daß „coolness" (und nicht Informiertheit) der höchste geistige Zustand ist, der zur Zeit erreicht werden kann – unabhängig davon, wie's drinnen und draußen wirklich aussieht. So kommt man gut an. In einer Gesellschaft, in der es weniger auf Können in der Sache und mehr darauf ankommt, „sich gut zu verkaufen", wundert das nicht. Aber nichts entlarvt sie mehr als die kollektive Erfolgsformel „Verkaufe dich gut!". Wer sich wie Verona Feldbusch darauf einläßt, wird so gnadenlos vermarktet, daß die Lächerlichkeit der Sendung hinter der Lächerlichkeit der Moderatorin verschwindet. *Alles*, was ihr fehlt, zur professionellen Moderatorin aber gehört (Schlagfertigkeit, sprachliches Ausdrucksvermögen, Probenfestigkeit, angenehme Stimme etc.), wird ihr nachgesehen – wenn nur die Lippen aufgeworfen, die Nase entknollt, die Röcke kurz und die Bellos frei sind. Wer von sich selbst sagt „Mir ist nichts peinlich", schützt die Macher der Sendung und gibt sich selbst zum Abschuß frei. Sogar aus den eigenen Reihen wird scharf geschossen: „...dein Erfolg beweist auch, daß Bildung und Ausbildung zur Zeit nicht besonders trendy sind" – so Kollegin Bärbel (Schäfer) im Streit mit Verona. Noch hält sie den Trumpf fest in der Hand: Sie verkauft sich gut, wie Einschaltquote und sonstige Nachfrage (Hollywood, Interviews etc.) beweisen. Die Erfolgsformel: Peep, Peep, Peep – ich zeig' euch alles lieb. Wahr ist: Niemand wird zum Hinsehen/Hinhören gezwungen und Hinsehen ist auch nicht das Problem. Nur: In Sendungen dieser Art (siehe auch die infantilen Spielshows) tummeln sich die *Idole* unserer Zeit.

Noch ein Beispiel. Alle Welt schreibt heutzutage Bücher. Auch Birgit Schrowange. Ihr beeindruckendes Sprungtalent in Ehren: von der hübschen Sekretärin zur hübschen Programmansagerin, dann zur hübschen Moderatorin und nun zur hübschen Autorin. Eine Autobiographie mit dem Titel „Meine Lust zu leben" hat sie ungeniert auf den Markt geworfen. Aber ihre „Lust zu leben" verdirbt einem die Lust am lesen. Der Leser erfährt Verquastes über die Welt (sie ist „abstoßend interessant"), auch ihr Liebesleben wird zum gesellschaftlichen Ereignis: „Thomas ist eine historische Größe in meinem erotischen Lebenslauf". „Thomas" und „historisch" in einem Atemzug... Nein, der Kirchenlehrer Thomas v. Aquin ist nicht gemeint. Ist auch egal. Nur: Wer so schreibt, sollte es lassen, weil er nicht schreiben (oder schreiben lassen) kann und nichts mitzuteilen hat, weder über die Welt noch über die eigene Erotik – jedenfalls nicht für eine Informationsgesellschaft. Ihr fehlt zwar das Können einer Autorin, aber sie verfügt über dessen Ersatz: Selbstbewußtsein (im Sinne der Marketinggesellschaft) und Vitamin B. Den allgemeinen Trend bestätigt eine amerikanische Studie: Schneller beruflicher Aufstieg hängt zu 60% von guten Beziehungen, zu 30% von geschickter Selbstdarstellung und nur zu 10% vom Wissen in der Sache ab. Bei dieser Verteilung gerät die Informationsgesellschaft außer Sicht.

Zurück zu Bio! Schon die Reihenfolge vom (in die Jahre gekommenen) Talkmaster zum Professor auf Lebenszeit signalisiert den Schwindel – der umgekehrte Weg dagegen könnte Signal einer Informationsgesellschaft sein: Wenn Professoren Talkmaster und Philosophen Nachrichtenmoderatoren werden und ein Niveau auch der Unterhaltung erreichen, das einer Informationsgesellschaft würdig wäre (diesen Traum hatte unter anderen gesellschaftlichen Umständen und mit Blick auf die Politik allerdings schon Plato vor über 2000 Jahren – für die Verwirklichung keine guten Aussichten also). Wir sind noch immer weit, vielleicht zu weit, von ihr entfernt.

Autoren schreiben nicht mehr

Anderswo sieht es nicht besser aus. In einer Zeit, in der Prinzessin Diana vom STERN „posthum zu einer Heldin der westlichen Welt", Joschka Fischer kurze Zeit später zum „STERN-Titelhelden" und Rudi Völler zum „letzten Helden des sozialdemokratischen Zeitalters" ernannt werden, haben Worte ihren Sinn verloren, ist professionelle Begriffsverwirrung im

Spiel, die jeden Unsinn erlaubt – im Fall Ullrich Wickert mit strafrechtlicher Dimension. Was war geschehen? So wenig wie Diana eine Heldin (und Fischer/Völler ein Held), ist Wickert nämlich der Autor eines Buches, das 1995 unter dem sinnreichen Titel „Das Buch der Tugenden" erschien. Das Besondere: Wickert (und nur er und das ohne Zusatz wie „Herausgeber" o. ä.) erscheint zwar auf dem Buchdeckel, aber geschrieben hat er nicht selbst, sondern Texte von Berufeneren (z. B. von großen Philosophen der Geschichte) nur zusammengestellt. Nicht die Zusammenstellung fremder Texte als solche ist das Problem, sondern die Erweckung des falschen Eindrucks, *er* sei der Urheber des Buch*inhaltes.* Wir dummen Leser können im Wandel der Zeiten dem Bedeutungswandel von Worten nur nicht mehr folgen und trauern alten Zeiten nach: So war es einmal sicher, daß derjenige, der außen draufstand, der Autor dessen war, was innen drinstand (und wenn nicht, war der Betreffende schnell aus dem Rennen). Allgemeingültige, d. h. mit hoher sozialer Verbindlichkeit wirkende Regelungen dieser Art gelten für den „Autor" Wickert nicht mehr. Vielleicht hat das alles ja mit höheren Weihen zu tun, die uns Normalsterblichen versagt sind.

Nüchtern diesseits und aus der Alltagsperspektive juristisch betrachtet liegt jedenfalls Betrug vor: Führt die Täuschunghandlung bei einem potentiellen Käufer zu dem Irrtum, Wickert habe das Buch geschrieben, und führt dieser Irrtum zu einer Vermögensdisposition (= Übergabe des Kaufpreises an den Buchhändler) und diese wiederum zu einem Vermögensschaden (nämlich zu einer Minderung des Geldvermögens um die Höhe des Buchpreises), so liegt vollendeter Betrug nach § 263 StGB vor (unabhängig von der Form der Täterschaft, z. B. gemeinschaftlich begangen, falls Verlag und Buchhändler davon wußten – was anzunehmen ist). Jedenfalls hat derjenige, der das Buch kaufte, nicht das für sein Geld, was er wollte, nämlich ein von Wickert geschriebenes Buch. Eine Buchhändlerin von Naacher in Frankfurt: „Die Leute haben das Buch wegen Wickert gekauft und waren dann enttäuscht, daß er es nicht geschrieben hat". Wieviele Käufer auf diese Weise betrogen wurden, ist schwer zu sagen, daß aber gera-

Foto: Peter Thomann/STERN

de unter den Bedingungen der Marketinggesellschaft viele das Buch nur deshalb gekauft haben dürften, weil der Medienstar Wickert als Autor erscheint, ist anzunehmen. Und sollte, was auszuschließen ist, niemand das Buch aus *diesem* Grund gekauft haben, bliebe noch immer der Vorwurf des (strafbaren) *versuchten* Betruges. Da Betrug ein Offizialdelikt ist, die Staatsanwaltschaft also ohne Anzeige von sich aus tätig werden muß, wundert es, daß dies nicht geschehen ist (oder auch nicht, so das Gift der Marketinggesellschaft schon das Rechtsverständnis des Staates erreicht haben sollte). In einer öffentlichen Diskussion von Elke Heidenreich mit der Unverschämtheit konfrontiert, zeigte sich der Biedermann zunächst ertappt, versuchte sich dann in billigen Ausreden und saß – Heidenreich insistierte auf der Feststellung des Schwindels – am Ende wie ein begossener Pudel da.

Aber was ist der Grund für die Wickert'sche Täuschungshandlung, wo der Mann doch sein Einkommen und einen kaum mehr zu überbietenden Ruf der Seriosität hat? Noch mehr Einkommen?! Aber lassen wir ihn selbst die Antwort geben: „Der Ehrliche ist der Dumme" – so lautet der Titel eines seiner anderen Bücher. Nun wissen wir es: Er wollte nicht zu den Dummen gehören – kein schlechtes Motiv also. Im Ernst: Hier wird der Name eines Medienstars rücksichtslos und bis zur kriminellen Handlung als Mittel verkaufsfördernder Maßnahmen eingesetzt. Also ist er wenigstens clever! Aber was sind die Merkmale der Cleverness? Durchschnittliche Intelligenz bei überdurchschnittlichem Egoismus, der entweder Notlagen oder Unwissenheit ausnutzt. Eine üble Mischung also. Ob man Wickert deshalb einen „notorischen Heuchler und geldgeilen Abgreifer" nennt, sei dahingestellt, Kennzeichen einer Informationsgesellschaft ist diese Regelverletzung jedenfalls nicht. Im Gegenteil: In der Täuschungshandlung wird die Information über die wahren Autoren vorenthalten – faule Tricks einer Marketinggesellschaft, die auf Vorherrschaft des Scheins über das Sein angewiesen ist: Kohle wird nicht mit Information, sondern mit ihrer Vorenthaltung gemacht.

Das Ganze hat Methode und ist weit verbreitet: Politiker halten Reden, die andere schreiben, und TV-Unterhaltungsstars machen Gags, die Einfälle Anderer sind. Was, neben sonstigen Gemeinsamkeiten, beide verbindet: Sie tragen ihre Reden und Gags im Gestus der eigenen Autorenschaft vor, die wahren Urheber bleiben unbekannt und in beiden Fällen gibt es ein Einkommensgefälle vom vorgetäuschten zum wahren Urheber. Nur manchmal wird der Schleier des Scheins durch die Geschwätzigkeit der „Ghostwriter" zerrissen. Nachdem Kanzlerkandidat Schröder unter eigenem Namen den Essay „Gegen den Luxus der Langsamkeit" zum besten gab, wurde der wahre Autor dann doch bekannt: Schröders Marketingmanager Hombach. Und im Frontmann-Gespenst-Gespann Schröder/Hombach (der eine gibt den Namen, der andere den Inhalt) wird der Unverschämtheit noch die Krone der Cleverness aufgesetzt. Der unter dem Pseudonym „Gerhard Schröder" schreibende Hombach lobt sich im Artikel nämlich selbst: „Ich [gemeint ist Schröder, d. Verf.] … gebe Bodo Hombach recht…"

Hinzu kommen sich ausbreitende Grauzonen des Buchmarktes, in denen niemand genau weiß, ob hier alles mit rechten Dingen zugeht – zum Beispiel mit den jüngsten Büchern von Oskar Lafontaine/Christa Müller (Titel: Keine Angst vor der Globalisierung. Wohlstand und Arbeit für alle), Wolfgang Schäuble (Titel: Und sie bewegt sich doch), Joschka Fischer (Titel: Für einen neuen Gesellschaftsvertrag) und Guido Westerwelle (Titel: Neuland). Purer Zufall, daß ihre Bücher vor der Bundestagswahl 98 erscheinen, sich die Gelegenheiten also häufen, in Interviews und Talkshows auf den Titel aufmerksam zu machen (oder aufmerksam machen zu lassen) – und so die Verkaufszahlen in die Höhe zu treiben. Der schneidige Westerwelle erzählt uns im „Neuland", daß Kohl nicht der geeignete Kanzler für die nächsten vier Jahre ist – obwohl kurz zuvor, als Kohl offiziell zum Kanzlerkandidaten gekürt wurde, von ihm nicht der Hauch eines Widerspruchs zu vernehmen war. In einer Talkshow von Heiner Geißler darauf angesprochen, leistete der Schneidige sich eine windige Unverschämtheit: Das Buch gebe nur seine Privatmeinung wieder. Man sieht: Bewußtseinsspaltung und professionel-

34

les Marketing greifen wie Zahnräder ineinander. Und was seine populistische Forderung „Weniger Steuern, weniger Staat" betrifft – am Ende wäre er selbst der Dumme: weniger Partei, weniger F.D.P. und damit weniger Westerwelle(n).

Aber es stellen sich Fragen ein, nicht nur bei Westerwelle. Insbesondere Wahlkämpfe und ihre Vorbereitung erfordern viel Arbeit und damit viel Zeit. Wie machen die Herren das nur, so nebenher mal ein seiten- und titelstarkes Buch zu schreiben? Zumal z. B. unter dem Versprechen Lafontaines „Wohlstand und Arbeit für alle". Ein Vorhaben, das den Sachverstand von Heerscharen hochqualifizierter Experten in Wirtschafts- und Sozialwissenschaften benötigte – wenn überhaupt das kaum zu überbietende Anspruchsniveau des Themas argumentativ erreicht werden soll. In Wahrheit ist schon das Versprechen unseriös: Nichts, aber auch gar nichts spricht dafür, daß unter der Zunahme des technischen Fortschritts und der fortschreitenden Konzentration des Kapitals („Globalisierung" ist nur ein schönfärbendes Wort hierfür) jemals der paradiesische Zustand „Wohlstand und Arbeit für alle" eintreten könnte (zumal viele den Wohlstand der Arbeit ohnehin vorziehen). Lafontaine verspricht Unmögliches. Informierte Bürger schalten hier ab. Und außerdem: Lassen die Herren schreiben, ganz oder teilweise, im Inhalt oder nur in stilistisch massenwirksamer Form, sind sie nur Stichwortgeber, haben sie Zuarbeiter oder geben sie nur ihren werbewirksamen Namen her? Jedenfalls erscheint auf dem Buchdeckel kein anderer Name als der ihre (im Fall Lafontaine plus der seiner Frau). Wird da mit Leistungen geglänzt, die andere erbracht haben? „Sich mit fremden Federn schmücken" nennt das der Volksmund. Oder ist das alles nur Show (hier: der Intellektualität), die heutzutage zum Geschäft (auch der Politik) gehört?

Aber Show hat immer schon (mehr oder weniger) mit Täuschung zu tun. So konnte Hans Albers zwar nicht schwimmen, aber in der künstlichen Welt des Films hat er den Seemann herzzerreißend gespielt. Die Nähe der beiden Branchen ist groß und Schröder im praktischen Vollzug der Nähe konsequent. Nachdem er eine kleine Rolle im „Großen Bellheim" übernommen hatte (es darf als sicher gelten, daß er dafür nicht überredet werden mußte), scherzte er: „Wenn Bonn nicht hinhaut, geh' ich zum Wedel". Vielleicht käme er dort tatsächlich zu sich selbst: im Spielen von Rollen. Nur, im Film gibt es Einvernehmen mit dem Publikum darin, in der Politik dagegen nicht. Wer nicht nur die Bekämpfung, sondern die Abschaffung der Arbeitslosigkeit verspricht, offeriert nicht seine Fähigkeiten, sondern täuscht über sie oder versteht nichts von der Sache und überschätzt sich im speziellen und Politik im allgemeinen: Zieht die Konjunktur an und im Glücksfall der Arbeitsmarkt nach, so liegen die Gründe selten in der Politik. Lafontaine ist hierin nicht allein, die politische Klasse verhält sich als Ganze so.

Die Unart ist weit verbreitet: Spricht Kohl von „unserem Aufschwung" und meint nicht den Fleiß und das Können von Arbeitern und Unternehmern, sondern die ökonomische Kompetenz der Regierung, so sprechen Steffi Graf und Claudia Schiffer von „ihrer Kollektion" und meinen die Produkte von Bekleidungs- und Versandhäusern, für die sie ihren Namen hergeben – Etikettenschwindel ist das. Die *fachliche* Bindung ist von den Damen nicht unbedacht dahergesagt, sondern ernst gemeint. So schwärmt Claudia Schiffer über ihre Zusammenarbeit mit dem Otto-Versand: „Hier habe ich zum ersten Mal die Möglichkeit, selbst kreativ zu sein und eine eigene Kollektion für den Versandhandel zu entwerfen". An anderer Stelle und zu anderer Zeit widerlegt sie sich selbst und räumt ein: „Ein Kleid für mich hab' ich noch nie genäht ... Hab' meiner Puppe schon mal einen Knopf angenäht". In den Medien wird sie ungeachtet ihres Eingeständnisses der Inkompetenz weiterhin „Designerin" genannt. Hier geht die Sprache wirklich vor die Hunde. Ihr Talent, unter internationalen Standards zu zeichnen (und zu schneidern), hat sie bisher jedenfalls verborgen gehalten. Es dürfen Zweifel angemeldet werden: an der Berechtigung, sie „Designerin" zu nennen und damit an der Legitimität der Verwendung ihres Namens – Marketing mit Worthülsen, die in der Sache nichts mehr bezeichnen! Unter den Zielen und Werten der Marketinggesellschaft ist der Ehrliche wirklich der Dumme.

Sänger ohne Stimme

Und weiter geht's – dieses Mal in die Musikbranche. Es gibt einen Rocksänger mit dem Namen Marius Müller-Westernhagen. Keine Eintagsfliege, sondern seit Jahren erfolgreich im Geschäft. Im Hessischen Rundfunk zum „Megastar" hochgejubelt, antwortet er in einem Interview auf die bezeichnende Frage „Sind Sie ein guter Musiker?" entwaffnend richtig, aber ohne Rücktrittsabsichten: „Das würde ich nicht behaupten". Genauso offen und die Szene entlarvend gibt der Sänger Campino von den Toten Hosen zu, zwar keine gute Stimme zu haben, dafür aber gute Partys zu machen. Die Frage ist nur: Warum *singt* der Mann, anstatt seine guten Partys mit der guten Stimme eines Anderen noch besser zu machen?! Nach Musikern solcher Art mußte eine Zeit kommen, in der diejenigen, die Platten auflegen, bekannter sind als diejenigen, die Platten besingen. Aber bleiben wir bei den Sängern!

Müller-Westernhagen und Campino haben zwar keine Stimmen, die jenseits von Badezimmern öffentliche und bezahlte Auftritte rechtfertigen, aber immerhin können sie die Stimme halten, in der Tonlage der Instrumente ihrer Musiker. Nicht einmal das gelingt dem – wiederum vom Hessischen Rundfunk – zur „Lichtgestalt der Popkultur" hochgeredeten Sänger Udo Lindenberg. Aber vielleicht singt er ja (Brechts Verfremdungstheorie folgend) mit Absicht dünn und daneben – so hätte er wenigstens etwas Neues gemacht (und Neues zu machen ist der Schlüssel zum Erfolg, unabhängig davon, ob das Neue auch gut ist – die Verpiß-dich-Girls Tic Tac To können davon ein Lied singen).

Nun geben sogar Anhänger gelegentlich zu, seine Stimme sei eher bescheiden. Mit dem Latein zur Verteidigung ihrer „Lichtgestalt" sind sie am Ende jedoch nicht: Seine Bühnenshow, seine Texte und seine Musiker sind „geil". Letzteres stimmt wohl, über die Qualität „seiner" Show und „seiner" Texte kann man streiten. Aber probehalber angenommen, die Einschätzung trifft zu. Dann sind wir schon wieder mitten im Geschäft der Begriffsverwirrung. Unter einem nicht mehr unterschreitbaren Minimum an rationaler Kontrolle erscheinen die Zusammenhänge schlichtweg verrückt: Wie kann die *instrumentale* Qualität seiner *Band* rechtfertigen, daß *er singt*?! Sie gibt Begründung nur dafür, daß seine Band *spielt* – und nicht dafür, daß er *singt*. Und eine gute Bühnenshow (im Regelfall von anderen erdacht) kann ebenfalls sein Singen nicht rechtfertigen. Dasselbe gilt für den Text (im Regelfall ebenfalls von anderen gemacht): Ein guter Text kann keine schlechte Stimme ersetzen. Aber all das stört die Kulturszene nicht. Jüngst unter dem unpassenden Titel „Belcanto" sogar als „Chansonnier" mit 45 klassischen Streichern gefeiert, versteigt sich die FAZ zu der Bemerkung, daß er „Magie entfalten kann wie vor Jahren die großen Alleinunterhalter" – und wagt den Vergleich mit Charles Aznavour. Es steht schlichtweg außerhalb jedweder Nachvollziehbarkeit: Mit 45 Streichern hinter sich einen Zusammenhang mit Alleinunterhaltern zu konstruieren, ist Sprachverwirrung auf höchster Ebene (vom Stimmenvergleich mit Aznavour ganz abgesehen). Andererseits: Gut, daß er nicht der FAZ-Stimme folgt und als Alleinunterhalter die Bühne betritt. Lindenberg und nichts als Lindenberg – das tut kein Ohr sich freiwillig an. Im Ernst: Der „Chansonnier" Lindenberg lebt nicht von der Qualität seiner Stimme (und schon gar nicht von magischer Ausstrahlung), sondern von der Qualität seiner (unbekannten) Musiker – und sackt den Erfolg alleine ein. Würden die Musiker der Udos so schlecht spielen, wie letztere singen, die Szene wäre von Udos frei. So hilft immer die Umgebung über mangelnde Fähigkeit hinweg. In einem Orchester käme jedenfalls niemand auf die Idee, einen falsch oder schlecht spielenden Geiger nur deshalb nicht zu feuern, weil er auffällig gekleidet ist oder nach oder vor den Konzerten großspurige Interviews gibt. Geiger müssen Geige spielen und Sänger müssen singen können, sonst sind die Funktionen fehlbesetzt.

Ein letzter Versuch pro Lindenberg. Einer der großen Impresarios der Szene, Fritz Rau, hört nicht auf, ihn unter einem anderen Grund zu glorifizieren: Er habe das große Verdienst, die deutsche Sprache in die Rockmusik eingeführt zu haben. Abgesehen davon, daß dies nicht stimmt (z. B. gab es Ted Terold lange vor Lindenberg), kann auch die deutsche *Sprache* kein Grund dafür sein, daß Lindenberg *singt*. Alles in allem: Mit einer schlechten Stimme ist das Original immer schon eine Parodie seiner selbst – und genau so wirken seine Auftritte auch.

In diesem Verwirrspiel von Sein und Schein muß an Selbstverständliches erinnert werden: Nur eine gute *Stimme* kann einen *Sänger* rechtfertigen (und nicht der Text, die Bühnenshow und schon gar nicht die deutsche Sprache). Was hier im Markterfolg passiert, ist entweder Verführung eines hilflosen Publikums, dem im Marktgeschrei der Musikindustrie das eigene Urteil abhanden gekommen ist, Cleverness oder maßlose Selbstüberschätzung – wahrscheinlich eine Mischung aus allem. Wichtig ist: Es geht nicht um persönlichen Geschmack (so kann jemand gute Musik machen, die man trotzdem nicht mag), sondern um *Qualitäts*anforderungen an Leute, die hochbezahlt, mit großem Gestus und mit (manchmal selbsterklärter) Vorbildfunktion die öffentlichen Medien verstopfen.

Die Leute sind ja clever und nutzen den vielstimmigen Wirrwar der Kulturszene, die über keine Kriterien zur Beurteilung kultureller Leistungen verfügt und zudem behauptet, es könne sie nicht geben. Stattdessen wird alles „demokratisch" vom Markt geregelt. So erübrigt die Nachfrage von außen die Frage nach dem Kriterium in der Sache. Das ist *der* Trick der Marketinggesellschaft, mit dem sie uns um den Verstand bringen will: Was mit viel Getöse angekündigt wird, verkauft sich gut, und was sich gut verkauft, *ist* gut. Wer dem Trick auf den Leim geht, ist selber schuld; denn längst wissen wir, daß Marketing in höchster Vollendung im Verkauf schlechter Produkte besteht (zur Erinnerung die Worte des Reklamemachers: „Scheiße…versilbern").

Daß Kriterien für die Bewertung kultureller Leistungen nicht einfach zu finden sind, wissen wir. Daß es *überhaupt* keine gibt, kommt aus dem Munde derer, die nichts können und genau das kaschieren wollen. Schon aus der Alltagsperspektive gibt es (immer schon vorausgesetzt) Minimalanforderungen an Qualität wie die, daß Sänger Stimme haben und musikalisch sein müssen. Beides ist nicht dasselbe (so gibt es ausdrucksstarke Stimmen, die den Ton nicht treffen). Wollen wir nicht in der Scheinvielfalt völliger Beliebigkeit landen (Qualität ist dann nur noch eine Frage ihrer schlichten Behauptung) oder die Qualitätsfrage am Getrampel kopfloser Fans entscheiden, müssen Kriterien her. In erster Näherung: Wer seine Stimme nicht halten kann, wer also falsch singt, ist nicht musikalisch, und wer nicht musikalisch ist, sollte nicht (öffentlich) singen. Hier ist Selbstbeschränkung vor der verführerischen Nachfrage des Marktes gefragt. Wer sich dieser Schlußfolgerung verweigert, verweigert sich Qualität und verteidigt keine Stimme, sondern ihren Verkauf. Soweit ein erster, vielleicht konsensfähiger, Schritt auf dem langen Weg zu Kriterien, die am Ende vielfältig sein mögen und sein werden, die aber eine Gemeinsamkeit haben: Qualität von Schund zu unterscheiden. Gelingt dies nicht, hat die von der Unterhaltungsbranche beleidigt zurückgewiesene Klassenunterscheidung zwischen U- und E-Musik doch einen guten Grund. In einer Informationsgesellschaft wollen wir *wissen*, was einen guten Sänger ausmacht – jedenfalls in seinen notwendigen Bedingungen (daß im Gefühlsmedium der Musik ein nichtrationaler Rest bleibt, erübrigt die Suche nicht). Gelingt diese Verständigung auf notwendige Bedingungen nicht, hat Popkultur aufgehört, Kultur zu sein. Und ohne Kursänderung wird sie in Jubelveranstaltungen unter dem Motto honoriert: Ohne Scheiß keinen Preis.

Im Rausch des Nebensächlichen

Wie bei den Titeln, so fängt es auch in der Musik mit falschen Bezeichnungen an. Würde Lindenberg nicht als Sänger, sondern in Juxveranstaltungen unter anderer Bezeichnung, z. B. „Mann mit unbedeutendem, aber streng *gehütetem* Geheimnis" auftreten, o. k.; denn hier wären Tatsachen im Spiel (eben z. B. seine immer vorhandenen und ständig wechselnden Hüte – und die Nation fragt besorgt: Hat er oben noch oder hat er oben nicht mehr?). Auffällig und aufschlußreich ist jedenfalls: Wird über Lindenberg gesprochen oder geschrieben, dann nie über seine Stimme, sondern immer über seine Hüte, seine Brillen, seine sexuellen Richtungen, seine Drogenprobleme, seine politischen Ansichten, seine Vorlieben für überlange Limousinen und sein Privatleben in Hotels (darin und nur darin Sartre ähnlich) u. ä., also immer über Eigenschaften, die keine Eigenschaften eines *Sängers* sind. Warum stellt der Mann also das Singen nicht ein und lebt ansonsten wie gehabt, also mit Dauerhut und Hotel als Wohnstelle etc.?! Wir wissen es nicht. Oder vielleicht deshalb, weil er mit schlechtem Gesang einen aufwendigen Lebensstil finanziert? So sind wir zurück bei der Cleverness – und setzen uns wieder dem Risiko des Neidvorwurfs aus. Sei's drum! Wenn Leute, die in der Sache nichts können, viel verdienen, wirft dies ein schlechtes Licht auch auf die Gesellschaft, die das ermöglicht. Und da ist Lindenberg nur einer unter vielen, in schlechter Gesellschaft also. So gibt Karl Dall offen zu, mit dem am meisten Geld zu machen, was er am wenigsten kann: Singen nämlich. In der Unterhaltungsgesellschaft unserer Zeit ist selbst die Unterhaltung auf den Hund gekommen.

Alles in allem: Ohne stimmliche Voraussetzungen ein „Megastar" (Müller-Westernhagen) oder eine „Lichtgestalt der Popkultur" (Lindenberg) zu werden, kann nur in einer Marketinggesellschaft unter dem Motto „Mehr Schein als Sein" gelingen. Der große Eric Clapton stimmt der Diagnose zu: „Pop hat heute mehr mit Werbung, Mode und Image zu tun als mit Musik". Die genannten führenden Figuren sind von Interesse nicht als Individuen, sondern als gesellschaftliche Phänomene, die den derzeitigen Grundzustand der Kultur zur Erscheinung bringen und katalysieren. Eine Informationsgesellschaft dagegen fordert Qualität in der Sache, so daß die Marktmechanismen auch im Bereich der Unterhaltung nicht die nach oben bringen, die das Drumherum am besten beherrschen, sondern diejenigen, die am besten singen können (kommt das Drumherum von Hüten, langen Mänteln, Sonnenbrillen etc. *hinzu*, o. k., so läßt es sich jedenfalls besser ertragen). Und dafür gäbe es Verfahren der Auswahl: Zum Beispiel Liveauftritte ohne elektronische Verfremdung der Stimme, so daß ihre natürliche Ursprungsform noch erkennbar wäre. Deshalb müssen die Verstärker nicht verschwinden; denn

Verstärkung der Stimme ist nicht gleich ihrer Verfremdung: Letztere ist künstlich, d. h. nicht selbst erarbeitete Aufwertung. In Dieter Bohlens Computerstimme ist jedenfalls alles verschwunden, was Stimmen zu Stimmen macht. Und dreht man Sandra den Saft ab, ist nur noch ein Piepsen zu hören.

In einer TV-Gesprächsrunde hat der Schauspieler Heinz Bennent genau diese elektronische *Verfremdung* der Stimme auf den Punkt gebracht. Mit am Tisch saß Jule Neigel (im Vergleich mit Lindenberg und Sandra geradezu eine Ausgeburt stimmlichen Könnens), die zwischendurch einen Auftritt hatte: Sexy (sie hatte gerade ihr Image verändert), selbstbewußt und auch textlich anspruchsvoll. Von dem Auftritt in die Gesprächsrunde zurückgekehrt, wurde Bennent gefragt, ob ihm der Auftritt gefallen habe. Er antwortete (so uncharmant wie informativ) „Nein" mit der Begründung, daß er keinerlei Verbindung feststellen konnte zwischen der Stimme der Person, die neben ihm saß, und der Stimme der Figur, die auf der Bühne (wahrscheinlich Play-back) elektronisch verfremdet wurde. Da gibt es zum Glück noch Gegenbeispiele: Harry Belafonte, Tracy Chapman, Fred Bertelmann, Eric Clapton, Neil Young, Aretha Franklin, Willie Nelson, Spice Girls, Ivo Robic u. a.

Allerdings setzt das Ganze ein Publikum voraus, das Interesse an einer Unterhaltung hat, die sich mit Qualität nicht reibt. Zur Zeit ergänzen sich nichtmusikalische Sänger und anspruchsloses Publikum aufs beste. Der Grund, den das Publikum akzeptiert: Nicht der ist ein Star, der auf der Bühne Star*qualitäten* hat, sondern der, der in den Medien zum Star *erklärt* wird (z. B. von willfährigen Rundfunkmoderatoren). Und da hat die Marketinggesellschaft ihre Tricks in den modernen Medien perfektioniert. Daß überhaupt stimmlose Sänger zur „Lichtgestalt der Popkultur" werden können, ist an die Bedingung des Fer*seh*mediums gebunden, das „naturgemäß" mehr auf die Hüte und Miniröcke als auf die Stimmen seiner SängerInnen achtet. Im Zeitalter des Radios gab es keine schlechten Sänger, schon gar nicht an der Spitze und das über Jahrzehnte, sondern allenfalls Gesang, der den persönlichen Geschmack nicht traf. Für die Musik ist das Radio ein ehrliches Medium – weder Hüte noch Miniröcke noch sonstiges Drumherum, sondern nur Stimmen haben hier eine Chance.

Die Stimmlosigkeit der Sänger hat längst einen Bruder im Text: den Infantilismus. Guildo Horns „Piep Piep Piep – Guildo hat euch lieb" ist ernst gemeint und wird ernst genommen. Ein ergriffener weiblicher Fan: „Duildo macht mich glücklich". Und folgt Guildos Piep Piep Piep Helge Schneiders Fitze Fitze Fatze, dann tobt der Saal minutenlang, und die Kultur der Unterhaltung ist dabei, im Infantilismus bedeutungsleerer Rituale ihren Geist aufzugeben. In den Worten von Horn-Manager Kram, nach dem 7. Platz beim Eurovisionswettbewerb 98: „Nicht auszudenken, wenn wir das auch noch gewonnen hätten. Der Irrsinn wäre endlos geworden". Dem ist nichts hinzuzufügen. Wieder einmal ist es gelungen, „Scheiße zu versilbern" und das Publikum mit dem Schein einer Liebesbeziehung auf den Leim zu ziehen. Wenn nach Fitze Fitze Fatze und Piep Piep Piep der Saal tobt, muß emotionaler Überdruck im Spiel sein, der objektiv motivlos zur Entladung drängt, hier: in infantiler Zuneigung, dort: in blinder Aggression.

Mundwerk geht vor Handwerk

Die Marketinggesellschaft, die geschickte (im Klartext: täuschende) Selbstdarstellung vor fachliches Können stellt, frißt sich in alle Bereiche. Auch die Kunst ist längst in ihrem Griff. Und nicht nur Pop-Art, bei der es nicht wundert – schrill wie Reklame, waren die bedeutendsten Vertreter von ihr (Roy Lichtenstein und Andy Warhol) doch der Werbebranche entwachsen. Und immer ist Cleverness im Spiel. Auch bei denen, die sie verehren oder ihr Andenken in Ehren halten: So wurde kürzlich ein Monroe-Portrait von Warhol, von einer Photographie abgemalt, für 31 Millionen DM verkauft.

Aber auch die Bildenden Künste sind längst von ihr erfaßt. An der Spitze des Eroberungsfeldzuges marschieren die Happeningler, die künstlerisches Unvermögen unter der anbiedernden sozialen Parole „Jeder ist ein Künstler" zu kaschieren versuchen. So verkaufen sie nicht nur sich selbst, sondern den Rest der Gesellschaft gleich mit. Würde ein Physiker mit dem Satz „Jeder ist ein Physiker" oder ein Jurist mit „Jeder ist ein Jurist" vor ein Publikum treten, es würde zu Recht einen Scherz vermuten. Anders beim Bildenden Künstler Beuys – bekannt geworden nicht durch die Produkte seiner künstlerischen Arbeit, sondern durch sein Reden über sie. Nur ein Beispiel von vielen:

Beuys schmierte in einer bestimmten Schaffensphase viele Kilo Margarine in Ecken und nannte sie – naheliegend – „Fettecken". Ein klares Wort für ein unklares Kunstobjekt. Daß es um letzteres tatsächlich nicht geht, darf nicht nur aus der Alltagsperspektive vermutet werden, sondern wird von einer seiner vielen Verehrerinnen, der Kunstexpertin Gabriele Henkel, auf ihre Weise bestätigt: „… daß das größte Kunstwerk, das Beuys geschaffen hat, vermutlich er selbst war. Viele seiner Installationen und Objekte … wirken verlassen, geben ihr Geheimnis nicht preis". Tatsache ist: Sie haben keines. Seine wortreichen Versuche der Preisgabe des Geheimnisses führten am Ende immer nur dazu, daß er im Lüften des Schleiers zunächst ungewollt das Banale zum Vorschein brachte – und es dann unter seinen ausdrücklichen Schutz stellte. Sein (zweifelhafter) Mut: Es „Kunst" zu nennen.

Hätte Beuys seine Werke nur hergestellt und nie über sie geredet, er wäre kein (und schon gar nicht ein berühmter) Teil der Kunstszene geworden (was von Michelangelo, Monet, Janssen u. a. nicht gesagt werden kann). Auffällig also: Sein Mundwerk war besser als sein Handwerk, und *damit* schaffte er den Sprung zuerst in die Medien und dann in die Kunstelite. Unter diesem Mißverhältnis von künstlerischem Objekt und der Rede darüber von der internationalen Fachszene zu einem der größten Künstler unseres Jahrhunderts hochgeredet zu werden, ist wiederum nur unter den Bedingungen einer Marketinggesellschaft möglich. Es sind die schon bekannten Symptome: Das Drumherum um das Kunstwerk zählt (der Hut, das Gerede und die Selbstinszenierung – Udo läßt grüßen). Und auch hier ist wieder der Einwand zu

44

Foto: Stefan Moses

erwarten: Es gibt kein allgemein anerkanntes Kriterium für Kunst. Das mag schon sein, aber dann soll die Kunstkritik ihren Betrieb einstellen. Und außerdem: Wer die Existenz von Kriterien bestreitet, kann die Kritik zwar ignorieren, aber nicht zurückweisen; denn Zurückweisung nimmt immer schon Kriterien in Anspruch. Und weiterhin: In Wahrheit wird ja bewertet – und das ständig und zu Recht und auch von der Beuysgemeinde selbst (nur nicht mit rechten Gründen).

Bei der Kunst verhält es sich wie überall, z. B. auch beim Tag-Nachtunterschied: Es gibt Übergangsbereiche, in denen man streiten kann, ob es schon Nacht oder immer noch Tag ist (z. B. um 19 Uhr). Aber sicher sind wir doch darin, daß 14 Uhr noch nicht der Nacht zugerechnet werden kann. Und so ist es auch bei der Frage, ob etwas Kunst oder Nichtkunst ist. Am einfachsten haben es die, die *alles* zur Kunst erklären. Aber das Einfache ist nicht immer die Lösung, hier der Versuch, sich vor ihr zu drücken. Zugegeben, ein Kriterium zur Abgrenzung von Kunst und Nichtkunst anzugeben, ist nicht einfach, aber gäbe es keines, könnten die Anhänger von Beuys ihn nicht zu den größten *Künstlern* des Jahrhunderts zählen (niemand sagt ja, daß er zu den größten *Physikern* gehört). Schon der Begriff fordert die Angabe von Grenzen seines Geltungsbereichs. Eine definitorische Festlegung im strengen Sinne wird es nicht geben (auch in der Wissenschaft ist sie selten), sondern das Mögliche ist auszuschöpfen; wie bei der Musik im ersten Schritt also notwendige Bedingungen wie die: Ein großer Künstler ist der, dem es gelingt, eine große Idee, z. B. die der Gerechtigkeit, im Material zur Erscheinung zu bringen – unabhängig von der Art des Materials (ob Marmor oder ein Fett-Filz-Gemisch oder ein Gemisch aus beidem) und auch unabhängig davon, ob dies in gegenständlicher oder in abstrakter Form geschieht. Unter der Kunstperspektive: Gibt das Material ein Geheimnis nicht preis, so hat es keins. Nicht die Idee als solche, sondern nur ihre Umsetzung ins Material macht den Künstler zum Künstler. Und entscheidend ist, daß die Idee im Material *selbsterklärend* zum Vorschein kommt – so sehen wir das aus der Alltagsperspektive (über die Kunstexperten lächeln mögen). Aber das Lächeln wird ihnen vergehen, wenn es zu einem Argument verstärkt werden soll.

Unser Standpunk: Ist ein Vortrag zur Erklärung des Werkes nötig, ist es dem Künstler nicht gelungen, seine Idee im Material umzusetzen, d. h. er hat sein künstlerisches Ziel verfehlt. Und gelingt ihm das nie, trägt er die Bezeichnung „Bildender Künstler" ohne Grund – womit sich der Kreis zum Etikettenschwindel wieder schließt. Ein bildender Künstler ist kein Redner, sondern ein bildender Künstler.

Genau dieses Problem stellt sich bei den „Installationen und Objekten" von Beuys ein. Sie sind nicht selbsterklärend, bedürfen ausschweifender theoretischer Exkurse des Meisters und bleiben auch dann noch ein Rätsel, das sich nur mit viel ungebundener Phantasie und am Ende mit Willkür, also nur in Scheinantworten auflöst. Wer aus seinem Kopf Großes ins Werk nur projiziert, mag einen großen *Kopf* haben, aber er hat kein großes *Werk* mit ihm geschaffen. Banales bleibt auch in der Umgebung und Begleitung großer Reden und Gesten banal. Zwischen den mündlichen Erklärungen des Meisters und der stofflichen Wirklichkeit seines Werkes klafft eine Lücke, die sich nur für seine Jünger schließt – und auch das nur auf Anweisung des Meisters. Daß Künstler dieses Typs sozialpsychologisch dem autoritären Charakter zuzurechnen sind, wundert nicht: Von alleine, ohne den suggestiven Druck des Meisters, kommt niemand auf die Idee, schlichte Fettecken „große Kunst" zu nennen; schon deshalb nicht, weil beim Anblick des Werkes buchstäblich niemand weiß, um was es *künstlerisch* geht. Auffällig ist und bleibt jedenfalls das Mißverhältnis zwischen den vergleichsweise komplizierten theoretischen Exkursen und der handwerklichen Einfachheit der Formung des Materials. Man wird den Eindruck nie los, daß die Gestaltung, d. h. der künstlerische Akt, dem Material noch bevorsteht.

Wenigstens ist, jedenfalls auf den ersten Blick, die *Originalität* von Beuys nicht zu leugnen: Niemals zuvor hat ein anderer auf diese Weise und mit diesem Material gearbeitet. Zum Beispiel werden Badewannen zur Erfüllung ihrer Funktion im normalen

Leben sauber gehalten. Nun hatte Beuys die große Idee, einen Klumpen Dreck genau dort zu plazieren. Das mutet nicht nur im ersten Augenblick, sondern dauerhaft fremd an und hält zunächst selbst bei Sympathisanten die Sinnfrage offen. Aber beim Sinn ist nichts Sinnvolles zu holen – außer unter Interpretationen, die das Objekt als leere Projektionsfläche für willkürliche Abbildungen nutzen, oder unter der Einschätzung Gabriele Henkels, daß „der Spieltrieb … sein ganzes Oeuvre begleitet [hat]". Aber originell ist weder die Idee noch ihre Ausführung (siehe den Spieltrieb von Kleinkindern), sondern neu ist nur, letzteres „Kunst" zu nennen. Hier spielt ein System verrückt! Erstaunlich ist nur, daß der Klamauk in der Kunstszene mit so großer Leidenschaft verteidigt wird. Bei solcherart blinder Hingabe muß so etwas wie Heiligenverehrung im Spiel sein. Selbst Partys werden hiervon gelegentlich heimgesucht – und nachhaltig gestört. Nur Sekten und Fußballvereine haben so leidenschaftliche Anhänger. Zugunsten von Beuys wäre anzunehmen, daß er entweder hochbezahlt nur scherzte oder sehr genau wußte, daß er kein großer Künstler, sondern nur ein großer Verführer war. Verführer schaffen am Ende Abhängigkeitsverhältnisse und gestalten sie so aus, daß ihre Anhänger die Scharlatanerie unter dem Gegenlicht großer sprachlicher Gesten nicht mehr erkennen können. Kunstinteressierte einer Informationsgesellschaft lassen das nicht mit sich machen. Seine Rettung für die Marketinggesellschaft: Er war ein begnadeter *Vermarktungs*künstler.

Katzen würden Whisky saufen

Verursacht, begleitet und gestützt wird das Tollhaus durch eine Branche, deren Wirkungen inzwischen „gesamtgesellschaftlich" zu nennen sind: die Werbung. Kaum etwas beißt sich mehr mit der Grundidee einer Informationsgesellschaft als die permanenten Täuschungsversuche eben dieser Werbung. Ihr Wirken ist alt, ihre *gesamt*gesellschaftliche Reichweite neu, und sie macht vor nichts und niemandem halt. Auch Einstein wurde von ihr heimgesucht, nachdem er Nazideutschland verlassen hatte und gerade dabei war, sich in den USA zu etablieren: „Ich bin entsetzt, daß ich für zigtausende von Dollar Reklame machen soll für Schlipse". Auch der Sport kommt nicht ungeschoren davon. So war die Fußballweltmeisterschaft '98 auch und wesentlich ein Kampf zwischen Adidas und Nike. Und daß die Startzeiten von Schwimmweltmeisterschaften trotz Protest der Aktiven nicht nach den Biorhythmen der Schwimmer, sondern nach der Reklameaufnahmefähigkeit des TV-Publikums festgelegt werden, zeigt die Macht der Branche. Selbst Hochschulen und Kirchen werden inzwischen von ihr infiziert. Anstatt sie inhaltlich zu reformieren, basteln Werbeagenturen an „Imagekonzepten" für sie. Ursprünglich unter der Bezeichnung „Reklame" eng begrenzt, ist es ihr inzwischen gelungen, vom Kern des Marketing zum Kern der Marketinggesellschaft zu werden. Und um vom Wesen ihrer Sache abzulenken, das unter der Bezeichnung „Reklame" mit all den negativen Assoziationen (z. B. Propaganda) bestmöglich zum Ausdruck kam, hat sie immer wieder neue Worte für die gleiche schlechte Sache hervorgebracht und sich auf diese Weise immer weiter ausgebreitet. „PR" war so ein Ausbreitungstrick – wie wir schon wissen, gibt es PR nicht mehr nur für Unternehmen, sondern für Personen. Jeder mittelklassige Schauspieler und Fußballer hat heute PR-Berater, die entweder in Personalunion auch Kleider-, Typ-, Farb- und Teufel-für-was-sonst-noch-Berater sind oder denen andere für diese Teilfunktionen zusätzlich zur Seite gestellt sind.

Es wird mit allen Tricks der Ablenkung vom Kern der Sache gearbeitet. Nicht nur neue Worte bevölkern die Szene, sondern der Wert der Werbung wird neu bestimmt. So reden ihre Gurus werbliche Produkte inzwischen zur modernen Kunstform hoch. Es paßt ins Zeitalter des Etikettenschwindels. Nur: Die Ausnutzung aller *technischen* Möglichkeiten des Mediums Film z. B. macht die Produkte noch nicht zu solchen, die in Form und Inhalt „Kunst" zu nennen sind.

Und der Schwindel nimmt immer neue Formen an und die Trickkiste wird immer ausgefeilter: So wird zwar geworben, aber das Ganze nicht „Werbung" genannt. So „präsentieren" die Dresdner Bank nicht Geld, sondern das Wetter im Fernsehen, und Bitburger nicht Bier, sondern die Fußballweltmeisterschaft. Damit wird das Werbeverbot in öffentlich-rechtlichen Abendsendungen straffrei unterlaufen. Da die Justiz so billigen Tricks schon auf den Leim geht, wird die Auslegung von Gesetzen offensichtlich selbst schon nach Maßgabe der Marketinggesellschaft vollzogen. Wenn Worte wie „präsentieren" noch einen Sinn haben, hier werden sie sinnlos gemacht.

Und alles breitet sich gegen die Idee einer Informationsgesellschaft immer schneller aus. Rund um die Uhr, in allen Medien und zu allen unpassenden Gelegenheiten werden Schlachten um nichts geschlagen, deren Jahreskosten in Deutschland inzwischen die 50-Milliarden-Grenze überschritten haben. Wenn ihre Figuren, Sprüche und Motive nicht schon Bestandteile nächtlicher Träume sind, so verfolgen sie uns zumindest tagsüber unausweichbar auf Schritt und Tritt: Hakle feucht, Always und Kompensan S (gegen Blähungen) schon zum Frühstück am Morgen (prost Mahlzeit!) und später noch einmal pünktlich zum Mittag „Servus – das erste vierlagige Toilettenpapier. Außen zart und innen sicher", in Druckerzeugnissen Seite für Seite (und zum Verdruß dazwischen noch als Beilage), unterwegs auf Litfaßsäulen, auf und in öffentlichen Verkehrsmitteln, am Himmel auf dem Reklameschwanz von Flugzeugen oder dem Bauch von Zeppelinen etc. etc. – und am Abend zu Hause geht das Ganze weiter: Werbemüll im Briefkasten (oder in der E-Mail), TV-Unterbrechungen im 15-Minutentakt (der zum Filmereignis des Jahres hochgejubelte „König von St. Pauli" hatte zwar nichts mit St. Pauli, aber viel mit Werbung zu tun), telefonische Belästigungen durch Marketingfirmen, Lichtverschmutzung der Nacht durch Leuchtreklame und sich drehende Scheinwerferkegel (in manchen Bereichen der Großstädte ist die Erfahrung von tiefem Nachtdunkel bereits eine der Vergangenheit) etc. etc. Und wenn Jakobs-Kaffee „das Schönste an der Hochzeit" ist (oder neuer unter „Swing Der Freche" angepriesen wird), wenn man nicht mit Raketen, sondern mit einem Eau de toilette von Joop

„to the stars" gelangt, wenn ein Slogan wie „Summ Surr Klick Piep, dein Photokopierer hat dich lieb" zum Kauf eines technischen Produktes anregen soll, und wenn sich diese Reihe endlos fortsetzen ließe, dann ist ein Maß an Infantilismus und geistiger Umweltverschmutzung erreicht, das zwar zu einer Marketing-, aber nicht zu einer Informationsgesellschaft paßt. Der bekannte Frankfurter Kulturkritiker Zimbo hat einen berühmten Werbeslogan gekonnt so auf den Punkt seines Schwachsinns verfremdet: „Katzen würden Whisky saufen". Angesichts der schon genannten Appetitlichkeiten zu den Mahlzeiten paßte eine weitere Verfremdung ins Bild: Dallmayr proculo.

Und die These von der gesamtgesellschaftlichen Wirkung der Werbung wird einmal mehr bestätigt. Guildo Horns Kassenschlager „Piep Piep Piep Guildo hat euch lieb" ist nämlich keine Erfindung der Musikbranche, sondern in der Grundidee der Werbung entlehnt: „Summ Surr Klick Piep dein Photokopierer hat dich lieb". Und die Bereiche greifen auch rückgekoppelt wie Zahnräder ineinander. So reagiert ein Bekleidungskonzern auf Guildos schwachsinnige Vorlage mit der ebenso schwachsinnigen Anzeige „C & A auch!" Solche Kaskaden des Unsinns können nur in Werbeagenturen oder in ihrem Dunstkreis ausgeheckt werden. Manche halten das Ganze ja für „witzig" – und wähnen sich so schon aus dem Schneider, denn gegen Spaß kann niemand sein. Aber so einfach ist es dann doch nicht. Die schmutzigen Fluten der Werbung haben nämlich schon die Grammatik der Sprache erreicht: „König Pilsner. Das König der Biere". Witzig?!

Auch den Sprach*gebrauch* des Alltags hat die Branche längst schon verdorben. So tauchen in deutschen Sätzen mehr und mehr englische Worte auf: „eye-catcher", „event" etc. etc. Und im HL-Markt können beim „Non-Food-Angebot" ausgegangene Artikel nachbestellt werden. Nicht nur ausgelöst, sondern zum Höhepunkt gebracht haben diesen Sprach-Misch-Masch die flinken Denker der Agenturen. Und das Ganze ist steigerungsfähig: Englisch und deutsch gibt es nicht nur in einem Satz, sondern in einem Wort: Jemand hat ein Problem „gesolved", ein Ereignis „getoppt", ist „abgespaced", findet es in Großstädten zu „noisig" und in Kneipen zu „trashig". In den Nachrichten gibt es „Newsflashes" zur Landtagswahl in Niedersachsen und die DGB-Veranstaltung am 1. Mai 98 steht unter dem Motto „Youth can't wait". Und den Beetle-Liebhaber hatten wir schon am Anfang zitiert: Er findet ihn einfach „cute".

Aber wo liegt das Problem? Ganz einfach darin, daß der Sprecher von weniger Hörern verstanden wird! Aber „Kreativität" ist doch die Losung! Wir Sprachpuristen stehen wieder einmal dumm da, wenn der Zeitgeist an uns achtlos vorbeifegt. Erfindungsreichtum ist wichtig, und Aufmerksamkeit um jeden Preis. Doch der Preis ist zu hoch, denn am Ende ist es wie bei den Landsknechten des 15. und 16. Jahrhunderts: In der Vermischung von Sprachen, Dialekten und privaten Konstrukten entstand ein Kauderwelsch, das sie nur noch untereinander und manche nur mit sich selbst reden konnten.

Aber die Branche hat schon vorgebeugt. Steht sie bei all dem Unsinn am Ende ohne Argumente da, gibt sie die Verantwortung feige an die Gesellschaft weiter: Die Werbung prägt keine Gesellschaft, sondern ist nur ihr Spiegelbild. Angesichts der massen- und dauerhaften Berieselung durch sie stimmt inzwischen das Gegenteil: Werbung ist der Vorturner des Schwach- und Unsinns: Summ Surr Klick Piep dein Photokopierer hat dich lieb – darauf kommt im normalen Leben niemand. Und auch nicht auf den Wortbastard „gesolved" und auch darauf nicht, daß Jakobs-Kaffee das Schönste an der Hochzeit(snacht) gewesen sein könnte – für Verbindungen dieser Art braucht es die kreative Umgebung einer Agentur, und von hier ist der Weg in die Gesellschaft und nicht umgekehrt.

Und zum (Bruder großer) Unsinn gesellt sich immer wieder die (Schwester kleine) Täuschung: Wonderbras, wasserblaue Kontaktlinsen, Bauchgürtel, Stützhosen, „Silicon-Valleys" – und anatomische Wunder makel- und nabelloser Körper (von Cindy Crawford gibt es ein Bademodenfoto, bei dem mit sämtlichen Schönheitsfehlern gleich auch der Bauchnabel wegretuschiert wurde). Ein Originalton: „Kleiner Trick. Flacher Bauch" – dank Strumpfhose von „nur die". Augenzwinkern ist hier gefragt, nicht

52

kritischer Blick! Nur: So flach wie die Werbung kann kein Bauch jemals sein. Und hält man sich an die Empfehlung, das Ganze mit Augenzwinkern zu nehmen, gerät man bei dem tagtäglichen Massenbombardement von Unsinn und Täuschung rasch in den Zustand des Dauerzwinkerns und damit einer pathologischen Wahrnehmungsstörung. Was die Gesellschaft hier tagtäglich durchflutet, zeigt das absolute Gegenmodell zur Informationsgesellschaft.

Wichser im Gelände

Manchmal lebt Werbung direkt vom Mangel an Wissen, ihrer Zielgruppe, ihrer Auftraggeber – und ihrer eigenen Leute. Kommt Wissen auf den Plan, platzt die Seifenblase und beschmutzt das beworbene Produkt. Ein Beispiel, das den normalen Verstand schlichtweg überfordert: Ein Geländewagen von Mitsubishi trägt den Namen „Pajero". Kaum jemand kann ihm Sinn abgewinnen. Aber wenn Namen für Adressaten schon nichts bezeichnen, also reine Phantasie sind, so sollen sie wenigstens wohl klingen und Positives vom „Charakter" des Produktes „rüberbringen". Nun gut, könnte man sagen, der Klang von „Pajero" ist nicht übel. So dachte wohl auch der Kreative, der den Namen „erfand". Und zum wohlklingenden Namen gesellte sich der wohlklingende Slogan: „Pajero on the rocks". So weit so gut. Das Pech: „Pajero" ist kein Phantasiewort, sondern der spanischen Sprache entnommen. Das alleine ist kein Problem. Vielleicht hatte Mitsubishi den spanischen Markt im Visier oder einen spanischsprechenden Chef im Haus. Aber hier kann die Begründung für die Wahl des Namens nicht liegen, denn Pajero bedeutet „Wichser". Nicht einmal Augenzwinkern hilft hier weiter, denn „pajero" ist ein übles Schimpfwort der spanischen Sprache. Irgendetwas ist hier in den Turbulenzen kreativer Ergüsse der Macher wohl schief gelaufen. Ob Mitsubishi inzwischen weiß, daß sein Zugpferd im Gelände „Wichser" heißt? Es wäre interessant zu erfahren, wie sich das Auto in spanischsprechenden

Ländern verkauft. Jedenfalls gibt es für den peinlichen Vorgang nicht viel Erklärungsspielraum: Entweder hat sich hier jemand einen (nicht gerade verkaufsfördernden) Scherz erlaubt oder der Kreative wußte nicht, worüber er redet. Mit hoher Wahrscheinlichkeit ist letzteres der Fall, und das überrascht nicht, wo doch Inhalte ohnehin keine Rolle mehr spielen, die Hauptsache, das Wort klingt gut. Die physikalischen Schallwellen, nicht ihre Bedeutung sind von Interesse.

Der Losung der ziel- und inhaltslosen Kreativität ist die Kontrolle des zügelnden Verstandes entgegenzusetzen, auch bei den vorher schon genannten Beispielen. Über „Wichser" als Name für einen familientauglichen Geländewagen läßt sich trefflich einfach nicht streiten. Die Idee entblödet sich schlichtweg selbst. Aber auch in den weniger gravierenden Fällen des branchenüblichen Mißbrauchs der Sprache ist Zügelung angesagt: Es gibt keinen vernünftigen Grund, in einem deutschen Satz ein englisches Wort zu verwenden, wenn im Deutschen ein Wort zur Verfügung steht, das den gemeinten Inhalt gut oder sogar besser faßt – wie im Falle von „eye-catcher". Das Wort „Blickfang" ist nicht nur vollwertiger Ersatz, sondern allemal präziser in dem, was gemeint ist. Und außerdem: Sprache hat wesentlich die Funktion der Verständigung und Handlungskoordinierung – und die wird in Deutschland noch immer und auf unabsehbare Zeit besser in der deutschen als in der englischen Sprache bedient. Wenn im HL-Markt die Kunden also unter dem Wortbastard „Non-Food-Angebot" zum Kauf animiert werden, erreicht die Botschaft all die nicht, die der englischen Sprache nicht mächtig sind – und das sind (insb. in der älteren Generation) mehr als die Reklamemacher wahrhaben wollen. So wird der wirtschaftlich beabsichtigte Effekt, möglichst alle Kunden zu erreichen, schon durch die sprachliche Form der Reklametafel hintertrieben.

Was ist der Grund all des Unfugs, der nicht einmal immer auf den Verkauf der Produkte zielt? Selbstdarstellung, vorgetäuschte Weltläufigkeit, Ignoranz und/oder Trendreiten der Reklamemacher? Am einfachsten sind die Intellektuellen der Branche aus dem Schneider: Wenn Werbung zur Kunstform hochgeredet wird und sich wie Kunst der objektiven Bewertung entzieht, läuft die *wirtschaftliche* Kritik immer schon ins Leere. Andere bemühen gar noch die Tiefenpsychologie, d. h. das nicht kontrollierbare Eindringen werblicher Ergüsse ins Unterbewußtsein. Da die Wissenschaft trotz Freud und moderner Neurobiologie noch immer wenig darüber weiß, bringt das tiefenpsychologische Argument auch und gerade den Unsinn nur scheinbar auf die sichere Seite. Und allen nutzt, daß die *verkaufs*fördernde Wirkung der Werbung nur unterstellt, aber nicht überprüft wird (von wenigen Ausnahmen abgesehen). Verwunderlich ist nur, daß die Auftraggeber, also die Entscheidungsträger der HL-Lebensmittelkette, die geschäftsschädigende Selbstdarstellung der Macher akzeptieren und hoch bezahlen, zumal anzunehmen ist, daß sie zum Verkaufsinteresse ihrer Läden gegenläufig ist: Wer „Non-food-Angebot" im HL-Markt nicht versteht, kann nicht zum Kauf dessen angeregt werden, worauf der Ausdruck zielt. Und die Größe der Gruppe ist nicht zu vernachlässigen: Es geht um *alle* nicht englisch sprechenden Deutschen und um *alle* nicht deutsch sprechenden Engländer/Amerikaner. Aber die Agentur ist wieder mal nicht der Schuldige, denn sie schlägt Auftraggebern immer Alternativen vor, trifft die letzte Entscheidung also nie selbst. Aber innerhalb der Scheinalternativen von Präsentationen, mit denen die Branche die Kunden geschickt überfährt, hat sie ihre Auftraggeber voll im Griff – gleich ob für den Wichser oder für unverständliche Worteskapaden. Und die zunehmende *gesamt*gesellschaftliche Verblödung durch Werbung zielt nicht nur auf Kinder, sondern hat längst auch die Politik erreicht.

Vom Spiegelei zum Waschbrettbauch

In allem verwischen sich die Grenzen: Von der Talkshow zur Wissenschaft, von der Kunst zur Werbung, von der Werbung zur Politik. Jüngst gab es zwischen letzteren eine Kollision, die die Verwandtschaft stiftende Wirkung der Werbung zunächst zum Vorschein und dann zum raschen Verschwinden gebracht hat. Die

Werbestrategen der SPD erbrüteten für '98 den leeren Slogan „Die Kraft des Neuen". Ihr Pech: Die Werbestrategen von Siemens waren schneller: „Die Kraft des Neuen" haben sie Siemens schon '97 verpaßt. Im Normalfall läuft das Geschäft ohne Reibung, denn Werbeagenturen wissen, was andere Werbeagenturen tun. Ein Betriebsunfall also, der das Zusammenspiel von Politik und Werbung nicht dauerhaft außer Tritt bringen kann. So wie die Unternehmen, geht auch die Politik der Werbung weiterhin auf den Leim.

Politiker und Parteien stehen rund ums Jahr unter dem beratenden Einfluß von Agenturen. Die Wirkung ist – wie nicht anders zu erwarten – nicht an einer besseren Politik, sondern an noch dümmeren Slogans zu bemerken, auch am gestylteren Erscheinungsbild (von den Personen bis zu den Designs der Parteinamen) und auch an der Art und Weise, wie politisches Versagen in Versagen der *Darstellung* von Politik trickreich umgemünzt wird. „Amerikanisierung" nennt man das verharmlosend. Die nebulösen Ziele sind bekannt, über die Schritte dorthin erfahren wir wenig, aber die Auftritte vor den Entscheidungen sind pompös. Wen wundert's, wenn unterhaltende Anwesenheit im TV wichtiger ist als harte Arbeit im Büro. Politiker, die die Informationsgesellschaft predigen und die Amerikanisierung der Politik betreiben, meinen ihre Predigten nicht ernst.

Zunächst zu den Slogans: Auf den Punkt gebracht, sind alle irgendwie „Für die Zukunft". Schäuble verkündet ein „Zukunftsprogramm", die CDU in Niedersachsen wirbt um Stimmen mit „Wer Zukunft will, muß Zukunft wählen", die SPD hat „hohe Zukunftskompetenz" und auch Tony Blair will den „Aufbruch in die Zukunft" – Fitze Fitze Fatze möchte man anfügen. Bei solchen Wortbomben des Leersinns verbrennt sich ein normal denkender Mensch den Mund. Aber so ist es nun einmal, Modern Talking – nur ohne Bohlen und Anhang. Leersinn deshalb, weil – schon aus physikalischen Gründen – niemand gegen Zukunft sein kann und sie außerdem von ganz alleine kommt. Da die Slogans, die quer durch die Parteien mehr oder weniger das einheitliche Maß an Blödsinnigkeit erreichen, von Werbeagenturen gemacht werden, die den größten Teil ihrer Zeit mit Waschmittelreklame u. ä. befaßt sind, wundert dies nicht. Aber daß Politiker wirklich glauben, ihre Millionen verschlingenden Sprüche (60 Mio DM SPD- und 50 Mio DM CDU-Wahlkampfkosten für die Bundestagswahl '98) würden das Wahlverhalten der Bürger *positiv* beeinflussen, zeigt entweder, daß sich ihre Politik selbst schon auf dem Kommunikationsniveau von Werbeagenturen bewegt oder daß sie annehmen, dies sei beim Wahlvolk so. Wahrscheinlich trifft beides zu. Jedenfalls nutzen die Sprüche nur der Kasse der Agenturen, nicht der Politik des Landes. Jüngst auf einem CDU-Werbeplakat: keep Kohl! Ob es Kohl an der Macht hält?

Und was das äußere Erscheinungsbild der Politiker betrifft: Sie tragen inzwischen buntere Krawatten, modischere Brillen, italienische Designeranzüge, sprechen glatter in Formeln und erscheinen gut „gestylt" mit ebenfalls gut „gestylter" Gattin in großen TV-Unterhaltungssendungen. Der Übergang von der Politik zur Show ist überall nahtlos. Und Guido Westerwelle ist konsequent: Nicht nur „bestens gekleidet", sondern als Model für ein Stuttgarter Modehaus photographiert. Was soll das?! Schickeres Auftreten in der Öffentlichkeit macht zwar ihr Auftreten schicker, aber die Politik nicht besser: Mehr Schein als Sein wieder einmal. Um ein mögliches Mißverständnis auszuschließen: Designerklamotten als solche sind nicht das Problem, sondern daß sie von der *Privat*angelegenheit weg in die Nähe der *politischen* Funktionserfüllung rücken. Wenn Schröder vor laufenden Kameras mehr über sein italienisches Tuch als über Maßnahmen zur Abschaffung der Arbeitslosigkeit redet (und Fischer J. zum „bestangezogenen" Politiker avanciert), hat dieser Übergang schon stattgefunden. Wehner hätte den Frager geohrfeigt oder weggebellt, zumindest stehengelassen; Schröder geht bereitwillig auf das Thema ein. Und auch das macht die Politik nicht besser: Wenn er seinerzeit mit Gattin Hillu in einer großen Samstag-Abend-Unterhaltungssendung strahlend den Saal betritt und in der Show vor einem Millionenpublikum die Schau des sich neckenden, aber gut miteinander könnenden Ehepaares abzieht – und wir wenige Tage später erfahren, daß beide sich getrennt und seit langem auseinandergelebt haben –, was soll das? Unter der Frage nach Einzelheiten seiner Politik wissen wir, außer unter Schlagworten („Automann"), aus dem Wahlkampf wenig von ihm. Mehr kennen wir seine Selbstdarstellung und anekdotischen Firlefanz: hat vor Jahren als Abgeordneter im Mehrpromillezustand am Tor des Kanzleramtes gerüttelt und seinen Einzug angekündigt, vergeht nicht am Saumagen, sondern liebt kubanische Cohiba etc. Nach so etwas gieren die Medien, und die Politstars bedienen die Erwartung willfährig. Und das Auffälligste, was uns ständig begleitet, ist sein ständiges Siegerlachen. Uns Normalbürgern vergeht das Lachen, wenn am Ende einer langjährigen Ehe die endgültige Trennung bevorsteht. Aber hier wird unter dem Motto „Mehr Schein als Sein" tapfer weitergestrahlt und Tatkraft und Sympathie heischende Bürgernähe zur Schau gestellt (der Mann kann immerhin mit Thomas Gottschalk scherzen).

Unter der *politischen* Perspektive der Bürger ist all das nur Drumherum, das Zeit und Steuergeld kostet, die für die Problemlösung dann fehlen. Irgendwie läuft das Theater in der Reihenfolge falsch: Sie lachen, scherzen, schütteln minutenlang Hände, sitzen in Talkshows, kaspern im Parlament, marschieren Paraden ab, geben inhaltslose Interviews, stechen Bierfässer an etc. etc. – und am Ende bleiben die Probleme liegen. Aber nur umgekehrt macht die Reihenfolge Sinn: Zuerst die Probleme lösen und dann mit gutem Grund und aller Zeit der Welt lachen, Hände schütteln, kaspern, Paraden abmarschieren, Bierfässer anstechen etc. Wie würden wir ihnen diese Zeit und dieses Vergnügen gönnen! Einfach: Erst die Arbeit, dann das Spiel.

Nicht nur Schröder bewegt sich in der falschen Reihenfolge und im öffentlichen Raum mit privaten Schwerpunkten. Ob sich das Erscheinungsbild von Joschka Fischer wegen Liebes- oder Körperleid verändert hat, wissen wir nicht, aber das Thema ist ständig in den Medien und bringt den Mann ganz nahe an die Probleme des (selbst übergewichtigen) Volkes, des Wahlvolkes versteht sich. Und mediale Präsenz und Klatsch zur Person sind nicht Folgen hinterhältig lauernder Paparazzi, sondern entstehen in gefälliger Mitarbeit von Fischer selbst. So erfahren wir viel über seine Kilometerfortschritte beim Joggen (und über seine Gewichtsabnahme von 35 kg – Kohl ist hier auf hohem Niveau beständiger als Fischer ein Spiegeleiermann), aber nichts über Fortschritte seiner Politik, die den *Bürgern* zugute kämen. Vielleicht verschweigt er sie ja in ungewohnter Bescheidenheit oder wartet auf die Befreiung von den Fesseln der Opposition. Dürfen wir hoffen? Jedenfalls darf gewettet werden, daß die Mehrheit der Bürger das und anderes Anekdotisches zu seiner Person weiß: daß seine Frau fremdging, daß er den Parlamentspräsidenten Jenninger „Arschloch" genannt hat, daß er in grauer und unprofessioneller Vorzeit zur Ministervereidigung in Turnschuhen erschien, daß er vom militanten Straßenkämpfer gegen die Republik zu ihrem Außenminister zu mutieren sich anschickt – und daß er zu *jedem* Thema redet, aber nichts zu sagen hat oder nichts, was andere nicht auch schon gesagt haben. Jedenfalls erfahren wir nicht wirklich, welche Probleme er *wie* lösen will, und insbesondere bei den großen Problemen unserer Zeit (Arbeitslosigkeit und Naturzerstörung) wissen wir nicht, ob er dazu in der Lage wäre. Eines ist sicher: Über Problemlösungen zu schreiben ist nicht schon die Lösung der Probleme, d. h. der Job des Politikers ist fundamental verschieden von dem des Schriftstellers. Daß Politikern solche Binsenweisheiten vorzuhalten sind, zeigt, wie stark sie längst in die *Medien*welt verstrickt sind.

Durchsetzungsfähig ist er ja (wie Kohl und Lafontaine auch), aber wem – außer ihm selbst – hat dies bisher genutzt? Jedenfalls weder der Natur noch den Arbeitslosen. Nicht politik*interne* Wirkungen sind von Interesse, sondern Konsequenzen, die das Raumschiff Bonn verlassen und uns Bürger positiv erreichen. Daß er „seine" Partei am Ende immer im Griff hat, ist für den Bürger des Landes zunächst belanglos, weil es nur die Partei und nicht den Bürger berührt. Und wie er gelobt wird, nicht nur aus den eigenen Reihen! Quer durch die Medien und Parteien gilt er als begabtester Redner des Bundestages. Tatsache ist: Redet er im Parlament, wird am meisten gelacht und gebuht (haben die Parlamentarier bei seinen früheren Reden mehr gebuht als gelacht, so ist es heute umgekehrt). Seine Reden sind voller Metaphern, Anspielungen, Aggressionen und Pointen – ein Unterhaltungs-künstler eben. Im parlamentarischen Wechselspiel von Juxveran-staltung und Trauerspiel macht er fürwahr eine gute Figur. Aber als Problemlöser tritt er, mit oder ohne Bauch, wie alle anderen wenig in Erscheinung. Noch einmal: Nicht die Lösung partei*in-terner* Probleme steht auf dem Prüfstand (ob er „seine" Partei auf Kurs halten kann u. ä), sondern die Lösung solcher Probleme, die die *Bürger* betreffen (Arbeitslosigkeit etc. etc.). Nicht selbstgefälli-ge Nabelschau und Schriftstellerei sind gefragt, sondern *außen-wirksame* politische Arbeit. Und auch die Aufstellung gutge-meinter und berechtigter Forderungen ist nicht schon Politik, sondern alleine ihre im täglichen Leben der Bürger spürbare *Umsetzung*. Sollte die „neue Mitte" die Wahl gewinnen, muß er den Beweis führen, also zeigen, ob er nicht nur reden, sondern – mit oder ohne italienisches Tuch – in den „harten" Ressorts (z. B. in der Umweltpolitik) die grünen Inhalte seiner Reden umset-zen kann. Mit anderen Worten: Gelingt ihm Politik im Sinne einer Informationsgesellschaft? Es wäre ihm und uns zu wünschen.

Ein kleiner Nachtrag: Ein Spiegeleiermann ist der, der nur im Spiegel sie noch sehen kann. Von *diesem* Problem hat sich Fischer diszipliniert inzwischen selbst befreit.

Das Volk versagt, nicht Politik

Unter dem Einfluß von Werbeagenturen geht die Schwindelei inzwischen bis in die Redewendungen, hinter denen politisches Versagen wortreich versteckt wird. Helmut Kohl, neben Norbert Blüm der am wenigsten von Reklamemachern verbogene Bundespolitiker Deutschlands, „erklärt" ein schlechtes Wahler-gebnis nicht mit der schlechten Politik seiner Regierung, sondern damit, daß es der Regierung nicht gelungen ist, die in Wahrheit gute Politik beim Wahlvolk „rüberzubringen" (eine in der Werbebranche entstandene und für sie typische Redewendung). Es gibt also keine schlechte Politik mehr, sondern nur noch eine schlecht vermarktete Politik. Und wenn auch die Optimierung der Vermarktung nichts nutzt, werden die Politiker am Ende Brecht folgen: Sie suchen sich ein anderes – vielleicht virtuelles – Volk.

Die unselige und zunehmende Verklammerung von Politik und Werbung ist ein internationales Phänomen jeder Marketinggesellschaft (wie so vieles kommt auch dies aus den USA). Ein Fall der jüngsten Vergangenheit: Der englische Premier Tony Blair – ein gelungenes Marketingprodukt. Alle Welt schwärmt von ihm als dem neuen Typ des erfolgreichen Politikers. Warum, *weiß* noch niemand. Jedenfalls gibt es noch keine *politischen* Gründe, denn die positiven Signale in der englischen Wirtschaft sind nicht zuletzt Folgen der Arbeit seiner Vorgänger. Was uns vertraut ist, ist sein Lächeln und die ununterbrochene Ausstrahlung von Siegesgewißheit. Nicht weil er für das Land schon wichtige Probleme gelöst hätte (dazu fehlte ihm – offizieller Verlautbarung gemäß – nach einem knappen Jahr noch die Zeit), ist er beliebt, sondern weil er so schön und ständig strahlt. Angesichts des Zukunftsberges, vor dem das zur Zeit wirtschaftspolitisch so hochgejubelte Königreich doch steht, drängt manchmal der Eindruck einer außer Kontrolle geratenen Gesichtsmuskulatur sich auf. Auch hier die Umkehrung eines politischen Kausalzusammenhanges: Er strahlt nicht, weil ihm Großes schon gelungen wäre (außer seinem Wahlsieg), sondern er hofft, daß ihm etwas gelingt, weil er strahlt. Lächeln ist schön und eine anthropologische Grundfähigkeit, aber es löst keine Probleme, schon gar nicht die anstehenden (auch in GB ist, wenn schon nicht die Zahl der Arbeitslosen, so doch der Preis ihrer Reduzierung zu hoch). Absichts der Lage ist ständiges Lächeln ein Täuschungsversuch, denn der nächste Konjunkturabschwung kommt bestimmt.

Aber bleiben wir im eigenen Land und dort beim Zusammenhang von Marketing, Markt und Politik! Ein ärgerlicher Fall: Der ehemalige erste Bürgermeister von Hamburg, Voscherau, hatte zur Lösung der Probleme seiner Stadt (z. B. schwere Kriminalität) viele Jahre Zeit. Genutzt hat er sie nicht. Vielleicht hat er ihre Lösung vor 1997 unterlassen, weil ihm das Wahljahr für ihre

Ankündigung günstig erschien. So verband er zwei Probleme, um zwei Fliegen mit einer Klappe zu schlagen: Die Lösung des *Sach*problems (Kriminalität) sollte nach seiner *Wiederwahl* geschehen. Im Wahlkampf präsentierte er sich nach der Regie eines Marketingkonzeptes als energischer und bürgernaher Problemlöser, der weiß, was Untertanen unter den Nägeln brennt. Die Regieanweisungen wurden strikt befolgt, doch dann passierte ein Malheur: Das Wahlvolk folgte mit seinen Wahlstimmen nicht der Stimme seines Herrn. So zog er sich beleidigt und mit tränenerstickter Stimme aus dem Staub der politischen Arena in die vornehmeren Gemächer einer Anwaltskanzlei zurück. Die drängenden politischen Probleme der Stadt blieben ungelöst, aber *seine Markt*chancen, die ihm der Beruf des Politikers bot, hat Voscherau maximal genutzt: Nach nur 9 Jahren Dienstzeit in der Politik erwarb er einen Pensionsanspruch von DM 14.000,- pro Monat – und das ab dem 50. Lebensjahr und unabhängig davon, ob er nach dem Ausscheiden aus der Politik in seinem erlernten Beruf als Notar zusätzlich Geld verdient. Kein Einzelfall.

Schon zu Dienstzeiten sind Raffkes aktiv. So wird die Arbeit des bayerischen Ministerpräsidenten Edmund Stoiber monatlich mit 45.000 DM vergoldet (plus Dienstvilla, Dienstwagen mit Chauffeur etc.). Die vordemokratisch gemeinte Bezeichnung „Landesfürst" trifft den Nagel auf den Kopf. Und bei ohnehin überzogenen Ansprüchen und meist schlechtem Preis/Leistungs-Verhältnis der Politik sattelt Brüssel für die Heerscharen von EU-Bediensteten noch einmal oben drauf. So wird z. B. der in Deutschland als Wirtschaftsminister gescheiterte F.D.P.-Bangemann als EU-Kommissar mit einem monatlichen Einkommen von 30.000 DM bei der Stange gehalten.

Wenn Studenten und Schüler zur Zeit z. B. für die Anschaffung neuer Bücher in den Bibliotheken demonstrieren und die Politiker zwar verständnisvoll nicken, die Nichterfüllbarkeit ihrer Forderungen aber mit dem Fehlen finanzieller Mittel begründen, so ist dies angesichts der Verwendungsweisen des *vorhandenen* Geldes eine bodenlose Frechheit (Voscherau wird mit Sicherheit immer pünktlich seine Pensionszahlungen und die anderen werden ihre

Gehaltszahlungen erhalten). Und außerdem: Politiker, die Geld für Universitäten und Bibliotheken streichen und ihre Privattaschen stopfen, müßten sich beim Wort „Informationsgesellschaft" das Maul verbrennen. Die Liste der Unverschämtheiten ließe sich fast endlos fortsetzen – der Juraprofessor Hans Herbert von Arnim hat sich dieser Aufgabe dankenswerter Weise verschrieben (aufschlußreich sind außerdem die jährlich sich wiederholenden Rügen der Rechnungshöfe). Würden die Milliarden fehlverwendeter oder verschwendeter Gelder in Bildung und Ausbildung gesteckt, auf dem Weg in die Informationsgesellschaft wären wir schon weiter.

Zur Zeit leuchtet die Irrationalität des staatlichen Ausgabeverhaltens bei lauthals beklagten leeren Kassen in Berlin am stärksten. Der Umzug dorthin wird den Steuerzahler nicht nur 20 Milliarden DM kosten, sondern die Politik wird nach dem Umzug durch Aufblähung des ohnehin zu großen Verwaltungsapparates dauerhaft teurer sein als zuvor – obwohl uns Bürgern der Umzug nicht zuletzt mit der Ankündigung der Verschlankung des Staatsapparates schmackhaft gemacht wurde. Falsch informiert hat man uns! Brächte der Wechsel nach Berlin angesichts solcher Kosten und zusätzlicher Folgekosten wenigstens eine bessere Politik! Aber niemand erwartet dies und sie wird auch nicht kommen. Nicht zuletzt ist die Kneipen- und Nachtszene in Berlin bunter und verlockender als in Bonn. Da wird sich das Ablenkung suchende Heer der Politiker verlaufen und die Gefahr, in der Vergnügungsszene gesehen oder gar erwischt zu werden, nimmt ab: proportional im Verhältnis zwischen dem zunehmenden Raum (Berlin ist sehr viel größer als Bonn) und der in etwa gleich bleibenden Zahl lauernder Journalisten. Werden sie sonst durch Mikrophone und Kameras magisch angezogen, scheuen sie dieselben im Vergnügungsbereich des Tages oder der Nacht wie der Teufel das Weihwasser. Abgesehen von verfänglichen Situationen, steht nämlich die Gefahr ins Haus, daß der von Politikern gern in die Medien geredete 14 bis 16-Stunden-Arbeitstag unter mathematischer Kontrolle zum gesundheitlichen Fiasko führt: Politiker schlafen nicht (außer im Bundestag). 16 Stunden politische Arbeit plus Zeit für Familie und Freundin und Zeit in der Szene und Zeit zum Schreiben von Büchern etc. – wann soll da noch geschlafen werden?

Ansonsten ist der Umzug nach Berlin von Marketingüberlegungen diktiert, die mühsam mit historischen und sachlichen Begründungen verkleistert werden. Nicht die Sache wird besser (und die Geschichte schon gar nicht), sondern allenfalls ihre Präsentation (größere Büros, größere Gebäude, größere Stadtkulisse), mit anderen Worten: Der Umzug wird der *Vermarktung* der Politik zugute kommen (und das Loch in der Kasse weiter vergrößern). Schon wieder ist er zu spüren, der Luftzug des Mottos „Mehr Schein als Sein". Und in der großen Hauptstadt hat er die Chance, zum Sturm aufgeblasen zu werden. Auch hier wird die Werbebranche das ihre gründlich tun, zumal Reklamemacher Kemper voraussagt, daß Berlin „in ein paar Jahren … die deutsche Werbehauptstadt" ist. Wohlgemerkt: Werbe-, nicht Informationshauptstadt. Rosige Aussichten!

Bluffen bringt weiter

Das Motto hat Tradition und ist im Medienzeitalter tief in den Grundlagen der Politik verwurzelt. Der ehemalige grüne Politiker Ebermann hat sie schon vor Jahren so charakterisiert und damit die Zunft an ihrem wunden Punkt getroffen: Um politische Karriere zu machen, muß man die Kunst des Bluffens beherrschen. Insbesondere in öffentlichen politischen Diskussionen funktioniert die Vortäuschung von Wissen aufs beste; denn die für den Schlagabtausch zur Verfügung stehende Zeit (z. B. einer Talkshow) ist immer so knapp und die rhetorischen Manöver der Politiker sind so geschickt, daß der Schwindel schon aus Zeitgründen nicht auffliegen kann. Nach einer Zeit hatte der Grüne den Spaß am Bluffen verloren und der offiziellen Politik den Rücken gekehrt – konsequent also.

Bluffer in der Kunst – damit können wir leben; Bluffer in der Politik, die über Krieg und Frieden und Armut und Wohlstand ganzer Gesellschaften und auch der zukünftigen entscheidet – da hört der Spaß auf. Jedenfalls drängt sich der Eindruck auf, daß die Probleme nicht ab-, sondern zunehmen (Kriminalität, Arbeitslosigkeit, Staatsverschuldung, Rentenunsicherheit etc.) – unter der Vordergründigkeit und dem mediengerechten Zuschnitt des Politikerwissens kein Wunder. Ein Beispiel: Wenn der redegewandte Ex-Hauptschullehrer, aktive Fallschirmspringer und PR-Spezialist Möllemann über Nacht *Wirtschafts*minister der Bundesrepublik wird, am nächsten Tag vor laufenden Kameras seinen Lernbedarf in Sachen Wirtschaft gesteht und schon zwei Wochen später zu allen wirtschaftlichen Fragen die Antworten weiß, dann haben wir entweder einen Bluffer oder ein Genie vor uns, ein Genie, das alle Wirtschaftsprofessoren beschämen muß, die Jahrzehnte für den Aufbau fundierten Wissens benötigt haben. Die Bluffervariante dürfte wahrscheinlicher als die des Genies sein. Und daß ein Lehrling mit dem Gehalt eines Meisters verwöhnt wird, gibt es ebenfalls nur in der Politik.

Aber die Minister haben doch Experten an ihrer Seite! Stimmt! Und gelegentlich werden sie auch gefragt, aber ihre Antworten schlagen selten bis in die letzten Entscheidungen durch. Nicht nur die Wissenschaftler vom Hamburger Institut für Friedensforschung beklagen das, auch die endlos gestapelten, teuer bezahlten und ungenutzten Gutachten bezeugen es. Auf dem langen Weg durch das politische Gerangel der Parteien versickert das Expertenwissen und übrig bleiben faule *partei*politische Kompromisse. Und außerdem: Minister müssen nicht nur Experten haben, sondern sie müssen ihre *Argumente* (und nicht nur Schlagworte) verstehen. Das wirtschaftliche Geschehen in einer zunehmend globalisierten Welt ist so komplex, daß auch Herr Möllemann kaum in der Lage ist, es aus dem Stand heraus, wenn auch mit Flankenschutz von Experten, zu verstehen. Wenn politischem *Handeln* das *Verstehen* der Sache nicht vorausgeht, ist Übles, zumindest Flickschusterei, aber keine Lösung zu erwarten, zumal keine, welche ihre Nebenwirkungen mitbedenkt. Gefragt ist Diskurs mit Experten bis in den Entscheidungs-Zeitpunkt hinein. Sonst läuft der Hase falsch: An die Stelle öffentlich ausgetragener Auseinandersetzung mit der Sache tritt die Vermarktung der eigenen Person.

Wir reden über Politik in aller Schärfe und nehmen uns nicht zuletzt aus diesem Grund das Recht dazu: Wer sich zutraut, nicht nur sich selbst, sondern ein ganzes Land zu führen, muß sich kritischer als andere unter die Lupe nehmen lassen. Das beschwichtigende „Politiker sind auch nur Menschen!" lenkt von der Besonderheit ab, daß sie über Wohl und Wehe ganzer Nationen entscheiden. Ihre *Entscheidungen* treffen sie selbstherrlich und mit einem erschreckenden Maß an Selbstsicherheit (das Experten im Wissen um die Sache fremd ist), und geht alles schief, wird kleinlaut beschwichtigend „Wir sind auch nur Menschen" reklamiert. Bei dieser Verteilung der Funktionen (alleine entscheiden, negative Konsequenzen trägt das Volk), gerät auf lange Sicht die Demokratie aus dem Tritt. Nicht einmal ihre repräsentative Form kann so gemeint sein. Wer seine Selbsteinschätzung so hoch hängt und im „Hohen Haus" verkündet (an einem Ort, an dem Schreibkräfte wegen „der Würde des Hauses ... keine kurzen Röcke" tragen dürfen), muß Qualitäten haben, die sich vom Normalbürger abheben. Und wer Verantwortung in diesem Maß übernimmt, muß sie auch übernehmen *können* – und Verantwortung kann nur der übernehmen, der auch die *Konsequenzen* seines Handelns tragen kann.

Ein Beispiel: Die Entscheidung der Politik für die Abschaffung der DM ist gegen die Mehrheitsmeinung der Bürger gefallen. Eine Entscheidung, die das ganze Land, ja ganz Europa betrifft. Informiert haben sie uns nicht (und schon gar nicht gefragt), sondern die fertige Entscheidung nur mitgeteilt und gerechtfertigt mit dem Versprechen, daß mit dem Euro alles besser wird (die Konjunktur, die Arbeitslosigkeit etc.). Daß die Entscheidung gegen die Mehrheitsmeinung der Bürger gefällt wurde, ist in einer repräsentativen Demokratie formal-politisch in Ordnung. Legitim war sie nicht und wäre in einer Informations*gesellschaft* undenkbar. Und was ist, wenn das Experiment schiefgeht, besonders unter dem Umstand, daß die Mehrheit der Bürger *dagegen* ist? In der unausgesprochenen Unterstellung, den Bürgern fehle der

Sachverstand für komplexe wirtschaftliche Fragen, zeigt sich eher tiefe Verachtung des Volkes als Kundigkeit in der Sache – immerhin haben 155 deutsche Wirtschaftsprofessoren vor der übereilten Einführung des EURO am 1. 1. 1999 gewarnt. Aber der Buddha aus Bonn walzt fachkundige Bedenken bedenkenlos platt. *Kritische* Information ist bei Entscheidungen nicht gefragt, aber gerade die ist es, die eine Informationsgesellschaft trägt. Noch einmal: Was geschieht, wenn es anders kommt als von der Politik verheißen, wenn also z. B. die Arbeitslosigkeit durch den EURO *zu*nimmt? Konsequenzen der Übernahme der Verantwortung tragen, hieße unter einer Maximalforderung: Zur Beseitigung des Scherbenhaufens in der Lage sein, und unter einer Minimalforderung: *Selbst* empfindliche Nachteile der Fehlentscheidung tragen zu müssen. Aber was im Falle des Scheiterns tatsächlich passieren wird: Die zuständigen Politiker reden sich heraus oder haben sich schon in die Pension abgesetzt; das kann nicht ernsthaft „Übernahme von Verantwortung" heißen. Ohne die Fähigkeit, die Konsequenzen falscher Entscheidungen wirklich tragen zu können, ist Verantwortung übernehmen verantwortungslos. Zum Vergleich die Situation eines Unternehmers: Auch er trifft gelegentlich Entscheidungen gegen den Willen der Belegschaft. Aber sind sie falsch, trägt er persönlich Konsequenzen: Er verliert Vermögen und im ungünstigsten Fall alles davon. Selbst Manager stehen stärker in der Pflicht: „Als Vorstand haftet man aktienrechtlich für alles, jetzt hafte ich für nichts" – so Wirtschaftsminister Müller.

Politiker zu verstehen ist nicht einfach, aber schon ihre Motive lassen nichts Gutes erwarten. Danach gefragt, kommt – unabhängig von Parteien – unisono das eine: „Gestalten wollen". Schon das ist Schönreden der Sache. Im Klartext: Es macht ihnen Lust, zu bestimmen, was andere zu tun haben. Eine mündige Gesellschaft, mit anderen Worten: eine Informationsgesellschaft, reibt sich mit der Psychologie dieses Motivs. Das sympathische Lebensmotto „So ist es gut, so ist es recht, niemandes Herr, niemandes Knecht", ist ihnen jedenfalls nicht vertraut. Und wie mächtig sie tatsächlich auch sind und wie einfach ihre Machtausübung zur Wirkung kommt: In keinem anderen Arbeitsbereich der Gesellschaft ist es möglich, mit bloßem Handheben in einer Masse von über 600 anderen Handhebenden oder dies Unterlassenden so weitreichende Entscheidungen zu treffen – Entscheidungen, die das Leben von 80 Millionen Bürgern betreffen. Da stimmen Hinterbänkler über komplizierte Sachverhalte im gleichen Gewicht aller Mitentscheidenden ab, denen fundierte Kenntnis in der Sache fehlt und die parteipolitische Opportunität an ihre Stelle setzen.

Zumindest manchmal, wenn sie Schwächen einräumen, werden Politiker sympathisch menschlich – aber auch das nur auf den ersten Blick. Nach Schwächen gefragt, sind nämlich auch hier ihre Antworten verräterisch. Die Antwort Lafontaines, die im Kern ihres Inhaltes repräsentativ sein dürfte: „Ich bin zu ungeduldig". Wiederum im Klartext: Partei und Volk denken zu langsam. So wird die Frage nach einer Schwäche in der Antwort in die Stärke eines selbst ernannten Schnelldenkers umgemünzt – sie verkaufen sich eben (fast) immer gut. Ihr Pech: Schnell denken ist nicht gleich richtig denken, und das Volk nimmt es ihnen ohnehin nicht mehr ab. Zumal in der unseligen Form: Erst verlieren sie die Orientierung, dann verdoppeln sie die Geschwindigkeit (z. B. bei der Steuergesetzgebung). Daß sie längst durchschaut sind, haben sie noch nicht durchschaut. Unter der Aufgabe von Problemlösungen und außerhalb von Leerformeln fällt ihr Denken jedenfalls schnell in den Kriechgang zurück – der *anwachsende* Berg der ungelösten Probleme beweist es. Das maßlose und unbegründete Selbstvertrauen, mit dem Politiker nur noch sich selbst, nicht mehr das Volk betrügen können, ist vergleichbar mit Irren, denen die Realität abhanden gekommen ist – und die dennoch fest glauben, sie unter Kontrolle zu haben. Mit anderen Worten: Die politische Klasse ist im Schutz gelungener Selbst- und versuchter Fremdtäuschung durchgeknallt.

Alles in allem bleibt das Urteil über Politik durchschlagend vernichtend. Auf den kritischen Punkt gebracht: Ihr Wirkungsgrad ist negativ. Sie erzeugt mehr Probleme als sie löst, und die von ihr gelösten Probleme sind von ihr selbst erzeugt. Unter dem

Primat der Information könnte sich ein derart irrationaler Mechanismus nicht etablieren. Ein paar Beispiele: Amerikaner, Chinesen, Franzosen, Briten und Deutsche sind empört und besorgt über die Atomversuche Pakistans. Sie könnten den Weltfrieden gefährden. Keine lokale Angelegenheit also. Aber: Amerikaner, Chinesen, Franzosen, Briten und Deutsche haben Jahre zuvor das pakistanische Atomprogramm finanziell und durch Lieferung atombombentauglicher Technologie unterstützt. Das gleiche gilt für Iraks Saddam Hussein. Im Konflikt zwischen Iran und Irak stellte sich der Westen auf die Seite Husseins – mit milliardenschweren Waffenlieferungen zugunsten des Diktators. Später mußte der Westen Iraks Armee aus dem befreundeten Kuweit vertreiben und sah sich selbst durch Waffen bedroht, mit denen der Aggressor zuvor zur Blüte gerüstet wurde. Mittel gegen solcherart Aggressionen gibt es, aber sie sind eher theoretischer Natur: Die den Krieg erklären, müssen selbst an die Front oder werden vorzeitig zur Einnahme von Viagra genötigt. Und Afrikas Hunger ist nicht Folge der Armut des Kontinents, sondern durch politische Entscheidung verursacht: Wer wie Mobuto Waffen statt Lebensmittel kauft, muß „Verbrecher" genannt werden. Und wer die Lieferung der Waffen politisch schützt, begeht Beihilfe zu diesem Verbrechen. Auf die kolonial mitverursachte Not mit spärlicher Entwicklungshilfe zu reagieren, die dazu noch den Privatreichtum der Diktatoren mehrt, mag Gewissen beruhigen, aus der Verantwortung sind die „Helfer" nicht. Und noch ein Beispiel: Die EU subventioniert den Tabakanbau mit zwei Milliarden Mark pro Jahr. Gleichzeitig warnen die Gesundheitsminister vor den Gefahren des Rauchens und planen ein umfassendes Werbeverbot, d. h. sie bekämpfen eine Gefahr, deren Ausbreitung sie fortlaufend unterstützen. Die Beispiele ließen sich so lange fortsetzen (insbesondere, was die Naturzerstörung und ihre Folgen betrifft), so weit der politische Einfluß reicht. Es bleibt also bei der Einschätzung: Politik erzeugt mehr Probleme als sie löst, und die von ihr gelösten Probleme sind von ihr selbst erzeugt. Mit einem so negativen Wirkungsgrad würde jedes Unternehmen Kurs in den Konkurs nehmen. Der letzte Grund für das verheerende Ergebnis: Politiker können aufgrund ihrer institutionalisierten Macht Komplexität in einem enormen Ausmaß und in kürzester Zeit *erzeugen* (siehe z. B. das weiter wachsende Para graphen- und Vorschriftendickicht), aber die politischen Mechanismen der Macht befähigen sie nicht, sie zu *beherrschen*. So laufen ihnen die Konsequenzen ihrer Entscheidungen im Regelfall aus dem Ruder: Ein Gesetz *verabschieden*, ist vergleichsweise leicht, es in der gesellschaftlichen Realität *durchzusetzen* und seine Konsequenzen und Nebenwirkungen unter Kontrolle zu halten, ist sehr viel schwieriger (aber das ist ja Aufgabe von Gerichten, Polizei, Finanzämtern etc.).

Was Politik regelmäßig vergißt: Nicht Beschlüsse sind schon Ergebnisse, sondern erst ihre Umsetzung. In der Rückkopplung der ungelösten und durch ihre Entscheidungen ausgelösten Probleme wird sie am Ende dann doch von der Überkomplexität der gesellschaftlichen Lage eingeholt und unter Druck gesetzt. Die Probleme sind eben nach der Handhebung im Parlament nur scheinbar vom Tisch. Und die Isolierung im Raumschiff Bonn trägt dann dazu bei, daß dies zu spät erkannt wird. Aus dieser Sicht mit etwas Glück, kommt irgendwann der politische Wechsel zu Hilfe. Dann werden in der Opposition die Probleme moniert, die in der Zeit der Regierung erzeugt oder liegen gelassen wurden. Nur eine kurze Zeit der Entlastung meist; der Druck der objektiven Lage bleibt, wird nicht durch Information genommen – und am Ende müssen Verdrängung, Freßsucht, Alkohol oder irrationaler Beistand her.

Die Sterne lügen nicht

Auch Politiker suchen Antworten gelegentlich in der Astrologie (so hat sich Mitterand 7 Jahre lang den Rat der Astrologin Teissier eingeholt). Und *hier* treffen sie mit dem gemeinen Volk zusammen – und auch mit den Führungsgrößen von Wirtschaft und Gesellschaft (so ließ sich Axel Springer das Konzept der Bild-Zeitung von der Astrologin Ina Hetzel horoskopieren). Unter der Last der (nach außen uneingestandenen) Überforderung finden sich alle in einem Boot – Einheit von Politik, Volk und Wirtschaft im Irrationalen. Kaum etwas zeigt besser, wie weit wir von einer Informationsgesellschaft entfernt sind.

Zwei Drittel der Bevölkerung lesen Horoskope! Der Jahresumsatz alleine der *Astro*branche in Deutschland wird auf 1 Milliarde DM geschätzt (Esoterik insgesamt: 17 Milliarden). Und das Geschäft boomt. Neue Bücher erscheinen am laufenden Band: „Astrologie und Partnerschaft", „Sag mir dein Sternzeichen, und ich sage dir, wie du liebst" etc. etc. In Geburtshoroskopen wird für die Ursachen von Allergien und Ängsten gesucht; in den Sternen steht, ob man kündigen, heiraten, umziehen, wohin man in Urlaub fahren, was man studieren und welches Auto man fahren soll. Sogar Horoskope für Hauskatzen gibt es inzwischen: „Die Fisch-Katze ist melancholisch und tagträumerisch. Sitzt oft stundenlang da und döst vor sich hin". Wer also eine ständig dösende Katze sucht, wird sie durch einen Blick in die Sterne finden! Unglaublich, daß Hokuspokus dieser Art, inzwischen vom Sachserben Gunter (gelernter Beruf: Mathematiker, ausgeübter Beruf: Sohn) „wissenschaftlich" belegt, in allen Medien verbreitet wird. Wer hier wieder beschwichtigend ans Augenzwinkern appelliert … Die Antwort haben wir schon gegeben.

Selbst bei Entscheidungen der Wirtschaft mit weltweiten Konsequenzen mischt die Astrologie kräftig mit: Bei der (geplanten) Fusion von Schweizer Bankverein und Bankgesellschaft zur zweitgrößten Bank der Welt hat der Vorstand den Inhaber der Firma „Astrodata" (Claude Weiss) vor der Elefantenhochzeit um ein Horoskop gebeten. Daß hier eine Informationsgesellschaft wirksam sein soll, mag niemand glauben. Oder doch? Schließlich wenden die Astrodeuter Computer und mathematische Methoden an, *die* Grundlagen moderner Wissenschaft also. Was die Mathematik betrifft, zunächst zur aufklärenden Erheiterung ein Witz: Zwei Ballonfahrer haben sich verflogen. Sie rufen jemandem auf der Erde zu: „Können Sie uns sagen, wo wir uns befinden?" Der Gefragte denkt nach und gibt nach langer Zeit die Antwort: „In einem Ballonkorb". Einer der Ballonfahrer tippt auf einen Mathematiker. Seine Begründung: „Erstens hat die Antwort lange gedauert, zweitens ist sie absolut korrekt und drittens kann man mit ihr nichts anfangen". Hören wir ergänzend Bertrand Russell, einer der beiden Verfasser der berühmten Principia Mathematica: Die Mathematik ist eine absolut sichere Wissenschaft, von der niemand weiß, was ihr Gegenstand ist. Mit anderen Worten: Man kann mit Hilfe der Mathematik (und mit Hilfe des Computers) den größten Unsinn exakt berechnen. Und nun wieder im Ernst und zurück zur Astrologie.

Wissenschaftlichkeit wird nicht durch die Anwendung mathematischer Methoden, sondern erst dann erreicht, wenn sie unter wahren Grundannahmen Anwendung findet. Und für die Grundannahme, daß die Sterne unser Leben bestimmen, gibt es keine guten Gründe. Falsche Annahmen dieser Art werden also nicht dadurch wahr, daß sie mathematisch verpackt und vom Computer ausgedruckt werden. Schuld an dem Unsinn ist nicht die Mathematik, sondern der Astrologe, der den Unsinn zuvor in sie hineinsteckt. So wird Wissenschaftlichkeit auf dem Rücken der Mathematik nur vorgetäuscht, und der Schein steht wieder einmal vor dem Sein – *die* Signatur unseres Zeitalters.

Aber so schnell geben Astrologen nicht auf. Gelegentlich und unter dem Druck von Einwänden versuchen sie ihre „Wissenschaftlichkeit" mit der Geschichte zu schützen: Der große Physiker Isaac Newton wird bemüht. Daß er die Astrologie ernst nahm, ist wahr, aber wahr ist auch, daß dies schon 300 Jahre her ist. Und in der Zwischenzeit ist die Zeit nicht stehengeblieben: Die Physik hat sich jedenfalls aus dem Zusammenhang von Astrologie und Astronomie längst und aus guten Gründen vollständig gelöst, d. h. mit den *falschen* Annahmen großer Physiker kann keine Wissenschaftlichkeit herbeigezaubert werden. Dennoch: Der Satz „Die Sterne lügen nicht" ist wahr – allerdings nur unter der Bedingung einer ergänzenden Annahme: „Sie sagen auch nicht die Wahrheit" (so wie dies bei *jeder* physikalischen Materie der Fall ist). Daß es rätselhafte Dinge zwischen Himmel und Hölle gibt, bestreitet niemand (am wenigsten die Physik), aber daß Sterne die Antworten wüßten, ist absurd und führt in eine Geisterwelt der Materie.

Nun gehört das Irrationale seit Menschengedenken zum Menschen, und das wird vermutlich auch immer so bleiben – aber eine Aufforderung, es zu *fördern*, liegt in der Feststellung nicht. Und nicht zu verwechseln sind Irrationales und Emotionales. Emotionen (Freude, Trauer etc.) gehören nicht nur zum Wesen des Menschen, sondern daß dies so ist, ist gut so. Wir würden sie missen, so unser Verhalten von ihnen frei wäre. Und im Unterschied zum Irrationalen reibt sich Emotion nicht mit Information. Ganz anders im Geschäft der Astrologie. Unter dem Schein wissenschaftlichen Anspruchs klärt sie nicht auf, sondern beutet Gefühle und Unwissenheit nur aus und hält letztere am Leben. Ihr Erfolg, d. h. das beruhigende Gefühl bei den Ratsuchenden, ist Folge des Mangels an Information. Dagegen interessiert uns der *Zusammen*hang von Emotion und Information, der in einer Informationsgesellschaft zu stärken wäre. Die Freude eines Mathematikers über die gelungene Lösung einer schwierigen Gleichung ist Folge der Zunahme von Information; die Freude eines beim Astrologen Rat Suchenden über die Prognose eines günstigen Lebensverlaufs dagegen nicht. Alles in allem: Die Irrationalität der Astrologie, die in der Kasse ihrer Betreiber zu ihrem wahren Wesen kommt, hat nicht nur nichts mit der Informationsgesellschaft zu tun, sondern die Tatsache ihrer großen Verbreitung ist ein Indiz dafür, daß wir sie noch nicht haben.

Kaiser Franz ist glücklich

Unsere Gesellschaft ist voll von Irrationalismen dieser Art, die alle darin übereinstimmen, Folge fehlender Information oder Folge ihrer Nichtberücksichtigung zu sein. Ein Beispiel: Trotz des gesicherten Wissens um die Gefahren (und trotz großer, politisch begleiteter internationaler Kongresse) fahren wir ungebrochen fort, die Natur zu zerstören. Die Ergebnisse sind im Wasser, zu

Lande und in der Luft dramatisch. Alleine im größten zusammenhängenden Waldgebiet der Erde, im Regenwald des Amazonas, gingen zwischen 1980 und 1990 ca. 645.000 Quadratkilometer Wald durch Brandrodung oder Holzschlag verloren – eine Fläche von (fast) der doppelten Größe Deutschlands. Zur Wiederholung: In nur 10 Jahren! Wir wissen, daß Urwälder unersetzlich sind – nicht zuletzt für den Sauerstoffhaushalt unserer Erde. Und wir wissen auch, daß der verbleibende Rest um so wichtiger für unsere Kinder und Kindeskinder ist, aber wir fahren fort, ihn mit Tempo weiter zu zerstören: Von Juni 97 bis November 97, in der Saison der Brandrodung, registrierten amerikanische Satelliten alleine im Amazonasgebiet viele Tausende Großfeuer. In manchen Ländern, so z. B. in Malaysia, Pakistan und Thailand, wird es in wenigen Jahrzehnten keinen Regenwald mehr geben – so die Zerstörung im jetzigen Ausmaß fortgesetzt wird. So irrational, da gegen gesichertes Wissen, und so unverantwortlich, da gegen die Interessen künftiger Generationen, verhielte sich eine Informationsgesellschaft nicht. Profit, nicht Information bestimmt zur Zeit das Verhältnis von Gesellschaft und Natur.

So erfreulich die internationale grüne Bewegung auch ist, an diesem zerstörenden Grundverhältnis hat sie bisher nichts geändert. Der Graben zwischen Natur und Gesellschaft ist breit geworden. Ob er durch eine gewaltige Kraftanstrengung noch überwunden werden kann, wissen wir nicht, aber der Versuch lohnt allemal, weil wir nur gewinnen können. Selbst wenn eine Verhaltensänderung z. B. den Prozeß der Erwärmung des Klimas nicht mehr stoppen könnte (so wie dies bei der Eisschmelze der Polarkappen der Fall sein dürfte), so könnte er vielleicht entschleunigt werden, sicher aber bleiben die wichtigen fossilen Naturstoffe für nächste Generationen erhalten. Und sollten wir wirklich Verursacher des Klimawechsels sein, muß die Kraftanstrengung sehr groß und international sein. Um im Bild zu bleiben: Stellt sich die Aufgabe, einen Graben von *fünf* Meter Breite zu überspringen, dann trägt eine Sprungleistung von *vier* Metern *nichts* zur Lösung des Problems bei. Und analog haben alle bisherigen Versuche zur Versöhnung von Mensch und Natur diesen schwerwiegenden Mangel; schwerwiegend auch deshalb, weil er im Tun die Illusion des *ausreichenden* Tuns erzeugt, zumindest, daß tätig sein an sich ein Beitrag zur Lösung wäre (aber der 4-Meter-Sprung über einen 5-Meter-Graben ist kein Beitrag zur Lösung des Problems). Der Mangel also: Die bisherigen Versuche liegen unterhalb der nötigen Kraftaufwendung. Besonders die politische Perspektive ist besorgniserregend: Solange Politiker an Holzverwertungsgesellschaften beteiligt sind (z. B. in Thailand) oder auf andere Weise an der Zerstörung des Regenwaldes mitverdienen (z. B. durch Korruption oder legal durch Steuereinnahmen), wird sich daran nichts ändern. Wer wissentlich globale Lebensgrundlagen zerstört, handelt kriminell auch ohne Gesetzesverstoß, und psychologisch kommt erschwerend hinzu, daß gesellschaftlich *anhaltende* Betroffenheit fehlt: Spektakuläre Bilder von gequälten Papageien erregen mehr als das langsame Aussterben ihrer Art.

Die Nachricht eines großen Boulevardblattes „Kaiser Franz ist glücklich" ist allemal wichtiger als die Nachricht über das sich beschleunigende Ableben unserer Lebensgrundlagen – ein Zeichen dafür, daß wir (überlebenswichtige) Information nicht ertragen. Erstaunlich ist: Jeder (oder fast jeder) weiß, wen „Kaiser Franz" bezeichnet – keine historische Figur, sondern den Kicker aus Bayern natürlich. Auch die beschwörende und bange Frage „Franz, wo stehen wir?" war dem Blatt eine halbe Seite und dem Leser der Kauf des Blattes wert. Franz gibt Auskunft und der Leser weiß, wo Deutschland steht – im Feld der 32 Teilnehmer der Fußballweltmeisterschaft '98. Fragen sind ansonsten eher selten, klare und überflüssige Nachrichten die Regel, z. B. die: Aidskranker beißt deutschen Schäferhund. Daß *keine* Information übertragen wird, stimmt also nicht. Nur welche?! Neben dem genannten auch Wissen über die Vorlieben und Affären von Mitgliedern der großen Königs- und Fürstenhäuser etc. etc., aber Wissen, das nicht das Leben von Franz und Diana, sondern das eigene Leben oder gar die Erde als Ganze betrifft – Fehlanzeige oder reißerische Desinformation.

In einer Zeit, in der das Wort „Informationsgesellschaft" hoch inflationiert, ist es beschämend: Im Sinne der klassischen Bildung wissen die Deutschen immer weniger. Nach dem Meinungsforschungsinstitut Allensbach nimmt das Wissen der Bevölkerung nämlich seit 1970 kontinuierlich ab (und die Zahl der Analphabeten und Sprachgestörten nimmt zu). Ein Beispiel: Die Frage „Dreht sich die Erde um die Sonne oder die Sonne um die Erde?" wurde von 25% der Befragten entweder gar nicht oder falsch beantwortet (abgesehen davon, wie viele von den richtigen Antworten zwar sicher gegeben, aber in Wahrheit nur erraten wurden). Ein deutliches Signal dafür, daß wir eine Informationsgesellschaft noch nicht haben, vielleicht sogar für den geistigen *Abstieg* unserer Gesellschaft. Nicht unbedingt! Möglich ist, daß Wissen nur in der klassischen, vergangenheitsorientierten Form der Bildung abgenommen hat und von *anderem* Wissen verdrängt wurde. Was nutzt es heute, wenn ich weiß, wie alt unsere Erde ist, aber nicht weiß, wie ein Computer bedient wird? Ein berechtigter Einwand. Belegen also alle bisher genannten Beispiele am Ende doch nicht, was sie belegen sollen, nämlich daß die Informationsgesellschaft noch nicht existiert? Sind die klassischen Kulturtechniken (Lesen, Schreiben, Rechnen) und die klassischen Schlüsselqualifikationen (z. B. soziale Kompetenz) durch andere Techniken, z. B. durch den Umgang mit Computern, nicht längst ersetzt worden, und was wäre so schlimm daran? Sind wir also nicht umgekehrt mit diesen alten Vorstellungen von Bildung und Wissen hoffnungslos veraltet? Jedenfalls könnte das bisherige negative Urteil nur verteidigt werden, wenn sich die *Gesamt*bilanz von Wissen und Bildung in der Gesellschaft verschlechtert hätte. Vielleicht gibt es unter anderem Blickwinkel, dem des *technischen* Fortschritts, schon längst die Informationsgesellschaft – eben nur in einer anderen Form, einer, die den *neuen* Anforderungen entspricht!

Das Ende des aufrechten Gangs

Alle Welt spricht von der Informationsgesellschaft – und das in einer Weise, als sei sie neu und als gäbe es sie schon. Zumindest gilt die Annahme, daß sie mit der breiten Einführung der neuen Medien (insb. der Computertechnik) automatisch entsteht. Wer den Computer beherrscht, beherrscht *die* Schlüsselqualifikation unserer Zeit, ist damit auf ihrer Höhe und bestmöglich informiert. Wenn „Evolution" dann „Zunahme von Information" ist, ist ihre Spitze nicht mehr in Köpfen, sondern auf Datenautobahnen zu suchen. Und begibt sich die Gesellschaft als Ganze dorthin, ist der Übergang von der Industriegesellschaft, die sich dem Ende zuneigt, zur Informationsgesellschaft, die rosige Zukunft verheißt, vollzogen. Nun wissen wir es: Der massenhafte und vernetzte Einsatz von Computern macht eine Gesellschaft zur Informationsgesellschaft, und nicht Bildungsballast vergangener Zeiten. Wir haben sie also schon, nur haben wir sie an der falschen Stelle gesucht.

Zumindest der Anfang ist längst gemacht: PC's überall und in Zukunft immer mehr. Und wie sieht das entfaltete Modell der Zukunft aus? Zunächst die praktische Seite: Mit der Ausbreitung der neuen Medien werden die eigenen vier Wände zum Dreh- und Angelpunkt des Privat- *und* Arbeitslebens der Menschen. Ungewollt und unbemerkt geht *das* evolutionsbiologische Merkmal, der aufrechte Gang, mit dem Ende der Industriegesellschaft seinem Ende entgegen. Der Mensch des digitalen Zeitalters *sitzt* nämlich: zu Hause vor dem Bildschirm. Alles, was zu erledigen ist, wird vom Stuhl aus qua Tastatur oder elektronisch erwarteter Stimmanweisung erledigt. Und vieles geschieht ganz automatisch. Es beginnt schon frühmorgens: Klingelt der Wecker, schaltet sich das Radio ein, wird das Fenster geöffnet oder geschlossen, nennt ein elektronischer Diener die zu erledigenden Tagesaufgaben, macht Kaffee etc. – und das alles perfekt zeitlich aufeinander abgestimmt, so daß keine Wartezeiten (und damit keine Zeitverluste) entstehen. Handlungen im herkömmlichen Sinne, die immer mit Fortbewegung des Körpers

verbunden waren, werden bis zur Bedeutungslosigkeit eingeschränkt.

Ein paar Beispiele, die den Weg in die Sitzgesellschaft illustrieren: Um einen Film zu sehen, müssen Digitalisten nicht mehr
ins Kino gehen (und an der Kasse warten), sondern drücken den
gewünschten Film auf den Privatbildschirm zu Hause; um zu studieren, wird der Gang zur Universität entbehrlich (und die
Frustration in überfüllten Hörsälen entfällt) – das prüfungsrele-
vante Wissen kommt qua Datenleitung ins Haus; wer sich aus der
Zeitung informieren will, muß nicht mehr zum Kiosk gehen (und
holt sich nicht nur das gewünschte Druckerzeugnis, sondern auch
unerwünschte Drückerschwärze in die Hand), sondern stellt sich
die Nachrichten zu Hause am Bildschirm selbst zusammen; um
einzukaufen, muß niemand mehr ins Kaufhaus gehen (und das
Gedränge und unfreundliche VerkäuferInnen ertragen), sondern
bestellt seine Kleider per elektronischem Knopfdruck (das lästige
An- und Ausziehen in der Umkleidekabine übernimmt ein digi-
tales Modell, das nach der eigenen Kleidergröße vom Kaufinte-
ressierten konfiguriert wird); auch für die Anbahnung sozialer
und/oder erotischer Kontakte müssen Digitalisten die eigenen vier
Wände nicht mehr verlassen – die Verbindungen werden elektronisch von Computer zu Computer hergestellt; und auch zum
Arbeitsplatz müssen sie sich nicht mehr bewegen, er befindet sich
in der eigenen Wohnung: „Telearbeit" nennt man das. Das
Zusammensitzen mit unsympathischen und rauchenden Kollegen
entfällt und die Arbeitszeit wird selbst bestimmt; wer lieber nachts
und/oder nackt arbeitet, kann dies in eigener Entscheidung tun;
alles ist erlaubt – wenn nur das Arbeitsergebnis stimmt. Und von
zu Hause ist der Telearbeiter nicht nur mit seinem Chef, sondern
mit dem Rest der Welt verbunden, kann rund um den Globus per
Knopfdruck und in Bruchteilen von Sekunden im elektronischen
Netzwerk Rat einholen und/oder Rat geben. Eine wunderbare
Welt der selbständigen Entscheidung, welche die Welt der
Selbständigen dramatisch vergrößern wird. Wir sind bereits auf
diesem Weg und das Netzwerk ist hungrig; seine innere Logik ist
auf Expansion programmiert – bis auch der letzte Indio im tropi-

schen Regenwald Amazoniens ins Netz gegangen ist und sich sitzend die Welt erschließt: Informationsgesellschaft total.

Und alles geht mit großer Geschwindigkeit. Brauchte die Druckerpresse Jahrhunderte, bis sie sich weltweit durchgesetzt hatte, so geht es in der digitalen Netzwerktechnik nur mehr um Jahrzehnte. Und wie immer ist Amerika auch hier an der Spitze der Entwicklung: 10 Millionen Telearbeiter gibt es dort bereits.

Im ersten Schritt beginnt es meist harmlos, nur mit räumlicher Veränderung: Dasselbe, was Sachbearbeiter, Buchhalter, Schreibkräfte, Programmierer etc. bisher in der Firma des Arbeitgebers erarbeitet haben, machen sie jetzt bei sich zu Hause; nur noch die Ergebnisse werden über Datenleitung an die Firma übertragen, und auch die Aufgaben erhält der Beschäftigte über Datenleitung. So bleibt die Grundlage des Sozialsystems, ein langes und kontinuierliches Arbeitsverhältnis, unter diesen Bedingungen noch erhalten. Im zweiten Schritt tritt allerdings eine folgenreiche Änderung ein. In der (durch digitale Vernetzung) zunehmenden internationalen Konkurrenz entstehen für Unternehmen immer unvorhersehbarer Phasen der schwachen Nachfrage – die Konkurrenz wird größer. So entdecken Kunden am Bildschirm, daß der bisherige Lieferant zu teuer und andere Anbieter in der Nachbarstadt oder sonstwo auf der Welt dasselbe zu einem günstigeren Preis anbieten – und vergeben Aufträge dann an diese. Die Nachfrage bricht punktuell ein. Sind Buchhalter, Schreibkräfte u. a. im traditionellen Status des abhängig Beschäftigten, laufen die Kosten (Gehälter etc.) während dieser Zeit der schwachen Nachfrage dennoch weiter. Arbeitnehmer spüren die Wirkungen nur an weniger Arbeit (und an der schlechten Laune ihres Chefs), aber nicht an weniger Einkommen. Das war einmal. In der digitalen Informationsgesellschaft nutzen Arbeitgeber die Gunst der elektronische Stunde. Um der Entlassung zu entgehen, wird den Beschäftigten anheimgelegt, den schon vollzogenen Schritt in die eigenen vier Wände um den Schritt in die Selbstständigkeit zu komplettieren. Der Vorteil des ehemaligen Arbeitgebers: In schlechten Zeiten laufen die Kosten (insb. die Gehälter) nicht weiter, und der ehemalige Arbeitnehmer wird nach Bedarf beauftragt. Ab dann schlägt die internationale Konkurrenz direkt auf den ehemaligen Arbeitnehmer durch. Ab sofort steht er nämlich z. B. als Programmierer im Dauerwettbewerb mit anderen Programmierern, z. B. aus Indien. Konkurrieren kann er mit diesen aber nur so lange, als es ein fachliches Qualitätsgefälle zum indischen Programmierer gibt. Da räumliche Distanzen durch die elektronische Vernetzung praktisch keine Rolle mehr spielen (die Übertragung der Daten geschieht in Bruchteilen von Sekunden), wird der deutsche Programmierer chancenlos genau dann, wenn der indische das technische Defizit aufgeholt hat (was bereits der Fall ist); denn genau dann hat der indische Anbieter einen unschlagbaren Vorteil: Seine billige Arbeitskraft. Siemens z. B. hat diese Möglichkeit früh erkannt und genutzt. Der Prozeß ist ohne Ende, nur in der Zeit verschoben; denn den indischen Programmierer ereilt das gleiche Schicksal – nach einer Weile großer Nachfrage wird er von anderen, z. B. burmesischen Anbietern aus dem Rennen geworfen.

So weit ein paar Konsequenzen der neuen Techniken für die gesellschaftliche und ökonomische Praxis. Alles in allem: Je mehr sich das digitale Netzwerk in der Welt verbreitet, desto mehr werden die Menschen hinter die eigenen vier Wände zurückgezogen. Hier liegen die Informationszentralen, und die ganze Welt wird zum digitalen Netzwerk. Reale Gemeinschaften werden mehr und mehr durch virtuelle ersetzt: Der Blick in die Augen des/der (ja nicht immer unsympathischen) Arbeitskollegen/in wird ersetzt durch den Blick auf das elektronisch repräsentierte Arbeitsergebnis des Bildschirms; das reale Gespräch auch über Inhalte, die jenseits der Arbeitswelt liegen (der berühmt-berüchtigte, aber in seinen sozialpsychologischen Wirkungen positive Schnack z. B.), verschwindet ganz – in der elektronischen Post landen nur noch Arbeitsergebnisse, keine zwischenmenschlichen Kommunikationen. Höchst effizient also: Es geht um Information zur Sache und nicht zur Person. Eine Informationsgesellschaft im radikalsten Sinne des Wortes: Die Gesellschaft wird auf Information reduziert. In der Konsequenz jedenfalls geraten wir auf den Weg einer körperlosen Fernkontaktwelt, in der direkte kollektive

Erlebnisse mehr und mehr verschwinden: Teleworking, Tele-learning, Telespeaking, Television, Teleshopping, Telefucking, Teletherapie etc. Was entsteht bei all dieser Ferne, ist das Unbehagen, das Neue „Informationsgesellschaft" zu nennen.

Gesellschaft als Gesellschaftsspiel

Wie immer gibt es Vorteile und Nachteile, Gewinner und Verlierer. Der Vorteil z. B., auf dem Weg zur Arbeit keine Zeit im Stau zu verlieren, muß „Vorteil" genannt werden. Ebenso der Vorteil, Wissen aus internationalen Quellen per Knopfdruck abrufen zu können. Und immer mehr profitieren davon: So gibt es derzeit weltweit ca. 100 Millionen Internetbenutzer (50 Millionen in den USA und 6 Millionen in Deutschland). Schon die (permanent weiter steigenden) Zahlen signalisieren die *gesell-schaftliche* Dimension der neuen Technik. Unter der gesellschaft-lichen Perspektive ist wahr aber auch: Der Computer vermittelt nicht nur Wissen, sondern verleitet zum Umgang mit Spielen, die eine neue Dimension von Gewalt sozialisieren, die alles Bisherige übertrifft. Ein Beispiel: Wer in der virtuellen Welt einen Sportwagen fährt mit der Vorgabe der Spielregel, möglichst viele Fußgänger mit möglichst viel Blutverlust zu töten, wird in einen „geistigen" Raum geführt, in dem asoziales verbrecherisches Verhalten honoriert wird. Aber wie bei der Werbung geben auch hier wieder die Verantwortlichen die Verantwortung ab, jeden-falls Brian Fargo, Chef der Softwarefirma Interplay: „Kids im Alter von acht bis zwölf Jahren wollen heutzutage schreiende, blutverschmierte Opfer als Spielkameraden". Der Mann ist ein gesellschaftliches Risiko und müßte im Einschluß zur Vernunft gebracht, zumindest gesellschaftlich unschädlich gemacht werden. Am Ende stehen pornographisch mißbrauchte Kinder und Kleinkinder, deren Willen die Schänder ja nur vollziehen. Mit Sicherheit ist wahr: Segen und Fluch der Technik liegen nahe bei-einander.

Bei der Benutzung des Computers im privaten Bereich wäre

also, bevor „Informationsgesellschaft" zur Marketingparole verkommt, ein Verhältnis zu klären: Wird er überwiegend für die Übertragung oder Erarbeitung von Wissen oder für Spielereien (und Schweinereien) dieser oder anderer Art oder für einen Mix aus beidem („Edutainment" = education + entertainment) genutzt? Bei der grassierenden Spielermentalität unserer Gesellschaft dürfte in der Alltagswelt die Spielervariante Platz 1 belegen (und daß die Handelnden der Wirtschaft unter der magischen Formel "Globalisierung" mehr und mehr "Global-*Players*" genannt werden, signalisiert die Ausbreitung der Mentalität)

Daß der Internet-Benutzer als erster über die tatsächlichen oder vermeintlichen Sexaffären von Clinton informiert war oder die Möglichkeit hat, Angebote für einen Maßanzug aus Singapur auf den heimischen Bildschirm zu holen, hat zwar mit Information, aber nichts mit einer Informations*gesellschaft* zu tun. Wenn sich Exhibitionisten und Voyeure, Kinderschänder und Perverse, politische Wirrköpfe und Hilflose weltweit die Hand reichen und die Datenautobahn zur längsten Shoppingmeile der Welt avanciert, wenn Stern-Online einlädt mit „Willkommen in der Flirtual-Reality … Klönen, blödeln, quatschen, flirten, sich verlieben", sieht das alles nicht nach Informationsgesellschaft, sondern mehr nach organisierter Kriminalität oder Fitze Fitze Fatze aus. Die Vor- und Nachteile der ausgiebigen privaten Nutzung von Computern, das Verhältnis von Wissensvermittlung auf der einen und Gefahr und Fitze Fatze auf der anderen Seite wären zuerst einmal empirisch festzustellen – bevor die Lobgesänge der Technikanbieter unter dem Vorwand der Informationsgesellschaft den Verstand vernebeln. Nicht die möglichen, sondern die tatsächlichen Verwendungsweisen des Computers im Alltag stehen auf dem Prüfstand und entscheiden darüber, ob sie einen Beitrag zur Informationsgesellschaft leisten oder nicht.

Das Internet-Cafe ist dabei eine Institution auf halbem Weg und nur der erste Schritt für diejenigen, die es erst mal probieren wollen. Nicht konsequent für eine Sitzgesellschaft, weil Caféhausbesucher ihre eigenen vier Wände verlassen und damit ihren Körper bewegen müssen. Und von einem Café ist nur der

Name übriggeblieben – schlechte Nostalgie also. Ansonsten ist alles anders. Schon die Geräuschkulisse ist kalt und unterscheidet sich von herkömmlichen Cafés: Das klackende Tippen von Tastaturen anstelle von gedämpften Gesprächen mit Tischnachbarn. Und finden Gespräche statt, dann nicht über persönliche Belange, sondern über Belange des Netzes. Hier wird nicht Abstand von Problemen und damit Entspannung gesucht, sondern ihre Lösung, die zudem immer *technischer* Natur ist. Das klingt schon wieder sehr altmodisch – in einer *digitalen* Informationsgesellschaft muß das so sein! Die Gespräche über technische Belange *sind* persönliche Belange der Netzbenutzer! Aber genau das ist das Problem: Wenn Probleme einer *Maschinen*welt (z. B. lange Wartezeiten in der Leitung) zu dominierenden *persönlichen* Problemen der Benutzer werden, sind sie nicht nur in sie verstrickt, sondern bereits Anhängsel von ihr. Wer nicht nur in der Arbeits-, sondern auch in der Alltagswelt mehr über Maschinen als über sich selbst (und andere Personen) spricht, hat sich (und seine Mitmenschen) bereits aus den Augen verloren. Hinzu kommt: Die Online-Gemeinschaft kann die kollektive Erfahrung einer realen Gemeinschaft nicht ersetzen, weil Realität durch nichts ersetzbar ist. Das Zusammengehörigkeitsgefühl einer realen Gemeinschaft entsteht und wird aufrechterhalten in den Körpern und Köpfen ihrer Mitglieder, in der virtuellen Gemeinschaft steht und fällt es mit dem Knopfdruck, mit dem sich Benutzer der Maschine ins Netz ein- oder aus ihm ausklinken. Und vor allem fehlt der Realität aus zweiter Hand die *körperliche* Erfahrung gegenseitiger Emotionalität. Den Unterschied zwischen virtueller und realer Welt sukzessive aus den Augen zu verlieren oder Kindern die virtuelle Welt als reale zu vermitteln, ist eine reale Gefahr des naiven Umgangs mit dieser Technik. Kommt dieser Unterschied abhanden (oder wird nie systematisch wie in der natürlichen Sprache erlernt: mit dem Wort „Messer" kann man kein Brot schneiden), fehlt gesellschaftlich wichtige Information und kann der Verursacher nicht „Informationsgesellschaft" heißen.

Aber was sollen Gefühlsduseleien einer vergangenen oder vergehenden Welt, in der Menschen reale Hände geschüttelt, in reale Augen gesehen, sich real umarmt und sich in der Individualität ihrer realen Stimme ausgetauscht haben! Leidenschaftliche Online-Benutzer bestreiten schlichtweg, daß die Sozialität der Gemeinschaft im Netz verlorengeht, ersetzen sie nur durch eine andere, „zeitgemäßere" und zeigen dies bis ins Vokabular. Ihre Netzkontakte beschreiben sie nämlich mit den alten Vokabeln: sie „diskutieren", „lassen eine Verabredung platzen", „treffen sich" etc. Und zeitgemäß ist diese elektronische Fernkontaktform schon deshalb, weil es sie zur Zeit und mehr und mehr gibt. Den Zeitgeist kann man am Ende nur ignorieren, nicht im Argument bekämpfen.

Der Weltgeist ist da

Und was sagen die Theoretiker zur digitalen Informationsgesellschaft? Mit den Schwärmereien des kanadischen Medienphilosophen Marshall McLuhan fing in den 60er Jahren alles an. Seine Sicht: Nach dem Zeitalter der Mechanisierung, in dem Menschen ihre *Körper* (in Autos, Flugzeugen oder Raketen) immer weiter in den Raum ausgedehnt haben, ist es nun qua elektrische Medien gelungen, ihr Zentralnervensystem, ihren *Geist* also, weltweit zu verbreiten. Elektrisch zusammengerückt, wird die aus der Körperperspektive so große Welt zum Dorf. Unter den heutigen technischen Verhältnissen des Internet hätte sich der 1980 verstorbene McLuhan wohl im Paradies gewähnt. Empfand er schon die vergleichsweise bescheidenen elektrischen Medien seiner Zeit als Bewußtseinserweiterung der Erde, so muß das Internet *das* Medium ihrer höchsten Vollendung sein. So jedenfalls sehen es die Nachfolger McLuhans. Pierre Lévy z. B., Professor an der Universität Paris/Saint-Denis, sieht über die neuen Kommunikationstechniken ein „kollektives Gehirn" heranwachsen, in dem die intellektuellen Fähigkeiten des Einzelnen durch weltweiten Verbund mit vielen anderen zur Entfaltung und zum Höhepunkt gebracht werden. Und der amerikanische

Philosoph Peter Russel spricht vom „planetarischen Erwachen" in einem „globalen Gehirn". Und je schneller sich die Telekommunikationsmöglichkeiten ausbreiten, desto leistungsfähiger wird das „globale Gehirn" – analog zum Gehirn in unserem Kopf, das seine Leistungsfähigkeit ebenfalls durch immer weitere Vernetzung der Nervenzellen steigert (dazu später mehr).

Insgesamt ist also Zuversicht, ja grenzenloses Vertrauen in die neuen Medien angesagt; denn die Ausbreitung des Geistes ist eine zwangsläufige Folge der Ausbreitung der digitalen Technik – und gegen die Ausbreitung des Geistes kann es Einwände nicht geben, zumal dann nicht, wenn Informationsgesellschaft das (nicht mehr hinterfragbare) Ziel ist. Mit 500 Fernsehkanälen, die Medienmogule schon in den nächsten Jahren in Aussicht stellen (oder besser: androhen, denn bisher gilt: je flacher der Bildschirm desto flacher der Inhalt), bekäme das globale Gehirn noch einmal kräftig Schub. Und immer wieder und immer durchgreifender der schöne Nebeneffekt: Wir benötigen den Körper, dieses hinfällige Ding, nur noch für die Bedienung der Tastatur (oder das Schieben der Maus – und bald nur noch für die Ausbreitung von Schallwellen, wenn Maschinen aufs gesprochene Wort reagieren); allenfalls für den Gang zum Arzt, wenn der Sitzmensch aufgrund seiner Dauersitzungen z. B. Symptome motorischer Störung zeigt – zum Arzt für *körperliche* Belange, versteht sich; denn Treffen mit Psychotherapeuten finden in virtuellen Räumen statt.

Und nicht einmal dann steht Bewegung an, wenn wir andere an anderen Orten *sehen* wollen. Das Bildtelefon schaltet die optische Verbindung in Echtzeit. Schön (wenn auch nur in *Ergänzung* zum Realen), wenn zwei sich gerade kennen und lieben gelernt haben. Manchmal muß man sich auch in der Sitzgesellschaft noch trennen, um dann am anderen Ort wieder der Sitzordnung zu verfallen. Stellen wir uns vor: Er sitzt z. B. in Frankfurt und sie in New York und Sehnsucht kommt auf. Kein Problem: Ein Anruf zaubert die geliebte Person über den Ozean hinweg auf den heimischen Bildschirm. So weit so gut. Aber wie sieht es dann später aus, z. B. wenn er als Sekretär auf dem Schoß seiner Chefin sitzt und sie ihn fern in New York kurz sehen will? Nur mit Übertragung der *Stimme* kein Problem: Der Sekretär muß den Schoß seiner Chefin zum Telefonieren mit seiner Frau nicht verlassen. Unter den technischen Möglichkeiten des Bildtelefons wird das anders: Entweder wird er ertappt oder macht sich verdächtig, so die *Bild*übertragung verweigert wird. Und nicht an den Apparat gehen, ist auch keine Lösung. Am Ende also weniger Kommunikation?! Oder was ist, wenn Eitelkeit im Spiel ist und sie gerade abgeschminkt, übermüdet oder sonst irgendwie unvorteilhaft aussehend es sich zu Hause gemütlich macht und just dann der Anruf erfolgt? Im Beschämtsein über den Anblick verweigert sie die Kommunikation – oder hetzt vor dem Abheben des Hörers zum Spiegel, richtet die Frisur, schminkt die Lippen, zieht sich schnell an oder aus etc. etc. Und es wird nicht beim Streß *vor* dem Abheben des Hörers bleiben: denn auch *während* des Telefonierens werden Körperhaltung und Miene wegen der Bildübertragung anders sein als ohne sie. Insgesamt also mehr Streß, weniger Kommunikation und noch mehr Show; unbeabsichtigte Nebenwirkungen einer neuen Technik, die den Zweck einer Fernkommunikation und der Ausbreitung des „globalen Gehirns" empfindlich stören können.

In virtuellen Welten ist alles möglich (David wird zu Goliath) – außer der Bewältigung der realen Welt. Der Aufstieg zum Achttausender gelingt jedermann, selbst unter widrigsten Wetterverhältnissen; Mike Tyson geht jämmerlich schon in der ersten Runde zu Boden; und die schönsten Models der Welt sind dem umwerfenden Charme des Netzbenutzers erlegen – digitale Perfektionierung der Scheinwelt. Hier wird weniger ein „globales Gehirn", sondern Selbstüberschätzung programmiert, die das Programm für die reale Welt beim Kontakt mit ihr schnell zum Absturz bringt.

Schon wieder kleinlicher Kritizismus! Nicht alles ist richtig, aber die Richtung stimmt, und der Blick zur Technik von morgen bringt sogar die Demokratie weiter. Die neuen Techniken breiten sich nämlich nicht nur weltweit, sondern auch in alle Bereiche dieser Welt aus. Auch die Politik, aufgeklärte Politik, wird von ihr profitieren; denn die bisherigen Demokratien mit vielen Mängeln (niedrige Wahlbeteiligung z. B.) waren nur ein ungelenkes Vorspiel auf dem Weg in die Vollkommenheit, in die „Teledemokratie". Der schon genannte Lévy nennt sie „Echtzeit-Demokratie", in der die Telebürger von morgen ohne Umweg über Repräsentanten und ohne Fußweg in die Wahlkabine direkt qua Knopfdruck über die Datenautobahn in das politische Geschehen eingreifen werden: Permanente Volksentscheide am Bildschirm – Demokratie pur. Technisch kein Problem, aber wer produziert die Information und wer nimmt sie auf? Demokratie ist in einer Informationsgesellschaft nicht bloßes Entscheiden, sondern Entscheiden auf der Basis von *Wissen*. Wie also werden die technischen Möglichkeiten einer solchen Demokratie nach Maßgabe der Informationsgesellschaft in politische Wirklichkeit übersetzt? Die technischen Euphorien der Philosophen geben hierauf keine Antwort. Auch hier bleibt der Begriff „Informationsgesellschaft" eine hardwareorientierte Hülse, „bestenfalls" eine Marketingparole, die den Verkauf von Computern, aber nicht die neue Gesellschaft vorantreibt.

Kopf vor Computer

Wenn es denn so einfach wäre mit der technischen Etablierung des Weltgeistes! Vor dem *globalen* Geist, so er denn überhaupt eine realistische Vorstellung und nicht schlechte Metaphysik ist, steht nämlich mit all seinen raum-zeitlichen Unzulänglichkeiten der *individuelle* Geist. Und hier fallen die Grenzen immer schon mit den Grenzen des eigenen Gehirns zusammen. Und hier wird entschieden, ob ständig verbesserte Hardware durch eine Software und Daten ergänzt wird, die zu einem Qualitätssprung der Information führen – insb. im Vergleich mit den Leistungen traditioneller Medien (z. B. im Vergleich mit dem Buch). Um ein mögliches Mißverständnis auszuschließen: Wir reden nicht über *Teil*bereiche, z. B. über die sehr nützlichen Anwendungen von Computern in Wissenschaft und Technik (Klimamodelle, Lösungen von schwierigen Gleichungen, Telechirurgie, elektronische Seh- und Hörhilfen etc.), sondern wir reden unter dem Begriff „Informationsgesellschaft" von der Gesellschaft als *Ganzer*, die den Alltag wesentlich einschließt. „Medienkompetenz" heißt dann: nicht nur wissen, wie Computer bedient werden, sondern wissen, wie sie erstens verantwortungsvoll und zweitens so eingesetzt werden, daß qualitativ hochwertige *Inhalte* entstehen. Und unter *dieser* Perspektive ist unsere These, daß bisher von einem gesamtgesellschaftlich wirksamen Qualitätssprung der Information *nichts* zu sehen ist.

Im Gegenteil: Der rasant zunehmende Schrott auf den Datenautobahnen verschüttet Information. Die Angelegenheit wächst sich zunehmend zur sprichwörtlichen Suche nach der Stecknadel im Heuhaufen aus. Nicht zuletzt fehlende Netzdisziplin und die allgemeinen Symptome der Marketinggesellschaft (Selbstdarstellung geht vor die Sache) sind die Ursachen. Und außerdem: Der Weg in die *welt*weite Öffentlichkeit ist *jedem* zugänglich; einzige Bedingung: Nicht Informiertheit, sondern Bezahlung des Netzanschlusses. Das klingt hochdemokratisch, ist aber auf den zweiten Blick nicht Herrschaft des Volkes, sondern Herrschaft des frei flottierenden Unsinns. Ein Beispiel: Wer glaubt, die Relativitätstheorie widerlegt zu haben, speist seine Widerlegung einfach ins Netz. Keine Gemeinschaft der Forscher, sondern nur der Rebell selbst entscheidet über den Schritt in die Öffentlichkeit. Im Unterschied dazu sind in Fachzeitschriften oder Büchern durch vorgeschaltete Gutachter professionelle Kontrollen zu passieren, die zwar nicht immer die nötige Objektivität zeigen, im Regelfall aber doch den größten Unfug von der Öffentlichkeit fernhalten. Im Netz dagegen sind gleichermaßen Sinn *und* Unsinn Tür und Tor geöffnet. So wird der Kopf primär nicht mehr im Verstehen, sondern in der *Auswahl* von Information beansprucht. Nicht daß Unsinn geredet wird, ist das Problem (das war schon immer so), sondern daß der Unsinn mit der neuen Technik von jedem Ort in Windeseile um den Erdball verbreitet werden kann.

Jedenfalls steht eines gesamtgesellschaftlich fest: Zur Zeit stehen im Alltag gigantischen Möglichkeiten der Hardware lausige

Wirklichkeiten von Software und Daten gegenüber. Und das Mißverhältnis von starker Technik und schwachem Inhalt wird wachsen, so nicht die Stärkung aller Köpfe der Gesellschaft der Stärkung ihrer Computer *voraus*geht. Information muß nun einmal durch das Nadelöhr von Köpfen – sowohl bei der Eingabe von Information in den Computer wie auch bei ihrer Ausgabe. Und hier liegen die Probleme der dürftigen Inhalte, die weder durch Erhöhung der Rechengeschwindigkeit noch durch Erhöhung der Speicherkapazität gelöst werden. *Was* soll beschleunigt und *was* und für *wen* gespeichert werden, ist die Frage. Der menschliche Kopf ist der Ort der Lösung und nicht der Computer. Kehrt das kollektive Lernen der Gesellschaft nicht zu ihren Köpfen (und realen Welten) zurück, bleiben Datenautobahnen ohne bedeutsame Daten oder Datenfriedhöfe auf Speichern zurück, die genau dann ihre Informationsfunktion verlieren; denn Information ist nicht nur Information über etwas, sondern immer auch Information für jemanden, d. h. für ein gesellschaftliches Subjekt. Wenn es also zutrifft, daß der menschliche Kopf das kognitive Nadelöhr der Mensch-Maschine-Beziehung ist, muß der Aufbau der Informationsgesellschaft mit ihm und nicht mit dem Computer beginnen. Und das in Relation zur *realen* Welt. Wenn zuerst künstliche und dann erst reale Blumen, Tiere etc. in der Welt eines Kindes erscheinen, liegt die Reihenfolge schon im argen. Zuerst muß der Kopf in der Auseinandersetzung mit realen Welten gestärkt und qualifiziert werden, um *danach* die technischen Möglichkeiten des Computers sinnvoll nutzen zu können. Noch einmal: Am Anfang steht der Kopf und nicht die Maschine. Die klassische Bildung gehört nicht auf den Müll der Geschichte.

Daß Computerfreaks alles über ihre Maschine und nichts über ihren Kopf wissen (sich im Zweifelsfalle selbst schon unter der Computerperspektive sehen), muß skeptisch stimmen. Die reale und nicht die virtuelle Welt ist der Startpunkt des großen Vorhabens, das unter der Vokabel „Informationsgesellschaft" so einfach daherkommt. Starke Zweifel sind also angebracht an der Vorstellung, es gäbe einen einfachen Mechanismus von der Computertechnik zur Information und von dieser zur Informationsgesellschaft. Die Wahrheit ist: Nicht Computer, sondern Menschen sind und bleiben das Kernstück einer Informationsgesellschaft. Ohne Bezug auf einen verstehenden menschlichen Geist sind die gespeicherten oder ausgegebenen Daten des Computers nicht Information, sondern Informations*träger*, d. h. rein *physikalische* Spuren, die des menschlichen Geistes bedürfen, um Information zu werden. Es kann nicht oft genug gesagt werden: Bei uns selbst und nicht bei der Technik müssen wir beginnen; denn bei *uns* liegen die Bedingungen und Grenzen der Informationsgesellschaft – und nicht in der Vernetztheit, Rechengeschwindigkeit und Speicherkapazität von digitalen Maschinen. Wer nichts zu speichern hat oder Gespeichertes nicht versteht, benötigt keinen Computer, sondern Bildung des eigenen Geistes. Und auch später sind Computer nur Mittel, nicht Zweck des Vorhabens.

Unter *diesem* Gesichtspunkt hat sich im Vergleich zu traditionellen Techniken nichts geändert: So wie die Zunahme der Telefon*apparate* nicht automatisch zu einer Zunahme intelligenter Telefon*gespräche* führt, so bringt die Zunahme der Computer nicht automatisch die Informationsgesellschaft. Oder anders: So wie man nur ein Buch, aber nicht seinen Inhalt kaufen kann, so ist der Erwerb eines Computers nicht der Erwerb einer geistigen Funktion. Was ist zu tun?

Bildung bildet Persönlichkeit

Am Ziel der Informationsgesellschaft wollen wir ausdrücklich festhalten, ihren Inhalt und den Weg dorthin jedoch neu bestimmen. Wie schon gesagt: Gleich zu Beginn geht es um die wichtige Entscheidung über die richtige Reihenfolge: Zuerst reale und dann virtuelle Welt! Faktisch wird die Entscheidung ohnehin immer schon vom Leben selbst getroffen. Schon die Geburt ist eine reale (und gelegentlich schmerzliche) Grunderfahrung jeden

Lebens, und die Welt, in der sie erfolgt, ist eine reale – mit allen Erfahrungen von Frust und Lust (der Hunger und die wohltuende Befriedigung seiner Stillung etc. etc.) – und insb. mit Beschränkungen. Letztere können zwar (teilweise) *in* virtuellen Welten, aber nicht *durch* virtuelle Welten aus der Welt geschafft werden. So können wir uns gravitationsfeldfrei auf dem Bildschirm ohne Absturzgefahr aus dem 12. Stock in die Freiheit der Luft bewegen, dasselbe in der realen Welt zu versuchen, wäre tödlich. Es stimmt zwar, daß die virtuellen Welten zunehmen, aber daß dies die Wirkungen der realen Welt vermindert oder auffängt, stimmt, wie das Beispiel zeigt, eben doch und zum Glück nicht. Beginnen wir also mit Realitäten, z. B. damit, wie sich unser Gehirn in der Interaktion mit seiner Umwelt entwickelt. Bevor wir also in immer kürzeren Abständen den jeweils letzten Stand der Computertechnik nachrüsten, bevor wir also die technischen *Krücken* unseres Geistes fortwährend verbessern und viel Zeit für ihre Handhabung verbrauchen, kümmern wir uns besser um uns selbst und die uns umgebende Welt, ist unser eigener Geist das Thema u. a. mit dem Ziel, ihn durch Wissen über seine Funktionsweise und die Gegenstände seiner Erfahrung so zu qualifizieren, daß wir Computer nicht nur kaufen und bedienen, sondern mit ihnen als Werkzeug neue Inhalte erzeugen können.

Da wir mit der *realen* Welt beginnen wollen, heißt „Qualifizierung des Geistes" nicht nur „Wissen über den Geist", sondern immer schon „Wissen über die Welt" – und das auf einem Niveau, das dem heutigen Stand der Wissenschaften entspricht und einen Nebeneffekt in Aussicht stellt, dem niemand widersprechen kann: Bildung bildet Persönlichkeit. Und Persönlichkeitsbildung hat auch im Informationszeitalter *nichts* mit Bedienungs-Know-how für digitale Technik, sondern mit Weltbild- und Selbstbildwissen zu tun. Vor dem Vertrauen in die Leistungsfähigkeit des *Computers* steht also das Vertrauen in die Leistungsfähigkeit des *eigenen Kopfes*. *Beginnen* wir dagegen die Informationsgesellschaft *digital*, d. h. mit Wissen über die Funktionsweise des Computers und nicht mit Wissen über die Funktionsweise des eigenen Gehirns, entsteht eine frühe Anfälligkeit für einen gefährlichen Irrglauben unserer

Zeit: Computer seien elektronische Gehirne und Gehirne biologische Computer und damit zwei Seiten derselben Medaille, die da „Geist" heißt. Und wer seinen eigenen Geist mangels Wissen unter der Computerperspektive sieht, überträgt sie im nächsten Schritt auf den menschlichen Körper (Roboter) und dann auf die Welt als Ganze. Neu ist das nicht. Schon die französischen Materialisten sahen den Menschen, und Newton sah das ganze Weltall als Maschine – wir sollten uns hüten, die alten und falschen Bilder des 18. Jahrhunderts, wenn auch auf höherem technischem Niveau, wiederzubeleben. Die zuständigen Wissenschaften der Kosmologie und Neurophysiologie lehren uns heute etwas ganz anderes: Der physikalische Kosmos und der Kosmos des Gehirns haben eine Gemeinsamkeit: Beide sind schöpferisch – also das Gegenteil einer Maschine (dazu später mehr). Unter diesem Unterschied wird die vorgeschlagene Reihenfolge einmal mehr bestätigt: Weltbild- und Selbstbildwissen an den Anfang und Computerwissen an den Schluß.

Es beginnt wie immer mit einfachen Fragen: Was ist eine Informationsgesellschaft, wollen wir sie überhaupt und wenn ja, in welcher Form? Computer geben auf diese wichtigen ersten Fragen keine Antworten (nur Computer*hersteller*, die wir an dieser Stelle aber nicht hören wollen). Lassen wir also zunächst die Krücken unseres Geistes beiseite und benutzen den eigenen Kopf! Was also ist eine Informationsgesellschaft? In der bisherigen Debatte um sie ist das Vorurteil versteckt, daß frühere, d. h. computerfreie Gesellschaften, die Bezeichnung nicht verdienen, ihre *Kern*struktur also *unter*halb von Information organisieren. Schon hier beginnen erste und folgenreiche Irrtümer, Folge der Entscheidung, das Modell der Informationsgesellschaft von Anfang an und nur im Zusammenhang mit der Einführung des Computers zu sehen. Niemand kann daran gehindert werden, sie so zu *definieren*; aber Definitionen sind keine Erkenntnisse, sondern Festlegungen der Bedeutung von *Worten*. Was wir zunächst brauchen, ist eine Einschätzung der empirischen Realität von Information und ihrer gesellschaftlichen Wirkung. Sensibilisierung für computerfreie Information tut not, wollen wir im Gestus ignoranter Überheblichkeit das Modell der Informationsgesellschaft nicht bis zur Unkenntlichkeit digital verkürzen. Und da helfen andere Zeiten, andere Kulturen und ein Blick in die Tierwelt ein Stück weiter.

Seelen sind langsam

Wir begeben uns zunächst zur Wiege der Menschheit, nach Afrika, ins 19. Jahrhundert. Livingstone war wieder einmal auf Entdeckungsreise unterwegs. Wie immer hatte er schwarze Träger dabei, und wie immer trieb er sie zur Eile an. Nach dem dritten Tag beschwerlichen Vorankommens weigerten sich die Träger den Weg fortzusetzen. Keine Überredungskunst und keine Drohung Livingstones konnten sie zum Weitergehen bewegen. Die schweren Lasten selbst aufzunehmen und mit *dieser* Lösung des Problems die Erkundungsreise zügig fortzusetzen, kam ihm und seinen weißen Begleitern natürlich nicht in den Sinn. Nach langem Hin und Her folgte dann eine Schlüsselszene, die auf den ersten Blick nichts, auf den zweiten aber viel mit gesellschaftlich wirksamer Information zu tun hat. Auf die schon im Ton Verärgerung signalisierende Frage, warum die Pause für die schwarzen Träger unverzichtbar sei, gaben sie sinngemäß folgende Antwort: Wir sind in den letzten drei Tagen so schnell vorangeeilt, daß unsere Seelen zurückgeblieben sind. Jetzt müssen wir warten, bis sie uns eingeholt haben und wieder bei uns sind. Dann kann es weitergehen.

Auf diese Erklärung der Unterbrechung des Weges und damit der Verzögerung eines wichtigen Vorhabens des weißen Mannes waren die üblichen dümmlichen Reaktionen zu erwarten. Zu allererst die, daß die Welt von „Primitiven" und insb. von Schwarzen durch Irrationalitäten, also durch das Gegenteil von Information, bestimmt ist. Wie kann eine Seele hinter einem Körper zurückbleiben und so auch den Körper aus dem Tritt bringen – so es Seelen denn überhaupt gibt?! Das mag mit wild grimassierenden Schamanen zusammenpassen, aber nicht mit Logik und Verstand der überlegenen weißen Kultur. Emotionen, nicht Informationen lösen solches Verhalten aus, das genau deshalb „irrational" genannt werden muß.

Aber das Gegenteil ist richtig: Nicht die verurteilten Schwarzen, sondern die urteilenden Weißen trifft der Vorwurf der Irrationalität. Aufgrund fehlender Information über andere Kulturen waren sie unfähig, die Rationalität im Verhalten der Schwarzen zu verstehen. Sonst hätten sie erkennen müssen, daß es von Information bestimmt war, von Information darüber, daß Körper und Seele eine Einheit bilden, die Hetze aus dem Gleichgewicht bringt. Das konkrete Bild, daß die Seele das Tempo des Körpers nicht mehr mithalten kann und auf der Strecke bleibt, bringt den Kern dieser Lebensweisheit auf wunderschöne Weise zum Ausdruck (naturwissenschaftlich würde man heute sagen: Seele und Körper müssen in Phase schwingen). *Wir* haben ein Problem, weil uns entweder dieses Wissen fehlt oder weil Zeit längst zur Terminzeit und damit zur allgegenwärtigen Bedrohung geworden ist, eine Bedrohung, die den zusammenhängenden Rhythmus von Körper und Seele empfindlich stört. Ärzte und Psychologen wissen davon ein Lied zu singen. Zum Glück organisiert sich die Gegenwehr bereits und knüpft am Wissen „primitiver" Kulturen an. So hat der österreichische Philosoph Peter Heintel einen „Verein zur Verzögerung der Zeit" gegründet, der sich ausdrücklich dieser Problematik widmet.

Eines ist jedenfalls sicher: Nur rassistische Dummheit macht den hochrationalen Kern im Verhalten der Schwarzen übersehen: Sie wußten, wann ihr Körper-Seele-Gleichgewicht gestört war und wie sie es wiederherstellen konnten, durch eine Pause nämlich. Mehr noch: Sie *wußten* dies nicht nur, sondern *verhielten* sich danach. Genau dieser Zusammenhang von Wissen und Handeln ist ein unverzichtbares Merkmal einer Information*gesellschaft*: Sie verfügt nicht nur über Wissen, sondern berücksichtigt es in der gesellschaftlichen *Praxis*. Die Übereinstimmung von Wissen und Handeln ist ein typisches und überlebenswichtiges Merkmal „primitiver" Kulturen. Hier können wir lernen; denn genau hierin klafft unsere Gesellschaft bestandskritisch auseinander! So *wissen* wir über die Ursachen der Umweltzerstörung sehr viel, aber die Gesellschaft als Ganze *verhält* sich nicht so.

Auch die „primitive" Kultur der Indianer Nordamerikas ist ein Beispiel für eine Gesellschaftsform, die wir zwar nicht übernehmen, von der wir aber – zumal unter dem Blickwinkel der Informationsgesellschaft – lernen können. Ein kleiner Ausschnitt aus einer ergreifenden Rede (von Arrowsmith überarbeitet), die Häuptling Seattle im Jahre 1855 vor dem Präsidenten der Vereinigten Staaten gegen den von den weißen Einwanderern verübten Landraub gehalten hat: „Die Luft ist kostbar für den roten Mann – denn alle Dinge teilen denselben Atem – das Tier, der Baum, der Mensch – sie alle teilen denselben Atem ... Der Wind gab unseren Vätern den ersten Atem und empfängt ihren letzten. Und der Wind muß auch unseren Kindern den Lebensgeist geben. ... Was immer den Tieren geschieht – geschieht bald auch den Menschen. Alle Dinge sind miteinander verbunden. ... Denn das wissen wir, die Erde gehört nicht den Menschen, der Mensch gehört zur Erde – das wissen wir. Alles ist miteinander verbunden, wie das Blut, das eine Familie vereint. ... Der Mensch schuf nicht das Gewebe des Lebens, er ist darin nur eine Faser. Was immer Ihr dem Gewebe antut, das tut Ihr Euch selber an. ... Fahret fort, Euer Bett zu verseuchen, und eines Nachts werdet Ihr im eigenen Abfall ersticken." So weit die weisen Worte eines „Primitiven", gerichtet an den weißen Mann, die bis in die prognostische Reichweite des letzten Satzes vom Wissen um das Angewiesensein auf intakte Natur geprägt sind.

Die (meist unausgesprochene) Annahme, erst moderne Gesellschaften würden auf der Grundlage der neuen Medien durch Information bestimmt, ist Folge erstens von Unwissenheit über fremde Kulturen, zweitens von Überschätzung der neuen Medien und drittens der Verwechslung von Information mit Informationsgesellschaft.

Prüfen wir zunächst einmal unter der Perspektive der Evolution der Arten die Annahme, erst moderne, durch elektronische Medien bestimmte Gesellschaften würden in ihrer

Kernstruktur durch Information geführt. Erst dann wird der Blick frei für die weitergehende Frage, was das Besondere einer Informations*gesellschaft* sein könnte.

Der Krake denkt

Tatsache ist: Seitdem es Leben auf der Erde gibt, also seit der Entstehung der ersten Bakterien vor ca. 4 Milliarden Jahren, gibt es *Information*, und diese ist immer schon die Kernstruktur der Organismen. Leben *ist* Anwendung von bewährter Information, und Evolution *ist* Erzeugung neuer Information. Und das Verhalten des Organismus in seiner materiellen Umwelt wird durch sie bestimmt. Vorherrschaft der Information vor Masse und Energie hat also nichts mit der Entstehung der neuen Medien, sondern mit der Entstehung des Lebens überhaupt zu tun. Mehr noch: Wo immer Information im Spiel ist, ist von „Intelligenz" zu sprechen (wenn auch *Niveau*unterschiede nicht zu übersehen sind). Information ist nämlich wesentlich Information über *äußere* Welt *in* einem Organismus. Und dieses Abbildungsverhältnis zwischen Welt und Organismus ist Kern und Grundlage *jeder* Intelligenz (dazu später mehr).

Zunächst einmal müssen also Irrtümer und Vorurteile beseitigt werden, die den Menschen in der Evolution einseitig auf- und umgekehrt proportional dazu die Natur einseitig abwerten. Daß Natur und Gesellschaft überhaupt als Gegensatz gesehen werden, ist schon der erste in einer langen Kette schwerer Fehler. Dem Häuptling Seattle kam dieser Fehler, die Emanzipation von der Natur zu versuchen, aus guten Gründen nicht in den Sinn. Wir sind immer schon *Teil* der Natur, wenn auch inzwischen ein bestandskritisch störender. Unter der Verdrängung dieser Tatsache münden am Ende alle Versuche der Abgrenzung von Mensch und Natur im falschen Urteil, sie seien am Kriterium der Information unterscheidbar oder anders: Tiere haben Instinkt, Menschen Verstand. Und Natur ist allenfalls schön (und nützlich), aber nicht intelligent und schon gar nicht *selbst* der ästhetischen

Empfindung fähig. Aber sehen wir einfach einmal hin! Wir werden staunen und von diesem zum Wissen fortschreiten.

Weder zu Wasser noch zu Lande noch in der Luft ist das abwertende Urteil über die Natur berechtigt. Zunächst Beispiele aus der Unterwasserwelt: Es gibt einen „primitiven" Süßwasserpolypen von ein paar Zentimetern Länge, „Hydra" genannt, den Biologen seit vielen Jahren gründlich erforschen. Mit diesem Tier wurde folgender Versuch gemacht (ethisch fragwürdig ist er, weil Hydra als Vielzeller bereits ein Nervensystem hat): Ein ausgewachsenes Tier wurde in Stücke zerhackt und so ins Wasser zurückgegeben. Die Frage der Biologen: Wie verhalten sich die einzelnen Teile, wenn man sie im Wasser sich selbst überläßt? Stellen wir uns für einen Augenblick einmal vor, das Experiment wäre mit uns selbst gemacht worden! Wir erwarten wohl kaum und das zu Recht, daß sich der in Teile zerhackte Körper von alleine wieder zu einem lebensfähigen Ganzen zusammenfügen wird. Was *unser* Körper nicht kann, vermag aber die aus unserer Sicht in der Evolution so tief stehende Hydra: Nach einer Weile und ohne Eingriff von außen fügen sich die Teile wieder zu einem vollständigen und lebensfähigen Tier zusammen. Wir sind überrascht und haben allen Grund dazu; denn der verblüffende Vorgang des *selbst*organisierten Zusammenfügens der Teile wird durch *Information*, nämlich durch eine Art Bauplan, geregelt – wie dies im einzelnen geschieht, ob durch Gene im Organismus oder durch Informationen enthaltende Felder, die ihn umgeben (sog. morphogenetische Felder), ist eine offene Frage. Jedenfalls zeigt ein „primitives" Tier eine durch Information geregelte Fähigkeit, die Menschen nicht besitzen. Ein erster Punktsieg für die Natur also.

Und wir bleiben im Wasser, also da, wo alles Leben begann. Kraken sind fleischfressende Tiere, und ihre Beute weiß das. Tauchen sie nämlich auf, verstecken sich die Beutetiere so im Riff, daß ihnen der Jäger wegen seiner Größe nicht folgen kann. Was tun? Der Krake könnte warten, bis die Beute selbst hungrig wird und das Versteck verläßt. Ein riskantes Verhalten; denn der Gejagte übersteht Hungerstrecken meist besser als der Jäger. Das bloße Warten wäre also eine mögliche, aber keine kluge Strategie. Und klug ist er, der Krake. Hat das Versteck nämlich mehrere Ein-/Ausgänge, so veranlaßt er die Beute durch folgendes Verhalten zur Flucht nach draußen: Mit einem seiner vielen Arme macht er sich an einem der Eingänge zu schaffen und „täuscht" so seine Anwesenheit vor diesem Loch vor. In Wahrheit hat er sich auf der anderen Seite neben einem zweiten Zugang so postiert, daß ihn das Beutetier von innen nicht sehen kann. Während er dort wartet, bewegt er (um die Ecke herum) weiter heftig den einen Arm vor dem anderen Loch. Irgendwann verliert das Beutetier durch die sichtbare Bedrohung die Nerven und flüchtet aus dem (scheinbar freien) Ausgang – genau in die Arme des dort wartenden Kraken. „Täuschen" haben wir in Anführungszeichen gesetzt, weil bei der Anwendung solcher Begriffe Vorsicht geboten ist. Die Gefahr ist groß, tierisches Verhalten vorschnell zu vermenschlichen. Zumal Täuschung (im Regelfall) ein *moralisch* fragwürdiges Verhalten ist, wenn auch andererseits Ausdruck eines hohen geistigen Entwicklungsstandes. So setzt Täuschung Bewußtsein voraus und die Fähigkeit, sich in den Getäuschten hineinzuversetzen. Und wie wollen wir das bei einem Kraken herausfinden, zumal er über seine inneren Zustände nicht befragt werden kann. Auch wenn einiges dafür spricht, in seinem Verhalten eine Täuschungshandlung zu sehen, wollen wir festhalten, daß der streng wissenschaftliche Nachweis hierfür noch fehlt. Aber auch so bleibt genügend Raum für das Staunen. Denn daß sein Verhalten von *Information* gesteuert wird, kann nicht bestritten werden.

Ohne das Beispiel in den Details zu analysieren, ist folgende Besonderheit aufschlußreich: In der Warteposition sieht der Krake weder das Beutetier in seinem Versteck noch den eigenen Arm, mit dem er den Gejagten um die Ecke herum zur Flucht veranlaßt. Da er beides nicht sieht und es dennoch in einen koordinierten Verhaltensablauf unter dem Ziel des Beutefangs integriert, muß der Krake während des Wartens eine *interne* Repräsentation sowohl vom (unsichtbaren) Beutetier wie auch von seinem (nicht sichtbaren) Arm aufgebaut haben. So hat er in seinem Gehirn Information gespeichert (das Beutetier hat er ja vorher gesehen) und sie zu einem internen Modell seiner Umwelt organisiert (inklusive internes Modell seiner selbst!). Und genau darin liegt ein notwendiges und hinreichendes Merkmal für das Vorhandensein von Intelligenz. Der Krake denkt – wie einfach auch immer der Inhalt seines Denkens sein mag.

Und noch ein Beispiel aus der Wasserwelt: Insbesondere Raubfische (Haie, Muränen u. a.) werden von Parasiten geplagt, die sich lästig und krankheitserregend im Maul und in den Kiemen der Tiere einnisten. Genau an Stellen also, die für die Jäger unerreichbar sind. Die sonst so starken und dominanten Raubfische sind den kleinen Störern hilflos ausgeliefert. „*Wären* hilflos ausgeliefert", müssen wir sagen; denn die Natur hat sich hier etwas einfallen lassen. Es gibt nämlich ganz bestimmte Stellen im Meer, sogenannte „Putzerstationen", wo sich die vom Ungeziefer geplagten Raubfische mehr oder weniger regelmäßig einfinden. Das Besondere: Sind sie an der Putzerstation angekommen, verändern sie ihr Verhalten. So verlieren sie jegliche Gefährlichkeit und lassen sich von spezialisierten Fischen z. B. den Innenraum des Maules säubern – ein Ort, der angesichts der Vielzahl tödlicher Zähne eines Haies keine angenehme Vorstellung macht. Aber nichts geschieht dem fleißigen Säuberer. So profitieren beide von der Verhaltensänderung des Räubers: Der Hai wird vom lästigen Ungeziefer und der Putzerfisch vom Hunger befreit. Wichtig ist: Das Verhalten des Hais wird nicht von einem Naturgesetz, sondern von einer Regel bestimmt, die je nach Umgebung eingehalten oder verletzt wird. Diese Regel der Ausschaltung der Aggressivität hat eine räumliche Geltungsgrenze, sie gilt nämlich nur im eng begrenzten Bereich der Putzerstation – eine aggressionsfreie Zone sozusagen.

Auch dieses Verhalten setzt hochorganisierte Informationsverarbeitung in einem internen Modell der Umwelt voraus: Zum Beispiel hat der Hai den Putzerfisch nicht nur (tatsächlich) im *Maul*, sondern auch (informationell) in seinem *Hirn*; denn woher sollte er wissen, daß er *jetzt* nicht zubeißen *darf* (sonst stirbt er durch Krankheit) und *später* (außerhalb der Putzerstation) zubeißen *muß* (sonst stirbt er durch Hunger). Ein hochkomplexes und durch Information geregeltes Verhalten, das bereits Fische haben. Und noch etwas: Tiere, die sich so verhalten, haben ein Nervensystem und damit ein Schmerzempfinden. Nur können sie es nicht in einer Form äußern, die wir verstehen. Jedenfalls würde sich der Umgang mit Fischen wahrscheinlich ändern, wenn sie, ihrem Schmerz gemäß, an der Angel herzzerreißend schreien würden. Im Nachdenken über die Natur und im Nachbessern unseres Verhaltens haben wir also unendlichen Nachholbedarf. Wird er nicht gedeckt, bleibt Informationsgesellschaft nur ein Wort.

Streitschlichtung ist Denkleistung

Wir verlassen das Wasser und begeben uns an Land, gleich in die jüngste Phase der Evolution. Die folgenden Beispiele sollen zeigen, daß auch *soziale* Situationen hochgradig *informationell* geregelt werden, und daß Denken und Fühlen keine Gegensätze sind. Längst vergessen, verstellt die Computerperspektive der Welt diese Sicht einmal mehr mit einem eindimensionalen Verständnis von Information und Intelligenz: Nur Mathematisches und Logisches oder damit Verwandtes verdienen dieses Prädikat. Soziale Kompetenz dagegen mag zwar gelegentlich nützlich sein, mit Intelligenz hat sie aber nichts zu tun. Verwunderlich ist diese digitale Verkürzung nicht; denn genau hier, beim Verhältnis von Herz und Verstand, haben elektronische Maschinen eine *prinzipielle* Grenze, eine, die also nicht durch Verbesserung der Technik überwunden werden kann: Maschinen können keine *emotionalen* Erfahrungen machen (sie können zwar *sagen*, daß sie Mitgefühl haben, aber sie können es nicht *haben*). Nun wird genau dies von manchen KI-Forschern bestritten, z. B. an der Universität Bamberg unter der Leitung des selbsernannten Seelenprogrammierers Dörner im Projekt EMO, das eben diese Aufgabe hat: Maschinen Gefühle beizubringen. Da elektronischen Maschinen *alles* fehlt, was Bedingung von Gefühlen ist (z. B. Neurotransmitter und Hormone), mögen die Bamberger weiter daran forschen, aber sie machen das, was Juristen „untauglichen Versuch" nennen. Deshalb bleibt es bei der Annahme: Maschinen sind außerstande, ein

Verhältnis von Herz und Verstand zu entwickeln – eben weil sie ersteres nicht haben. Wer wirklich glaubt, ein auf dem Bildschirm lächelndes Gesicht signalisiere Wohlbefinden der elektronischen Figur, kennt entweder selbst keine Gefühle oder hat sich mit dem Trick des spektakulären Vorhabens nur an die Töpfe der Forschungsgelder herangemacht. Lassen wir das!

Und nun zurück zum Lebendigen und zu einem Beispiel, das zeigt, daß Information in wesentlichen Bereichen sozial und unter dem *Zusammen*hang von Denken und Fühlen entsteht. Es geht um eine Gruppe, deren Mitglieder ein außerordentlich enger sozialer Zusammenhalt verbindet und in der sich folgendes ereignete: Zwei Männer der Gruppe hatten Streit miteinander. Es gab Schläge, Geschrei und Stürze zu Boden, aber weder Sieger noch Verlierer. Danach gingen die Streitenden auf Distanz zueinander, waren nervös und vermieden jeden Blickkontakt. Es sah so aus, als erwarte jeder vom anderen, daß er den ersten Schritt zur Versöhnung tut. Da passierte folgendes: Eine Frau der Gruppe näherte sich dem einen der beiden, liebkoste ihn, nahm ihn bei der Hand und führte ihn zu seinem Kontrahenten. Wohl um weitere Tätlichkeiten zu verhindern, setzte sie sich zunächst zwischen die beiden. Nach einer Weile fingen die Streithähne an, die Frau zu streicheln. Sie genoß es sichtlich, stand aber nach kurzer Zeit auf und entfernte sich. Da ereignete sich folgendes: Die Männer gingen nicht wie zuvor streitend aufeinander los, sondern lenkten die Streicheleinheiten, die sie vorher der Frau zukommen ließen, um: sie begannen sich gegenseitig zu streicheln – die Versöhnung war durch das geschickte Handeln der Frau gelungen. Das Besondere der Szene: Die Akteure waren keine Menschen, sondern Schimpansen. Beobachtet wurde sie von dem niederländischen Verhaltensforscher Frans de Waal. Das Entscheidende: Weder Materie noch Energie, sondern wieder hat *Information* das Verhalten des Schimpansenweibchens bestimmt – Information über Strategien der Versöhnung nach einem Streit, der darüberhinaus von *Anderen* ausgetragen wurde.

Schimpansenweibchen verfügen sogar über Wissen darüber, wie man einen Streit *vorbeugend* verhindert: Wenn Männchen sich mit gesträubtem Fell gegenübersitzen und alle Zeichen auf Austragung eines Kampfes stehen (schreien, hin- und herbewegen des Oberkörpers), gehen Weibchen gelegentlich zu ihnen hin, strecken ihnen die Hand entgegen und entfernen behutsam Äste oder Steine aus ihrer Nähe, mit denen sie sich sonst attackieren. Der Effekt: Die vorbereitenden Rituale werden abgebrochen und der Kampf bleibt aus.

Die Weibchen schlagen dabei zwei Fliegen mit einer Klappe: Sie verhindern durch ihr schlichtendes Verhalten nicht nur den Kampf zwischen den Männchen, der immer die ganze Gruppe in Aufruhr bringt, sondern schützen auch sich selbst: Nach der Austragung von Kämpfen neigen die Männchen nämlich dazu, sich aggressiv an den Weibchen abzureagieren. Daß im beschwichtigenden Verhalten der Weibchen sozial geregelte und in der Gefühlswelt der Tiere verankerte Information im Spiel ist (und damit eine bestimmte Form von Intelligenz), kann nicht bestritten werden; denn wiederum ist das Verhalten der Tiere nur deshalb möglich, weil sie über ein internes Modell der Umwelt verfügen, in dem nicht nur sie selbst, sondern auch die anderen Mitglieder der Gruppe repräsentiert sind: Der (sich erst anbahnende) Streit zwischen den Männchen wird im Kopf der Weibchen vorweggenommen. Und ein solches internes Modell haben wir als notwendige und hinreichende Bedingung für intelligentes Verhalten ausgezeichnet. Daß Information (und damit Intelligenz) also nicht nur in der Lösung mathematischer, sondern gleichermaßen in der Lösung sozialer Probleme steckt, ist eine folgenreiche Besonderheit, welche das Gesicht einer Informationsgesellschaft entscheidend bestimmt: Es mag technischen Fortschritt ohne sozialen Fortschritt geben, aber sozial entkoppelt führt er *nicht* in die Information*sgesellschaft*. Wo soziale Kompetenz durch Bedienungs-Know-how für Computer ersetzt wird, entstehen funktionierende Maschinen, aber keine informierten Gesellschaften, die den Namen erst unter der Bedingung ihrer Sozialität verdienen. Eine Gesellschaft ohne soziale Regelungen ist ein Widerspruch in sich.

Wir bleiben bei den Schimpansen. Bisher haben wir in der Tierwelt zwei wesentliche Ausprägungen von Information kennengelernt: Information, die der Triebbefriedigung (siehe Krake) oder dem sozialen Zusammenhalt der Gruppe (siehe Affe) dient. Nun lernen wir eine dritte Ausprägung kennen, die zwar ebenfalls durch die Außenwelt ausgelöst wird, aber in sehr subjektive Empfindungen führt, die uns selbst angenehm vertraut sind und „ästhetisch" genannt werden müssen. Folgendes wurde in einer Schimpansengruppe beobachtet: Zwei jüngere Mitglieder sonderten sich regelmäßig kurz vor Sonnenuntergang von der Gruppe ab. Sie stiegen auf eine Anhöhe, setzten sich hin und beobachteten still und entspannt den Sonnenuntergang. War die Sonne hinter dem Horizont verschwunden, gingen sie zu ihrer Gruppe zurück. Der Leser möge selbst überlegen, auf welche Weise hier Information im Spiele ist (z. B. verließen sie die Gruppe *vor* dem Sonnenuntergang, d. h. sie *erwarteten* ihn im internen Modell ihrer Umwelt, das ihr Verhalten bestimmte und später mit der äußeren Wirklichkeit zur Übereinstimmung gebracht wurde), und wie wenig das Verhalten der Tierwelt auf den bloßen Kampf ums Überleben reduziert werden kann. Auch Tiere fressen nicht nur, sondern genießen, hier: im Empfinden für die Schönheit der untergehenden Sonne.

Und um die Nähe von Mensch und Affe gerade im Empfinden einmal mehr und auf besondere Weise zu bestätigen, ein letztes Beispiel, wiederum beobachtet von Frans de Waal. Dieses Mal geht es nicht um Schimpansen, sondern um Bärenmakaken. Makaken sind sexuell außerordentlich interessierte Tiere, die bei der Ejakulation ein „Orgasmusgesicht" machen: Sie stülpen die Lippen nach vorne, formen sie kreisrund und machen langgezogene Lustgeräusche. Werden sie vernommen, weiß jeder der Gruppe auch außerhalb des Sichtbereichs, was gerade passiert. Nun gibt es zum Unglück der Vielen eine strenge Hierarchie, in der nur der Chef sich und die Damen beglücken darf. Da ereignete sich folgendes: Ein in der Hierarchie tief stehendes Männchen und ein Weibchen hatten Lust aufeinander, deren Befriedigung die Hierarchie jedoch verbietet. Was also tun? Sie suchten einen Platz auf, an dem sie von den anderen nicht gesehen werden konnten. Sie kamen zur Sache, aber der Mann hatte vergessen oder

103

wußte nicht, daß „außer Sicht" nicht genügt. Zum Glück war das Weibchen schlauer und verhinderte Prügel vom Chef. Just als er im gerade einsetzenden Orgasmus die Lippen zum Lustschrei spitzte, drehte sich das Weibchen kontrollierend zu ihm um und hielt ihm den Mund zu. Der Mann kapierte und unterdrückte fortan bei vielen noch folgenden unerlaubten „Liebesabenteuern" die affentypisch laute akustische Begleitung. Und was Affen sonst noch können: Sie stellen Werkzeuge her, nehmen elternlose Jungtiere an, trauern um Tote – und organisieren und provozieren „Kriege" gegen Nachbargruppen.

Wer nach all den genannten Beispielen keine Verwandtschaft spürt und das Gefühl der absoluten Überlegenheit nicht verliert, ist für Information nicht zugänglich und damit für die Informationsgesellschaft nicht tauglich. Ob es uns paßt oder nicht, wir haben zentrale Gemeinsamkeiten mit den Tieren dieser Erde und haben die Information darüber nicht nur zur Kenntnis zu nehmen, sondern im Verhalten zu berücksichtigen. Wenn wir *wirklich* begriffen, d. h. auch: akzeptiert haben, daß Leben Informationsverarbeitung, also von Materie und Energie *qualitativ* verschieden ist (was im Universum wenn nicht einmalig so doch äußerst selten sein dürfte), muß Verhaltensänderung gegenüber der Natur eine Folge davon sein.

Spektakuläre Beispiele der genannten Art ließen sich endlos fortsetzen: Hilfsaktionen von Elefanten, die gemeinschaftlich und nach einer Stunde mühsamen Versuchens ein Junges aus einem Schlammloch befreien; arbeitsteilige komplexe Jagdstrategien von Wildhunden; trauernde Gänse, die den Verlust eines Partners in allen uns bekannten Zeichen zum Ausdruck bringen: Appetitlosigkeit, Unterlassen der Körperpflege, ausdruckslose Augen, allgemeines Desinteresse, etc. etc. Auch daß Fledermäuse, Elefanten, Hunde und Katzen intensiv träumen, beweist die *kognitive* Verwandtschaft einmal mehr (feststellbar ist die Traumtätigkeit wie beim Menschen am Einsetzen der REM-Phase und an der Veränderung der Hirnstromkurven). Wenn ein Hund im Schlaf knurrt, die Zähne fletscht und mit den Läufen zuckt (und damit die sonst im Schlaf wirksame motorische Blockade seiner Muskeln durchbricht), hat er in seinem internen Modell der Umwelt eine Szene aktiviert (z. B. eine Bedrohung), die nicht real, sondern nur als Information in seinem Kopf existiert.

Und unter der Gleichung von Leben und Informationsverarbeitung (und mit der Implikation von Intelligenz) haben wir zu lernen, auch scheinbar einfaches Verhalten neu zu verstehen und höher zu bewerten. Ein Beispiel: Die Gnus der afrikanischen Steppe verteidigen ihre Jungen gegen angreifende Hyänen, indem sie den Kopf senken, ihn nach dem rechten oder linken Horn hin abwinkeln und dann den Angreifer attackieren. Auf den ersten Blick ein wenig beachtliches Verhalten, „Instinkt" wird das leichtfertig und abwertend genannt. Aber nur auf den ersten Blick! Das Besondere ihres Verhaltens besteht nämlich darin, daß sie ihre Hörner zur Verteidigung einsetzen, obwohl sie diese zu keinem Zeitpunkt ihres Lebens gesehen haben – ein Verhalten, das wiederum nur unter der Voraussetzung von Information möglich ist, nämlich im Gehirn wirksamer Information über den Zusammenhang zwischen dem (sichtbaren) fremden Angreifer und dem (unsichtbaren) eigenen Horn.

Information in den Lüften

Nach Wasser und Land fehlt nun noch der Luftraum. Auch hier zeigen die Beispiele, daß tierisches Verhalten hochgradig informationell geregelt ist, in Intelligenzbereichen, in denen Menschen ihnen hoffnungslos unterlegen sind. Küstenschwalben z. B. fliegen jedes Jahr vom Nordpol zum Südpol und zurück – eine Strecke von jeweils 18.000 Kilometer. Abgesehen von der schier unglaublichen Energieleistung, ist ihr Orientierungsvermögen verblüffend: Sie finden punktgenau ihre Brutplätze trotz der riesigen Entfernung von 18.000 Kilometer. Ihre Hilfsmittel: das Magnetfeld der Erde, der Stand der Sterne und ein internes Modell der Flugroute. Dagegen sehen wir alt aus. Gelegentlich ist unser Orientierungsvermögen nämlich schon auf der Kurzstrecke überfordert, etwa wenn beim zweiten Gang zu einer Behörde die richtige Tür auf einem langen Flur zu finden ist. Selbst für diese einfache Aufgabe sind wir so schlecht gerüstet, daß wir die richtige Tür auf Anhieb nur dann finden, wenn sie durch besondere Markierungen (z. B. durch ein Namensschild) gekennzeichnet ist. Wichtig ist: Der *Kopf* versagt hier, nicht der Fuß! Vögeln dagegen genügt schon die Stelle im Raum, um gewünschte Objekte (z. B. Nester) zu finden. Und dann erst auf der Langstrecke von 18.000 km! Sie schaffen das nur aufgrund eines hochintelligenten Orientierungssystems, einer Art inneren Landkarte in ihrem Gehirn. So wird ihr Flug*verhalten* nicht durch Materie oder Energie, sondern durch Information gesteuert – Information z. B. über die geologisch-physikalische Beschaffenheit der Landschaften und Meere, die sie überfliegen und deren räumliche Verortung, aber auch Information über die Einschätzung von Wetterumbrüchen, Änderungen der Flughöhe (wenn sich die Richtung von Windströmungen dreht) etc. etc. Mit der üblichen und abwertend gemeinten Einschätzung dieser Fähigkeiten als „Instinkt" wird die beeindruckende Qualität der Information, die das Flugverhalten führt, vollständig verfehlt.

In der Einschätzung als „Instinkt" steckt zudem ein methodischer Fehler. Das zeigt der Umstand, daß wir Menschen, so sie eine überdurchschnittliche Orientierungsleistung erbringen, genau dafür Intelligenz bescheinigen. Der methodische Fehler besteht also darin, für die gleiche Sache unterschiedliche Maßstäbe der Bewertung zu verwenden. Mit solchen Tricks, die von der längst fälligen *kognitiven* Aufwertung der Natur nur abhalten sollen, ist alles Nichtmenschliche zu entzaubern. Tatsache ist: Wir sind aufgrund mangelnder *Hirn*leistung nicht in der Lage, Orientierungsleistungen zu erbringen, zu denen Tiere aufgrund ihrer *Hirn*leistung fähig sind. Und nicht einmal der (wenig besagende, aber immer wieder bemühte) Fluchtweg „angeboren!" steht noch offen: Kraniche z. B. müssen ihre Flugroute erst lernen. Und wem die Beispiele zu „naturnah" sind, den sollen zählende Dohlen zum Staunen bringen.

Am Institut von Otto Koehler wurden die Intelligenzleistungen von Tieren überprüft, auch von Dohlen. Einer der

Versuche: In kleinen zugedeckten Schälchen lagen in unregelmäßiger Anzahl Körner. Dann wurden einer Dohle Kärtchen gezeigt, auf denen Punkte aufgemalt waren. Ihre Aufgabe war es, die Abdeckung der Schälchen mit dem Schnabel zu entfernen und entsprechend der Punktzahl auf dem Kärtchen die Körner herauszupicken. War die Zahl erreicht, durfte sie kein weiteres Schälchen mehr aufdecken, sondern mußte durch ein Türchen den Testplatz verlassen. Einmal zeigte man ihr eine Karte mit fünf Punkten. Die Dohle deckte das erste Schälchen auf, in dem ein Korn lag, und pickte dieses heraus. Sie deckte das zweite Schälchen auf, in dem sich zwei Körner befanden, und pickte auch diese heraus. Also hatte sie drei von den geforderten fünf zusammen. Dann deckte sie das nächste Schälchen auf, in dem sich nur ein Korn befand, pickte es heraus und ging weg. Vier hatte sie genommen, aber fünf zu nehmen war ihre Aufgabe! Sie hatte also einen Fehler gemacht, sich verzählt. Dann passierte Überraschendes. Während sie sich entfernte, blieb sie plötzlich stehen, kehrte um und ging die Reihe der Schälchen noch einmal durch: Vor dem ersten, das sie schon geleert hatte, nickte sie einmal. Dann ging sie zum zweiten Schälchen und nickte zweimal (vorher enthielt dieses ja zwei Körner), und dann ging sie zum ebenfalls leeren dritten Schälchen und nickte entsprechend der vorher dort befindlichen Körnerzahl einmal. Viermal hatte sie also genickt. An dieser Stelle hatte sie das Experiment vorher abgebrochen. Jetzt verhielt sie sich anders: Sie ging zu dem noch geschlossenen nächsten Schälchen, deckte es auf und entnahm ein weiteres Korn. Damit hatte sie die geforderten fünf Körner zusammen. Sie hatte also zunächst zwar einen Fehler gemacht, ihn dann aber nach einer kurzen zeitlichen Verzögerung selbst korrigiert – indem sie bei den leeren Schälchen im Kopf mitzählte und dann die Differenz zur geforderten Anzahl feststellte: Die äußere Welt der Vergangenheit hat sie im internen Modell ihres Gehirns durchgespielt.

Fazit: In *allen* (tierischen und menschlichen) Gesellschaften wird (fast) alles durch Information geregelt. Diese Gemeinsamkeit *allen* Lebens müssen wir für die weitere Klärung unseres Modells von Informationsgesellschaft im Auge behalten. Andererseits: Die Verwendung von Information alleine kann nicht schon eine Informationsgesellschaft begründen, sonst wäre sie nicht neu, sondern es gäbe sie schon lange, nämlich seit es Leben auf der Erde gibt. Es bedarf also einer wesentlichen Qualifizierung, die sich nicht im bloßen Vorhandensein von Information in einer Gruppe erschöpft. Dazu bald mehr. Eine Zwischenbilanz: Die kognitive Rekonstruktion der bisherigen Beispiele bringt nicht nur respektvolles Staunen vor der Natur, sondern korrigiert auch unser Selbstbild: Wir sind nicht schlecht in unseren intellektuellen Leistungen, aber nur in bestimmten Bereichen, z. B. im Lösen von Differentialgleichungen (und selbst das ist eine Fähigkeit, die nicht einmal alle Menschen haben). In anderen, ebenfalls kognitiven (!) Bereichen dagegen sind wir den Tieren hoffnungslos unterlegen. Nicht Abgrenzung und Abwertung, sondern Anerkennung der kognitiven Vielfalt in der Natur ist also die Devise. Als informationsverarbeitende Lebewesen sitzen wir immer schon in einem Boot, nur haben unbedacht überhebliche, manchmal naturverachtende Ideologien diesen Tatbestand über die Jahrhunderte verdrängt. Bevor wir Computer als unseresgleichen anerkennen, indem wir ihnen „Absichten" u. ä zugestehen, steht vorher die Natur auf der Warteliste der längst überfälligen Anerkennung. Es ist Zeit für eine grundlegende Neubewertung, eine, die nicht nur das Denken, sondern auch das Verhalten korrigiert. Der weise indianische Häuptling läßt grüßen. Nicht *unser* Können ist der Maßstab aller Dinge, sondern Können *überhaupt*; nicht *wer* etwas erbringt, sondern *was* erbracht wird, bestimmt die Bewertung. Und Wissen über die Natur relativiert nicht nur die eigene Position in ihr, sondern bestimmt das Verhältnis bis in die Akte einzelner Wahrnehmung: Wir *sehen* sie im Lichte von Information mit anderen Augen. Wer weiß, daß Mauersegler nicht nur beim jährlichen Vogelflug tausende von Kilometer zielgenau fliegen, sondern Tag und Nacht ohne Unterbrechung in der Luft sind (so bewältigen sie 1000 Kilometer pro „Tag" problemlos), *sieht* im Moment des Anblicks diesen Vogel anders, nämlich auf dem Hintergrund des Wissens über seine enorme Energie-

und Orientierungsleistung im Flug. Und wer die Natur mit *Wissen* betrachtet, bringt sich selbst sehr schnell auf den Boden der Tatsachen zurück: In einer Gesellschaft wie der unsrigen, in der Kult und Fitness des Körpers so wichtig geworden sind, sehen selbst Marathon-Leistungen im Vergleich mit dem Segler bescheiden aus. Mauersegler würden, so sie es könnten und die zweifelhafte menschliche Fähigkeit zur Schadenfreude besäßen, angesichts der totalen Erschöpfung von Joschka Fischer nach 42 Kilometern nur müde lächeln.

Fremderhaltung ist Selbsterhaltung

Die ideologisch motivierte Ausgrenzung der Natur aus dem menschlichen Selbstverständnis und ihre damit einhergehende Abwertung, nicht zuletzt der Arroganz der christlichen Tradition zu „verdanken" („Machet euch die Erde untertan!"), ist auch aus einem anderen Grund längst nicht mehr haltbar: Seit Darwin (gest. 1882) wissen wir, daß – unabhängig von Rassen, Arten etc. – *alle* Lebewesen der Erde durch ihre gemeinsame Abstammung *verwandt* sind, und die neueren molekularbiologischen Forschungsergebnisse verschärfen den Zusammenhang. Die einen mag es schrecken, die anderen trösten: Wir stammen nicht von Adam und Eva ab, sondern von Bakterien, und der Platz unserer Vorfahren war nicht das Paradies, sondern die brodelnde Ursuppe der Erde vor 4 Milliarden Jahren. In der Zwischenzeit ist viel passiert und der Unterschied zu Bakterien nicht zu übersehen. Trotzdem: Wie weit auch immer der Mensch sich noch entwickeln mag, eine Schnittmenge mit den ersten Organismen bleibt für alle Zeiten erhalten. Und dies gilt auch für unsere Nachfolger in der Evolution (nur wenn elektronische Roboter die nächste Stufe wären, würde die Kontinuität unterbrochen, weil die Paarung zwischen Mensch und Roboter biologisch zum Glück nicht gelingt). Aber bleiben wir in der Gegenwart und suchen hier nach dem Grad der Gemeinsamkeit! Wer hätte gedacht, daß (fast) 99% unserer Gene identisch mit den Genen von Schimpansen sind. Bei einer (geschätzten) Gesamtzahl von 100.000, die jeder von uns hat, sind demnach nur 1000 Gene von denen der Schimpansen verschieden – so weit sind wir also, jedenfalls auf der Ebene unserer Erbanlagen, nicht auseinander. Konservative Geister, die gerne und meist an den falschen Stellen die Erbanlagen bemühen, muß es angesichts dieser Nähe schütteln.

Für das Weltbild einer Informationsgesellschaft ist die Nähe kein Problem und hat Konsequenzen. Immer wieder stoßen wir auf denselben Punkt; und gerade einer Informationsgesellschaft steht es unter dem hohen Anspruch ihres Namens 'gut an, ihr Verhältnis zur Natur auf der Grundlage von *Information* neu zu regeln: Da *jedes* Leben Verarbeitung von Information ist und auch unser Leben mit allem Leben der Erde insb. durch das Band der Keimbahnen verbunden ist, darf Natur nicht mehr Gegenstand sein, sondern muß Mitspieler einer Gemeinschaft werden. Daß unser Strafrecht Tiere erst seit 1990 nicht mehr als „Sache" bezeichnet, ist ein erster Schritt in die richtige Richtung. Aber die Jahrhunderte lasten schwer und wirken nach. Die neue juristische Bewertung schließt nämlich nicht aus, daß Tiere in der Praxis (z. B. bei Transporten und in der Massenhaltung) noch immer wie Sachen behandelt werden – gelegentlich schlechter, wenn Sadismus im Spiel ist.

Die biblische Aufforderung „Machet euch die Erde *unter*tan!" ist nicht an allem Schuld, aber sie hat das zerstörerische Verhältnis zur Natur moralisch legitimiert und praktisch begünstigt, ein Verhältnis, das inzwischen nicht nur Teilbereiche der Natur, sondern die menschliche Gattung selbst in existentielle Gefahr bringt. Wer die Luft verschmutzt, die er zum Atmen braucht, ist am Ende selbst der Dumme. Im Krieg gegen die Natur gibt es nur Verlierer. Allerdings: Unter den Verlierern ist nur die Natur überlebensfähig. Als *Ganze* kann sie der Mensch nur stören, aber nicht zerstören. Im Unterschied dazu droht der Menschheit auf lange Sicht das Ende, so der Kurs nicht geändert wird. Im zerstörenden Eingriff in Natur ist der Mensch so leistungsfähig wie kein anderes Lebewesen sonst. Das sich beschleunigende Artensterben beweist es. Und zur Tatsache kommt emotionale Kälte hinzu:

Verschwindet eine Art für alle Zeiten, für deren Aufbau die Natur Millionen von Jahren benötigte, wird der Verlust gelassen zur Kenntnis genommen; lassen Gangster ein Bild aus einem Museum verschwinden, das Picasso in Minuten nur malte, regt sich die ganze Welt auf. Und das angesichts eines auffällig asymmetrischen Verhältnisses der Abhängigkeit: Der Mensch braucht die Natur, nicht die Natur den Menschen. Im Gegenteil! Würde die Menschheit morgen vom Erdball verschwinden, die Natur hätte sich übermorgen erholt und in „blühende Landschaften" verwandelt. Für weite Teile gilt: Die Natur braucht nicht unseren Schutz, sondern Ruhe vor uns.

Nun können und wollen wir nicht einfach verschwinden, haben aber nach langer Zeit der Destruktion um so mehr die Pflicht, das einzugehen, was der Philosoph und Physiker Meyer-Abich „Rechtsgemeinschaft mit der Natur" nennt. Gibt es sie, dann haben wir fortgesetzt gegen ihre Regeln verstoßen und uns darin schuldig gemacht. Moral ist also etwas, das nicht nur gegenüber Menschen, sondern gegenüber dem Leben als Ganzes gilt. Und von Wichtigkeit für eine Informationsgesellschaft ist: Sie regelt (d. h. schränkt ein oder forciert) die *Anwendung* von Wissen. Nicht romantische Gefühlsduselei, sondern Verpflichtung, Respekt vor der Natur, Wissen um ihren Selbstwert und Wissen um unser Angewiesensein auf sie sind Gründe für die nötige Korrektur. Und nicht „Zurück auf die Bäume!", sondern ihre Erhaltung ist die Parole. Auch (wenn auch nicht nur) deshalb, weil Fremderhaltung hier Selbsterhaltung ist. Daß die Erde nicht der Mittelpunkt der Welt ist, wissen wir seit langem; daß der Mensch nicht der Mittelpunkt der Erde ist, müssen wir noch lernen. Erster unter Gleichen (primus inter pares) ist das äußerste, was wir uns derzeit zutrauen können. Und angesichts der fortgesetzten Reihe schwerer Fehler ist auch das vielleicht noch zuviel. Jedenfalls wäre es eine heilsame Übung, bis auf weiteres unsere Selbsteinschätzung mit der Fremdeinschätzung der Natur im Gleichgewicht zu halten. Von dem Sockel der durch Religion geschützten Überheblichkeit müssen wir runter; wir sind nicht Vorstand, sondern Teil der Natur, die ein Recht auf Leben und einen Selbstwert hat und der wir unsere Existenz verdanken. Nur wenn die überlebenswichtige Gleichung von Fremd- und Selbsterhaltung begriffen wird und dem Begreifen politische Handlung folgt, besteht die Chance zum würdigen Überleben. Viel Zeit ist nicht mehr und genutzt wird sie zur Zeit nicht.

Die auf langfristige Perspektive angelegte Gleichung von Fremd- und Selbsterhaltung gilt nicht nur für die biologische, sondern für die gesamte Natur. Die verharmlosenden Nachrichten aus interessierten Kreisen, daß die Wissenschaft nicht *hundert*prozentig weiß, ob die Erwärmung der Erdatmosphäre menschengemacht ist, ist eine lebensgefährliche Verdrängung einer Gefahr, die sich der Grenze der Unberrschbarkeit schon genähert haben könnte. Und außerdem: Wissenschaft verfügt (fast) nie über *hundert*prozentig sicheres Wissen – nur haben wir keine zuverlässigere Informationsquelle. Wo die Modellberechnungen der Wahrscheinlichkeit für die Menschengemachtheit der Erderwärmung schon seit Jahren bei über 90% liegen, ist das Festklammern an der Restwahrscheinlichkeit dreist und dumm. Angesichts der Schwere und zunehmenden Unkontrollierbarkeit des Problems müßte schon eine fünfzigprozentige Wahrscheinlichkeit zu einer Veränderung des Verhaltens führen; nun liegt sie weit höher und es geschieht noch immer nichts. Die Information, die zur Verfügung steht, wird also nicht praktisch wirksam. So verhält sich eine Informationsgesellschaft nicht! Wo vorhandene Information nicht in gesellschaftliches Handeln umgesetzt wird, ist zwar Information, aber keine Information*gesellschaft*. Da mögen Millionen von Computern im tagtäglichen Einsatz sein, zur Information*gesellschaft* führen von alleine sie nicht.

Eine Einschränkung ist nachzutragen. Die Gleichung von Fremd- und Selbsterhaltung gilt universell, die Idee der *Rechts*gemeinschaft mit der Natur hat dagegen eine Grenze: Sie endet jenseits der *biologischen* Natur (gilt also nicht z. B. für Steine); denn erst hier beginnt Natur über Materie und Energie hinaus *Information* zu erzeugen und ihre Organisation nicht nur durch Naturgesetze, sondern auch durch Information zu regeln. Von besonderer Wichtigkeit ist: Erst hier produziert die Natur

112

Nervensysteme. So wird die Schmerzgrenze zur Grenze der Rechtsgemeinschaft. Nun ist die Verpflichtung gegenüber anderen, die mit der Rechtsgemeinschaft entsteht, nicht überall gleich, bei einem Wurm anders als bei einem Menschen. Schwierige Fragen in den Details, die hier offenbleiben müssen (z. B. dürfte die Verpflichtung gegenüber Organismen mit Emotionen größer sein als gegenüber solchen, die nicht fühlen können). Sicher geht hierbei eine Wertung voraus, die Naturwissenschaftler stören mag, aber wenigstens wird sie ausgesprochen und damit zur Diskussion gestellt.

Daß Information Grundlage der Rechtsgemeinschaft ist, liegt am Zusammenhang von „Information" und „Regel". Nur wo Information wirksam ist, können *Regeln* entstehen, mit der Besonderheit, daß sie nicht nur befolgt, sondern auch verletzt werden können (das reicht bis auf die Ebene der Gene, siehe Mutation). Mit anderen Worten: Wo Freiheit im Spiel ist. Naturgesetze wie das der Gravitation sind unveränderlich, Regeln wie die des sozialen Zusammenlebens dagegen nicht. Erst wenn Regeln verletzt werden können, macht die große Idee der Rechtsgemeinschaft also Sinn. Der Unterschied zwischen Materie und Energie auf der einen und Information auf der anderen Seite ist erheblich und folgenreich: Die Menge von Materie/Energie in der Welt kann weder zu- noch abnehmen, die Menge von Information dagegen sehr wohl – sie ist eine flüchtige, immer gefährdete, aber auch hochdemokratische Ressource; denn jeder kann sie besitzen – und sie verzehrt sich nicht im Gebrauch (das Benzin eines Autos verbraucht sich im technischen Gebrauch, die Information über den technischen Vorgang nicht). Information ist also gegenüber Materie und Energie eine eigenständige und variable Größe.

So selbstverständlich es ist, Information und Intelligenz im Zusammenhang zu sehen, so wenig selbstverständlich ist es, die Konsequenzen daraus zu ziehen: Intelligenz kam nicht mit dem Menschen, sondern mit der Information, also lange vor ihm, in die Welt. Wenn wir wirklich begriffen, d. h. akzeptiert haben, daß die biologische Welt von Intelligenz getragen wird, ist die selbstbescheinigte Einmaligkeit des Menschen unter diesem Kriterium passé und die Rechtsgemeinschaft mit der Natur notwendige Verpflichtung.

Aber Verpflichtung kennt drei Stufen: Verpflichtet *sein*, sich verpflichtet *fühlen* und gemäß der Verpflichtung *handeln*. Erst in der Erfüllung der dritten Stufe, wenn Wissen in Handeln übergeht, ist eine Bedingung der Informations*gesellschaft* erfüllt. Nicht der weitere Ausbau des Computernetzwerkes, sondern die Korrektur des Naturverhältnisses ist die erste Nagelprobe für unsere Fähigkeit, die Informations*gesellschaft* aufzubauen. Der Computer mag dabei helfen, aber nicht an unserer Fähigkeit zur zunehmenden Technisierung, sondern wesentlich an unserer Fähigkeit zur abnehmenden Naturzerstörung entscheidet sich, ob die Informationsgesellschaft gelingt. Unter dieser Jahrhundertaufgabe kann sie beginnen und sich in ihrer Erledigung vollenden. Der Vorteil: Die Natur ist Verbündeter: Ihr Wesen ist auf Erhaltung der menschlichen Gattung angelegt (Wasser, Licht, Luft, Nahrung etc. und insbesondere ihre Regenerationsfähigkeit). Leider sieht es zur Zeit nicht gut aus: Das große Problem der anhaltend hohen Arbeitslosigkeit hat den Umweltschutz selbst bei prominenten Grünen auf der Prioritätenliste nach hinten gedrückt. Nur: Wenn alle Arbeit haben, aber keine Luft mehr zum Atmen, wäre die Lösung ein Pyrrhussieg. Aber bleiben wir beim *Modell* der Informationsgesellschaft!

Sein vor Schein

Trifft es zu, daß die *gesamte* biologische und soziale Welt von Information getragen wird, was ist dann das Besondere einer Gesellschaft, die sich ausdrücklich „*Information*sgesellschaft" nennt? Wird sie wie bisher an ihrer Computerisierung bestimmt, steht zwar ein trennscharfes Kriterium bereit – der erste Computer wurde 1941 gebaut, so könnte es Informationsgesellschaften frühestens seit dieser Zeit geben – ihre Abgrenzung von anderen Gesellschaften und evolutionären Niveaus wäre aber willkürlich.

114

Ob Information aus dem Munde eines Menschen, vom Blatt eines Buches oder vom Speicher eines Computers kommt, entscheidet nicht über Existenz oder Nichtexistenz einer Informationsgesellschaft. Im digitalen Zeitalter gibt es zunächst weder mehr noch bessere, sondern nur mehr auf Datenträgern *gespeicherte* Information. „Nicht mehr" schon deshalb, weil alle Information vor der Maschine das Nadelöhr des menschlichen Kopfes passiert haben muß, also immer schon *vor* der digitalen Welt existiert. Eine Gesellschaft deshalb hochtrabend „Informationsgesellschaft" zu nennen, weil sie über mehr Techniken zur Vervielfältigung (und zum schnelleren Abruf) von Information verfügt als andere Gesellschaften, ist möglich, aber nicht überzeugend. Denn so wie in hundert Exemplaren des gleichen Buches nicht mehr Information steckt als in einem Exemplar, so enthält die millionste elektronische Speicherung nicht mehr Information als die erste. Dasselbe gilt für die Geschwindigkeit: Die maschinelle Lösung einer schwierigen mathematischen Gleichung in Sekunden enthält nicht mehr Information als ihre Lösung in Stunden durch einen Mathematiker. Also: „Informationsgesellschaft" ist bisher über die Vervielfältigung, Beschleunigung und Übertragung und nicht über die Erzeugung und Qualität von Information definiert. So wenig wie die hohe Auflage von BILD, kann die stetige Zunahme der Computerisierung nicht als solche mit einer Informationsgesellschaft in Zusammenhang gebracht werden. So wie BILD gehört auch die Massenverbreitung dämlicher oder aggressiver Computerspiele zu den vielen Stolpersteinen, die im Umfeld von Peep Piep und Fitze Fatze auf dem Weg zur Informationsgesellschaft so zahlreich herumliegen. Es besagt nicht alles, aber regt zum Nachdenken an: Einsteins Relativitätstheorie ist weder im Computer noch mit seiner Hilfe entstanden.

In einer nicht qualitativ, sondern quantitativ bestimmten digitalen Informationswelt wundert es nicht, daß die sog. Halbwertzeit ihres Wissens immer kürzer wird (das Wissen ihrer Zeit veraltet immer schneller, weil es durch neues Wissen immer rascher überholt wird); denn die Vermutung liegt nahe, daß der Grund der Verkürzung seiner Geltungsdauer nicht in der

Beschleunigung ihres Lernverhaltens, sondern in der abnehmenden Qualität oder Relevanz ihres Wissens zu suchen ist. Zumindest trifft dies für einen Teil ihres Wissens (und gerade des *gesamt*gesellschaftlich wirksamen) zu. Wenn Astrologen, Farbberater, Spielehersteller, Musiker und Reklamemacher den Computer benutzen, besagt dies nichts darüber, ob die Outputs eine Qualität erreichen, die den Anforderungen einer Informationsgesellschaft genügt. Ein Beispiel: Wer heute weiß, daß unsere Bodenhaftung nicht durch die Schwere unseres Körpers, sondern durch die Schwerkraft der Erde verursacht ist, kann mit hoher Wahrscheinlichkeit annehmen, daß dieses Wissen auch morgen noch gilt; wer dagegen heute weiß, wie ein Computer bedient wird, muß mit hoher Wahrscheinlichkeit davon ausgehen, daß sein Wissen für die Computer von morgen *nicht* mehr gilt. Die Frage ist also, mit welcher Art von Wissen wir uns beim Aufbau der Informationsgesellschaft zunächst und in erster Linie befassen wollen – auch deshalb, weil wir den Zusammenhang zwischen ihrem Aufbau und dem Aufbau eines entsprechenden neuen Typs von Persönlichkeit im Auge behalten wollen. Zur Erinnerung: Bedienungs-Know-how für Computer ist nicht persönlichkeitsbildend, und Istzustand ist eine Marketinggesellschaft mit dem ausgelebten Motto „Mehr Schein als Sein" – das beißt sich bis in die Knochen mit dem Modell „Informationsgesellschaft". Wollen wir also nicht einer Marketingparole von Computeranbietern auf den Leim gehen, steht eine gehaltvollere Bestimmung des Modells an, das einen *Qualitäts*sprung in der Entwicklung der Gesellschaften markiert. Das Mindeste, was erreicht werden muß, ist die Umkehrung des Mottos, nämlich: „Mehr Sein als Schein". Dann ist zumindest sicher, daß die (auf Unterdrückung oder Umgehung von Information angelegte) Marketinggesellschaft überwunden ist. Daß der Schein im Modell der Informationsgesellschaft noch mitgedacht wird, zeigt Realismus in der Einschätzung der menschlichen Natur. Wenn selbst im Paradies die Sonne noch Schatten wirft, dann in der Informationsgesellschaft allemal. Das Menschlich-Allzumenschliche wie Eitelkeit, Geltungssucht etc. dürfte auch hier nur begrenzt, aber nicht getilgt werden können. Nur muß es wenigstens beim Namen genannt und unter Kontrolle gehalten werden! In der Wortwelt der Medien taucht „Informationsgesellschaft" ständig auf, aber unter der Frage nach der inhaltlichen Klärung des Modells ist bisher wenig Überzeugendes und viel Befremdliches zu vernehmen. Zum Beispiel: „Dem Sport kommt in der Informationsgesellschaft eine entscheidende Bedeutung zu" – nein danke Herr Kommentator (zumal er Idole wie Lothar Mathäus und ihre Präsenz in den Medien meinte). Noch einmal: Peep/Piep und Fitze Fatze sind keine Grundlagen, auf denen die Informationsgesellschaft entstehen könnte. So wenig wie das bedrohliche Angebot von BILD in der S-Bahn: „Wir machen jede Fahrt zur Bildungsreise".

Was wären nun ihre Besonderheiten, welche die Unterscheidung von anderen Gesellschaften und evolutionären Niveaus rechtfertigen könnten? Zunächst unter Vermeidung von jeglichem Computerbezug können wir nach bisheriger Argumentation in erster Näherung folgende zehn Merkmale vorschlagen:

1. Eine Informationsgesellschaft basiert auf *wissenschaftlich* geschützter Information. Sie ist (in *diesem* Sinne) eine *informierte* Gesellschaft.
2. Eine Informationsgesellschaft lebt von *vielen* Gebildeten und nicht von gebildeten Eliten. Sie ist eine informierte *Gesellschaft*.
3. Eine Informationsgesellschaft stellt in der *Werte*skala Wissen vor Macht oder Geld. Selbstwertgefühl und Status ihrer Bürger sind durch den *Selbst*wert von Information bestimmt.
4. Eine Informationsgesellschaft *ermöglicht* die Mündigkeit ihrer Bürger. Sie bewertet Information unter diesem Ziel und erhebt Bildung zum *Menschenrecht*.
5. In einer Informationsgesellschaft geht *Kopf* vor Maschine. Nicht Maschinen werden von Menschen, sondern *Menschen* werden von Maschinen bedient.
6. Eine Informationsgesellschaft anerkennt den *Selbst*wert der Natur. Natur ist *Mitspieler*, nicht Gegenstand, und wird genutzt, nicht zerstört.

7. Eine Informationsgesellschaft ist dem *verpflichtenden* Charakter von Wissen verpflichtet. Sie ist nicht nur informiert, sondern *handelt* danach.

8. In einer Informationsgesellschaft steht *soziale* Kompetenz vor technischer Kompetenz. Sie selektiert die *konstruktiven* und unterdrückt die destruktiven Möglichkeiten von Technik.

9. Eine Informationsgesellschaft ist wie Information *offen* und auf Entwicklung angelegt. Ihre Veränderungen werden durch den Fortschritt des *Wissens* und nicht durch die fortschreitende Macht partikularer wirtschaftlicher Interessen ausgelöst.

10. In einer Informationsgesellschaft ist *Moral* so wichtig wie Verstand. Sie anerkennt den hohen *kognitiven* Status des moralischen Bewußtseins.

Keine jemals existierende Gesellschaft erfüllt dieses Anforderungsprofil – schon gar nicht moderne Industriegesellschaften: Sie erfüllen *keine* der 10 Anforderungen. Zwar gab es Gesellschaften, die einzelne der genannten Merkmale schon hatten (z. B. Merkmal 6 in sog. „primitiven" Gesellschaften), aber auch sie erfüllten eben nicht das gesamte Profil. Aber erst dann ist eine Gesellschaftsform erreicht, die den Titel „Informationsgesellschaft" wirklich verdient, und erst dann wäre ein qualitativer Sprung gelungen – weg von der heutigen Marketinggesellschaft, die nicht vom Wissen, sondern vom Motto „Mehr Schein als Sein!" lebt und weg von der heraufziehenden Maschinengesellschaft, in der Technik das Ziel und nicht Mittel zum Zweck ist. Gemessen an den 10 Forderungen sind wir von einer Informationsgesellschaft noch weit entfernt.

Die folgenden drei Kapitel (Weltbild, Gehirn, Computer) haben die Aufgabe, im Sinne der ersten fünf Punkte des Anforderungsprofils einen vorbereitenden Beitrag zur Informationsgesellschaft zu leisten – mit Schwerpunkten und hochselektiv: Insbesondere wird solches Wissen eine Rolle spielen, das naturwissenschaftliche Weltbilder berührt oder zur Entstehung bringt und auf diesem Wege Persönlichkeit bildet. Das Grundwissen der

118

großen wissenschaftlichen Theorien gehört in einer Informationsgesellschaft in den Alltag, es hat unabhängig von seiner ökonomischen Verwertbarkeit einen Selbstwert und vermittelt ein neues und adäquates Lebensgefühl; adäquat deshalb, weil es durch Information und nicht durch Geld o. ä. bestimmt wird. Freude an nichtspekulativem und dennoch außergewöhnlichem Wissen ist eines der Motive. So bleiben wissenschaftlich geschützte Weltbilder nicht länger eine exklusive Angelegenheit von Philosophen und Wissenschaftlern, sondern werden Jedermannssache. Dabei gehen wir von folgender Grundannahme aus: Das Bild, das wir von der Welt haben, hat seinen Ausgangspunkt immer im Alltag, d. h. zunächst einmal in den Leistungen unserer Sinne. Im Regelfall können wir uns auf sie verlassen – aber eben nicht immer. Genau diese Bruchstellen werden für uns wichtig. Es gibt eine Alltagssituation und ihre Einschätzung mit unseren Sinnen: Der Stand der Sonne verändert sich in der Zeit, Steine fallen zu Boden, Tassen sind feste Gegenstände, im Spiegel sehen wir unser Abbild etc. In der ständigen Wiederholung dieser Grunderfahrungen entsteht Vertrauen in die Realität der alltäglichen Dinge, auf das feste Überzeugungen und feste Urteile gegründet sind – die sich unter einer *wissenschaftlichen* Betrachtung gelegentlich aber als falsch oder unzureichend erweisen. Gerade die sind interessant, die auf den ersten Blick so handfest und unerschütterlich erscheinen, und gerade sie sind es, mit deren Beseitigung der Blick für neue Perspektiven und gelegentlich für neue Weltbilder freiwird. Wir lernen dann am meisten über uns und die Welt, wenn wir den eigenen Fehlurteilen und Täuschungen auf die Spur kommen – wenn wir in diesem Sinne ent-täuscht werden. So wollen wir mit Ent-Täuschungen beginnen und uns auf den (manchmal mühsamen) Weg begeben, Persönlichkeit durch Wissen aufzubauen, das auf höheren Ebenen immer mit Staunen einhergeht. Die treibende Kraft dieser Korrektur wird die Wissenschaft sein. Überraschen dürfte, daß viele Korrekturen auch unserer alltäglichen Urteile auf *großes* Wissen angewiesen sind. Großes Wissen ist solches, das durch epochale wissenschaftliche Theorien geschützt ist (z. B. durch Einsteins Relativitätstheorie) und dadurch Weltbilder bestimmt. Eine Informationsgesellschaft hat die Aufgabe, alle Bürger an diesem Wissen teilhaben zu lassen – und die gesellschaftlichen (Bildungs-)Voraussetzungen zu schaffen, die sie allererst in den Stand setzen, an diesem Wissen teilhaben zu können.

II. Weltbild

Von der Wahrheit zum Märchen

Vor dem Vertrauen in die Wissenschaft steht die kritische Grundhaltung. Mit anderen Worten: Die Urteile des Alltags sind nicht per se unter Verdacht und die Urteile der Wissenschaft nicht per se unter Schutz gestellt. *Beide* müssen sich Fragen gefallen lassen. Kritik ist eine scharfe, aber auch nützliche Waffe, auch und zumal in der Wissenschaft selbst. Blindes Vertrauen ist Sache der Astrologie, die *ewige* Wahrheiten verkündet; kritische Aufgeschlossenheit ist Sache der Wissenschaft, die vom *Fort*schritt des Wissens getragen wird. Absolute Autorität hat sie also keine – auch nicht gegenüber dem Alltag. Für beide gilt: Die Wahrheiten von heute können die Märchen von morgen sein. Hören wir dazu Einstein! Den Vorwurf eines Studenten „Sie stellen in diesem Semester ja genau die gleichen Fragen wie beim letzten Mal", parierte er so: „Das ist wahr. Nur die Antworten sind dieses Mal anders". Einfacher läßt sich die Notwendigkeit einer wissenschaftskritischen Grundhaltung nicht begründen.

Soweit das Allgemeine und nun ein Beispiel: Mehr als 2000 Jahre lang stand die unerschütterliche Annahme, daß Atome als kleinste Bausteine der Materie unteilbar und unveränderlich sind. In ihnen ruhte die Welt, mochte sonst auch alles aus den Fugen geraten. Erst durch die Entdeckungen von Becquerel und Marie und Pierre Curie im Jahre 1896 setzte sich langsam die Erkenntnis durch, daß es auch auf der atomaren Ebene der Welt keine ewigen Zustände gibt. Die Entdeckung der Radioaktivität nährte die ersten Zweifel an der Ewigkeit der Atome, und Otto Hahns

Atomspaltung machte sie zur Gewißheit: Atome verändern sich, haben eine begrenzte Lebensdauer und sind technisch manipulierbar. Aber auch ohne äußeren Eingriff des Menschen gilt: Jeder Stoff verbraucht sich in natürlicher radioaktiver Strahlung, und seiner Selbstauszehrung entspricht die Abnahme seiner Radioaktivität in der Zeit. Die Abnahme ist Folge der Abnahme der Zahl seiner strahlenden Atome. Die Zeit, die vergeht, bis die Hälfte der Atome einer gegebenen Menge zerfallen (und in eine andere Atomart übergewechselt) ist, nennt man „Halbwertszeit". Sie beträgt z. B. bei Radium 1500 Jahre. Was heißt dies? Nehmen wir eine Menge X von Radium, so ist nach 1500 Jahren nur noch die Hälfte ihrer Atome vorhanden, und in weiteren 1500 Jahren ist von dieser verbleibenden Hälfte wiederum nur noch die Hälfte übrig etc. etc. Die Strahlung von Atomen ist Abgabe von Energie in die Umgebung, und Abgabe von Energie ist Verlust von eigener Substanz – bis die Quelle ganz versiegt.

Selbst die Atom*kerne* sind vergänglich, wenn ihre mittlere Lebensdauer auch 10^{31} Jahre, also eine 1 mit 31 Nullen, beträgt (die Annahme, daß auch Atomkerne zerfallen, ist bisher allerdings eine, wenn auch wohlbegründete, Hypothese, deren empirischer Nachweis noch aussteht). Stabil sind die Kerne, aber eben nicht ewig. Und schon gar nicht die Atome, die der Welt doch ihre Stabilität verleihen sollten. Genau darin hatte sich die Wissenschaft gründlich und jahrtausendelang geirrt – von Demokrit bis in unser Jahrhundert. Angesichts unseres eigenen Zerfalls ist es vielleicht tröstlich: Selbst das Innerste der Welt ist vergänglich.

Und noch ein zweites Beispiel dafür, daß der Wahrheitswert wissenschaftlicher Annahmen nicht für alle Zeit und unter allen Umständen sakrosankt ist. Jeder hat am Nachthimmel schon einmal Sternschnuppen gesehen, Gesteinsteile von Sternen also, die in der Atmosphäre der Erde aufgrund der Reibung mit ihr ins Nichts verglühen – dann hatten wir Glück und es blieb beim ästhetischen Reiz des bloßen Anblicks. So glimpflich und schön geht es nicht immer ab. Denn manchmal verglühen sie nicht, gelangen durch die Atmosphäre hindurch und erreichen die Erde. So wird z. B. aus China berichtet, daß im Jahre 1490 in der Provinz

122

Shansi ein „Steinregen" tausende von Menschen das Leben gekostet hat. Trotz dieser und anderer Berichte stellte die Pariser Akademie der Wissenschaften noch im Jahre 1772 besserwisserisch fest: „Das Herabfallen von Steinen vom Himmel ist physikalisch unmöglich". Die toten Chinesen konnten der berühmten Akademie nicht widersprechen, und den Überlebenden glaubte man nicht. Wissenschaft kontra Alltag geht immer zu Lasten des letzteren, aber nicht immer aus gutem Grund. Heute hat die Wissenschaft viele Einschläge von Asteroiden genauestens untersucht, z. B. den, der im Jahre 1908 in Sibirien aufschlug und bei einem Durchmesser von nur 30 Metern ein Gebiet von 2000 Quadratkilometer zerstörte. Größere Asteroiden sind denkbar und hat es gegeben. Und ihre Wirkungen sind verheerend. So nimmt die Wissenschaft heute an, daß schon bei der Größe von einem Kilometer Durchmesser je nach Umständen sogar das Ende der menschlichen Gattung eintreten kann. Wie gewaltig die Wirkungen von Asteroiden dieser Größe sind, hat eine Gruppe von Wissenschaftlern an den Spuren eines Ereignisses rekonstruiert, das vor ca. 2 Millionen Jahren stattgefunden haben soll, als ein Asteroid von ca. 2 Kilometer Durchmesser in das südliche Polarmeer einschlug und explodierte. Die Forscher beschreiben das Ereignis so: Beim Einschlag in das Meer entstand ein gigantischer Feuerball mit einer Energieleistung von Millionen Atombomben. Mehrere Hundert Kubikkilometer Staub und Wasserdampf wurden bis auf eine Höhe von hundert Kilometer in die Luft getrieben, verbreiteten sich rund um die Erde und verdunkelten die Sonne. Der Einschlag ins Wasser löste kilometerhohe Wellen aus, die sich mit mehreren hundert Stundenkilometern auf den Weltmeeren ausbreiteten und riesige Landflächen überfluteten. Gewaltige Wirkungen also durch eine Materiemasse von „nur" 2 km Durchmesser, die vor 2 Millionen Jahren aus dem Weltall auf der Erde einschlug. Gegen diese tosende Naturgewalt von oben zitieren wir noch einmal die Pariser Akademie der Wissenschaften aus dem Jahre 1772: „Das Herabfallen von Steinen vom Himmel ist physikalisch unmöglich". Die Theorie der Physiker wurde durch Fakten widerlegt – vom

Himmel fallende Gesteinsmassen sind am Ende eben doch stärker als Ansichten des wissenschaftlichen Establishments.

Und noch ein Beispiel dafür, daß blindes Vertrauen gegenüber der Wissenschaft unangebracht ist. Für Aristoteles (gest. 322 v. Chr.) war es ein Naturgesetz, daß schwere Gegenstände (z. B. Steine) schneller fallen als langsame (z. B. Federn). Dieses Naturgesetz stand und steht in völliger Übereinstimmung mit unserer Alltagserfahrung. Wir wissen eben einfach, daß Steine schneller als Federn fallen, und auch der Grund erscheint uns selbstverständlich: Er liegt in den Gegenständen selbst, genauer: in ihrem unterschiedlichen Gewicht. Aber auch die stärkste Gewißheit verbürgt keine Wahrheit: Die Annahme ist falsch. Richtig ist: Alle Gegenstände fallen unabhängig von ihrem Gewicht gleich schnell. Ist dies nicht der Fall, so verursacht Luftwiderstand – und nicht das Gewicht – die unterschiedliche Fallgeschwindigkeit. Noch einmal: Im luftleeren Raum fallen alle Gegenstände unabhängig von ihrem Gewicht gleich schnell. Der große Aristoteles hatte also Unrecht. So kam ein neues Naturgesetz, mit dem sich die Wissenschaft selbst korrigierte, eine Korrektur, die der Alltag aber bis heute nicht zur Kenntnis genommen hat. Immer noch glauben wir, daß Eisen schneller als eine Feder fällt. Dabei wurde das Gegenteil schon in den 70er Jahren von einem Apolloastronauten in einer Fernsehübertragung Jedermann vor Augen geführt: Der Astronaut ließ auf dem Mond parallel einen Hammer und eine Feder fallen – und beide kamen zur gleichen Zeit auf dem Boden an. Die Frage ist nur: Wieso gibt es auf dem Mond keinen Luftwiderstand? Die Antwort: Weil es keine Luft gibt. Und die gibt es (neben anderen Gründen) schon deshalb nicht, weil die Masse des Mondes nicht groß genug ist, um die nötige Anziehungskraft zu erzeugen, welche die Luftmoleküle um ihn herum binden könnte.

Neues hat's schwer

Wissenschaft ist nicht nur ein Prozeß, in dem – Folge einer immerwährenden Differenz zwischen möglichem und tatsächlichem Wissen – die Wahrheiten von heute zu Märchen von morgen werden, sondern erschwerend kommt hinzu: Sie wird von *Menschen* betrieben. Und Menschen wissen nicht nur die Wahrheit nicht immer, sondern wissen ihre Verbreitung gelegentlich zu verhindern. Insbesondere beim Umgang der Wissenschaftler untereinander sind wir mitten im richtigen Leben: Macht und Interessen, Tränen und Intrigen, Eitelkeiten und Ideologien spielen neben der Suche nach Wahrheit und ihrer Verbreitung eine gewichtige Rolle. Es menschelt also auch in der Wissenschaft. Und wie! Unter moralischen Maßstäben ist sie nicht besser als die Gesellschaft, unter deren Randbedingungen sie steht. Zur Erinnerung: Die derzeitigen gesellschaftlichen Randbedingungen sind die einer Marketinggesellschaft. Das läßt auch die Wissenschaft nicht unberührt – „Sich gut verkaufen" ist ein Teil auch ihres Geschäfts. In einer Informationsgesellschaft, von der wir noch Lichtjahre entfernt sind, müßte auch Wissenschaft ihr Gesicht verändern: Der Primat der Information darf nicht nur im *Resultat* eines wissenschaftlichen Prozesses wirksam sein (z. B. durch Aufnahme von Wissen in Lehrbücher), sondern muß bereits vorher, bei der *Entstehung* der Resultate (und das heißt wesentlich: beim Umgang der Wissenschaftler miteinander) erscheinen.

Der Physiker Max Planck (gest. 1947) hat den irrationalen Prozeß der Durchsetzung neuer Erkenntnisse aufschlußreich charakterisiert: Das neue Denken junger Physiker wird nicht dadurch anerkanntes Wissen, daß ihre Lehrer unter dem Druck der neuen Wahrheiten ihre Auffassungen ändern, sondern dadurch, daß die Alten aussterben – erst ihr Tod macht den Weg frei für das Neue. Biologische Selektionen dieser Art sind keine, die einer Informationsgesellschaft würdig wären. Wenn das Ableben von Autoritäten und nicht ihre Einsicht neuen Erkenntnissen zum Durchbruch verhilft, ist in den *sozialen* Aushandlungsprozessen von Wissenschaft Information weitgehend außen vor. Es ist wie mit Gerüchten und Falschmeldungen. Sind sie erst mal in der Welt, sind sie kaum mehr zu bändigen. Besonders dann, wenn bereits der Status von Lehrbuchwissen erreicht ist – auch historische Wahrheiten bleiben dann gelegentlich auf der Strecke. Ein Beispiel: Im dritten Jahrhundert vor Christus schrieb Archimedes (griech. Mathematiker und Physiker, Entdecker z. B. des Hebelgesetzes) an König Gelon von Syrakus einen Brief, in dem er neue Annahmen des (weniger einflußreichen) Aristarch von Samos über das Planetensystem als falsch zurückwies. Archimedes schrieb: „Es wird ... angenommen, daß die Fixsterne und die Sonne unbeweglich seien, die Erde sich um die Sonne, die in der Mitte der Erdbahn liege, in einem Kreise bewege. ... Es ist klar, daß dies unmöglich ist." Die (richtige!) Annahme des Aristarch, daß nicht die Erde, sondern die Sonne der Mittelpunkt unseres Planetensystems ist und die Erde sich um die Sonne bewegt, wurde also mit der damals dominierenden Autorität des großen Archimedes schlichtweg unterdrückt. Archimedes hat die Annahme des Aristarch auch später nicht widerlegt, nicht einmal den Versuch unternommen, sondern einfach für falsch erklärt. Aber er hatte nicht die Wahrheit, sondern nur die Macht auf seiner Seite. Und die Angst vor dem Verlust seiner wissenschaftlichen Autorität blockierte über Jahrhunderte den Fortschritt des Wissens. Erst 1700 Jahre später wagte sich Kopernikus (gest. 1543) erneut an das revolutionäre Modell des heliozentrischen Weltbildes. Seitdem wird von der „kopernikanischen Wende" in einer Weise gesprochen, als sei Kopernikus der erste, der die Sonne und nicht die Erde zum Mittelpunkt des Planetensystems macht. In der aufregenden Stimmung dieser Zeit gab es keinerlei Reverenz an den Vordenker des Modells, die unter der Maßgabe intellektueller Redlichkeit hätte selbstverständlich sein müssen. Und obwohl der Brief des Archimedes seit langem bekannt ist, gilt Kopernikus bis heute als der Entdecker des heliozentrischen Weltbildes. Hier operiert die Physik in der historischen Einschätzung von Leistungen nicht mit Information, sondern mit ihrer Vorenthaltung (nur gelegentlich und ganz am Rande gibt es zarte Hinweise auf Aristarch, z. B. im Physiklehrbuch von Gerthsen/Vogel).

Auch eine andere Form der Trägheit des einmal anerkannten Wissens hat den Fortschritt der Wissenschaften über Jahrhunderte gebremst und gezeigt, daß Wissenschaft nicht ausschließlich von der Suche nach Wahrheit, sondern von wissenschaftsfremden, z. B. religiösen Motiven bestimmt wurde. Unter dieser Erkenntnis behindernden Fremdbestimmung durch Religion standen auch die großen Köpfe der Physik. Wiederum am Beispiel: Einer der größten Physiker der Menschheitsgeschichte stellte Überlegungen über das Alter unserer Erde an. Dabei ging er hilfsweise davon aus, daß die Erde am Anfang eine glühende Eisenkugel war und berechnete, wieviel Zeit sie zur Abkühlung bis auf die momentane Temperatur der Erde benötigen würde. Das Ergebnis: 50.000 Jahre. Demnach wäre das Alter der Erde also 50.000 Jahre gewesen. Die Berechnungen wurden überprüft und hielten der Überprüfung stand. Was ist faul an dieser Zahl? Der Einwand wäre naheliegend, daß die Erde keine Eisenkugel ist, folglich ihre Abkühlungszeit von der im Modell angenommenen Eisenkugel abweicht, so daß dann auch die Altersangabe von 50.000 Jahren nicht exakt sein kann. Hinsichtlich der Exaktheit der Altersangabe trifft der Einwand, aber der Unterschied wäre nicht groß, so man die wirkliche Materie der Erde (Gestein etc.) in die Modellberechnung aufnähme. In jedem Fall bliebe ein Wert von einigen zehntausend Jahren Abkühlungszeit übrig. Und darin, in der Größenordnung also, lag das Problem: Die Altersbestimmung von 50.000 Jahren widersprach dem biblischen Zeithorizont, der das Alter des Weltalls (inklusive seiner Zukunft) auf 6000 Jahre festlegte. So sagte Bischof James Ussher im Jahre 1611: „Der Beginn der Zeit fiel auf den Beginn der Nacht, die dem 23. Tag des Oktobers im Jahre 4004 v. Chr. vorausging". Eine sehr präzise, aber völlig falsche Zeitangabe. Jedenfalls stand dieser religiöse Zeithorizont der physikalischen Annahme von 50.000 Jahren gegenüber (nach dem heutigen Kenntnisstand hat die Erde ein am radioaktiven Zerfall bestimmtes Alter von 4,5 Milliarden Jahren). Wie reagierte das wissenschaftliche Genie auf diese Differenz zwischen religiöser und wissenschaftlicher Zeitfestlegung? Kleinlaut! Im Entscheidungskonflikt zwischen Religion und Wissenschaft verwarf das Genie seine Berechnungen, eben weil sie den religiösen Zeitvorstellungen über die Entstehung der Welt widersprachen. Sein Name: Isaac Newton (gest. 1727).

Wissenschaft ist kalter Krieg

Und heute? Es sind weniger religiöse Barrieren, die den wissenschaftlichen Fortschritt behindern, sondern mehr Reputation, Macht und Geld. Oft ist der Grund für die Unterdrückung des Fortschritts ganz einfach: Wer sich z. B. durch wissenschaftliche Veröffentlichungen in renommierten Zeitschriften einen Namen gemacht hat, möchte diesen nicht durch neue, widersprechende Forschungsergebnisse verlieren. Verlierer verschwinden schnell von der öffentlichen Bühne: Sie werden nicht mehr zitiert, nicht mehr für (gut bezahlte) Gutachten beauftragt, nicht mehr zu Kongressen und auch nicht mehr zu Talk-Shows geladen – die Nachfrage nach ihnen sinkt rapide, und dies schmerzt und verletzt Eitelkeiten. Das alles hat wenig mit dem Gegenstand der Forschung, aber viel mit der Seele der Forscher zu tun. Die Realität: Stärke zeigt sich nicht darin, dem stärkeren Argument die Reverenz zu erweisen, sondern in der zweifelhaften Fähigkeit, die eigene Position mit Tricks und Intrigen (und manchmal mit Verfälschungen von Meßergebnissen und Gedankenklau) gegen die Logik der Forschung durchzusetzen. Und das Ganze findet in einem oft schwer entzifferbaren Gemenge von Irrationalität und Rationalität statt. Daß diese Strategien der Verhinderung des Neuen überhaupt und gelegentlich auf öffentlicher Bühne möglich sind, hat nämlich auch wieder einen Grund in der Sache: Auch wissenschaftliche Ergebnisse sind selten aus sich selbst heraus so eindeutig und wahrheitskräftig, daß derjenige, der ihnen widerspricht, sich der Lächerlichkeit preisgibt. Im Regelfall gibt es Gründe für kritische Zurückweisung des Neuen, hinter denen sich Kränkungen und Eitelkeiten dann verstecken können. Wenn eine Meßreihe z. B. die Grundannahmen einer Theorie erschüttert, werden die Anhänger der etablierten Theorie zunächst und pauschal Meßfehler monieren. Schlupflöcher aus dem Wirkungsbereich des Neuen gibt es (fast) immer und sie werden reichlich genutzt. Gelegentlich sind die Versuche hinter Ratschlägen versteckt. Als Max Planck sich im Jahre 1876 als Student seinem Physikprofessor vorstellte (eine zu dieser Zeit übliche Prozedur), riet dieser ihm vom Studium der Physik ganz ab. Seine Begründung: Intelligente junge Menschen haben in der Physik keinen Platz mehr, weil es nichts Neues mehr zu entdecken gibt. Den jungen Planck beeindruckte die Warnung seines Professors jedoch nicht – zum Glück für die Wissenschaft; denn schon ein paar Jahre später stellte Planck der Berliner Akademie sein neues Naturgesetz vor, das bald das Grundverständnis der gesamten Physik revolutionierte (dazu später mehr).

Und noch ein Grund, warum die Gemeinschaft der Forscher nicht nur vom Motiv der Wahrheitssuche bestimmt wird: Forschung kostet viel Geld, und wer an einem wissenschaftlichen Projekt arbeitet, das mit einer neuen Erkenntnis im Widerspruch steht, verliert die Finanzquelle seines Projektes, so sich das Neue durchsetzt. Also wird er versuchen, das Neue zu torpedieren, um seine eigenen Forschungen ohne Not der Finanzierung und ohne Druck durch Konkurrenz fortsetzen zu können.

Die Methoden reichen vom Totschweigen des Neuen bis zu scheinbar seriösen Gegenangriffen – und schließen erbärmliche Versuche des Lächerlichmachens mit ein. Ein aufschlußreiches Beispiel aus jüngerer Zeit ist die Etablierung der Künstlichen-Intelligenz-Forschung (KI) in Deutschland. Der Anspruch der KI, das menschliche Denken in Computern zu simulieren, war spektakulär und drängte die etablierte Informatik an den Rand der öffentlichen Aufmerksamkeit. Petra Ahrweiler hat die Irrationalismen bei der Abwehr der neuen KI in einer beispielhaften Studie herausgearbeitet. Einer der heute führenden KI-Köpfe, Siekmann, sagt zum Beispiel: „Wir mußten gegen die etablierte Informatik kämpfen. Das ist durch mein ganzes Leben gelaufen. Gegen diesen Haßgegner. Das ist wie der kalte Krieg". Oder der

KI-Forscher Bibel: „Ich wollte damals 1972/73 anfangen, mich zu habilitieren und bin auf eine Welle von Antipathie und Feindschaft gestoßen: ‚Der macht etwas, was man unterdrücken muß'. ... Das ist sehr schwer gewesen". Wenn nicht einmal die Informatik unter dem Primat der Information steht, wundert es nicht, daß Irrationalität die ständige Begleitmusik auch von Wissenschaft ist. Wer „Haßgegner" hat und in einen „kalten Krieg" verwickelt ist, muß zur Durchsetzung des Neuen nicht Wahrheit, sondern Taktik anwenden: Beziehungen aufbauen, Bündnisse schließen, Sympathien gewinnen etc.

So wird einmal mehr bestätigt: Unter der Wahrheitsfrage ist Wissenschaft auf den ersten Blick kaum besser als die Gesellschaft, unter deren Randbedingungen sie steht. Bei der Suche nach Vorbildern für die Grundstruktur der Informationsgesellschaft kann heutige Wissenschaft also nur begrenzt und nur mit Vorsicht herangezogen werden. Das Schlimme: Der Mechanismus der irrationalen Abwehr des Neuen setzt sich von Generation zu Generation ungebrochen fort: Die als junge KI-Forscher selbst Gebeutelten verhielten sich nach der mühsamen Etablierung ihres Fachs nicht anders als die etablierte Informatik vor ihnen. Als die KI nämlich im Bemühen um die maschinelle Simulation des Denkens Konkurrenz durch den Konnektionismus bekam (ein neuer Ansatz, der sich im Unterschied zur klassischen KI nicht an der Sprache, sondern direkt an der Struktur des Gehirns orientiert), hat sie diese ihrerseits mit unwissenschaftlichen Mitteln bekämpft. So polemisiert der KI-Forscher Görz: „Der Konnektionismus ist einfach ein Arbeitsgebiet für arbeitslose Atomphysiker geworden". Mit anderen Worten: Unfähige Physiker tummeln sich auf einer ABM-Spielwiese, die für die Simulation des Denkens keine Rolle spielt. Tatsache ist aber: Die Polemik von Görz ging an der Sache glatt vorbei. Der Konnektionismus ist nämlich in der digitalen Nachahmung von Teilfunktionen des menschlichen Gehirns längst ein erfolgreiches Forschungsprogramm geworden. Die Beispiele ließen sich endlos fortsetzen.

Wenn es sie denn überhaupt jemals gab, ist die an der Wahrheit orientierte Gemeinschaft der Forscher längst zum Gemenge einer

„Scientific-Political-Economic-Community" geworden. Nicht die Verquickung als solche ist das Problem, sondern daß sie in dieser Zeit, d. h. *vor* der Etablierung der Informationsgesellschaft, wirksam ist. Gäbe es sie schon, wäre der enge Zusammenhang von Wissenschaft, Politik und Ökonomie nicht nur kein Problem, sondern Ausdruck von ihr. Aber ohne den gesamtgesellschaftlich wirksamen Primat der Information, also unter dem Motto „Mehr Schein als Sein", ergibt die Verbindung von Wissenschaft mit Politik und Ökonomie ein Gebräu, in dem sie sich nicht optimal entfalten kann.

Erschwert wird die Durchsetzung von Rationalität in den sozialen Aushandlungsprozessen von Wissenschaft inzwischen durch die Vorstellung, daß es Wahrheit nicht gibt und die Suche nach ihr vergeblich, sogar zerstörerisch ist. So sagt der Philosoph und Physiker Heinz von Foerster: „Wenn der Begriff der Wahrheit überhaupt nicht mehr vorkäme, könnten wir vermutlich alle friedlich miteinander leben". Die Umkehrung ist richtig: Wir leben deshalb nicht friedlich miteinander, weil Wahrheit bisher so wenig Bedeutung hat. Wird der Wahrheitsanspruch aufgegeben, ist nicht nur Wissenschaft unmöglich, sondern auch die Informationsgesellschaft. Von seinem Regulativ befreit, wäre Wissenschaft Vorbild für Relativismus, der am Ende Kommunikation und Verständigung ganz untergräbt. Doch die einfachsten Dinge halten gegen wissenschaftliche Moden den Wahrheitsanspruch am leben: Ein Stein fällt immer zu Boden. Und ein physikalisches Gesetz erklärt den Fall. Vorgänge dieser Art werden also nicht vom Gehirn konstruiert, sondern sind Folge von Gesetzmäßigkeiten der physikalischen Natur, welche die Wahrheitsfrage direkt herausfordern.

Wenn das Neue Vorfahrt hat

Auch Wissenschaft hat also mit Eitelkeiten, Macht, Geld und Moden zu tun und ist damit Schwierigkeiten ausgesetzt, welche die Wahrheitssuche erheblich erschweren. Trotz dieser kritischen

131

Einschätzung bleiben wir aber dabei, den Aufbau der Informationsgesellschaft und die Bildung von Persönlichkeit am wissenschaftlich geschützten Wissen zu orientieren. Der Grund: Erstens gibt es keine bessere Autorität, und zweitens korrigiert Wissenschaft ihre Fehler immer selbst. Drang zu neuer Erkenntnis ist am Ende und zum Glück doch *der* Antrieb von ihr. Bei aller Kritik und Mahnung zur Vorsicht, ihre Potentiale nicht zu nutzen, hieße das Kind mit dem Bade ausschütten, wäre also selbst ein irrationaler Akt. Für eine Informationsgesellschaft, die „Offenheit" als unverzichtbares Merkmal hat, ist Wissenschaft trotz der genannten Mängel noch immer der beste Verbündete – auch wenn die Wege zu neuen Wahrheiten nicht immer die kürzest möglichen sind. Mehr noch! Stewart Brand schreibt: „Wissenschaft ist das einzig Neue. Wenn man eine Zeitung oder eine Illustrierte durchblättert, geht es in den Geschichten aus dem Leben immer um das gleiche alte Er-sagte-sie-sagte, in der Politik und Wirtschaft immer um den gleichen Vorgang von erbärmlichen Dramen; die Mode ist eine pathetische Illusion des Neuen, und selbst die Technik ist vorhersehbar, wenn man die Naturwissenschaft kennt. Das Wesen der Menschen ändert sich kaum; die Wissenschaft tut das sehr wohl, und der Wandel summiert sich, bis er die Welt unumkehrbar zu einer anderen macht." Und diese „andere Welt" könnte und sollte als nächste die Informationsgesellschaft sein.

Was Wissenschaft im Innersten bewegt, ist letztendlich also das Interesse an *neuen* Erkenntnissen, je folgenreicher desto besser, möglichst solche, welche Weltbilder erschüttern. So sagt Planck: „Insofern ist für den richtigen Theoretiker nichts interessanter als eine Tatsache, die mit einer bisher allgemein anerkannten Theorie in Widerspruch steht; denn hier setzt seine eigentliche Arbeit ein". Wichtig ist: Der Typus des Neuen in der Wissenschaft ist nicht vergleichbar mit dem Typus des Neuen in der Marketinggesellschaft, in der Originalität schon seine Durchsetzung verbürgt. Selbst ohne die o.g. irrationalen Hindernisse stehen neuen Erkenntnissen in der Wissenschaft nämlich scharfe Kontrollen unter der Wahrheitsfrage bevor. Aus guten Gründen: „Neu" ist nicht immer gleich „richtig" (das fortwährend zu verwechseln ist zugleich Bedingung und Kreuz der Marketinggesellschaft). Erst wenn das Neue kritische Prüfungen übersteht, haben die Informationen freien Lauf und finden dann auch Verbündete, die ihm zum Durchbruch und zur breiten Anerkennung verhelfen. Würde diese Rationalität des Wissenschaftsprozesses letztendlich nicht doch seine irrationalen Barrieren immer wieder überwinden, wäre Einstein nicht Einstein geworden, sondern geblieben, was er anfänglich war (noch zu Zeiten der Formulierung der Speziellen Relativitätstheorie): Ein kleiner Angestellter des Schweizer Patentamtes. Die (oft mühsame) Durchsetzung der Wahrheit gegen Intrigen, Diffamierung und Ausgrenzung gehorcht der immanenten Logik wissenschaftlicher Prozesse, und die Orientierung an ihr gehört zum Kanon tiefer Überzeugungen der Gemeinschaft der Forscher. Und dieses Interesse an Neuem ergänzt sich in der Wahrheit, daß nicht nur die Erkenntnis der Welt, sondern die Welt selbst niemals stillesteht.

Das war nicht immer so. Von den Epikuräern abgesehen, waren alle führenden Denker seit dem 4. Jahrhundert v. Chr. der Auffassung, Wandel sei oberflächlich oder gar irrational. Im Wesen bleibe sowohl die physikalische Welt wie auch die soziale und moralische Ordnung der Menschen für alle Zeiten gleich. In seinem berühmten „Timaios" nimmt der griechische Philosoph Plato (gest. 347 v. Chr.) an, daß sich die Welt nicht über lange Zeiträume vom Einfachen zum Komplexen (z. B. von wenigen zu vielen Sternen oder vom Einzeller zum Vielzeller) entwickelt hat, sondern im jetzigen Zustand ‚auf einen Schlag' entstanden ist. Und der Philosoph Descartes (gest. 1650) schrieb fast 2000 Jahre später: „Denn unzweifelhaft ist die Welt von Anfang an in aller Vollkommenheit geschaffen worden".

Der Grund für die Unveränderlichkeit der Welt wurde in den unveränderlichen Naturgesetzen gesehen, und diese wiederum waren nach Newton nichts anderes als physikalische Erscheinungsformen von Gottes ewigen Absichten. Wiederum stand Newton in den Schranken seiner religiösen Überzeugungen: Die Frage nach der *Entstehung* des Universums wagte er nicht *wissen-*

schaftlich zu beantworten. So nahm er an, daß die Planeten am Anfang der Zeit von Gott in die beobachtbaren Bahnen gelenkt wurden, auf denen sie dann für alle Zeiten die Sonne umkreisen. Die Wissenschaft war nach seiner religiös gezügelten Auffassung erst *nach* diesem göttlichen Schöpfungsakt zuständig, erst hier durften *physikalische* Erklärungen der fertigen und unveränderlichen Welt beginnen. Unter diesen evolutionsfeindlichen Voraussetzungen wundert es nicht, daß Newton das Universum mit einer Maschine verglich, die für alle Zeiten in Erscheinungsform und internem Mechanismus gleichbleiben sollte. Veränderungen wurden zwar beobachtet, aber sie berührten nicht das (konstante) *Wesen* der Welt.

Diese verleugnende Haltung allen Veränderungen gegenüber wurde erst im 18. Jahrhundert gebrochen. Der Philosoph Immanuel Kant (gest. 1804) war es, der mit den ahistorischen religiösen Vorstellungen eines einmal entstandenen und sich dann nie mehr ändernden Universums radikal brach: „Die Schöpfung ist niemals vollendet. Sie hat zwar einmal angefangen, aber sie wird niemals aufhören. Sie ist immer geschäftig, mehr Auftritte der Natur, neue Dinge und neue Welten hervor zu bringen. Das Werk, welches sie zu Stande bringt, hat ein Verhältnis zu der Zeit, die sie darauf anwendet." Der Wissenschaftsphilosoph Toulmin nennt dies zu Recht die „Stimme eines neuen Zeitalters". Und dabei blieb es nicht. Was Kant für die Einführung der Zeit in die Welt der Physik leistete, leisteten Vico für die menschliche Geschichte und Darwin für die Entwicklung der biologischen Arten. Nirgendwo, weder im Kosmos noch in der Entwicklung der Organismen und schon gar nicht in der von Menschen gemachten Geschichte blieb alles beim Alten. Und die Veränderungen waren keine, die „unwesentlich" genannt werden könnten. So ist die Entwicklung von Gesellschaften, die sich auf dem Rücken von Sklaven am Leben hielten, zu aufgeklärten Gesellschaften, welche die Menschenrechte einfordern, fürwahr eine, die ihr Wesen betrifft.

Uhr gegen Zeit

Der epochale philosophische Durchbruch Kants wirkte auf die Wissenschaft wie ein Befreiungsschlag. Unter seinem nachhaltigen Eindruck entwickelte die Physik später dann Theorien des Universums, in denen die Zeit eine zentrale Rolle spielt: Der Kosmos und seine Strukturen verändern sich ständig. Und Vicos und Darwins Fragen sind anregend bis in das Alltagsbewußtsein: Woher kommen wir und wohin gehen wir? Wer erst einmal begriffen hat, daß wir auf allen Ebenen (physikalisch, chemisch, biologisch, sozial und kognitiv) Teile einer dynamischen Natur sind, antwortet auf die Fragen nach dem Woher und dem Wohin dramatisch anders. Die Frage nach der eigenen Lebensgeschichte zieht die Frage nach der menschlichen Gattung nach sich, und diese führt zur Frage nach der Geschichte der biologischen Arten, und die wiederum zieht die Frage nach der Geschichte unserer Erde und diese die nach der Geschichte des Weltalls nach sich – und auf der Zeitachse sind alle Fragen sowohl in die Vergangenheit wie auch in die Zukunft gerichtet; denn alles war einmal anders und wird in der Zukunft wiederum anders sein. Die Vorstellung der Altvorderen, daß physikalische Welt und menschliche Gesellschaft in ihrem Wesen immer gleich blieben, konnte nur unter der Leugnung oder einem falschen Verständnis der Zeit entstehen. Ein neues Verständnis der Zeit ist also der Schlüssel zum Verständnis der aufgeworfenen Fragen. Und die Frage nach dem Wesen der Zeit steht heute ganz vorne auf der Liste der offenen wissenschaftlichen Fragen. Auch Physik und Neurobiologie haben sie ins Zentrum ihres Interesses gerückt. Ist Zeit eine reale physikalische Größe oder nur eine Illusion, die unser Gehirn erzeugt?

Was also ist Zeit? Im Alltag sind wir ständig mit ihr konfrontiert, und ihre Verkörperung, die Uhr, tragen wir ständig mit uns. Berufs- und Privatleben in modernen Gesellschaften stehen unter ihrer unnachgiebigen Kontrolle. Nichts anderes bestimmt inzwischen Rhythmus und Organisation des Lebens mehr als die Zeit anzeigende Uhr. Und ihr Druck ist täglich zu spüren: Termine,

Termine, Termine. Bis weit in das Privatleben hinein (Verabredungen, Kurse etc.) und bis in den Sekundenbereich der Zeit: Wer den Beginn der TV-Nachrichten verpaßt, kann wichtige Information verpassen, und wer den Bahnsteig um Sekunden zu spät erreicht, dem fährt der Zug davon. Niemals zuvor in der menschlichen Geschichte gab es Entscheidungen und Bewertungen, die auf der *Sekunden*einteilung der Uhr basierten (beim Sport geht es sogar um Bruchteile von ihnen). Und immer spielt die Uhr die regulierende Rolle, zum Glück nicht nur negativ im Termindruck, sondern auch im positiven Sinne: Daß wir noch Zeit *haben*, stellen wir ebenfalls fest durch einen Blick auf die Uhr. In dieser Hinsicht ist Zeit inzwischen zum stärksten Regulator der Erfahrung von Welt geworden. Und würden alle Uhren mit einem Schlag stehen, ginge der Gesellschaft die Grundorientierung verloren und das gesamte gesellschaftlich-ökonomische Leben schlüge von Ordnung in Chaos um.

Allerdings: Den Umgang mit Zeit lernen wir vor dem Umgang mit Uhren, nämlich mit dem Erlernen der natürlichen Sprache. In den Zeitmodi der Verben ist der Unterschied von Vergangenheit, Gegenwart und Zukunft repräsentiert und Erfahrung lehrt uns die Art dieses Unterschiedes: Die Vergangenheit ist abgeschlossen und die Zukunft offen. Mit anderen Worten: Die Vergangenheit ist nicht mehr beeinflußbar und die Zukunft kann Überraschungen bringen. Daß die Vergangenheit sich prinzipiell unserem Einfluß entzieht, zeigt, daß die Mechanik der Uhr nur eine unvollkommene Verkörperung der Zeit ist; denn man kann nur die Uhr, nicht aber die Zeit zurückdrehen. Zwar lassen sich die *Folgen* vergangener Ereignisse gelegentlich beseitigen (z. B. in einer Versöhnung mit jemandem, den man beleidigt hat), aber nicht die Ereignisse selbst. Der Vorgang der Beleidigung ist nicht mehr aus der Welt zu schaffen. Was einmal geschehen ist, kann nie mehr ungeschehen gemacht werden. Insofern tickt die Uhr, ist sie ihrer *eigenen* Mechanik und Logik überlassen, immer weiter in Richtung Zukunft.

Doch wie kam überhaupt die Logik der Zeit und ihre Teilung in einer Uhr zustande? Woran orientieren sich Tage, Stunden,

Minuten und Sekunden? Geeignet für die Erfüllung der Funktion einer Uhr sind zunächst alle periodischen Vorgänge: Die Wiederkehr der Zugvögel, der Rhythmus des Herzens, die Schwingungen eines Pendels, die Rotation der Erde, die Schwingungen von Atomen etc. Das Maß ihrer Geeignetheit hängt ab vom Maß der Regelmäßigkeit ihrer Periodizität. Der Flug der Zugvögel und der Rhythmus des Herzens sind starken Schwankungen unterworfen und deshalb für die Funktion einer Uhr weniger geeignet als z. B. die regelmäßige Bewegung der Erde. So war es naheliegend, die Umdrehung der Erde um ihre eigene Achse (= 1 Tag) und den Umlauf der Erde um die Sonne (= 1 Jahr) als Grundlagen der Zeitmessung zu nehmen. Mit einer (am Äquator gemessenen) Geschwindigkeit von 1670 km/h dreht sich die Erde in 24 Stunden einmal um sich selbst und mit einer Geschwindigkeit von 108.000 km/h in einem Jahr einmal um die Sonne (wir sind also mit rasender Geschwindigkeit unterwegs, im großen Bogen um die Sonne mit 30 Kilometer in der *Sekunde*. Daß wir nichts davon bemerken, liegt daran, daß die Bewegung gleichförmig ist und die Luft um uns herum sich mitbewegt).

Diese Zeiten der erdorientierten Zeitdefinition sind längst vorbei. Die Festlegung der Zeiteinheit „Tag" über eine Umdrehung der Erde um ihre eigene Achse ist in unserer Zeit, in der Sekunden von entscheidender Bedeutung sind, nicht mehr genau genug: Jedes Jahr benötigt die Erde nämlich eine Sekunde mehr für diese Umdrehung, d. h. die Geschwindigkeit der Erde nimmt von Jahr zu Jahr ab. Der Grund: Die Gleichmäßigkeit der Achsdrehung der Erde ist abhängig von einer konstanten Massenverteilung um diese Achse. Gibt es Verschiebungen der Massen, ändert sich die Periode. Aber was wären solche Verschiebungen im Falle der Erde? Z. B. Bewegungen von menschlichen Körpern auf der Erdoberfläche. Aber diese Massen der sich von einem Ort zu einem anderen Ort bewegenden Körper sind relativ zur riesigen Masse der Erde so klein, daß sie die Achsdrehung nicht (meßbar) beeinflussen können. Anders bei Ebbe und Flut. Hier werden große Massen von Wasser bewegt, die der Gleichförmigkeit der Erdbewegung zu schaffen machen. Und ein zusätzlicher Grund: Die Gezeitenkräfte erzeugen durch die Bewegung des Wassers eine dreifache Reibung: Innere Reibung der Wassermassen, Reibung am Meeresgrund und Reibung mit dem Land, das überflutet wird oder von dem sich das Wasser wieder zurückzieht. Der Effekt: Reibung erzeugt Wärme, ist *Verbrauch* von Energie – Energie, die der Erde dann für die Aufrechterhaltung einer *konstanten* Drehung fehlt. Aus diesen Gründen wird die Erdrotation Jahr für Jahr um eine Sekunde abgebremst.

In unserer in Bruchteilen von Sekunden rechnenden Zeitzeit stand die Suche nach periodischen Vorgängen an, die eine größere Konstanz als die Drehung der Erde aufweisen. Und gefunden hat man sie in Vorgängen innerhalb des Atoms. Eine neue Generation von Uhren entstand: Atomuhren. So wurden die jahrtausendelang geltenden und für die Organisation des Lebens und der Gesellschaften ausreichenden Rhythmen der Erde durch den Pulsschlag von Atomen ersetzt: Seit dem Jahre 1964 ist eine Sekunde nicht mehr der 86400. Teil eines Tages, sondern eine Sekunde entspricht 9.192.631.770 Schlägen eines Cäsiumatoms. Nun stehen also sehr genaue, am Verhalten der Atome orientierte Zeitmesser zur Verfügung, die auch den Gang unserer Armbanduhren und damit die Zeit des Alltags bestimmen (die Justierung der öffentlichen Uhren erfolgt über den Abgleich mit einer Atomuhr).

Dieser enge Zusammenhang von Uhr und Zeit widerspricht in einer wesentlichen Hinsicht der oben genannten Zeiterfahrung des Alltags. Je genauer die Uhren gehen, desto mehr erwecken sie den Eindruck der exakten *Berechenbarkeit* der Zeit und damit auch der exakten Vorhersagbarkeit der Zukunft. Ein alter Traum der Menschheit, den der französische Mathematiker und Astronom Laplace (gest. 1827) schon vor der Verwendung von Atomuhren in seinem berühmten „Dämon" auf den Punkt gebracht hat. Laplace nahm an, daß alle Ereignisse der Welt für alle Zeiten vorausgesagt werden können, unter einer Bedingung: Der Mathematiker verfügt zu einem bestimmten Zeitpunkt über eine präzise Beschreibung der Orte der physikalischen Teilchen und über die entsprechenden Naturgesetze. Wer dieses Wissen hat (wie der Laplacesche Dämon), kann die Welt für alle Zeiten in die Vergangenheit und in die Zukunft berechnen. Soweit die Illusionen einer mathematisch bestimmten Weltsicht. Da Mathematiker ihre Schlachten auf dem Papier und nicht draußen in der Welt schlagen, wundert diese Allmachtsphantasie nicht. In Einsteins kritischen Worten: „Insofern sich die Sätze der Mathematik auf die Wirklichkeit beziehen, sind sie nicht sicher, und insofern sie sicher sind, beziehen sie sich nicht auf die Wirklichkeit". Jedenfalls sind weder der Kosmos als Ganzer noch seine Grundbausteine, die Elementarteilchen (oder deren Unterteilchen), berechenbar – und auch nicht das Alltagsleben: Wir werden nicht nur immer wieder vom Verhalten einzelner Menschen, sondern auch vom Verhalten ganzer Volkswirtschaften (z. B. Börsenkräche) und politischer Systeme (z. B. der Zusammenbruch der DDR) überrascht.

Nun wissen wir, daß Zeit unter wissenschaftlicher Betrachtung mit Periodizität zusammenhängt und daß sie heute mit Atomuhren gemessen wird. Aber Periodizität kann nicht alles sein; denn Zeit ist auch Lebenszeit, die im Zeitempfinden und als *Entwicklung* der Persönlichkeit erfahren wird (dazu mehr im Kapitel über das Gehirn). So gesehen, haben wir bisher einiges über die Uhr, aber wenig über die Zeit erfahren. Nun wollen wir wissen, ob und wie weit die Zeitvorstellungen der modernen Wissenschaft mit den Zeitvorstellungen des Alltags im Einklang sind. Für uns ist Zeit jedenfalls real – wir können sie nicht nur haben, sondern haben ein Empfinden, nach dem sie vergeht, und zwar mit einer (nicht umkehrbaren) Vorzugsrichtung in die Zukunft, die dem Grundgedanken der Periodizität auf den ersten Blick widerspricht. Sieht die moderne Wissenschaft dies genauso? Die Enttäuschung läßt nicht auf sich warten: Die Antwort der meisten Physiker ist „nein". Das Zeitproblem ist schwierig und nicht mit einem Blick auf die Uhr zu lösen – auch die genaue Atomuhr hilft hier nicht weiter. Der Blick auf die Uhr zeigt nur, daß es die Uhr, aber nicht, daß es die Zeit gibt; sie mißt allenfalls die Zeit, aber sie ist nicht die Zeit. Gibt es Zeit also überhaupt physikalisch oder gibt es nur die Uhr oder ist beides am Ende doch dasselbe? Wir versuchen die Fragen in drei Stufen zu beantworten. Ist Zeit real, hat sie eine Richtung und ist sie nach Vergangenheit, Gegenwart und Zukunft unterscheidbar?

Bewegung verlangsamt

In Newtons Welt war die Zeit ein Parameter der Bewegung von Materie im Raum, ein bloßes Mittel, mit dem Physiker die Bewegung von Objekten mathematisch beschreiben konnten („Die Bewegung von Punkt A nach Punkt B dauert eine Minute"), aber die Zeit selbst hatte keinen Einfluß auf diese Bewegung und konnte auch selbst nicht beeinflußt werden (Dinge geschahen *in* der Zeit, aber nicht *wegen* der Zeit). Sie war der absolute *Hinter*grund, vor dem sich die Dinge der Welt ereigneten. So war die Zeit an jedem Punkt des Universums gleich: Wenn die Turmuhr vom Nachtwächter richtig gestellt war und „zwölf" schlug, dann war es zwölf Uhr überall in der Welt – auch auf den entferntesten Sternen. Daß die Zeit eine sich ändernde Geschwindigkeit haben könnte, daß die Zeit also mal schneller und mal langsamer vergeht, war für die klassische Physik nicht denkbar. Genaugenommen hatte die Zeit in Newtons Weltbild keine physikalische, sondern nur eine mathematische Realität. Weder selbst materiell noch von materiellen Dingen abhängig, war die Zeit der Physik (neben dem Raum) eine absolute Größe, die mit der Zeit des Alltags nichts verband. Kennen wir im psychologisch zugänglichen Empfinden der Zeit, daß sie mal schneller und mal langsamer vergeht (z. B. im Gefühl der Langeweile), so verging die „wahre Zeit" Newtons absolut gleichförmig. Aber es gibt gute Gründe, an dieser Stelle mehr dem banalen Alltagsempfinden als dem großen Newton zu vertrauen.

All diesen Annahmen der klassischen Physik widerspricht Einstein nämlich. Zunächst: Es gibt nicht *die* Zeit, sondern Zeiten. Der Grund: Zeit ist nach der Relativitätstheorie eine Größe, die nicht gleichförmig an allen Punkten der Welt vergeht, sondern von zwei Faktoren beeinflußt wird: von der Bewegung und von der Schwerkraft. Da sich Objekte (wir als Personen eingeschlossen) in der realen Welt unterschiedlich schnell bewegen und unterschiedlichen Gravitationsfeldstärken ausgesetzt sind (z. B. ist die Gravitation in 5000 m Höhe schwächer als auf der Erde), gab Einstein jedem Gegenstand bzw. jedem Beobachter eine eigene Zeit. Newtons Annahme einer überall im Weltall gleich geltenden Einheitszeit war damit beseitigt. In der Physik hatte eine Revolution stattgefunden – ein neues Weltbild war geboren. Seit Einstein ist es also unmöglich, von *der* Zeit zu sprechen. Stattdessen ist eine Zeitangabe immer relativ zu einem Beobachter bzw. zu seiner Uhr. Wenn die Turmuhr also „12" schlägt, so gilt diese Zeitangabe nur für den Ort, an dem die Uhr gerade schlägt.

Um einen leichteren Einstieg in den großen Gedanken der Relativität zu ermöglichen, sehen wir für einen Augenblick von der Zeit ab und betrachten das Phänomen der Bewegung im Raum. Auch hier gilt die Relativität: So wie es seit Einstein keine absolute Zeit mehr gibt, gibt es schon seit Galilei (gest. 1642) keine absolute Bewegung mehr. Ein Beispiel: Nehmen wir an, wir fliegen mit konstanter Geschwindigkeit in einer Rakete im leeren Weltraum. Nehmen wir weiter an, die Rakete hat ein Fenster, das den Blick in den Weltraum freigibt. Die Frage: Wie können wir *feststellen*, daß wir uns *bewegen* (und nicht stillstehen)? Da die Bewegung der Rakete der Voraussetzung zufolge *gleichförmig* ist, sie also weder beschleunigt noch abbremst, entfällt die Möglichkeit, die Bewegung mit unserem Körperempfinden festzustellen (so wie wir dies (auch bei geschlossenen Augen) als Insasse erfahren, wenn ein Auto bremst oder beschleunigt). Auf unser Körperempfinden können wir also während des Raketenfluges nicht bauen. Aber auch der Blick durch das Fenster hilft nicht weiter, jedenfalls solange nicht, als der Blick in den *leeren* Raum geht. Die Lösung: Die Bewegung der Rakete ist dann und nur dann feststellbar, wenn wir einen *anderen* Gegenstand draußen sehen, auf den wir uns zu- oder von dem wir uns wegbewegen. Aber auch das ist noch keine präzise Antwort auf die Ausgangsfrage; denn mit dem Blick auf den anderen Gegenstand ist nur entschieden, daß sich wenigstens *einer* von beiden bewegt (wir oder der Gegenstand), aber nicht, *wer* von beiden (und auch nicht, ob sich *beide* bewegen).

Einen alltagsweltlichen Eindruck gibt die jedem bekannte Situation: Wir sitzen in einem stehenden Zug. Auf dem Nachbargleis steht ebenfalls ein Zug, der dann langsam anfährt. Für wenige Augenblicke glauben wir, daß *unser* Zug sich vom Nachbarzug entfernt – obwohl er sich relativ zum Gleis tatsächlich nicht bewegt. Grundsätzlich gilt: Die Relativität der Bewegung entsteht dadurch, daß Bewegung physikalisch *Lage*-änderung ist, und Lage wird immer relativ zu etwas anderem angegeben, so daß auch Bewegung immer nur relativ zu einem Bezugssystem sein kann. Gibt es dieses nicht, sind wir außerstande, (gleichförmige) Bewegung festzustellen. Diese Relativität hat folgende Konsequenz: Nehmen wir alltagsweltlich zunächst einmal an, daß wir uns mit der Rakete bewegen und der im Weltraum beobachtete Gegenstand steht still. Im Lichte des Relativitätsprinzips ist die korrekte Beschreibung der Situation dann folgende: Das Raumschiff bewegt sich gegenüber dem Gegenstand draußen so, wie sich der Gegenstand draußen gegenüber dem Raumschiff bewegt (für unser Zugbeispiel gilt dasselbe). Noch ein Beispiel: Bewegen wir uns mit 100 km/h in einem Auto, so ist die Geschwindigkeitsangabe nicht absolut, sondern nur gültig mit Bezug auf die Erde bzw. die Straße als Teil von ihr. Das Relativitätsprinzip besagt also: Es gibt *prinzipiell* keine Möglichkeit, absolute Geschwindigkeit zu messen. Denn setzen wir die Bewegung des Autos z. B. in Beziehung zur Bewegung eines vorbeifliegenden Flugzeuges, so verliert die Geschwindigkeitsangabe „100 km/h" ihre Gültigkeit. Noch mehr, wenn wir die Bewegung des Autos relativ zum Planetensystem sehen. Nehmen wir an, es fährt in Richtung der Flugbahn der Erde. Da sich das Auto mit der sich um die Sonne bewegenden Erde mitbewegt und die Erde mit einer Geschwindigkeit von 108.000 km/h durch den Raum rast, ist die Geschwindigkeit des Autos unter dieser Relativität nicht 100 km/h, sondern 100 km/h (= Geschwindigkeit relativ zur Straße) plus 108.000 km/h

(= Geschwindigkeit der Erde). Fazit: Weder die Erde noch irgendetwas anderes ist ein absoluter Bezugspunkt für Bewegung. Das Prinzip der Relativität der Bewegung zu verstehen, ist eine gute Übung, eingefahrene Denkschablonen zu irritieren und in Bewegung zu bringen.

Und nun wieder zurück zur Zeit und ihrem Zusammenhang mit der Bewegung. War die Relativität der Bewegung für uns noch relativ leicht nachvollziehbar, so erscheint uns die Relativität der Zeit und damit die Vorstellung vieler Eigenzeiten zutiefst fremd. Daß die Zeit sich aufgrund von Bewegung ändern soll, widerspricht unserer Alltagserfahrung: Stehen wir, ist die Ganggeschwindigkeit unserer Uhr nicht anders als wenn wir gehen. Aber Einstein widerspricht: Bewegen wir uns, vergeht die Zeit langsamer als wenn wir stehen. In einer der vielen Konsequenzen hieße dies, daß wir im Zustand der Bewegung langsamer altern als im Zustand der Ruhe! Genau so verhält es sich auch. Aber lassen wir die Konsequenzen für das Altern beiseite und fragen nur nach der Richtigkeit des Grundtatbestandes der Variabilität der Zeit.

Um den Beweis zu führen, benötigen wir ein Meßgerät. Für die Zeit ist und bleibt dies die Uhr. Dann stellt sich die Frage einfach so: Gehen bewegte Uhren wirklich langsamer als unbewegte? Kann man die Zeit also nicht nur (mittels Uhr) *messen*, sondern (durch Bewegung) *verändern*? Genau so ist es. In der Relativitätstheorie heißt diese Veränderung der Zeit „Dilatation". Gemeint ist: Zeit vergeht nicht so gleichförmig, wie der Sekundenzeiger unserer Armbanduhr glauben machen will, sondern Zeit kann gedehnt oder gestaucht werden – eben weil sie physikalische *Realität* ist.

Nachdem Einstein die Zeitdilatation theoretisch abgeleitet hatte, wurde sie in vielen verschiedenen Experimenten vielfach bestätigt. Zunächst ein vergleichsweise einfaches Experiment: Man synchronisierte vier Atomuhren, lud zwei von ihnen in zwei Flugzeuge und flog mit ihnen um den Erdball. Am Ausgangspunkt, wo die beiden anderen Uhren verblieben waren, wieder angekommen, gab es den Uhrenvergleich. Und Einsteins

Annahme von der Zeitdilatation wurde bestätigt: Die Uhren, die mit den Flugzeugen bewegt worden waren, gingen im Vergleich mit den unbewegten Uhren nach. Mit anderen Worten: Die Eigenzeiten der bewegten und der unbewegten Uhren waren verschieden (dasselbe gilt für die Eigenzeiten der Physiker, die am Erdboden geblieben bzw. im Flugzeug mitgeflogen sind). Wichtig ist: Die Verlangsamung der Ganggeschwindigkeit der bewegten Uhren hat nichts mit einem (etwaigen) Einfluß der Bewegung auf die Mechanik der Uhren zu tun, sondern sie ist eine Eigenschaft der Zeit selbst.

Schon die Eigenzeit selbst ist eine Überraschung, aber daß bewegte Uhren *langsamer* gehen als unbewegte, überrascht einmal mehr. Wenn überhaupt, war intuitiv eher mit dem Gegenteil zu rechnen, also damit, daß sie schneller gehen. *Warum* dieser Effekt der Verlangsamung der Ganggeschwindigkeit der Uhr entsteht, bedarf aufwendiger Erklärung, die aber den Rahmen der Arbeit sprengen würde (es hängt mit speziellen Koordinatentransformationen zusammen), entscheidend ist hier nur die (experimentell festgestellte) Tatsache: Bewegung verändert die Zeit (und findet nicht nur – wie Newton noch annahm – in der Zeit statt).

Wir sind an einem zentralen und folgenreichen Grundgedanken der Relativitätstheorie: Eine absolute Zeitangabe gibt es nicht. Die Folge: Daß die bewegten Uhren langsamer gehen heißt immer: langsamer relativ zu den unbewegten Uhren. Da das alles noch immer dubios erscheint, nehmen wir zur Bestätigung der Einsteinschen Zeitdilatation noch ein anderes, etwas komplizierteres Beispiel. Der Physiker Paul Davies führt seinen Studenten regelmäßig folgendes Experiment vor: Er stellt einen Geigerzähler auf, schaltet ihn ein – und die Studenten hören ein unregelmäßiges Ticken. Ursache ist die Radioaktivität der Luft, die Strahlung radioaktiver Elemente in den Materialien des Labors – und kosmische Strahlung. Letztere sind hochenergetische Teilchen, die ständig aus dem Weltall auf die Erde prasseln. Der Vorgang im Detail: Aus dem fernen Weltall treffen fortwährend Teilchen auf die Atome der Erdatmosphäre. Aufgrund ihrer hohen Geschwindigkeit zerschlagen sie die Atome der Erdatmosphäre in subatomare Teilchen. Die meisten von diesen Teilchen zerfallen sofort, aber ein Teil ist längerlebig, z. B. die Myonen. Diese durchdringen dann die Erdatmosphäre und treffen auf die Erdoberfläche (etwa 5 Myonen pro cm^2 in einer Sekunde), und sie sind es, die zu einem Teil das Ticken im Geigerzähler verursachen. Nun gut, aber das ist nicht sonderlich überraschend, beweist jedenfalls nicht die Zeitdilatation. Langsam! Überraschend wird der Vorgang dann, wenn man die kurzen Lebenszeiten von Myonen berücksichtigt. Hätte man auf der Erde *neu*entstandene Myonen, wären fast alle in Bruchteilen von Sekunden (nämlich in 2,2 x 10^{-6} Sekunden) in Elektronen zerfallen. Und nun das Entscheidende: Die Zerfallszeit von Myonen ist kürzer als die Zeit, die sie benötigen, um von ihrem Entstehungsort in der Erdatmosphäre (in etwa 20 km Höhe) bis zum Geigerzähler auf den Labortisch zu gelangen. Von ihrer Lebenszeit her gesehen, dürften sie den Geigerzähler also gar nicht erreichen, denn 2,2 x 10^{-6} Sekunden reichen nicht aus, um die 20 km-Distanz zur Erde zu durchqueren. Aber dennoch werden sie im Geigerzähler registriert, wie die Studenten mit eigenen Ohren hören können.

Diese Merkwürdigkeit, daß Myonen die Erde erreichen, obwohl ihre Lebenszeit kürzer ist als die Zeit, die sie von ihrem Entstehungsort in der Atmosphäre bis zur Erde benötigen, ist nur mit Einsteins Zeitdilatation erklärbar. Und die hat etwas mit Bewegung zu tun. Den Zusammenhang zwischen Zeit und Bewegung kennen wir schon. Die Abhängigkeit: Je schneller sich ein Teilchen bewegt, desto langsamer vergeht seine eigene Zeit (im Extrem: bei Lichtgeschwindigkeit würde die Zeit stillstehen). Nun bewegen sich Myonen sehr schnell (fast mit Lichtgeschwindigkeit), so daß ihre Zeit stark gedehnt wird (ungefähr um das Tausendfache) – relativ zur Zeit auf unserer Erde. Aufgrund der durch sehr schnelle Fortbewegung stark verzerrten Eigenzeit dehnen sich die an unserer Erdzeit gemessenen Bruchteile von Sekunden des Myonenzerfalls auf eine Zeitspanne, die ausreicht, um die 20 km-Distanz von der Atmosphäre zur Erdoberfläche zu durchfliegen. Wie schon gesagt: Die Zeit ist für Myonen um das Tausendfache verlangsamt. Die Uhren gehen seit

Einstein eben nicht mehr unter allen Umständen gleich – und auch nicht überall.

Höhe beschleunigt

Die Flexibilität der Zeit ist nicht nur am Zusammenhang von Bewegung und Zeit, sondern auch an ihrem Zusammenhang mit Gravitation nachweisbar. Das Gravitationsgesetz war die epochale Lebensleistung von Newton. Erkannt zu haben, daß das Fallen des Apfels von einem Baum, die Umdrehung des Mondes um die Erde und die der Erde um die Sonne etc. etc. durch dieselbe physikalische Kraft, die Schwerkraft nämlich, verursacht wird, war für die gesamte Physik ein entscheidender Durchbruch. Das Gesetz: Alle Massen ziehen sich gegenseitig an. Die Stärke der wirkenden Schwerkraft hängt ab von der Größe der Massen der Körper und von ihrem Abstand zueinander. Daran anknüpfend hat Einstein einmal mehr gezeigt, daß Zeit nicht etwas nur Gedachtes, sondern etwas Materielles, ein wirklicher Bestandteil der physikalischen Welt ist. Der Zusammenhang ist einfach: Je schwächer die Schwerkraft ist, desto schneller vergeht die Zeit (und umgekehrt). Auf der Erde ist die Schwerkraft stärker als im „leeren" Weltraum, also gehen Uhren auf der Erde langsamer als Uhren da oben – und zwar eine Nanosekunde (= eine Milliardstel Sekunde) pro Stunde. Wenn dieser Zusammenhang zwischen der Ganggeschwindigkeit der Uhr und der Gravitation tatsächlich besteht, dann gilt dies aufgrund der Universalität der Gravitation auch für unser Alltagsleben: Eine Uhr geht im ersten Stock eines Hauses langsamer als eine Uhr z. B. im zwölften Stock desselben Hauses (auch wenn der zeitliche Effekt aufgrund der geringen Differenz der Gravitationsfeldstärke kleiner ausfällt als beim Uhrenvergleich zwischen Erde und Weltraum).

Je größer die Differenz der Gravitationsfeldstärke ist, desto größer ist die Zeitdilatation. Zum Beispiel ist die Zeit auf der Oberfläche der Sonne mehr gedehnt als die Zeit auf der Oberfläche der Erde, sie vergeht um ca. zwei Milliardstel langsa-

146

mer – eben weil die Sonne aufgrund ihrer größeren Masse eine wesentlich größere Schwerkraft als die Erde besitzt. Und bei Neutronensternen ist der Unterschied noch viel größer (Neutronensterne sind in sich zusammengebrochene Sterne, bei denen, auf einem Durchmesser von ca. 10 km, Massen verdichtet sind, die vor dem Zusammenbruch z. B. den Radius unserer Sonne (ca. 700.000 km) hatten). Da ihr Gravitationsfeld aufgrund ihrer großen Massen ca. eine Milliarde Mal stärker ist als das Gravitationsfeld der Erde, vergeht ihre Zeit im Vergleich mit der Erdzeit etwa 20 Prozent langsamer. Die Physik denkt konsequent relativistisch, wenn sie argumentiert, daß das Alter der Erde vom Standpunkt eines Beobachters auf einem Neutronenstern nicht 4,5 Milliarden (Erd-)Jahre, sondern nur 3,6 Milliarden Jahre beträgt. Entsprechendes gilt für das Alter des Universums: Auch da wären aus der Sicht dieses fernen Beobachters 20 % Zeitabzug von der üblichen Altersangabe nötig, die bei der Zeitmessung auf der Erde entstanden ist.

Das alles erscheint noch immer verwirrend, ist aber unvermeidliche Folge der Grundannahme der Relativitätstheorie, daß es keine allgemeinverbindliche Zeit im Kosmos gibt, sondern viele Zeiten, Eigenzeiten eben, die sich mit dem Gravitationsfeld verändern. In den Worten Einsteins: Die Zeit ist mehr oder weniger „gekrümmt". Ist das Gravitationsfeld stark, ist sie stark gekrümmt und vergeht langsamer. Und ist es unendlich stark oder tendiert gegen unendlich, wird die Zeit gegen unendlich gedehnt – die Zeit steht (fast) still. Ein solcher Zeitstillstand tritt z. B. in einem sog. Schwarzen Loch ein. In letzter Zeit wird viel davon geredet, und es soll sogar eines im Zentrum unserer Milchstraße geben. Das Besondere von Schwarzen Löchern: Ihre Masse ist die von Millionen Sonnen, und sie verschlucken aufgrund ihrer gewaltigen Anziehungskraft alles, was in ihre Nähe kommt (auch ganze Sterne), und nichts kann ihnen mehr entweichen – nicht einmal das Licht (weswegen man sie auch nicht sehen kann). Schwarze Löcher sind ehemalige Sonnen, deren thermonukleare Kräfte verbraucht sind und die dann unter ihrer eigenen Schwerkraft zusammenbrechen. Ist der nach außen gerichtete thermische Druck weg (bei unserer Sonne ist er an ihren Strahlen sichtbar), können sie sich nur noch auf den sog. Fermi-Druck ihrer Teilchen verlassen, also auf die Härte ihres eigenen Materials. Doch die Schwerefelder werden, nachdem das Feuer im Inneren der Sterne erloschen ist, nach und nach so stark, daß nicht einmal die Atomkerne ihnen standhalten können: Sie werden durch den gewaltigen Druck der Schwerefelder zerquetscht. Erreicht der Kollaps eine kritische Grenze (den sog. Schwarzschild-Radius), wird die Zeit gegen unendlich gedehnt, d. h. sie steht (fast) still. Zur Erinnerung: Dieser Effekt des Zeitstillstandes kann nicht am Ort des Zeitstillstandes, sondern nur durch den Vergleich mit einer Uhr festgestellt werden, die vom Schwarzen Loch weit entfernt (z. B. auf der Erde) die Zeit mißt (der Zeit*still*stand ist relativ zu einer Uhr, die anderswo *weiter*läuft).

Diesen Zusammenhang von Gravitation und Zeit und damit den Effekt der Zeitkrümmung hat Einstein im Jahre 1907 vorausgesagt. Im Jahre 1976 wurde seine theoretische Annahme empirisch bewiesen: In einer in 9600 km Höhe fliegenden Rakete wurde die Wirkung der Schwerkraft auf die Ganggeschwindigkeit von Uhren nachgewiesen.

Kritischen Lesern wird es schon aufgefallen sein: Für Physiker ist es selbstverständlich, die Veränderung der Ganggeschwindigkeit einer Uhr mit der Veränderung der Zeit gleichzusetzen. Sollte da am Ende eine Banalität im großen Wort der „Dilatation" daherkommen, eine Banalität, mit der wir im Alltag ständig konfrontiert sind?! Schließlich gehen auch unsere Uhren mal vor und mal nach, ohne daß hieraus auf eine unterschiedliche Geschwindigkeit der *Zeit* geschlossen wird. Zunächst einmal ist richtig: Wenn die Uhr vor- oder nachgeht (oder auch stillsteht), heißt dies nicht, daß die Zeit schneller oder langsamer vergeht. O. k.! Aber im Alltag ist der Grund ein *Fehler* in der Mechanik der Uhren. Die von Einstein nachgewiesene Zeitdilatation wird dagegen mit Uhren gemessen, die *richtig* gehen. Und außerdem: Die intuitive Abwehr gegen den festen Zusammenhang von Uhr und Zeit ist zunächst zwar berechtigt, aber es gibt keine Möglichkeit, die Zeit unabhängig von einer Uhr und absolut festzustellen. Vielleicht ist

148

die pragmatische Kopplung von Uhr und Zeit nicht der Weisheit letzter Schluß, aber auf dem gegebenen Stand der Technik und des Wissens unvermeidlich.

Wäre noch nach der praktischen Bedeutung der Zeitkrümmung zu fragen. Natürlich ist sie auch im Alltagsleben wirksam, aber praktisch bedeutungslos, weil weder die dort üblichen Geschwindigkeiten noch die Gravitationsfeldstärken groß genug sind, um den Effekt der Zeitdilatation spürbar zu machen. Aber das heißt nicht, daß sie überhaupt keine praktische Bedeutung hat: Z. B. ist ihre Berücksichtigung in der Raumfahrt von großer Relevanz. Und außerdem: Mit der Informationsgesellschaft haben wir uns für den Selbstwert von großem Wissen, d. h. hier: von Weltbildwissen, entschieden. Daß mit dem Wissen über die Zeitdilatation weder am Bankschalter noch am Fließband Geld zu machen ist, macht dieses Wissen nicht überflüssig, jedenfalls nicht in einer Informationsgesellschaft, die vom Selbstwert großen Wissens bestimmt wird.

Die *physikalische* Realität der Zeit hat die Relativitätstheorie über den unlösbaren Zusammenhang von Gravitation/Bewegung und Zeit eingeführt. Zeit ist Operator und Operand, d. h. sie verändert und kann selbst verändert werden, ist Täter und Opfer. Insofern ist Zeit kein bloßes Hirngespinst, keine Eigenschaft, die Menschen der Welt nur andichten – und auch nicht nur eine mathematische Koordinate. Aber wie verhält es sich nun mit den vorher schon genannten, aus der Alltagserfahrung abgeleiteten Merkmalen, nämlich daß die Zeit eine nicht umkehrbare Richtung hat und daß sie in drei Zeitmodi (Vergangenheit, Gegenwart, Zukunft) gegliedert werden kann? Gibt es für diese Alltagsvorstellungen *physikalische* Interpretationen?

Leider reißt unter diesen Fragen der Kontakt zu Einstein ab. Seine Relativitätstheorie kennt zwar die Realität, aber keine Vorzugsrichtung der Zeit – und auch nicht den in der Alltagswelt angenommenen Unterschied von Vergangenheit, Gegenwart und Zukunft. Einstein spricht in diesem Zusammenhang von einer „hartnäckigen Täuschung". Es ist ein schwieriger, mit der

Relativität der Gleichzeitigkeit im Zusammenhang stehender Gedanke, daß vergangene Ereignisse *noch* und zukünftige Ereignisse *schon* existieren, eine Vorstellung, die unserem Alltagsverständnis der Zeit völlig widerspricht. Wiederum wären komplizierte theoretische Ausführungen nötig. Aber nehmen wir diese Spezialität der Einsteinschen Zeit hier ohne nähere Begründung einfach zur Kenntnis: Hinsichtlich der Richtung der Zeit und der Zeitmodi gibt es bisher keine Brücke zwischen Relativitätstheorie und Alltag. Aber ihr Fehlen heißt nicht automatisch, den zeittheoretischen Konflikt schon jetzt zu Lasten des Alltags zu lösen. Welche Vorstellung am Ende siegen wird, ist derzeit offen.

Auch wenn der Zeitpfeil und die systematische Trennung der Zeitmodi in der Relativitätstheorie (bisher) keinen Platz haben, so gibt es doch in anderer Hinsicht eine wesentliche Übereinstimmung mit unseren Alltagserfahrungen: Auch Einsteins Zeit läßt eine in die Vergangenheit gerichtete Verursachung nicht zu. Mit anderen Worten: Die zeitliche Reihenfolge zwischen zwei Ereignissen kann niemals umgekehrt werden (die Zeit kann nicht zurücklaufen). Ein Beispiel: Wenn das Eis auf der Straße das Schlittern des Autos verursacht hat, kann das Schlittern des Autos nicht Ursache für das Eis auf der Straße gewesen sein. Von dieser (auch relativistisch unmöglichen) Umkehrung der Zeit zu unterscheiden sind jedoch mögliche Zeitreisen in die Vergangenheit (dazu später mehr). Unter dem Gesichtspunkt der Nichtumkehrbarkeit der Zeit hält also die Brücke zwischen Relativitätstheorie und Alltag. Aber sie begründet eben noch nicht unsere Vorstellung von einem kontinuierlichen und immer und überall geltenden Fluß der Zeit von der Vergangenheit in die Zukunft. Um diesen Zeitpfeil physikalisch zu begründen, müssen wir die Relativitätstheorie nun verlassen und auf eine andere, ebenfalls epochale Theorie zurückgreifen, auf die Thermodynamik nämlich.

Vom Wasserglas direkt zum Kosmos

Die Thermodynamik hat das Phänomen Wärme zum Gegenstand und erklärt sie aus ungeordneter Molekülbewegung. Wärme ist eine *Folge* der Bewegung von Molekülen: Je mehr sie sich bewegen, desto wärmer wird der betreffende Körper (z. B. Wasser). Und diese Bewegung der Moleküle ist es, aus der ein Zusammenhang mit der Richtung der Zeit hergestellt werden kann. Die Moleküle bewegen sich nämlich nicht nur, sondern bewegen ihre Energie immer in derselben Richtung. Es handelt sich hierbei um ein Naturgesetz, das im berühmten Zweiten Hauptsatz der Thermodynamik formuliert wird. In einer einfachen Interpretation besagt es: Wenn ein Körper an zwei Stellen unterschiedlich warm ist, dann fließt die Wärme *immer* vom wärmeren zum kälteren Gebiet und niemals umgekehrt. Halten wir z. B. einen kalten Löffel in eine heiße Suppe, dann entsteht rasch eine Temperaturdifferenz zwischen dem Teil des Löffels, der in die heiße Suppe eingetaucht ist, und dem Teil, der sich außerhalb der Suppe befindet. Und ziehen wir dann den Löffel aus der Suppe heraus, fließt die Wärme ohne weiteres Zutun vom heißeren unteren in den kälteren oberen Teil des Löffels. Noch ein Beispiel: Wir füllen heißes Wasser in ein Glas. Zunächst noch einmal die Erklärung, wodurch die Wärme des Wassers entsteht: Temperatur entsteht durch Bewegung der Moleküle, sie ist Ausdruck ihrer mittleren kinetischen Energie. Der Übergang von kaltem zu warmem Wasser ist also nichts anderes als der Übergang von sich langsam bewegenden zu sich schneller bewegenden Molekülen. Kommt das heiße Wasser nun in das (kältere) Glas, so schlagen die Wassermoleküle an die Innenwand des Glases, bringen dessen Moleküle in Fahrt und übertragen so die Wärmeenergie vom Wasser auf das Glas (dasselbe passiert dann im Verhältnis zwischen Glas und umgebender Luft). Proportional zur schnelleren Bewegung der Moleküle des Glases nimmt die Bewegungsgeschwindigkeit der Moleküle des Wassers ab. Das Wasser überträgt so Energie auf das Glas, d. h. ersteres wird energetisch schwächer, was sich in seiner Abkühlung zeigt. Entscheidend ist:

Die *Richtung* des Energieflusses ist *immer* vom Wärmeren (hier: Wasser) zum Kälteren (hier: Glas). Wäre die Übertragungsrichtung umgekehrt, würde das Glas noch kühler und das Wasser noch wärmer – was aber physikalisch ausgeschlossen ist. Am Ende des Energieaustauschprozesses entsteht dann ein Wärmegleichgewicht, d. h. die Temperaturdifferenz zwischen Wasser und Glas ist verschwunden. Das Gleichgewicht hat zur Folge, daß im System „Wasser-Glas" physikalisch keine Arbeit mehr geleistet werden kann – die vorhandene Energie ist nicht mehr verwertbar. Ist dieser Zustand eingetreten, spricht die Physik von „maximaler Entropie".

Was hier im alltäglich Kleinen passiert, passiert nach dem Zweiten Hauptsatz der Thermodynamik auch im Kosmos als Ganzem (d. h. die Entropie des Weltalls nimmt zu). So wie sich die Wärme zwischen Wasser und Glas unaufhaltsam ausgleicht – daß die Temperaturdifferenz größer wird, ist unmöglich – so nimmt der Ausgleich der Wärmedifferenzen im Universum ebenfalls ständig und unumkehrbar zu. Die Milliarden Sonnen strahlen ihre Wärme in den umgebenden Raum, und nach vielen Milliarden Jahren wird die Temperatur zwischen den Raumstellen der Sonnen und dem Restraum des Universums in Übereinstimmung sein. Da sich ohne Temperaturunterschiede nichts mehr bewegen kann, spricht die Physik auch vom künftigen Kältetod des Universums. Dieser Wärmefluß (Entropiezunahme) wird von der Thermodynamik als „Zeitpfeil" und damit im Sinne einer Richtung der Zeit interpretiert: Die Zeit ist asymmetrisch, sie hat eine unumkehrbare Richtung von der Vergangenheit in die Zukunft. Feststellbar ist der Unterschied der beiden Zeitmodi am Unterschied der Entropiewerte: Sie sind in der Zukunft immer größer als in der Vergangenheit, jedenfalls niemals niedriger (allenfalls gleich). Aber es ist wieder Vorsicht geboten! Wir müssen nämlich zwischen zwei Fragen unterscheiden: Hat die Zeit selbst oder haben nur die o. g. physikalischen Prozesse eine Richtung? Eine schwierige Frage. Auf dem Hintergrund der Einsteintheorie kann man jedenfalls zwischen Zeit und physikalischem Prozeß nicht mehr scharf unterscheiden.

Die zeittheoretische Interpretation des Zweiten Hauptsatzes im Sinne eines Unterschiedes von Vergangenheit und Zukunft ist für viele Physiker ein Stein des Anstoßes. Den thermodynamisch begründeten Zeitpfeil können sie zwar nicht leugnen, aber sie reduzieren seinen Geltungs*bereich*, indem sie sich zeitfreie Zonen auf einer fundamentaleren Ebene sichern. Kernstück der Physik sind nämlich nicht die Dinge, sondern die ihnen zugrundeliegenden Naturgesetze – und genau diese zeichnen keine Richtung der Zeit aus (sie sind „invariant gegenüber Zeitumkehr"). Zeit ist hier ein Parameter der Bewegung von Materie im Raum, so daß Zeitumkehr letzten Endes nichts anderes als Bewegungsumkehr ist. Hier spielen – anders als in der Thermodynamik – *Symmetrien* die entscheidende Rolle, nicht zuletzt deshalb, weil sie so „schön" sind, wie Heisenberg begründend einmal sagte. Ist die Zeit in der Welt der Thermodynamik asymmetrisch (die realen physikalischen Prozesse sind nicht umkehrbar), so ist sie nach der Vorstellung der meisten Physiker in den grundlegenden Naturgesetzen davon abweichend symmetrisch.

Was heißt dies? Symmetrierelationen haben die Eigenschaft, daß ihre Relationsglieder gegeneinander ausgetauscht werden können, ohne daß sich z. B. am Wahrheitswert einer Aussage etwas ändert. Ein Beispiel: Wenn die Aussage „Winfried ist ein Geschwister von Ute" wahr ist, dann stimmt auch die Umkehrung „Ute ist ein Geschwister von Winfried". „Geschwister von" ist also eine symmetrische Relation. Bei der Relation „Vater von" ist der Austausch der Relationsglieder dagegen nicht möglich, es handelt sich also um eine asymmetrische Relation: „Hans ist Vater von Winfried" kann nicht umgekehrt werden. So weit die Klärung einer logischen Besonderheit der Symmetrierelation an einem einfachen Beispiel. Angewendet auf die Zeit in Naturgesetzen heißt dies: Die (+/-) Vorzeichen des Zeitparameters können ausgetauscht werden, ohne daß sich etwas für die Geltung der Naturgesetze ändert – sie sind hinsichtlich der Zeit spiegelsymmetrisch (zeitumkehrinvariant).

Diese Zeitsymmetrieannahme der Naturgesetze war und ist sakrosankt und unerschütterte Lehrmeinung der Physik. Hatte in allen anderen Bereichen die Zeit Einzug gehalten, die Naturgesetze blieben die letzte zeitfreie Zone: Sie gelten unabhängig vom speziellen Ort und der speziellen Zeit. Diese Zeitsymmetrie der Naturgesetze führt auf der Objektebene zu der Annahme, daß die *elementaren* physikalischen Prozesse umgekehrt werden können (zur Erläuterung: die Thermodynamik hat es nicht mit elementaren Prozessen zu tun, denn ihre Aussagen betreffen die Ebene der Moleküle und nicht die elementare Ebene der Elementarteilchen). Zeitumkehr in den Naturgesetzen wird so zur Bewegungsumkehr in den elementaren physikalischen Prozessen. Die Experimente mit Elementarteilchen haben dies immer wieder bestätigt – bis im Jahre 1947 ein unerwarteter Blitz in die Symmetrielandschaft der Physik einschlug. In diesem Jahr wurde ein neues subatomares Teilchen entdeckt, das die Forscher „Kaon" nannten. Dieses Teilchen zeigte ein Verhalten, das die Forderung der Umkehrbarkeit aller elementaren Prozesse auf folgende Weise verletzte: Für seinen Zerfall benötigt es mehr Zeit als für seine Entstehung. Das Vorher hat somit eine andere physikalische Spur als das Nachher. Damit „kennt" das Kaon den *Unterschied* von Vergangenheit und Zukunft. Der Unterschied besteht in der Differenz des zeitlichen Betrages für das Entstehen und für das Vergehen – folglich ist das Verhalten des Kaons hinsichtlich der Zeit *nicht* spiegelsymmetrisch. Und das sollte nur der Anfang sein für den breiten Einzug von weiteren Asymmetrien in die Grundlagen der Physik (Asymmetrie zwischen Materie und Antimaterie etc.).

Will man die elementaren physikalischen Prozesse nicht vollständig von den ihnen zugrundeliegenden Gesetzen entkoppeln, so müssen dieserart Verletzungen der Zeitsymmetrie Folgen auch für die logischen Anforderungen an Naturgesetze haben. Der Chemiko-Physiker und Nobelpreisträger Prigogine hat deshalb zu Recht die Forderung aufgestellt, das Prinzip der Zeitumkehr für Naturgesetze *generell* aufzugeben. Ohne daß wir hier auf die schwierigen Details der physikalischen (und logischen) Argumentation weiter eingehen können, der Zeitsymmetrieforderung der Lehrbuchphysik folgen wir nicht und das aus vier Gründen:

Erstens wird die Vorwärts-Rückwärts-Symmetrie der Naturgesetze bei Kaonen verletzt. Zweitens ist die Annahme eine rein mathematische (und wir reden hier über *physikalische* Wirklichkeit und nicht über mathematische Symbolik). Drittens gibt es ein Naturgesetz, den Zweiten Hauptsatz der Thermodynamik, das genau die im Alltag angenommene Richtung der Zeit von der Vergangenheit in die Zukunft bestätigt. Und viertens ist die wichtigste zeittheoretische Konsequenz einer anderen großen physikalischen Theorie, der Quantenmechanik nämlich, daß die Zukunft im Unterschied zur Vergangenheit das Merkmal der Offenheit besitzt (dazu gleich mehr). Eine *physikalische* Zeitsymmetrie von Vergangenheit und Zukunft wäre nur unter der Voraussetzung möglich, daß entweder auch die Vergangenheit offen oder die Zukunft schon abgeschlossen ist. In virtuellen Welten ist das kein Problem, in wirklichen dagegen gilt: Vorbei ist vorbei; Vergangenes kann man nicht mehr ungeschehen machen. Und außerdem: Wann immer Physiker ihre unter Symmetrieforderungen durchmathematisierten Theorien in die Erklärungspflicht *realer* physikalischer Phänomene nehmen, müssen sie Symmetrie*brüche* und Renormierungen einführen, d. h. im Kontakt mit der Realität ist die mathematische Schönheit von Symmetrien schnell am Ende. Und uns interessiert die Realität.

Nichts ist schneller als Licht

Die Grenzen, die in der relativistischen Zeit liegen (es gibt keine *allgemein* verbindliche Zeit), sind letztendlich Folgen der Eigenschaften des Lichtes. Über die Physik des Lichtes müssen wir also mehr wissen. Zunächst zu seiner Entstehung. Licht, z. B. das der Sonne, entsteht dadurch, daß die Atome des Sonnenkörpers nach außen Strahlungsenergie abgeben. Die Emission dieser leuchtenden Energie erfolgt – wider den Anschein – nicht am Stück, sondern mit Unterbrechungen in bestimmten Portionen. Obwohl wir im Lichtstrahl der Sonne einen kontinuierlichen Vorgang zu sehen glauben, handelt es sich in Wahrheit also um diskontinuierlich emittierte kleine Teilchen (Korpuskeln), „Photonen" genannt. Das ist aber nur die Hälfte der Wahrheit; die Eigenschaften des Lichtes sind komplizierter. Als Korpuskeln kann man sie zwar vollständig bei ihrer Emission (und bei ihrer Absorption) beschreiben, es gibt aber Erscheinungen (z. B. die Beugung des Lichtes), bei denen das Korpuskelmodell versagt. Um auch solche Erscheinungen zu erklären, ist ein Modellwechsel nötig, nämlich vom Korpuskel zur Welle. Das Besondere: Je nach experimenteller Situation ist das Licht einmal eine Folge von Korpuskeln und einmal eine Welle. Allgemein kann man sagen: Die Licht*welle* regelt die Ausbreitung der Licht*teilchen*; ihre Bewegung ist Weitergabe von Energie, mit anderen Worten: elektromagnetische Schwingung.

Das Photon hat nun die Besonderheit, reine Energie zu sein, d. h. seine Ruhemasse hat den Wert Null. Erst bei entsprechender Geschwindigkeit erhält das Photon eine Masse. Und die Geschwindigkeit des Photons hat es in sich und führt zu einer entscheidenden Stelle der physikalischen Theorie: Die Geschwindigkeit von Photonen ist ein Grenzwert, der für die gesamte Physik von entscheidender Bedeutung ist: Licht breitet sich mit 299.792.258 Kilometer in der *Sekunde* aus (im folgenden werden wir den Betrag immer auf 300.000 km/s glattrunden). In seiner (im Jahre 1905 veröffentlichten) Speziellen Relativitätstheorie hat Einstein diese Geschwindigkeit des Lichtes als höchste Geschwindigkeit eingeführt, die ein Signal erreichen kann. Wie schnell das Licht ist, kann man daran sehen, daß es in einer Sekunde fast acht Mal den Erdball umrunden kann – und zwar an seiner größten Ausdehnungslinie, nämlich entlang dem Äquator. Nichts kann schneller als 300.000 km/s sein – auch das Licht selbst nicht. Zwar kann sich die Lichtgeschwindigkeit im *Betrag* ändern, aber nur nach *unten*. Die 300.000 km/s gelten im Vakuum, in einem „Inertialsystem", d. h. in einer feldfreien Umgebung. Treten Gravitationsfelder auf, befinden wir uns also im Gegenstandsbereich der (im Jahre 1915 abgeschlossenen) Allgemeinen Relativitätstheorie, wird die Lichtgeschwindigkeit je nach Feldstärke abgebremst. Auch Luft dämpft seine

Geschwindigkeit, aber nur um 0,03 %. Für uns ist hier Einsteins Annahme entscheidend: Nichts kann sich schneller als mit der Geschwindigkeit von 300.000 km/s fortbewegen. Es handelt sich um ein Naturgesetz, das keine Ausnahme zuläßt.

Die Angabe einer solchen oberen Grenze ist beispielhaft für wissenschaftliche Qualität: Die Theorie gibt unzweideutig an, wann sie als widerlegt gilt. Bei Einsteins Theorie wäre dies dann der Fall, wenn Teilchen entdeckt würden, die sich schneller als das Licht bewegen. Solche Teilchen, „Tachyonen" genannt, werden seit langem in der Physik postuliert, aber nachgewiesen wurden sie bis heute nicht. Gäbe es sie, so hätte dies dramatische Konsequenzen: Eine Rückwärtsbewegung in der Zeit wäre nicht mehr ausgeschlossen – das Kausalitätsprinzip wäre verletzt. Auch wenn Tachyonen bis heute nicht nachgewiesen werden konnten, so befürchten die Anhänger der Relativitätstheorie, daß dies eines Tages vielleicht geschehen könnte. Für diesen Fall haben sie vorgesorgt. Die Argumentation: Nicht die Überlichtgeschwindigkeit als solche würde die Relativitätstheorie stürzen, sondern nur die *Durchbrechung* der Lichtbarriere – egal, ob nach oben oder nach unten. *Das* könne physikalisch nicht sein. Ihre Begründung: Für diese Durchbrechung wäre ein unendlicher Energiebetrag nötig. Also: Nur wenn überlichtschnelle Teilchen auf eine Geschwindigkeit unter die Lichtgeschwindigkeit abgebremst oder unterlichtschnelle Teilchen auf Überlichtgeschwindigkeit beschleunigt würden, wäre die Relativitätstheorie widerlegt. Wir wollen dieser Immunisierungsstrategie nicht folgen, sondern Einsteins Haltung den Vorzug geben: Werden eines Tages Teilchen entdeckt, die schneller sind als das Licht, ist die Relativitätstheorie gestürzt – und mit ihr die gesamte Zeit- und Kausalstruktur der Welt, mit Konsequenzen, die Science-Fiction-Autoren beflügelt haben und die den Alltagsverstand schlicht überfordern: z. B. in der Vorstellung von Zeitreisen in die Vergangenheit und in die Zukunft.

Ist Mozart schneller als Einstein?

Physiker geben schöne Beispiele für die Konsequenzen einer Überlichtgeschwindigkeit: Gibt es Tachyonen tatsächlich, dann kann ein Beobachter sehen, wie eine Gewehrkugel das Ziel trifft – *bevor* das Gewehr abgefeuert wurde (Überlichtgeschwindigkeit bedeutet *Jetzt*-Existenz in der *Zukunft*). Angesichts solcher Möglichkeiten haben wir allen Grund, die Skepsis des physikalisch nicht gebildeten Alltagsverstandes zu bemühen. Aber: Inzwischen werden überlichtschnelle Effekte nicht nur postuliert, sondern als nachgewiesen behauptet: In tunnelartigen „Wurmlöchern" sei die Lichtgeschwindigkeit schon übertroffen worden. Und wer sich selbst in solchen Wurmlöchern bewege, könne in die Vergangenheit reisen oder jetzt im morgen ankommen, also in der Zukunft sein. Nicht so schnell! Diese Reisen sind möglich, *wenn* sich Teilchen bzw. Körper schneller als das Licht bewegen. Wo sind die empirischen Beweise? Was es tatsächlich gibt, sind Experimente z. B. des deutschen Physikprofessors Nimitz, die in der Gemeinschaft der Forscher aber umstritten sind. Nimitz will (wiederholt) nachgewiesen haben, daß Mikrowellen in einem Metallholkörper schneller sind als normales Licht. Sogar Information soll es gewesen sein, nämlich Teile einer Sinfonie Mozarts, die mit 4,7facher Lichtgeschwindigkeit durch die Röhre gejagt wurde. Zunächst: Die Effekte solcher Experimente, wenn es sie denn tatsächlich gegeben hat, sind unterschiedlich deutbar: Zum Beispiel so, daß nicht die Geschwindigkeit der Mikrowellen über der Geschwindigkeit des Lichtes lag, sondern daß die Mikrowellen im Raum nur *andere*, nämlich kürzere Wege als das Licht genommen haben. Jedenfalls liegt diese Möglichkeit innerhalb des physikalisch Zulässigen. Trifft diese Deutung zu, wäre der experimentelle Befund der schnelleren *Ankunft* der Mikrowellen nicht der Beweis für ihre höhere Ausbreitungs*geschwindigkeit*. Durch die schnellere Ankunft alleine wackelt Einstein also nicht. Der Sensationscharakter des Experimentes wäre weitgehend dahin!

Wie immer diese Experimente gedeutet werden, ist in ihren

Deutungen die Möglichkeit von Zeitreisen in die Vergangenheit angelegt, dann steht die Physik vor einer schwierigen (wir wagen zu sagen: unlösbaren) Aufgabe, nämlich vor dem, was im „Großmutterparadoxon" so anschaulich wird. Was ist gemeint? Nehmen wir an, jemand hatte Zeit seines Lebens Ärger mit seiner Großmutter. Sie unterdrückte ihn rücksichtslos und nahm ihm jeden Spielraum eigener Lebensgestaltung – eine Tyrannin aus Leidenschaft. Am Ende stand Haß, der auch mit dem Tod der Großmutter nicht verschwand. Der Haß des zeitlebens Unterdrückten war so nachhaltig, daß er beschloß, die Großmutter zu töten. Eine schon Verstorbene zu töten gelingt aber nur mit einer Zeitmaschine. Der Täter muß mit ihr in die Vergangenheit reisen, eben in die Zeit, als die Großmutter noch lebte, und dann die Tat ausführen. Da der vormals Gequälte der Großmutter auch keine Jugend gönnt, gibt er in der Zeitmaschine noch einmal Gas und fliegt zur Ausführung der Tat bis in ihre frühe Kindheit zurück. So weit, aber nicht so gut. Nicht nur physikalische Argumentation Einsteins (jedenfalls unter den Bedingungen der *Speziellen* Relativitätstheorie), sondern auch die Logik des Alltagsverstandes macht hier aus gutem Grund nicht mit: Ohne die Mutter seiner Mutter wäre der Täter nie geboren worden. Aber geboren worden zu sein ist eine Bedingung dafür, den Mord an der Großmutter überhaupt ausführen zu können. Hier greifen die Zahnräder von Logik und Kausalität auf der einen und Zeitmaschine auf der anderen Seite nicht mehr ineinander. Unabhängig von empirischen Experimenten müssen Zeitreisentheoretiker das im Großmutterparadoxon aufgeworfene Problem zugunsten der *realen* Möglichkeit von Zeitreisen auflösen. Bevor dies nicht geschehen ist, werden wir Ungläubige uns nicht weiter mit diffizilen Deutungen ihrer Wurmlöcher u. ä. herumschlagen. Empirisch gesehen: Zeitreisentheoretiker müssen erklären können, wie die Welt außerhalb der Kausalität überhaupt funktionieren kann. Das heißt dann z. B.: Daß wir existieren, darf nicht von der Existenz unserer Eltern bzw. Großeltern *bestimmt* sein. Nur, wovon sonst?! Gegenüber dem Modell einer solchen Welt, in der verstorbene Großmütter umgebracht werden können, ist Skepsis angesagt. Gehen wir also zurück zu den „normalen" Eigenschaften des Lichtes, die empirisch gut gesichert sind und die auch so noch reichlich Überraschungen bringen.

Nur Licht ist absolut

Newton ging davon aus, daß, wie alle anderen Geschwindigkeiten, auch die des Lichtes in folgendem Sinne von der Geschwindigkeit des Beobachters abhängt: Wenn wir einem Lichtstrahl entgegengehen, ist er schneller bei uns angekommen als wenn wir uns von ihm wegbewegen. Bewegen wir uns von der Lichtquelle weg, muß zur Errechnung der Ankunftszeit des Lichtes bei uns seiner Eigengeschwindigkeit die Geschwindigkeit unserer Bewegung hinzuaddiert werden (aufgrund unserer Flucht vor dem Licht benötigt es mehr Zeit, bis es uns eingeholt hat). Die Physik spricht hier vom Additionstheorem, das für alle Geschwindigkeiten gilt, unabhängig davon, welcher Art der Körper ist, der sich bewegt. Nehmen wir in Anlehnung an Einstein das Beispiel eines Zuges: Ein Zug bewegt sich relativ zum Bahndamm mit 100 km/h. Sitzen wir in dem Zug, so bewegen wir uns ebenfalls – relativ zum Bahndamm – mit 100 km/h. Nun verspüren wir plötzlich Hunger und wollen im Speisewagen etwas essen, also stehen wir auf und bewegen uns im Gang in Fahrtrichtung des Zuges nach vorne – nehmen wir an mit 5 km/h. Unter den Forderungen der Relativitätstheorie müssen wir bei Geschwindigkeitsangaben immer das Bezugssystem nennen, auf das sie sich beziehen: Waren die 100 km/h relativ zum Bahndamm, so sind die 5 km/h relativ zum Boden des Zuges, auf dem wir uns nach vorne bewegen. Wollen wir nun wissen, wie schnell wir uns nicht relativ zum Zug, sondern relativ zum Bahngleis bewegen, müssen wir das Additionstheorem anwenden: 100 km/h Zuggeschwindigkeit + 5 km/h Gehgeschwindigkeit ergibt 105 km/h Eigengeschwindigkeit relativ zum Bahndamm. So weit so gut.

Aber: Was für die Bewegung „normaler" Materie (hier: Zug und unser Körper) gilt, gilt nicht mehr, wenn die Lichtgeschwindigkeit ins Spiel kommt. Schon nach Michelson und Morley, insb. aber nach Einstein hat das Licht nämlich unabhängig von der Geschwindigkeit der Lichtquelle und unabhängig von der Geschwindigkeit, mit der sich der Beobachter bewegt, *immer* die gleiche Geschwindigkeit, nämlich 300.000 km/s. Für das o. g. Beispiel heißt dies: Unabhängig davon, ob wir uns auf einen Lichtstrahl zubewegen oder uns von ihm wegbewegen, der Strahl kommt in beiden Fällen gleich schnell bei uns an. Das Additionstheorem der Geschwindigkeiten gilt also im Falle des Lichtes nicht mehr.

Das verstehen wir nicht und glauben es auch nicht! Statt Einstein blind zu folgen, versuchen wir das Additionstheorem so zu retten: Der Effekt der gleichen Ankunftszeit des Lichtes tritt nur scheinbar auf, weil der Unterschied der Ankunftszeiten des Lichtes aufgrund seiner extrem hohen Geschwindigkeit und der relativ dazu extrem niedrigen Bewegungsgeschwindigkeit von uns selbst so klein ist, daß er außerhalb der Meßmöglichkeit liegt. Aber „außerhalb derzeitiger Meßmöglichkeit" ist nicht gleichbedeutend mit „nicht existent". Für das Additionstheorem wäre dies die Rettung, aber leider ist nicht der Effekt, sondern die Rettung scheinbar. Es ändert sich nämlich auch dann nichts an der Absolutheit des Lichtes, wenn wir uns mit sehr viel höherer Geschwindigkeit fortbewegen. Wäre es z. B. möglich, daß wir uns mit 100.000 km/s vom hinter uns herjagenden Lichtstrahl wegbewegen, so bliebe dennoch die Geschwindigkeit des Lichtes relativ zu uns gleich und der Lichtstrahl würde uns zur gleichen Zeit erreichen, wie wenn wir uns nicht bewegen. Nach Newton wäre die Geschwindigkeit des Lichtes relativ zu uns 200.000 km/s, nach Einstein beträgt sie auch dann 300.000 km/s.

Wiederum wollen wir die etwas schwierige physikalische Erklärung für diese Form der *Absolutheit* des Lichtes in der *Relativität*stheorie nicht ausführen, sondern auch hier nur den Tatbestand festhalten und insbesondere, daß mit der Geschwindigkeit des Lichtes eine obere *Grenze* für die Ausbreitungsgeschwindigkeit von Signalen gegeben ist, eine Grenze, die nach Einstein niemals überschritten werden kann. Auf die praktischen

Auswirkungen dieser Grenze kommen wir bald zurück. Bevor wir die Konsequenzen an Beispielen zeigen, wollen wir kurz ein paar Grundannahmen der schon genannten Quantenmechanik skizzieren, einer Theorie, die wie Einsteins Relativitätstheorie „epochal" genannt werden muß. Auch hier ist es die Einsicht in die *Grenzen* der Erkennbarkeit der Welt, die diese Theorie so bedeutend macht.

Unsichtbare Welten

Zunächst ein paar Grundinformationen über das Atom. Wir wissen schon, daß nicht einmal Atome ewig bestehen, sondern durch ihre eigene Radioaktivität zerfallen. Nun interessiert uns ihre innere Struktur. Atome bestehen nach dem Rutherford/Bohrschen Modell aus zwei Bestandteilen: Aus Atomkernen und aus Elektronen, die den Kern umkreisen. Der Kern besteht seinerseits aus zwei Teilen, nämlich aus dem Proton und aus dem Neutron (beide zusammen heißen „Nukleonen"). Die Masse des Kerns ist 1840mal schwerer als die Masse des Elektrons, das den Kern umkreist. So verkörpert der Kern fast die gesamte Masse des Atoms. Aber auch die Nukleonen enthalten noch einmal kleinere Strukturen: Sie bestehen aus sogenannten Quarks. Diese Quarks markieren die heutige Grenze der Teilbarkeit der Materie. Ob es noch kleinere Teile als Quarks gibt, weiß man nicht. Uns soll hier nur das Verhältnis von Elektron und Atomkern interessieren.

Der Durchmesser eines Atoms beträgt etwa 10^{-10} m, der Durchmesser des Atomkerns beträgt weniger als 10^{-14} m. So umkreisen die Elektronen den Kern also in einem Abstand von etwa 10^{-10} m. Warum sie den Atomkern umkreisen und nicht in Richtung Bahntangente wegfliegen, liegt an der Coulombschen Anziehungskraft, die genau die Radialkraft liefert, die das Ausbrechen der Elektronen aus der Atomhülle verhindert. Bohr hat die Umlaufbahnen der Elektronen als Energiezustände aufgefaßt, so daß eine Änderung des Energiezustandes einer

Änderung der Bahn des Elektrons gleichkommt. Der Energie-zustand ändert sich dadurch, daß Elektronen entweder Strahlung emittieren oder absorbieren. Der Annahme zufolge geschieht dies nur beim *Übergang* zwischen stationären Bahnzuständen. Auf einer stationären Bahn sind Elektronen also strahlungsfrei: sie geben keine Energie ab. Übergänge der Elektronen von einer Energiestufe zu einer anderen heißen „Quantensprünge".

Soviel zur Theorie. Wie ist sie überprüfbar? Wir nehmen das einfachste Atom, das Wasserstoffatom und wollen wissen, ob es ein Elektron hat und wie es sich bewegt. Was ist zu tun? In der klassischen Physik nahm man an, daß ein physikalisches Objekt durch zwei Angaben exakt bestimmt werden kann: durch den Ort, an dem es sich befindet, und durch den Impuls, der es bewegt (der Impuls eines Teilchens ergibt sich aus dem Produkt seiner Masse und seiner Geschwindigkeit). Dieses Verhältnis von Ort und Bewegung soll uns nun interessieren. Zunächst zur Bewegung. Durch mehrere nacheinander vorgenommene Ortsbestim-mungen ist die Bahn des betreffenden Objekts feststellbar, so daß der Physiker dann auch für sein zukünftiges Verhalten weiß, wo es sich jeweils befindet. Wie bestimmt man nun *experimentell* den Ort und den Impuls unseres Wasserstoffatomelektrons? Hinsehen genügt nicht, weil Elektronen so klein sind, daß sie weder mit bloßem Auge noch unter hochauflösenden Mikroskopen direkt beobachtet werden können. Also muß der Physiker ein Instrument einsetzen, das ihm Kontakt mit dem Elektron ermög-licht, z. B. mit Gammalichtstrahlen, die auf das Elektron geschos-sen werden. Wie alles Licht, so besteht auch Gammalicht aus den uns schon bekannten Lichtquanten. Nehmen wir an, ein Lichtquant trifft das Elektron, wird reflektiert und in einem Meßgerät registriert. Der Experimentator hat jetzt Kenntnis über den Ort des Elektrons. Es ist so, als wenn wir in einem dunklen Raum nach einer Person suchen, dazu eine Taschenlampe anknip-sen und den Strahl auf die gesuchte Person richten. Dann kennen wir den Ort, an dem sie sich befindet. So weit so gut und zurück zum Elektron. Die Aufgabe des Physikers besteht nun nicht nur darin, den Aufenthalts*ort* des Elektrons zu fixieren, sondern auch seine Bewegungs*bahn*. Dazu muß er in der genannten Weise nacheinander weitere Ortsbestimmungen vornehmen. Bei der Person im dunklen Raum ist die Feststellung der Bewegungsbahn problemlos: Der Strahl der Taschenlampe zeigt den Weg, den sie nimmt. Beim Elektron aber beginnen hier die Schwierigkeiten – mit dramatischen meßtheoretischen Konsequenzen. Beim Auftreffen des Photons auf das Elektron passiert nämlich (im Unterschied zum Auftreffen des Lichtstrahls der Taschenlampe auf die gesuchte Person) ein Malheur. Da nicht nur die feste Materie, sondern ebenso das Licht aus festen Grundbausteinen zusammengesetzt („gequantelt") ist, hat das bei der ersten Messung auf das Elektron treffende Licht infolge einer Wechselwirkung selbiges aus seiner Bahn gedrückt (= Veränderung seines Energiezustandes). Die Messung mit dem Gammalicht *verändert* also die Flugbahn des Elektrons, so daß es sich bei der zweiten Messung auf einer *anderen* Bahn (in einem anderen Energiezustand) befindet, als der, die es ohne Kontakt mit dem Gammalicht geflogen wäre (aufgrund der großen Energie der Gammastrahlen wird sich das Elektron oft sogar ganz vom Atom lösen, d. h. es tritt eine Ionisierung ein). Es ist also grundsätzlich unmöglich, die „ursprüngliche" (= vom Experimentator unbeeinflußte) Bahn eines Elektrons zu bestimmen. Im Denkraum der Quantenphysik ist die Frage nach der Bahn des Elektrons vor der Messung sinnlos geworden. In Heisenbergs Worten: „Die Bahn (eines Teilchens) entsteht erst dadurch, daß wir sie beobachten".

Nun kann der Physiker das Elektron allerdings – abhängig von der Frequenz der Strahlen – mehr oder weniger weit aus der Bahn werfen, z. B. kann er die Wirkung des Aufpralls reduzieren, indem er die Lichtwellenlänge vergrößert (d. h. das Meßinstrument energieärmer macht) oder die verändernde Wirkung erhöhen, indem er die Lichtwellenlänge verkürzt (d. h. das Meßinstrument energiereicher macht). Das alles ist möglich. Aber: Je weniger die *Bewegungs*richtung des Elektrons beeinflußt wird, je genauer diese also durch Verlängerung der Lichtwellenlänge bestimmt werden kann, desto ungenauer wird die *Orts*messung; und je genauer die Ortsmessung durch Verkürzung der Lichtwellenlänge wird, desto

164

ungenauer wird die Messung seiner Bewegungsrichtung. *Niemals* ist es möglich, Ort und Impuls gleichzeitig genau zu messen. Zwischen beiden gibt es eine sog. Unschärfe: Je genauer der Ort bestimmt wird, desto ungenauer wird die Impulsangabe und umgekehrt. Dieses Dilemma bringt die berühmte Heisenbergsche Unschärferelation ($\Delta x \Delta p$ ~ h) zum Ausdruck. Sie zeigt eine prinzipielle *Grenze* der Meßgenauigkeit. Der Grund für die Unschärfe ist letztendlich das sog. Plancksche Wirkungsquantum h, das eine universelle Konstante der Natur ist. Planck hatte im Jahre 1900 entdeckt, daß die Energie von Strahlung nicht beliebig portioniert werden kann, sondern nur in ganzzahligen Vielfachen des Energiequantums $h\nu$ (ν = die Frequenz der Strahlung und h eine Naturkonstante mit dem Zahlenwert h = 6,626 x 10^{-34} Js). Nur unter einer einzigen Voraussetzung würden die Ungenauigkeiten der Messung von Ort und Impuls beseitigt werden können: Wenn der Zusammenhang von Energie und Zeit aufgehoben, wenn das Plancksche Wirkungsquantum h auf Null reduziert werden könnte – was aber aufgrund der Quantennatur des Lichtes nicht möglich ist (und was logisch eine Wechselwirkung ohne Wirkung bedeuten würde).

Dieser Vorgang der Einflußnahme der Meßinstrumente auf das Meßobjekt spielt sich nicht nur im atomaren Bereich ab, sondern im Prinzip überall, auch in unserem Alltag. Ein Beispiel: Nehmen wir an, wir wollen die Temperatur von Wasser in einem Glas wissen. Dazu benötigen wir ein Thermometer. Wir halten es ins Wasser, lesen die Temperatur des *Thermometers* ab und wissen dann die Temperatur des *Wassers*. Aber so einfach ist es auch hier nicht! Wir wissen bereits aus der Thermodynamik: Beim Kontakt zwischen einem kalten und einem warmen Körper fließt immer Wärme hin zum Kalten. Diesen Ausgleichsfluß der Energie gibt es immer dann, wenn eine Temperaturdifferenz zwischen den Körpern besteht. Jetzt wenden wir dieses theoretische Wissen auf unsere Meßsituation an. Im Regelfall wird vor der Messung die Temperatur des Thermometers nicht identisch sein mit der Temperatur des Wassers. Nehmen wir an, das Wasser ist kälter als das Thermometer. Dann passiert folgendes: Wird das

Thermometer ins Wasser gehalten, tritt aufgrund der thermodynamischen Prozesse unmittelbar eine Wärmeabgabe von ihm an das (kältere) Wasser ein, so daß die Wassertemperatur um das Thermometer herum steigt. Das heißt also: Das Thermometer mißt nicht die Temperatur, die das Wasser *vor* dem Eintauchen des Thermometers hatte (was wir aber eigentlich wissen wollen), sondern die Temperatur, die sich aus dem thermodynamischen Gemenge beider Temperaturen (nämlich der des Wassers *und* der des Thermometers) ergibt. Da laut Annahme die Temperatur des Thermometers *über* der des Wassers liegt, liegt die gemessene Wassertemperatur ebenfalls über der Temperatur, die das Wasser vor der Messung hatte – wie klein auch immer der Differenzbetrag sein mag. Und nun zurück in den subatomaren Bereich.

Die Quantenmechanik hat die o. g. Besonderheiten erkenntnistheoretisch so radikalisiert, daß unsere Alltagsvorstellungen von Wirklichkeit aus den Fugen geraten. Sie sagt nämlich: Nicht nur kann physikalische Wirklichkeit nicht unabhängig von Meßgeräten mit den genannten Folgen der Unschärfe *festgestellt* werden, sondern es *gibt* diese Wirklichkeit vor der Messung nicht. Quantenmechanische *Wirklichkeit* entsteht erst mit der *Information* über diese Wirklichkeit, die der Beobachter mit der Ablesung des Meßergebnisses erhält (andere Deutungen verlegen die Entstehung der Wirklichkeit zwar vor den Beobachter, aber nicht vor die Messung, nämlich in die materiellen Spuren z. B. auf einer Kernphotoplatte („records"), die die Elementarteilchen hinterlassen). In der sog. Kopenhagener Deutung der Quantenmechanik gilt: *Vor* der Messung ist die physikalische Welt nur ein Spektrum von *Möglichkeiten*, erst mit der Messung bzw. genauer: erst im Akt der Kenntnisnahme durch den Beobachter wird sie bestimmte *Wirklichkeit*.

Wie weit diese Realitätsvorstellung von den Vorstellungen des Alltags entfernt ist, zeigt sich dann, wenn quantenmechanische Objekte durch makroskopische Objekte ersetzt werden. Ein Beispiel: Nehmen wir einen Kasten, in dem sich, von außen nicht sichtbar, eine rote Kugel befindet. Die Kugel liegt dort, unabhängig davon, ob ein Beobachter den Kasten öffnet und ihr

Vorhandensein überprüft. So stellen sich die Dinge aus der Alltagsperspektive wie selbstverständlich dar. Aus quantenmechanischer Sicht ist diese Beschreibung der Situation aber unzulässig. Es fehlt dem Beobachter vor dem Öffnen des Kastens nämlich nicht nur die *Information*, ob sich die Kugel darin befindet, sondern ihr Aufenthalt in dem Kasten steht vor der Beobachtung *objektiv* nicht fest. Nach der Quantenmechanik gibt es keine Wirklichkeit „da draußen" – und der Physiker tritt hinzu und erkennt sie, sondern Wirklichkeit und Information über sie sind zu einem untrennbaren Gemenge vermischt. Wirklichkeit entsteht erst durch den Meßprozeß und dieser ist erst mit der Kenntnisnahme durch den Beobachter abgeschlossen. Um mit Heisenberg zu sprechen: Wir erkennen nicht die Welt, sondern unsere Beziehung zu ihr.

Das ist ein Objektivitätsverständnis, das der klassischen Physik (und auch unseren eigenen Vorstellungen) ganz widerspricht. Für die klassische Physik gab es die Welt auf der einen und den beobachtenden Physiker auf der anderen Seite. Und der Physiker hatte nur die Aufgabe, die Welt, so wie sie ist, festzustellen. In einer passiven Rolle, die andererseits die Objektivität physikalischer Erkenntnis verbürgen sollte. Mit der Quantenmechanik wurde alles anders: Der Physiker erhält eine aktive Rolle, in der er die physikalischen Gegenstände verändert (siehe die Veränderung der Elektronenbahn) – und diese Veränderung ist kein Mangel, sondern Bedingung sowohl der Existenz der Objekte wie auch ihrer Erkenntnis. Eben: Erkannt wird nicht die Welt, sondern die Beziehung zu ihr. Und die Grenzen der Erkenntnis der Welt sind die Grenzen der Art und Weise, wie er diese Beziehung zu ihr aufbauen kann. In der Relativitätstheorie war die Grenze der Erkenntnis Folge der begrenzten Ausbreitungsgeschwindigkeit des Lichtes; in der Quantenmechanik besteht die Grenze in der niemals auf Null reduzierbaren Quantennatur der Meßinstrumente (die Energiequanten einer Meßstrahlung können nicht beliebig klein gemacht werden). Und es gibt zusätzliche und nichtphysikalische Grenzen, die immer gleichzeitig Bedingungen der Erkenntnis sind. Z. B. stellt der Philosoph und Mathematiker

Wittgenstein fest: Die Grenzen deiner Sprache sind die Grenzen deiner Welt. Jedenfalls sind die präzise und wohl begründete Angabe von *Grenzen* der Erkenntnis *die* beiden Jahrhundertleistungen der Physik unserer Zeit. Nicht infantile Allmachtsphantasien bringen die Wissenschaft weiter, sondern die Einsicht in die Beschränktheit sowohl der materiellen wie auch der geistigen Welt – und beide Beschränktheiten sind nur zwei Seiten derselben Medaille.

Großer Knall im kleinen Raum

Nachdem wir etwas über Zeit, Licht und Grenzen der Erkenntnis erfahren haben, wollen wir uns nun physikalischen Theorien zuwenden, die sich mit dem Anfang und der Entwicklung des Universums befassen. Auch hier ist das Licht wieder ein wesentlicher Schlüssel für das Verstehen der Welt. Zwei kosmologische Theorien sollen kurz genannt werden:

1. Die Urknalltheorie (von Lemaitre, Gamow), die den Anfang der Welt vor 14 Milliarden Jahren datiert. Seit diesem Zeitpunkt dehnt sich der Kosmos ins Unendliche aus.
2. Die Pulsationstheorie (von Motz), die von einem zeitlich unendlichen Wechsel von Expansion und Kontraktion mit einer Pulsationsperiode von 80 Milliarden Jahren ausgeht.

Von diesen beiden Theorien ist die Urknalltheorie („Big Bang") die zur Zeit herrschende Lehre der Physik. „Herrschende Lehre" heißt nicht, daß alle Physiker in allen Details einer Meinung wären. So streitet man inzwischen über die Altersangabe: Den o. g. 14 Milliarden Jahren werden 8 Milliarden entgegengesetzt. Hinzu kommt: Die 14 Milliarden Jahre sind eine Altersangabe mit Bezug auf die Erde. Wir wissen schon: Wird das Alter des Weltalls aus der Perspektive eines Neutronensterns bestimmt, müssen wegen der erheblichen Zeitdilatation, die durch seine große Masse entsteht, ca. 20 % Zeit in Abzug gebracht werden. Aber unabhängig von diesen numerischen Einzelheiten macht die Urknalltheorie in ihrer Standardversion eine Annahme, die wiederum unser alltägliches Vorstellungsvermögen strapaziert. Am Anfang der Zeit nimmt sie nämlich eine *Punkt*existenz des Universums an: Die gesamte Materie/Energie aller Gestirne des gesamten Kosmos (inklusive der *inter*stellaren und *inter*galaktischen Teilchen und Energien) war auf einen unvorstellbar kleinen Raum verdichtet. Will man eine erste Vorstellung davon, wie klein der Weltraum am Anfang der Zeit war, so wäre das Modell eines Stecknadelkopfes viel zu groß. Die Welt war damals viel, viel kleiner – kleiner als ein Atomkern, also kleiner als 10^{-14} m. Sie war zusammengepreßt auf eine sogenannte „Singularität". Eine Singularität ist eine mathematische Hilfskonstruktion, die – vereinfacht gesagt – zum Ausdruck bringen soll, daß die Welt im ersten Entstehungsmoment nur knapp über der Ausdehnung Null lag.

Daß der *Raum* am Anfang so klein war, ist mehr oder weniger leicht vorstellbar; daß aber die gesamte *Energie/Materie* unseres heutigen Universums in diesem Miniraum eingesperrt war, überfordert wieder einmal unsere Alltagsvorstellungen. Wir können uns nicht einmal vorstellen, daß die gesamte Energie/Materie der *Erde* in eine Punktexistenz paßt, geschweige denn das ganze *Universum*. Auch wenn wir nicht einmal die Erde als Punktexistenz wirklich nachvollziehen können, eines ist sicher: *Wenn* der Raum im ersten Entstehungsmoment des Universums so klein wie eine Singularität war, dann *muß* alle Materie/Energie der Welt in diesem kleinen Raum eingeschlossen gewesen sein. Die Schlußfolgerung ist nämlich Folge eines fundamentalen Naturgesetzes, des Ersten Hauptsatzes der Thermodynamik nämlich (den *Zweiten* Hauptsatz kennen wir schon: die Entropie des Universums nimmt zu). Er besagt, daß die Menge der Energie in der Welt weder zunoch abnehmen kann: Sie war, ist und wird immer gleich sein (nur ihre Formen können sich ändern: Schall, Licht, Materie etc.). Daß am Anfang der Welt, wie klein auch immer sie gewesen sein mag, energetisch schon *alles* vorhanden war, ist also eine zwingende Folge des fundamentalen Satzes von der Erhaltung der

Energie. Dieses Naturgesetz sagt also nichts darüber aus, wie *groß* die Welt am Anfang war, wohl aber, daß am Anfang schon alles vorhanden war – auch dann, wenn die gesamte Welt nur die Größe einer Punktexistenz hatte.

Wir sollten zwar die Maßstäbe des Alltags, die wesentlich durch die Leistungsfähigkeit unserer Sinne, aber auch durch ihre Grenzen bestimmt sind (so sehen wir z. B. nur einen kleinen Teil des Lichtspektrums), nicht deshalb über Bord werfen, aber wir müssen wissen, daß die Welt der Physik sich gelegentlich jenseits der Grenze sinnlicher Nachvollziehbarkeit bewegt. Nur: Jenseits dieser Grenze beginnt nicht schon das Reich der wissenschaftlich ungeschützten Phantasie. Ein Beispiel aus dem Alltag: Ein Tisch ist unter der Erfahrung der Sinne ein in sich ruhendes und festes Objekt. So sieht es unser Auge und so fühlt es unsere Hand. *Makro*skopisch gesehen stimmt diese Erfahrung; *mikro*skopisch dagegen, also nicht unter der Perspektive des Tisches als Gegenstand, sondern unter der Perspektive seiner kleinsten Bestandteile (der Atome), wird der makroskopische Eindruck in sein glattes Gegenteil verkehrt: Nichts ist fest, sondern alles ist mit hoher Geschwindigkeit in ständiger Bewegung – nur sehen wir die Bewegung aufgrund des begrenzten Auflösungsvermögens unseres Auges nicht. Die Elektronen umkreisen die Atomkerne, und auch die Atomkerne selbst sind in Bewegung. Und außerdem ist auch bei dem so fest erscheinenden Tisch nichts „am Stück“. Im Gegenteil: Selbst bei diesem Objekt, bei dem die Atome im Vergleich mit der interstellaren Leere des Weltalls dicht gepackt sind, liegen leere Welten zwischen seinen Atomen und leere Welten auch innerhalb der einzelnen Atome, also zwischen den Elektronen der Atomhülle und dem Atomkern.

Wie leer die Materie ist, obwohl unser Auge es anders sieht und unsere Hand es anders fühlt, haben Rutherford u. a. am Anfang des Jahrhunderts in einem aufsehenerregenden Experiment gezeigt: Sie nahmen eine dünne Goldfolie und ließen auf diese Folie aus einem radioaktiven Präparat α-Teilchen fallen (ein α-Teilchen besteht aus zwei Protonen und zwei Neutronen und bildet den Kern des Heliumatoms). Das Ergebnis: Die meisten dieser Teilchen gingen fast ohne Ablenkung durch die so undurchdringlich dicht erscheinende Goldfolie hindurch, d. h. die Zwischenräume der Atome der Folie waren so groß, daß es nicht zu Kollisionen mit den α-Teilchen kam. Diesen gegen den Augenschein so leeren Welten wollen wir weiter auf die Spur kommen.

Betrachten wir zunächst die Raummaße *inner*halb eines Atoms. Die Maße selbst kennen wir schon: Der Durchmesser des Atomkerns ist kleiner als 10^{-14} m und die Elektronen umkreisen den Kern in Abständen von 10^{-10} m. Der Atomkern ist also 10.000mal kleiner als das Atom; zwischen dem Kern und seinen um ihn kreisenden Elektronen gibt es also viel Platz. Die Maße wissen wir zwar, aber es fehlt uns jedwede konkrete *Vorstellung* von den Größenverhältnissen. Aber nur diese Verhältnisse geben uns Kenntnis darüber, wieviel leerer Raum auch in der *festen* Materie ist. Um eine Vorstellung davon zu erhalten, übertragen wir nun die subatomaren Größenverhältnisse maßstabsgerecht ins Makroskopische. So hoffen wir die mit Skepsis aufgenommene Aussage zu verstehen, daß ein fester Tisch bei genauer Betrachtung eher eine leere Welt ist. Die Physik gibt hierfür anschauliche Vergleiche: Der Atomkern ist im Vergleich zum Gesamtatom noch viel kleiner als die Sonne im Vergleich zum Sonnensystem. Wenn man bedenkt, daß zwischen unserer Sonne und dem Planeten Pluto 5.910.000.000 km leerer Raum liegt, erhalten wir eine erste Vorstellung. Daß aus der atomaren Perspektive in einem Tisch so große Zwischenräume existieren, hat jedenfalls niemand erwartet. Oder ein Vergleich aus dem Alltag: Würde man den Atomkern auf die Größe eines Stecknadelkopfes vergrößern (also auf etwa 1mm), dann wäre der Durchmesser des Atoms etwa 30 m. Und berücksichtigt man *alle* Abstände, also sowohl die *in* den einzelnen Atomen wie auch die *zwischen* den Atomen, so sind bei festen Körpern wie z. B. bei einem Tisch nur 40×10^{-15} (= 40 Billiardstel) ihres Volumens mit Materie gefüllt – der große „Rest" ist leerer Raum (bei anderen Körpern, z. B. bei flüssigen, oder bei der Luft ist die Materiefüllung noch sehr viel geringer). So gesehen ist auch der scheinbar so feste Tisch „leer wie das Weltall".

Und nun zurück zur Urknallsingularität. Ausgestiegen sind wir ja beim Kopfschütteln über die physikalische Annahme, daß das ganze Weltall mit all seiner Energie am Anfang nur so groß wie ein Punkt war. Aufgrund der Kenntnis über die große Leere auch der festen Materie gelingt die Vorstellung nun etwas leichter, verliert ihre Absurdität oder Unglaubwürdigkeit. Werden alle *Zwischen*räume aller Atome und Moleküle aller Sterne des Universums (incl. der interstellaren Atome und Moleküle) gegen Null reduziert, nähert man sich der winzigen Anfangsgröße des Universums. Aber nur unter den o. g. (und weiteren) Voraussetzungen riesiger inneratomarer Distanzen kann die gesamte Energie/Materie des Weltalls vor 14 Milliarden Jahren auf einen Punkt zusammengepreßt gedacht werden.

Ob der Raum wirklich am Anfang so klein war, weiß die Physik nicht sicher, aber ihre Annahmen legen eine solche Punktexistenz nahe – jedenfalls im derzeitigen *Modell* der Physik. Wir müssen wissen: Die moderne Wissenschaft spricht nie über die Wirklichkeit als solche, sondern nur über Modelle von ihr. Und Modelle sind dadurch ausgezeichnet, daß sie neben ihrer Abbildungsfunktion immer auch eine Verkürzungsfunktion haben (wie beim Modell eines Hauses, das ein Architekt fertigt, im Vergleich zum wirklichen Haus). Daß die Wirklichkeit im theoretischen Modell verkürzt wird, mögen wir beklagen, aber der Mangel ist unvermeidbar. Er ist Folge der begrenzten Leistungsfähigkeit unseres Gehirns: Wir sind niemals in der Lage, die gesamte Komplexität der Wirklichkeit zu erfassen. So ist es besser, sie methodisch kontrolliert in einem Modell auf wenige und/oder wesentliche Aspekte zu verkürzen.

Aber nehmen wir das Modell des Urknalls, hier: die gewaltige Kompression des Raumes am Anfang der Zeit, einmal als gegeben an! Was passierte dann? Es gab eine Explosion, „Urknall" genannt, und seitdem, also seit 14 Milliarden Jahren hat sich das Universum bis zu der Gestalt ausgedehnt, die wir heute beim Blick in den Nachthimmel in einem winzigen Ausschnitt beobachten können. Und die Ausdehnung geht immer noch weiter. Bedenkt man, daß der Durchmesser des Kosmos vor 14 Milliarden Jahren kleiner als der Durchmesser eines Atomkerns war und es heute Galaxien mit einem Durchmesser von 500.000 Lichtjahren gibt, wird die kaum faßbare Dramatik der kosmischen Evolution erahnbar. Zur Erinnerung: Das Licht pflanzt sich in einer *Sekunde* 300.000 km fort. Schicken wir jetzt einen Lichtstrahl von der Erde in den Kosmos und ist dieser dann mit eben dieser Geschwindigkeit von 300.000 km/s ununterbrochen 500.000 Jahre lang unterwegs, dann hat er am Ende dieser 500.000 Jahre einen Raum durchmessen, der dem Durchmesser einer großen Galaxie entspricht. Und wir reden hier nur über die Ausdehnung *einer* Galaxie, deren Gesamtzahl auf mehrere hundert Milliarden geschätzt wird und die im ständigen Entstehen und Vergehen begriffen sind.

Als die Zeit begann

Noch einmal zurück zum Anfang der Welt. Wie sah der allererste Moment aus, als alles noch gleich, auch die physikalischen Kräfte (Schwerkraft, starke Wechselwirkung, Elektromagnetismus und schwache Wechselwirkung) noch ununterscheidbar waren? Umfaßt die Erklärungskraft der physikalischen Theorie diesen allerersten Moment oder beginnt sie erst z. B. ein Jahr danach? Bei der Rekonstruktion der Vergangenheit des Weltalls reicht die heutige physikalische Erklärung sehr, sehr weit, aber nicht beliebig weit zurück. Sie stößt an eine zeitliche Grenze. Bis heute (und wahrscheinlich auch in Zukunft) gelingt es nämlich der Physik nicht, den *aller*ersten Augenblick des Anfangs zu erfassen. Physikalisch *erklärbar* beginnt der Anfang der Welt und damit die Zeitrechnung der Physik nämlich nicht mit ihrem ersten Entstehungsmoment, sondern „erst" 10^{-43} Sekunden danach (also nach dem
1/100000000000000000000000000000000000000000
Bruchteil einer Sekunde) – ein Moment, in dem sich der erste und entscheidende Symmetriebruch zwischen zwei der vier

Grundkräfte der Natur, nämlich der zwischen Schwerkraft und nuklearer Kraft, ereignete. Voraussetzung für diesen Symmetriebruch war, daß sich das Universum nach 10^{-43} Sekunden auf 10^{32} Grad „abgekühlt" hatte. Am Anfang war die Welt also nicht nur sehr, sehr klein, sondern auch sehr, sehr heiß. Es war wie in einer brodelnden, einheitlichen Energiesuppe auf kleinstem Raum, aus der sich die Unterschiede der Welt (z. B. die verschiedenen physikalischen Kräfte und später die unterschiedliche Verteilung der Materie in Sonnen) dann erst entwickeln konnten. Die Abkühlung auf 10^{32} Grad war hierfür eine unabdingbare Voraussetzung: Bei den vorher herrschenden höheren Temperaturen wäre alles für alle Zeiten unterschiedslos gleich geblieben. Es hätte nicht nur uns Menschen niemals gegeben (wir sind ja schon bei einer Körpertemperatur von 42° in Lebensgefahr), sondern ebenso nicht die unbelebten Sterne, die wir am Himmel beobachten (sie vertragen zwar höhere Temperaturen als wir, aber nicht die, die das Weltall am Anfang hatte). Aber so weit sind wir noch nicht.

Jedenfalls dehnte sich das Weltall von Anfang an aus. Nun haben wir oben festgestellt, daß die Gravitation zwar nicht immer existierte (nicht schon in der Singularität), aber immerhin schon 10^{-43} Sekunden nach dem Beginn des Urknalls. Dann entsteht eine Frage: Wie kann sich das Universum unter dem Einfluß der Gravitation *aus*dehnen, wo die Schwerkraft doch eine *an*ziehende Kraft ist (wir selbst entschwinden ja deshalb nicht auf Nimmerwiedersehen im Weltall, weil die Schwerkraft der Erde uns *zurück*hält)? Das Universum hätte sich also mit ihrer Entstehung gleich wieder *zusammen*ziehen müssen! Hier gibt es Ungereimtheiten, aber sie lassen sich auflösen: Die Ausdehnung erfolgte gegen den Widerstand der Schwerkraft, die gerade umgekehrt auf den *Zusammen*halt der Materie angelegt ist, weil die Stärke des Urknallimpulses die Stärke der Gravitation übertraf. Allerdings: Je weiter sich das Universum ausdehnt, desto schwächer wird der Anfangsimpuls und desto geringer wird dann auch seine Expansionsgeschwindigkeit. Das könnte irgendwann zur Stunde der Gravitation werden, in der sie die Oberhand gegen den auf Expansion angelegten Anfangsimpuls gewinnt. Die Folge wäre dann, daß sich das Weltall nicht mehr weiter ausdehnt, sondern genau umgekehrt zusammenzieht – und irgendwann wieder in der Dichte der Urknallsingularität landet.

Aber so einfach liegen die Dinge nicht; denn mit der Ausdehnung des Weltalls geht parallel die abbremsende Wirkung der Schwerkraft zurück. Von Newtons Gravitationsgesetz wissen wir schon: Die Stärke der Schwerkraft hängt nicht nur von der Größe der Massen ab, sondern ebenso von ihrem Abstand zueinander. Und der Abstand der Massen des Universums nimmt aufgrund der Expansion zu. Anschaulich wird dieser Vorgang bei einem Luftballon, den man mit Punkten markiert und dann aufbläst: Der Abstand der Punkte untereinander wächst linear mit der Zunahme seiner Größe. Also müßte die auf die Sterne wirkende gravitative Kraft mit zunehmender Ausdehnung des Alls *ab*nehmen. Es ist so: Ob die Expansion immer weiter geht (wenn auch mit abnehmender Geschwindigkeit) oder ob irgendwann der Umkehrpunkt erreicht wird, an dem das Universum beginnt, sich zusammenzuziehen, hängt ab vom *Betrag*, um den die Stärke des Anfgangsimpulses relativ zur Stärke der Gravitation abnimmt: Nimmt der Anfangsimpuls stärker ab, kollabiert das Weltall irgendwann, nimmt dagegen die Bremswirkung der Gravitation stärker ab, setzt sich die Ausdehnung immer weiter fort. Zur Zeit nimmt die Physik jedenfalls noch eine Ausdehnung an, wie schon gesagt: seit 14 Milliarden Jahren (die Altersangabe ist berechenbar aus der momentanen Expansionsgeschwindigkeit des Kosmos und dem Betrag der gravitativen Gegenwirkung).

Erst in jüngster Zeit gab es astronomische Beobachtungen, welche die Ausgangshypothese des Standardmodells sogar noch verschärfen. Astronomen haben bei weit entfernt explodierenden Sternen Messungen vorgenommen, die darauf hindeuten, daß sich das Weltall stärker ausdehnt als bisher angenommen. Genauer: Es dehnt sich immer schneller aus und das auf ewige Zeiten. Da der auf Expansion angelegte Anfangsimpuls nicht größer werden kann (bei der „anstrengenden" Ausdehnung geht Energie verloren), kann die Ausdehnungsgeschwindigkeit des

Universums im *bisherigen* Modell jedoch nicht zunehmen. Hier entsteht zunächst ein Widerspruch zwischen Urknalltheorie und neuesten Beobachtungen. Stimmen die Beobachtungen und soll der Widerspruch zwischen Beobachtung und Theorie beseitigt werden, muß es eine im bisherigen Modell nicht berücksichtigte Ursache für die *Beschleunigung* der Expansion geben: eine *Anti*schwerkraft, welche die bremsende Wirkung der Gravitation mehr und mehr auffrißt. Schon Einstein hatte eine solche abstoßende Kraft (als kosmologische Konstante λ) eingeführt, dann aber als „Eselei" wieder verworfen. Aus heutiger Sicht bestand Einsteins „Eselei" wohl nicht in der Annahme selbst, sondern eher in ihrer Einschätzung als „Eselei". Schon sind wir mitten in Details, wo wir uns eigentlich nur für grobe, aber folgenreiche Grundannahmen interessieren wollten. Ob sich das Universum immer schneller ausdehnt und das für alle Zeiten oder ob die Ausdehnung irgendwann in Kontraktion umschlägt (was dann wahrscheinlich ist, wenn Neutrinos entgegen der heutigen Annahme doch Masse haben), überlassen wir der innerphysikalischen Diskussion. Uns interessiert hier nur die Frage, ob sich das Universum zur Zeit wirklich ausdehnt (egal wie schnell und wie lange). Daß es sich ausdehnt, behauptet jedenfalls die Urknalltheorie. Alles wilde Spekulation, reine Theorie oder gibt es handfeste Beweise?

Vom Geburtsschrei der Welt

Für die Theorie des Anfangs und der Expansion, nach der die Gestalt des Kosmos eine Funktion der Zeit ist (der Weltradius nimmt mit der Zeit zu), sprechen zwei empirische Befunde: 1. Eine Radiostrahlung im Weltraum mit einer Temperatur von 2,7° Kelvin („Urstrahlung" oder „Hintergrundstrahlung" genannt). Sie wird als Nachhall der kosmischen Explosion vor 14 Milliarden Jahren gedeutet. Diese Hintergrundstrahlung ist etwa dreihunderttausend Jahre nach dem Urknall entstanden und war zu diesem Zeitpunkt ca. 4000 Grad heiß. Mit dem sich ausdehnenden Universum kühlte sie dann nach und nach bis auf die heutige Temperatur ab. Im Vergleich mit den +10^{32} Grad im zweiten Entstehungsmoment der Welt ist es also inzwischen sehr kalt da draußen geworden: 2,7° Kelvin entsprechen nämlich -270,3° Celsius, d. h. die Temperatur des Weltalls liegt fast am absoluten Nullpunkt von -273°. Mit dieser Urstrahlung hat die Physik also jetzt eine Momentaufnahme, ein Zeugnis des Kosmos aus der Zeit, als die Strahlung entstanden ist – nämlich in der ersten Phase der Ausdehnung. Im sonst so nüchternen Physiklehrbuch von Gerthsen/Vogel wird der Vorgang pathetisch „verdünnter Nachhall vom Geburtsschrei des Weltalls" genannt. Die Urstrahlung wurde 1948 aus der Theorie abgeleitet und im Jahre 1965 dann zum ersten Mal gemessen. Wir sehen, Theoretiker haben wieder einmal die Nase vorn. Meist wissen sie schon, was Praktiker später entdecken. Das mögen letztere nicht hören, aber es ist so: Die asymmetrische Abfolge von Theorie und Experiment ist der Regelfall im Prozeß der Entstehung neuer Erkenntnisse, d. h. die großen Neuerungen werden meist zuerst in der Theorie und dann erst in der Realität entdeckt (Einsteins Raum/-Zeitkrümmung, Heisenbergs Unschärferelation, die Voraussage der Neutrinos durch Pauli und Fermi, Maxwells elektromagnetische Natur des Lichtes etc. etc.).

Und nun zum zweiten Beweis für die Richtigkeit der Urknalltheorie. Es ist die sog. Rotverschiebung des Sternenlichtes, im Hubblegesetz mathematisch formuliert. Hubble hatte eine proportionale Beziehung zwischen der Entfernung von Sternen und der Stärke der spektralen Verschiebung ihres Lichts in den roten Bereich behauptet: Je stärker ein himmliches Objekt rotverschoben ist, desto weiter ist es von uns entfernt. Wenn also von zwei Sternen A und B das Licht von A mehr im roten Bereich ist als das Licht von B, dann ist der Annahme zufolge A weiter entfernt als B. Außerdem: Die in der Rotverschiebung festgestellte Zunahme der Entfernung wirkt sich auch in der Geschwindigkeit aus – die Sterne/Galaxien, die weiter entfernt sind, entfernen sich schneller von uns. Die am weitesten außen, an der Grenze des Raumes fliegenden Objekte, bewegen sich also mit der größten

Geschwindigkeit – Quasare, die nahezu mit mit 300.000 km/s, also fast mit Lichtgeschwindigkeit, nach außen drängen. Zugleich sind die Quasare auch die ältesten Objekte, die bisher beobachtet wurden. Mit dem Hubble-Teleskop konnte inzwischen das Licht von Galaxien eingefangen werden, die 12 Milliarden Lichtjahre von uns entfernt sind, d. h. das Licht, das unsere Erde heute erreicht, haben sie vor 12 Milliarden Jahren emittiert – so lange war es mit 300.000 km/s unterwegs.

Die Expansion des Kosmos wurde 1923 von Weyl theoretisch abgeleitet und 1929 von Hubble an eben dieser Rotverschiebung des Sternenlichtes beobachtet. Der Schlüssel zum Verständnis der Expansion des Universums ist also die Rotverschiebung, will sagen: Die Bewegung einer Lichtquelle hat einen Einfluß auf die Farbe des Lichtes, in der sie sich uns zeigt. Der Effekt wird „Doppler-Effekt" genannt. Zum ersten Mal festgestellt hat ihn der schwedische Physiker Doppler, allerdings nicht am Licht, sondern an Schallwellen. Das ist zu erklären! Die meisten von uns kennen diesen akustischen Effekt schon, zum Beispiel bei einem mit Warnsirene schnell vorbeifahrenden Feuerwehrauto. Parallel zur *Bewegung* des Autos *hören* wir eine Veränderung. In dem Moment, in dem das Auto an uns vorbeifährt, verändert sich nämlich der Signalton: Er sinkt ab – obwohl das Auto mit gleicher Geschwindigkeit und unverändertem Signalton weiterfährt. Aber der Signalton sinkt nur für *unsere* Ohren, nicht für die der Feuerwehrleute, die im Wagen sitzen und sich zusammen mit der akustischen Quelle fortbewegen. Der Grund für diesen Effekt ist einfach: Nähert sich uns das Auto, so drückt es die Schallwellen vor sich zusammen (= Erhöhung der Frequenz, und der Ton wird höher); fährt der Wagen dagegen von uns weg, werden die akustischen Wellen hinter ihm länger (= Erniedrigung der Frequenz, und der Ton wird tiefer). Im Medium des Wassers wird der Effekt augenfällig: Werfen wir einen Stein ins Wasser, entstehen Wellenkreise mit gleichem Abstand. Bewegt sich dagegen der Verursacher der Wellen, so werden sie vor ihm zusammengedrückt (siehe z. B. vor dem Bug eines Schiffes) und hinter ihm langgezogen.

Genauso verhalten sich Lichtwellen: Kommt uns die Lichtquelle näher, erhöht sich die Frequenz, entfernt sie sich, geht sie zurück. Was sich im akustischen Bereich als hoher oder niedriger Ton bemerkbar macht, zeigt sich beim Licht in unterschiedlichen Farben: Kurzwelliges Licht ist blau, langwelliges rot. So haben Astronomen ein klares Entscheidungskriterium dafür, ob sich eine Lichtquelle nähert oder entfernt.

Und da die Astronomen in ihren Beobachtungen des Himmels eine Rotverschiebung tatsächlich feststellen, können sie annehmen, daß sich die Sterne entfernen, mit anderen Worten: daß sich der Kosmos ausdehnt.

Wie fast immer, liegen die Dinge komplizierter und gibt es Anomalien, die zu neuen Einsichten führen. Wie wir schon wissen, entfernen sich nach dem Hubble-Gesetz die Galaxien voneinander. Aber es gibt Ausnahmen: Unsere Nachbargalaxie, der 2 Millionen Lichtjahre entfernte Andromeda-Nebel, *nähert* sich uns (und das mit einer Geschwindigkeit von 50 km in der Sekunde). Den theoretischen Annahmen zufolge müßte sich unser Nachbar aber genau umgekehrt mit dieser Geschwindigkeit von uns *entfernen*. Außer der Gravitation kann es keinen anderen Grund geben, der diese Annäherung verursacht. Nun sind aber die (bisher festgestellten) Massen der Sterne beider Galaxien nicht groß genug, um bei diesen Entfernungen von 2 Millionen Lichtjahren den Hubble-Effekt der normalerweise vorliegenden *Ex*pansion auszubremsen und sich in der Gegenrichtung zu bewegen. Die heutige Erklärung der Physik: Es gibt nicht nur sichtbare, sondern auch unsichtbare Materie, sog. Schattenmaterie, welche hier die zusätzliche Anziehungskraft erzeugt und das Hubble-Gesetz lokal außer Kraft setzt. Schattenmaterie heißt, daß diese Materie nicht mit Photonen wechselwirkt und aus diesem Grund nicht sichtbar ist. Und die Physik nimmt an, daß es im Universum viel mehr unsichtbare als sichtbare Materie gibt (im Fall des Andromeda-Nebels sind mindestens 9/10tel seiner Masse unsichtbar).

Außerdem gibt es Gründe, die Rotverschiebung nicht als *zwingenden* Beweis für die *Ex*pansion des Universums anzuerkennen.

Hubble selbst hat die Möglichkeit nicht ausgeschlossen, daß auf dem langen Weg durch die Weiten des Raumes eine „Ermüdung" des Lichtes eintreten könnte, indem es unterwegs mit anderen Teilchen zusammenstößt und *deshalb* eine Abnahme der Frequenz zeigt. Und noch etwas kann den Effekt der Rotverschiebung hervorrufen: Extrem starke Gravitationsfelder von hochkonzentrierten Massen. Und eine letzte alternative Erklärungsmöglichkeit: Anstatt mit der Expansion, könnte die Rotverschiebung mit einer Veränderung der Werte der Naturkonstanten (z. B. des Planckschen Wirkungsquantums) im Zusammenhang stehen (dann wäre auf der Erde eine Rotverschiebung festellbar, obwohl die Sterne stillstehen). Wir sehen also auch hier wieder: Die von den Naturwissenschaften erwartete absolute Sicherheit des Wissens kann sie nicht liefern. Nicht nur gibt es unterschiedliche Modelle (z. B. Urknall- und Pulsationsmodell), sondern auch innerhalb der Modelle unterschiedliche Deutungen.

So soll kurz noch eine Theorievariante erwähnt werden, die den ersten Augenblick des Urknalls betrifft: Die „Inflationstheorie" von Alan Guth. Auch diese Theorie geht davon aus, daß unser riesiges Universum aus etwas unvorstellbar Kleinem entstanden ist. Während das o. g. kosmologische Standardmodell jedoch annimmt, daß die gesamte zur Zeit existierende Materie schon im ersten Moment des Urknalls vorhanden war (eben nur mit der schon genannten extremen Verdichtung auf den Punktraum der kosmischen Singularität), wird im Modell der Inflationstheorie am Beginn des Urknalls nur eine Materie von etwa 10 Kilo Gewicht benötigt. Im nachfolgenden Bruchteil einer Sekunde bläht es sich nach Guth dann auf und produziert in einem kurzen Augenblick die gesamte Materie des gesamten Universums. Die Inflationstheorie ist schwieriger als die Standardtheorie (z. B. unter der Frage nach ihrer Verträglichkeit mit dem Satz von der Erhaltung der Energie), sollte aber zumindest erwähnt werden; denn sie nimmt an Bedeutung zu und könnte bald zur herrschenden Lehre über die Entstehung des Weltalls werden.

Endlich oder unendlich?

Lassen wir jetzt die schwierige (und vielleicht nie sicher zu beantwortende) Frage nach dem Anfang der Welt beiseite und wenden uns dem jetzigen Zustand des Kosmos und der Frage nach seinen Ausmaßen zu. Ist er endlich oder unendlich, sind wir in dem riesigen Weltall alleine oder gibt es Mitbewohner? Was ist *hinter* dem Ereignishorizont, hinter der äußersten Grenze des expandierenden Alls – also da, wo es keine Sterne oder sonstige Materie mehr gibt? Mit dem Versuch, diese Fragen zu beantworten, ergibt sich wieder eine gute Gelegenheit, das neue Denken der Relativitätstheorie zu verstehen.

Aus der Alltagsperspektive ist die Vorstellung von einem unendlichen Universum überraschenderweise einfacher nachvollziehbar als die von einem endlichen Universum. Bei der Annahme von der räumlichen Endlichkeit stellt sich nämlich hartnäckig die Frage: Was ist hinter seiner Grenze? Bei der Annahme von der Unendlichkeit dagegen ergibt sich die Erklärung intuitiv: Es geht einfach immer weiter – nur wissen wir nicht genau, wie. Und außerdem: Der intuitiv leichtere Zugang zur Vorstellung der Unendlichkeit des *Raumes* (es geht eben einfach immer weiter) ist verträglich mit der Vorstellung von der Endlichkeit der *Materie*: Hinter dem Ereignishorizont gibt es zwar keine Materie, aber immer noch Raum, leeren Raum eben – und insofern könnte das Universum selbst bei einer endlichen Anzahl von Sternen in seiner *Raum*dimension unendlich sein. Die Frage „Was ist hinter dem Raum der Sterne?" ist für das Alltagsdenken also nicht nur naheliegend, sondern auch beantwortbar: der leere Raum nämlich.

Aber Vorsicht! Bestehen wir in dieser naiven Weise auf der Hypothese von der Unendlichkeit des Raumes, geraten wir in einen logischen Widerspruch zur Urknalltheorie: Ist der Raum unendlich, kann er sich nicht ausdehnen – was die Urknalltheorie aber annimmt. Logisch verträglich mit der herrschenden Lehre von der Expansion ist nur die Annahme, daß sich das Sternenall *ins* Unendliche, aber nicht *im* Unendlichen ausdehnt. Und was unsere Schwierigkeit mit der Endlichkeitsannahme betrifft: Die Frage ist, ob die Frage „Was ist hinter dem Ereignishorizont?" überhaupt sinnvoll gestellt werden kann. Nach Einsteins Relativitätstheorie ist die Frage jedenfalls physikalisch sinnlos. Wieso? Nach Einstein haben nicht nur die beobachtbaren Objekte (z. B. die Sterne), sondern der Raum selbst hat (wie die Zeit) *physikalische* Realität. Das können wir noch nachvollziehen: So wie der Raum eines Zimmers real ist (sonst könnten wir keine Möbel in ihm aufstellen). Aber schon im nächsten Schritt versagt die Analogie zum Alltagsmodell. *Physikalische* Realität des Raumes im Sinne der Relativitätstheorie heißt nämlich, daß der Raum das Verhalten der beobachtbaren Objekte kausal beeinflußt. Objekte sind also nicht nur *im* Raum, sondern werden *durch* ihn bestimmt.

Hier beginnen wir zu zögern, weil uns Erfahrungen dieser Art fehlen. Im Gegenteil: Wenn wir durch den Raum gehen, werden wir vom geradlinigen Weg dann und nur dann abgebracht, wenn *wir* die Wegänderung wollen oder wenn handfeste physische *Hindernisse* auftreten: Gegenstände, die wir umgehen müssen, Steigungen, zu denen ein Berg nötigt etc. – aber niemals ist es der Raum selbst, der die Wegabweichung verursacht. Unter diesen Erfahrungen des Alltags hat der berühmte Mathematiker Euklid im Jahre 300 v. Chr. in Alexandria das sogenannte Parallelenaxiom aufgestellt: Wenn zwei Geraden an einer Stelle im Raum parallel zueinander verlaufen, so bleiben sie für immer parallel, d. h. sie können sich im Raum niemals schneiden. Auch Euklids Denken war von einer Raumvorstellung bestimmt, nach der dieser keinen kausalen Einfluß auf die Geraden ausüben kann. Das erscheint zwingend. Aber wieder einmal ist es so, daß weder Plausibilität noch Übereinstimmung zwischen traditioneller Wissenschaft und Alltag automatisch Wahrheit verbürgen. Da nach Einstein der Raum selbst physikalisch ist und deshalb physikalisch auf Körper *wirkt*, stimmt das Parallelenaxiom Euklids als *universelles* Postulat nicht. Einsteins Raum hat eine physikalische *Struktur*, die Objekte beeinflußt und ihrerseits von Objekten beeinflußt werden kann (der Raum ist wie die Zeit sowohl Operator wie auch Operand) – und ist an vielen Stellen eher mit einem Gebirge als mit einem leeren Behälter vergleichbar. Und die Inhomogenität seiner Struktur führt dazu, daß zu einem bestimmten Zeitpunkt parallele Geraden nicht für alle Zeiten parallel bleiben: Sie können sich schneiden, aber ebenso auseinanderlaufen.

Belegen und präzisieren kann man dieses Raummodell in Anlehnung an ein Beispiel aus Einsteins Allgemeiner Relativitätstheorie. Die Annahme: Zwei Lichtstrahlen von zwei Sternen durchstreifen den Weltraum, weit auseinander, aber parallel. So bewegen sie sich viele Jahre durch den leeren Raum. Dann kommt der eine von beiden in die Nähe unserer Sonne, und dann passiert's: Euklids Parallelenaxiom ist passé. Welche physikalischen Effekte treten beim Vorbeiflug des Lichtes an der Sonne nämlich auf? Es ist ganz einfach: Die Bausteine des Lichtstrahls (die Photonen) werden aufgrund der Anziehungskraft der Sonne von ihrem vorher geradlinigen Weg etwas abgebracht und zur Sonne hin abgebogen. Der andere, von der Sonne weiter entfernte Lichtstrahl bleibt dagegen auf seinem geradlinigen Weg – die Parallelität ist zerstört. Das können wir nachvollziehen. Nur: Was hat diese Ablenkung mit der kausalen Wirkung des *Raumes* zu tun? Sie hat! Die Erklärung der Wegabweichung des Lichtes durch die Anziehungskraft der Sonne ist nämlich nur die eine Hälfte der Wahrheit. Die andere Hälfte der Ablenkung wird nämlich nach Einstein „durch die von der Sonne herrührende geometrische Modifikation („Krümmung") des Raumes erzeugt" (die Berechnung der Ablenkung wird mit der Formel $\alpha = 1,7$ sek/Δ vorgenommen). Nicht nur die Sonne, sondern der Raum *selbst* wird also zum Hindernis für die geradlinige Ausbreitung des Lichtes (es gerät in der Nähe großer Massen in das „Gebirge" des Raumes, in unwegsames Gelände sozusagen). Das Licht folgt also der Krümmung des Raumes (genauer: der Raum-Zeit). Und die Wirkung des Raumes gilt nicht nur für das leichte Licht, sondern ebenso für schwere Körper. Genauso muß man nämlich den Flug der Erde um die Sonne verstehen: Die Erde folgt der Krümmung der Raum-Zeit, d. h. ihre Bahn *ist* die Krümmung der Raum-Zeit. Entscheidend ist: Der Raum hat nach Einstein tatsächlich eine physikalische (und nicht nur eine mathematische) Realität.

Nun wissen wir, daß Raum real (und inhomogen) und nicht nur gedacht ist. Um nun die Ausgangsfrage nach dem räumlichen Ende des Weltalls beantworten zu können, müssen wir wissen, unter welchen Bedingungen die *physikalische* Realität des Raumes überhaupt entstehen kann. Nach Einstein existiert Raum nur dort, wo es Gravitation gibt (in einem gewissen Sinne ist beides identisch) – und Gravitation gibt es nur dort, wo es Materie gibt, d. h. Raum minus Materie ist nach Einstein nicht leerer Raum, sondern buchstäblich nichts, also nicht einmal reiner Raum. Wollen wir Einsteins neue Gedanken verstehen, müssen wir aufhören, unsere Alltagsvorstellung vom Zimmerraum in den Weltraum zu übertragen. Wir sind daran gewöhnt, zwischen den Dingen, die wir sehen, und dem Raum, in dem sie sich befinden, absolut zu trennen, keine kausale Verbindung herzustellen. Wie schon gesagt, die Grundvorstellung vom Raum verknüpfen wir intuitiv mit der Hilfsvorstellung von einem Zimmer, mit allen Konsequenzen, die diese Verbindung hat. Deshalb erscheint uns Einsteins Modell des Raumes so fremd. Unsere Erfahrung: Entfernen wir z. B. die Möbel aus einem Zimmer, bleibt der Raum, wenn auch ein leerer, zurück. Unser Fehler: Wir übertragen diese Erfahrung in den Weltraum: Wird alles aus ihm entfernt (Sterne, Energie), bleibt der leere Raum zurück. Diese fest gefügte Alltagsvorstellung vom Raum läßt sich aber in Einsteins Denken nicht bestätigen. Und Einsteins Denken ist auch in diesem Punkt nicht nur Denken geblieben, sondern längst empirisch bestätigt: Bei einer Sonnenfinsternis konnte die Lichtablenkung an der Sonne gemäß seinem Modell nachgewiesen werden. Umdenken ist also angesagt! Dann wird auch klar: Die Anfangsfrage nach dem Raum „*hinter*" dem sternengefüllten Weltall ist physikalisch sinnlos – eben weil es Raum nur dort geben kann, wo es Materie/Energie gibt. Es ist also nicht so, daß die Physik die Frage nach dem Raum *hinter* dem Ereignishorizont aufgrund fehlenden Wissens nicht beantworten kann, sondern die Frage selbst ist sinnlos geworden – sie kann physikalisch nicht nur nicht beantwortet, sondern nicht einmal gestellt werden.

Aber selbst unter dieser Beschränkung und unter der Annahme

seiner Endlichkeit ist der Raum des Universums kaum vorstellbar groß: Hunderte von Milliarden von Galaxien mit jeweils Hunderten von Milliarden von Sternen, die hunderte oder Milliarden von Lichtjahren entfernt sind, benötigen einen Raum, der auch unterhalb der Unendlichkeit noch überwältigend groß ist. Selbst in der im kosmischen Maßstab gesehen kleinen Entfernung unserer Nachbargalaxie verlieren sich die konkreten Vorstellungen von Distanzen dieser Größe: Der Andromeda-Nebel ist 2 Millionen Lichtjahre von uns entfernt. Sein Licht benötigt also 2 Millionen Jahre bis zur Ankunft auf der Erde. Lichtjahre sind vorstellbar, aber bei ihrer Umrechnung in Kilometer verliert sich die konkrete Vorstellungskraft: *Ein* Lichtjahr beträgt 9460000000000 Kilometer. Diese Zahl mal 2.000.000 ergibt dann die Kilometerentfernung zwischen der Erde und dem vergleichsweise nahen Andromedanebel: 18920000000000000000 Kilometer. Ganz schön weit also! Und dann erst das Weltall als Ganzes!

Die Außerirdischen

Und in dieser riesigen Weite von vielen Milliarden Lichtjahren sollen wir alleine sein?! Der Raketenbauer Wernher von Braun hat schon in den sechziger Jahren die Frage mit klarem „Nein" beantwortet. Allerdings stellte er etwas in Frage: Nicht daß es *andere* Intelligenzen gibt, wohl aber, daß *wir* intelligent genug sind, das Überleben auf der Erde so lange zu sichern, bis es technisch möglich ist, mit den Anderen Kontakt aufzunehmen. Daß es diese Anderen gibt, daran zweifelt kaum jemand, auch nicht von offizieller Stelle. So wurde 1972 die Weltraumsonde Pioneer II mit einer Fülle verschiedener Informationen auf eine weite Reise ins All geschickt: Mit logischen Formeln, Symphonien von Beethoven und Gesang von Buckelwalen. Die Sonde hat unser Planetensystem längst verlassen und dringt immer weiter ins Weltall vor. Man hofft, daß die Botschaften irgendwann von anderen Intelligenzen aufgenommen, verstanden und beantwortet werden. Genau diese Aufgabe der Kontaktaufnahme hatte auch ein Projekt der Nasa, das 1992 unter dem Namen „Seti" (Search for Extra-Terristrial-Intelligence) begonnen wurde. Aus Geldmangel bei der Nasa eingestellt, wird es inzwischen unter dem Namen „Phoenix" und privat finanziert weitergeführt. Die Experten des Projektes halten es für möglich, daß es schon in unserer – mittelmäßig großen – Galaxie mit ihren 100 Milliarden Sternen viele Hochkulturen geben kann.

Nun ist die Anzahl der Sterne das eine, die besonderen Bedingungen, unter denen Leben und damit Intelligenz erst entstehen können, das andere. Die Bedingungen für Leben sind von der Erde bekannt: Eine bestimmte Temperatur, Kohlenstoff, Wasserstoff, Sauerstoff etc. Ebenso eine ganz bestimmte Masse: Wäre die Masse unserer Erde kleiner, hätte sie weniger Anziehungskraft. Die Folge: Sie könnte z. B. die lebensnotwendige Luft nicht binden. Und wäre ihre Masse wesentlich geringer, so würde nicht nur die Luft, sondern wir selbst würden in den Weltraum entschwinden. Wäre ihre Masse dagegen größer, wäre Fortbewegung auf ihr nur noch mühsam oder gar nicht mehr möglich. Höchst anspruchsvolle Voraussetzungen also.

Aber die Experten sind überzeugt, daß diese Bedingungen nicht nur auf der Erde erfüllt sind. Die Frage ist nur: Wie erhält man bei den riesigen Entfernungen Kenntnis von den Anderen?! Die Annahme gilt, daß der Abstand zwischen uns und anderen Hochkulturen mindestens 100 Lichtjahre beträgt. Wenn man bedenkt, daß eine Rakete mit den heutigen Triebwerken schon zum „nur" vier Lichtjahre entfernten Stern Alpha Centauri ca. 40.000 Jahre unterwegs wäre, werden diese Kontaktformen zur Illusion. Schnellere Fortbewegung ist technisch möglich, aber sie bleibt unterhalb einer Geschwindigkeit, die den gigantischen Entfernungen angemessen wäre. Und auch die Zukunft wird hier nicht helfen: Daß größere Massen (wie eine Rakete oder unser Körper) irgendwann einmal auf Lichtgeschwindigkeit beschleunigt werden könnten, ist auszuschließen: Nach der Relativitätstheorie würden nämlich die Massen der Raketen und Körper kurz vor Erreichen der Lichtgeschwindigkeit so groß, daß sie nicht mehr weiter beschleunigt werden könnten. Und selbst wenn keine Raketen oder Sonden, sondern mit Lichtgeschwindigkeit sich fortpflanzende Signale in den Weltraum gesendet werden und die Schätzung stimmt, daß die nächste Hochkultur sich in einem Abstand von wenigstens 100 Lichtjahren von uns befindet, käme die Antwort *frühestens* nach 200 Jahren (100 Jahre hin, 100 Jahre zurück) – *wenn* die Botschaft ankommt, *als* Botschaft erkannt und *entschlüsselt* wird (vielleicht gibt es ja auf anderen Sternen keine Buckelwale). Und makroskopische Objekte wie unseren Körper durch die schon genannten „Wurmlöcher" zu schleusen, steht völlig außerhalb seriöser physikalischer Möglichkeiten (wenn denn der Effekt überhaupt erzielt werden kann, dann allenfalls bei Elementarteilchen und nicht bei komplexen Körpern). Auch wenn die bisherigen technischen Möglichkeiten zur Kontaktaufnahme also noch sehr beschränkt sind (nur Science-Fiction-Autoren wissen schon die Lösung), so regt schon die wissenschaftlich kontrollierte Vorstellung von der großen Wahrscheinlichkeit der Existenz anderer Intelligenzen ein neues Verhältnis zum Universum an: In die schön-schaurige Kälte seiner nachtfunkelnden Ästhetik mischt sich ein Gefühl der Verbundenheit mit ihm: Seine physikalischen Eigenschaften ermöglichen nicht nur unser, sondern auch Anderer Leben. Wir haben mit hoher Wahrscheinlichkeit Bundesgenossen da draußen, nur fehlen uns noch die technischen Mittel zur Kontaktaufnahme. Es ist kaum etwas Spannenderes zu denken als eine Verbindung zu ihnen – ob ihre aufwendige Herstellung das Wichtigste ist, was derzeit zu tun wäre, steht auf einem anderen Blatt.

Soweit ein paar grundlegende theoretische Ausführungen zur modernen Physik. Jetzt wollen wir aus einigen der erörterten physikalischen Annahmen an konkreten Beispielen Konsequenzen ziehen, an Beispielen, die dem Alltagsleben entstammen und uns deshalb vertraut sind. Letztendlich entsteht die Vertrautheit durch die Sicherheit der Sinneserfahrung: Was man mit eigenen Augen gesehen hat, kann nicht in Frage gestellt werden. Wir werden sehen! Das Ziel: In der Erklärung der Beispiele soll das

Grundverständnis der genannten epochalen Theorien weiter vertieft werden, Theorien, die das moderne Weltbild entscheidend geprägt haben. Die Beispiele sollen außerdem ein kleiner Test dafür sein, ob wir die großen Theorien nicht nur abstrakt verstanden haben, sondern ob wir sie selbst in einer Erklärungsfunktion anwenden können. Solche Theorien, die das große Wissen der Menschheit repräsentieren, gehören nicht nur in die Köpfe von Experten, sondern in die Köpfe aller Bürger. Teilhaben am großen Wissen der Menschheit ist Bürgerpflicht, jedenfalls in einer Informationsgesellschaft. Warum wir auf Weltbildwissen zielen und dennoch in den Alltag zurückkehren, hat einen einfachen Grund: Die Welt beginnt nicht erst im Weltall.

Aus der Kosmologie wissen wir, daß Licht eine entscheidende Informationsquelle für die Erkenntnis der Welt ist. So können aus dem Licht eines Sternes seine Größe, sein Alter, seine Entfernung, sogar seine Zusammensetzung abgeleitet werden, und Entfernungen werden in Lichtjahren gemessen. Da unser Alltagsleben nicht minder zur Welt gehört wie die Quasare am Rande von ihr, werden Beispiele am Anfang stehen, die zeigen, daß die physikalischen Eigenschaften des Lichtes nicht nur für Physiker, sondern für jedermann von Interesse sind – dann jedenfalls, wenn wir nicht nur *in* der Welt *leben*, sondern mehr *über* die Welt *wissen* wollen.

Spieglein Spieglein an der Wand

Jeder geht täglich mit Spiegeln um: Bei der Morgentoilette, beim Autofahren, beim Blick in ein Schaufenster etc. Auch in der Literatur spielen sie eine Rolle und haben Symbolwert. Sie stehen für Eitelkeit. Spiegel geben aber auch unverfälscht wieder, was in ihrem Abbildungsbereich erscheint. Nichts kann man ihnen vormachen, sie verbürgen Objektivität in reinster Form. Auch beim Aufbau des Selbstbewußtseins haben Spiegel eine wichtige Funktion und auch dabei, wie festgestellt werden kann, ob jemand es hat. Jedenfalls ist der Spiegel die erste und einfachste Teststufe dafür. Ob ein Organismus nicht nur Bewußtsein, sondern *Selbst*bewußtsein besitzt, ist also durch einen Blick in den Spiegel entscheidbar. Sich in der optischen Dopplung (erfreut oder mit Schrecken) wiederzuerkennen, ist tägliche Erfahrung und erscheint banal. Spiegel haben einfach die physikalische Eigenschaft, alles in ihrem Abbildungsbereich zur getreuen Wiederholung zu bringen, so daß ein Wiedererkennen als selbstverständlich erscheint (nur Vampire können sich nicht in ihm sehen, aber nicht weil ihnen die Fähigkeit zur Selbsterkennung fehlt, sondern weil Spiegel Vampire nicht zur Abbildung bringen – aber das ist ja unphysikalische Phantasiewelt).

So selbstverständlich ist das Wiedererkennen im Spiegel jedoch nicht, seine physikalischen Eigenschaften sind das eine, *sich* in ihm wiederzuerkennen, das andere. Letzteres ist alles andere als banal und setzt Fähigkeiten voraus, über die Menschen nicht von Anfang an und Tiere nur ausnahmsweise verfügen. So ist ein einjähriges Kind nicht in der Lage, sich im Spiegel zu erkennen. Erst etwa ab dem 18. Lebensmonat haben Kinder die Fähigkeit, das Bild als *Ab*bild ihrer *selbst* zu sehen. Davor geht es ihnen wie den Wellensittichen: Beim Blick in den Spiegel bleiben sie sich fremd. Wellensittiche erkennen sich nicht, sondern nehmen einen Artgenossen im Abbild an. Aber woher wissen Verhaltensforscher dies, wo man Tiere nicht danach fragen kann?! Der Beweis ist indirekt: Wellensittiche produzieren während des Schnäbelns mit ihrem Spiegelbild Sexualhormone, die auf eine Paarung vorbereiten; und da Paarung mit sich selbst kein mögliches Verhalten von Wellensittichen ist, liegt der Schluß nahe, daß der Vogel im Spiegel nicht sich selbst, sondern einen Artgenossen sieht. Verhaltensforscher raten deshalb davon ab, in Käfigen mit nur einem Vogel Spiegel anzubringen. Das bringt die Tiere nur unnötig in Fahrt und dann in Streß, wenn der befreiende Akt mangels wirklichem Partner nicht erfolgen kann. Fast allen Tieren geht es so: Sie sehen sich, aber sie erkennen sich nicht. Nur Schimpansen (und Schwertwale und manchmal Gorillas) bestehen den Spiegeltest und zeigen darin, daß sie *Selbst*bewußtsein haben. Um den Nachweis zu führen, werden unterschiedliche

Experimente gemacht. Das Einfachste: Schimpansen werden narkotisiert, erhalten während der Narkose einen Farbklex auf ihre Stirn und nach dem Erwachen einen Spiegel vors Gesicht. Was passiert? Sie greifen ohne Zögern beim Anblick ihres *Spiegel*bildes an ihre *eigene* Stirn – und nicht an die ihres Spiegelbildes (weitere Hinweise: sie untersuchen beim Blick auf ihr Abbild ihren eigenen Körper – öffnen den Mund, betasten ihre Zähne etc.).

So wie der Schimpanse die physikalischen Eigenschaften des Spiegels nutzt, ist er ein Mittel, etwas über sich selbst zu erfahren, also im eigentlichen Wortsinn Selbstbewußtsein zu entwickeln. Das ist seine ursprüngliche sozialpsychologische Funktion: Nach dem Blick in den Spiegel weiß man, wer man ist und wodurch man sich von anderen unterscheidet. Aber Spiegel können auch blenden und das in zweierlei Hinsicht: Erstens durch Einlenkung von Licht in das Auge eines anderen (ein beliebter Streich von Kindern) und zweitens durch Verfremdung der eigenen Person. So werden sie auch für das Gegenteil ihrer ursprünglichen Funktion benutzt, also nicht dafür, sich zu erkennen wie man ist, sondern dafür, sich so zu verändern, wie man sein möchte (durch Schminken, Haarteile, Wonderbras etc.). Diese zweite Funktion der kontrollierten und (mehr oder weniger) gelungenen Schaffung von Illusionen wird von der Marketinggesellschaft ausgiebig genutzt. Wir erinnern uns an ihr Motto: „Mehr Schein als Sein". Aber eines bleibt: Welche der beiden Funktionen von Spiegeln auch immer in Anspruch genommen wird, ob die der bloßen Abbildung von erster Realität oder die ihrer täuschenden Verfremdung, immer bilden sie unter allen Umständen alles ab, was sich in ihrem Abbildungs*bereich* befindet. Das ist täglich bestätigte Erfahrung und kann nicht ernsthaft bestritten werden.

Schauen wir im Spiegel z. B. unser Gesicht an, so bleibt die Abbildung so lange erhalten, wie wir vor ihm stehen. Auch Bewegung auf ihn zu- oder von ihm weg ändert nichts daran, und die Bewegung kann schnell oder langsam sein – es bleibt die mit eigenen Augen beobachtbare Tatsache, daß unser Abbild im Spiegel erscheint. Es verschwindet dann und nur dann, wenn wir aus seinem Abbildungsbereich heraustreten (z. B. zur Seite gehen) oder einen Gegenstand zwischen uns und den Spiegel schieben. Und irgendwie steht das Ganze im Zusammenhang mit dem Licht: In der Dunkelheit verliert der Spiegel nämlich seine Abbildungkraft. Also ist die Abbildung nicht alleine aus den physikalischen Eigenschaften des Spiegels und auch nicht aus seinem Zusammenhang mit demjenigen erklärbar, der ihn benutzt. Irgendetwas passiert *zwischen* Person und Spiegel, und das Licht spielt dabei die entscheidende Rolle. Das wollen wir jetzt physikalisch untersuchen und der Frage nachgehen, ob nicht nur Kleinkinder und Tiere, sondern auch erwachsene Menschen sich unter bestimmten Umständen im Spiegel nicht sehen können.

Einsteins Vampire

Über das Licht, mit dessen Eigenschaften sich Einstein sein ganzes Leben lang befaßt hat, haben wir schon einiges erfahren. Wenden wir dieses Wissen jetzt einmal an! Schon als Jugendlicher hatte sich Einstein die Frage gestellt, was passierte, wenn er auf einem Lichtstrahl reiten würde. Als 16jähriger konnte er die Frage noch nicht beantworten. Aber die Tatsache, daß er sie stellte, verrät, daß er Besonderheiten ahnte. In Anlehnung an Einsteins Frage stellen auch wir uns in einem Gedankenexperiment nun diesen Ritt auf dem Lichtstrahl vor, mit der zusätzlichen Besonderheit, daß wir uns dabei auf einen Spiegel zubewegen. Ziel des Gedankenexperimentes ist, die Richtigkeit unserer Alltagshypothese zu testen. Die Hypothese besagt, daß wir uns unter vier Bedingungen im Spiegel immer sehen: 1. Es ist hell genug. 2. Der Spiegel ist nicht beschädigt. 3. Wir befinden uns im geometrischen Abbildungsbereich des Spiegels. 4. Der Abbildungsbereich zwischen uns und dem Spiegel ist frei. Wann immer diese vier Bedingungen erfüllt sind, können wir uns gemäß Hypothese im Spiegel sehen. Stimmt dies?

Wir nehmen jetzt also an, mit Lichtgeschwindigkeit auf einen Spiegel zuzufliegen (uns interessieren hier nur die *optischen* Effekte, die bei Lichtgeschwindigkeit auftreten). Nicht einmal derjenige, der schon mit 300 km in der *Stunde* im Auto (oder mit 1000 km/h im Flugzeug) gefahren ist, kann sich wirklich *vorstellen*, was es heißt, mit 300.000 km in der *Sekunde* zu fliegen. Aber diese konkrete Vorstellung, d. h. das gedankliche *Empfinden* dieser hohen Geschwindigkeit ist für die Beantwortung der Frage auch nicht erforderlich. Wir brauchen also kein Wissen über *unser* Geschwindigkeitsgefühl, sondern ausschließlich Wissen über die physikalischen Eigenschaften des *Lichtes*. Bisher bleiben wir jedenfalls bei der Alltagshypothese, deren Geltung unabhängig von der Geschwindigkeit des zur Abbildung anstehenden Objektes verteidigt werden soll: So wie sich unter der Abbildungsfunktion im Spiegel nichts ändert, wenn ich meinen Körper von einer stehenden Position in eine Gehbewegung verändere, so ändert sich auch dann nichts, wenn ich von der Gehbewegung auf Lichtgeschwindigkeit beschleunige: Wir sehen uns auch dann noch. Was wir allenfalls aufgrund der extrem hohen Geschwindigkeit erwarten, ist eine Verzerrung oder Unschärfe der Abbildung (analog zur Wahrnehmung naher Gegenstände aus einem schnell fahrenden Zug heraus) – aber wie unscharf auch immer: Es bleibt während der Verweildauer im Abbildungsbereich des Spiegels die Abbildung erhalten.

So sicher wir uns darin auch sind, die Annahme ist falsch – und zwar grundfalsch. Wieder einmal haben wir – wie schon zuvor bei Zeit und Raum – den Fehler gemacht, Alltagserfahrungen in andere Bereiche unkritisch zu übertragen. Was haben wir falsch gemacht? Wenn wir Einsteins Theorie richtig verstanden haben, sind wir auf der Grundlage dieses Wissens selbst in der Lage, die Korrektur der Alltagshypothese vorzunehmen. Was passiert also tatsächlich bei unserem Ritt auf dem Lichtstrahl? Es ereignet sich etwas völlig Unerwartetes: der „Vampireffekt" tritt ein (den wir kurz zuvor noch in die Phantasiewelt verwiesen haben). Wer nämlich mit Lichtgeschwindigkeit auf einen Spiegel zurast, kann sich nicht in ihm sehen (und kann auch von anderen im Spiegel nicht gesehen werden) – weder in klarer noch in unscharfer Form und unabhängig davon, wie nahe der Lichtstrahlreiter sich jeweils vor dem Spiegel befindet. Wichtig ist: Wir sehen uns nicht nur nicht, sondern es findet objektiv keine Abbildung statt. Die Abbildung als solche ist *physikalisch unmöglich*. Und der Grund sind nicht Beeinträchtigungen der Sehleistung wegen der hohen Geschwindigkeit (wir könnten im Schwindelgefühl die Augen schließen o. ä.), nein, der Grund liegt ausschließlich in der *begrenzten* Ausbreitungsgeschwindigkeit des Lichtes.

Hier beginnen wieder Verständnisschwierigkeiten. Wir verstehen, daß Licht mit seinen 300.000 km/s zwar sehr schnell, aber eben doch nicht unendlich schnell ist. Aber was hat diese Begrenzung damit zu tun, daß bei Lichtgeschwindigkeit kein Abbild im Spiegel entsteht und nicht entstehen kann?! Um diesen Effekt besser zu verstehen, benötigen wir etwas Grundinformation über den Prozeß der Wahrnehmung – und zwar *jeder* Wahrnehmung, also unabhängig von der Geschwindigkeit, mit der sich Beobachter jeweils bewegen. Zunächst müssen wir begreifen: Sichtbare Objekte sehen wir deshalb, weil sie entweder selbst Licht aussenden (wie z. B. die Sonne) oder fremdes Licht reflektieren (wie z. B. unser Körper und auch sonst das meiste auf der Erde). Diese heute allgemein anerkannte Theorie war einmal umstritten und im klassischen Griechenland die Auffassung einer kleinen Minderheit. So gingen die führenden Köpfe dieser Zeit (Platon, Aristoteles und Euklid) davon aus, daß wir sehen, nicht weil die *Objekte*, sondern weil die *Augen* Licht aussenden. Richtig aber ist: Die Objekte und nicht die Augen senden oder reflektieren Licht, und erst *nachdem* die Objekte Licht emittiert oder reflektiert haben, sehen wir sie. Wichtig ist: Obwohl es subjektiv von jedermann so empfunden wird, wir sehen nicht direkt die Objekte selbst, sondern nur Lichtteilchen (Photonen), die von ihnen zu unseren Augen gelangen (und auch das ist nur der erste Schritt zur Wahrheit, wie das Kapitel über die Neurophysiologie des Gehirns noch zeigen wird). Die Astronomie hat hierfür schon tausendfach den Beweis erbracht: Es werden Sterne am Himmel beobachtet, die zum Zeitpunkt der Beobachtung längst schon erloschen sind. Und immer noch glauben wir, nicht das Licht der Sterne, sondern diese selbst zu sehen – was aber nicht sein kann, wenn sie zum Zeitpunkt der Beobachtung schon nicht mehr existieren.

Wie unser Gehirn aus Licht Gestalt erzeugt, dazu später mehr, und nun zurück zu unserem Spiegelexperiment.

Die Erkenntnis von der Raumdurchflutung des Lichts hier angewendet heißt dann: Es gibt keinen *direkten* Bezug zwischen unserem Gesicht im Spiegel und unserer Wahrnehmung desselben, sondern dazwischen geschieht ein realer physikalischer Prozeß, der Raum und Zeit benötigt: Unabhängig davon, wie nah oder wie weit wir vom Spiegel entfernt sind, wir sehen unser Gesicht nur deshalb und nur dann, wenn Lichtteilchen (Photonen) von einer anderen Lichtquelle (natürliches oder künstliches Licht) auf unser Gesicht treffen, von dort reflektiert werden, dann zum Spiegel und schließlich vom Spiegel zurück zur Netzhaut unseres Auges gelangen – wenn die Lichtteilchen also die räumliche Distanz zwischen uns und dem Spiegel zweimal (hin und zurück) überwunden haben. Jetzt müssen wir in der Lage sein, zu verstehen, warum es physikalisch unmöglich ist, sich im Spiegel zu sehen, wenn man sich mit Lichtgeschwindigkeit auf ihn zubewegt. Die Erklärung: Der Effekt der Abbildung des Gesichtes und seine Wahrnehmung im Spiegel funktionieren dann und nur dann, wenn die Eigengeschwindigkeit des Gesichtes kleiner ist als die Geschwindigkeit der Lichtteilchen, die von ihm in Richtung Spiegel fliegen. Im täglichen Leben ist dies der Fall, und deshalb sehen wir uns immer beim Blick in den Spiegel. Die Abbildung erlischt jedoch, sobald unsere eigene Ausbreitungsgeschwindigkeit 300.000 km/s erreicht; denn dann fliegen wir so schnell wie das Licht und kommen gleichzeitig mit ihm an der Spiegelfläche an. So bleibt nach dem Auftreffen auf dem Spiegel keine Zeit mehr, die Information an unser Auge zu übertragen. Zur Wiederholung: Der Effekt, daß wir uns nicht sehen, tritt unabhängig davon ein, wie weit oder wie nahe wir dem Spiegel gekommen sind – auch wenn wir nur 10 cm von ihm entfernt sind, bei 300.000 km/s sehen wir uns auch dann nicht – der Vampireffekt tritt ein.

Auf dem Hintergrund dieses Wissens, daß jeder bewußten Wahrnehmung ein physikalischer Prozeß in Raum und Zeit *vor*ausgeht, müssen wir abschließend noch eine Aussage von vorher präzisieren. Es wurde angenommen, daß die Abbildung im Spiegel z. B. auch dann erlischt, wenn ein Hindernis den Abbildungsbereich des Spiegels stört. Diese Begründung ist zu ungenau. Richtig ist: Nicht weil z. B. eine *Wand* zwischen uns und den Spiegel geschoben wird, sehen wir uns nicht mehr, sondern wegen eines Unvermögens der *Photonen*, ihres Unvermögens nämlich, die Wand zu durchdringen.

Kein Blickkontakt zur Sonne

Wiederum geht es um die physikalischen Eigenschaften des Lichtes und deren Konsequenzen. Dieses Mal bewegen wir uns nicht, sondern sitzen still da – und beobachten den Sonnenuntergang. Die Sonne sinkt und steht glutrot über dem Horizont. Von der Ästhetik des Eindrucks ist jeder trotz der Einfachheit des Vorgangs immer wieder ergriffen – aber physikalisch erscheint nichts verwunderlich beim Anblick der untergehenden Sonne. Und was die Position der Sonne betrifft, so lehrt die Alltagserfahrung: Beobachtungsobjekte befinden sich räumlich immer an der Stelle, an der wir sie sehen. Sehe ich z. B. einen Baum vor mir, dann befindet er sich im Augenblick der Beobachtung auch tatsächlich an eben dieser Stelle im Raum. Auch bei sich bewegenden Objekten (z. B. fahrende Autos) ändert sich nichts daran. So felsenfest wir auch davon wieder überzeugt sind, stimmt diese Annahme über räumliche Positionen von bewegten Objekten wirklich? Steht die Sonne also tatsächlich an der Stelle am Himmel, an der wir sie jeweils sehen?

Wieder einmal ist unsere Alltagsvorstellung trügerisch. Die Wahrheit ist eine ganz andere: Die dicht über dem Horizont stehende Sonne, die unser *Auge* noch sieht, ist in der physikalischen *Wirklichkeit* schon hinter dem Horizont verschwunden. So sehen wir etwas, nämlich die Sonne, die es an dieser Stelle, an der wir sie sehen, nicht mehr gibt. Warum? Auf dem Hintergrund des früher erarbeiteten Wissens über die physikalischen Eigenschaften des Lichtes und über den Prozeß der Wahrnehmung müßten wir die Antwort schon geben können. Wir wollen es also selbst versuchen! Noch einmal die Frage: Wie kann die Sonne schon hinter dem Horizont verschwunden sein, wenn sie noch über ihm zu sehen ist? Vor dem Weiterlesen möge jeder die Antwort jetzt selbst geben!

Und hier die Erklärung zur kontrollierenden Bestätigung. Wiederum sind es die besonderen Eigenschaften des Lichtes, welche die Überraschung bringen. Wir wissen schon, daß sich Licht mit 300.000 km/s ausbreitet, schneller kann weder das Licht selbst noch sonst ein Signal sein. Licht ist so schnell, daß es von nichts in der Welt überholt werden kann – aber nicht schnell genug, um die Entfernung zwischen der Sonne und der Erde, nämlich 150 Millionen Kilometer, so schnell zu überbrücken, daß wir die Sonne immer an der Stelle sehen, an der sie sich tatsächlich befindet. Um diese Übereinstimmung zwischen der *Wahrnehmung* der Sonne und ihrer *tatsächlichen* räumlichen Position zu erreichen, müßte das Licht *unendlich* schnell sein, d. h. die Ortsdifferenz zwischen Sonne und Erde *ohne* Zeit durchqueren. Da Licht also zwar eine kaum vorstellbar hohe, aber eben doch *begrenzte* Ausbreitungsgeschwindigkeit besitzt, benötigt es etwa 8 1/2 Minuten Zeit von der Sonne bis zur Netzhaut unseres Auges. Und da sich die Erde während der Übertragung der Sonnenstrahlen *bewegt* (Effekt: Die Sonne verändert ihre räumliche Position im Verhältnis zur Erde), ist unsere Wahrnehmung des Gestirns immer 8 1/2 Minuten im Verzug (die Zeitdifferenz ist etwas größer, da zusätzlich z. B. die verzögernde Wirkung der Lichtkrümmung in der Luft, die atmosphärische Refraktion, zu berücksichtigen ist). Also: Wegen der Zeit, die es dauert, bis das Licht der Sonne die Erde erreicht, sehen wir sie im Verhältnis zur Erde immer nur an der Stelle im Raum, an der sie im Augenblick der *Abstrahlung* des Lichtes von ihrer Oberfläche war – und nicht an der Stelle, an der sie sich im Augenblick der *Ankunft* des Lichtes auf der Erde befindet. Die Relativitätstheorie nennt dies „Vergangenheitslichtkegel". So müssen wir immer eine *Rück*datierung der beobachteten Position vornehmen, im Falle der Sonne um 8 1/2 Minuten.

Verallgemeinert: Der Blick in die (nahe oder ferne) Welt ist, entgegen unserem Alltagsverständnis, immer ein Blick in ihre *Vergangenheit*.

Der Vergangenheitslichtkegel der Relativitätstheorie gilt ebenso beim umgekehrten Vorgang, d. h. wenn die Sonne nicht unter-, sondern aufgeht. Dann ereignet sich folgendes: Steht sie tatsächlich knapp *über* dem Horizont, ist also ihre räumliche Position schon im geometrischen Aufnahmebereich unseres Auges, so können wir sie dennoch nicht sehen – eben weil das Licht auch beim Sonnen*auf*gang 8 1/2 Minuten bis zur Erde benötigt, so daß unsere Wahrnehmung auch hier wieder 8 1/2 Minuten im Verzug ist. Die Sonne steht schon über dem Horizont, aber wir können sie noch nicht sehen. Aus den Grenzen dieses Vergangenheitslichtkegels kann sich unsere Wahrnehmung *niemals* befreien, weil Photonen *immer* Zeit benötigen, bis sie vom Objekt der Beobachtung das Auge erreichen. Diese dramatische philosophische Konsequenz, daß sich Bewußtsein immer in einer *vergangenen* Welt bewegt, würde nur dann entfallen, wenn wir Kenntnis von ihr durch Signale erhielten, die sich *unendlich* schnell, also ohne daß Zeit vergeht, ausbreiten.

Nun wissen wir schon, daß die Physik seit Jahren über Teilchen theoretisiert, die schneller als das Licht sind (Tachyonen). Angenommen, es gäbe sie – das Bewußtseinsproblem des *Vergangenheits*kegels der Welt würden sie nicht beseitigen, jedenfalls so lange nicht, als sie zwar oberhalb der Lichtgeschwindigkeit, aber unterhalb einer unendlichen Ausbreitungsgeschwindigkeit lägen.

Und je größer der räumliche Abstand zwischen Objekt und Auge ist, desto stärker fällt dieser Effekt der verzögerten Wahrnehmung ins Gewicht. Positiv gewendet: Es gibt ein proportionales Verhältnis zwischen der Entfernung der Objekte und der Reichweite unseres Bewußtseins in die Vergangenheit. Das Besondere: Diese Reichweite des Bewußtseins in die Vergangenheit ist nicht Erinnerung, sondern direkte erste Erfahrung. Zum Beispiel beim Blick in den sternenklaren Nachthimmel. Stellen wir uns vor: Wir blicken durch ein astronomisches Fernrohr zum Sternbild des großen Hundes, in dem der Fixstern Sirius am

Firmament durch seine besonders große Helligkeit auffällt – und das aus einer Entfernung von immerhin 8,8 Lichtjahren. Wann immer wir den Sirius von der Erde aus betrachten, wir sehen immer seine räumliche Position, die er vor 8,8 Jahren hatte – im Vergleich mit der 8 1/2-Minuten-Differenz in unserem Sonnenbeispiel schon ein erheblicher zeitlicher Verzögerungsfaktor. Und nun sehen wir noch weiter in die Tiefe des Weltalls, ganz heraus aus unserer Galaxie in eine andere Milchstraße, noch einmal zu unserer Nachbargalaxie, zum Andromedanebel. Die Rückdatierung des aktuell Beobachteten steigt linear mit der Entfernung der beobachteten Sterne. Wir können seine Schönheit *jetzt* bewundern, aber *was* wir jetzt sehen, z. B. die geometrische Anordnung seiner Sterne, ist sein Zustand zu einem Zeitpunkt, als der Mensch das Licht der Welt noch gar nicht erblickt hatte, nämlich vor 2 Millionen Jahren; denn der Andromedanebel ist ja, wie wir schon wissen, 2.000.000 Lichtjahre von der Erde entfernt. Genauer: In dem Moment, als er das Licht emittierte, das wir jetzt von ihm aufnehmen, *war* er 2.000.000 Lichtjahre von der Erde entfernt (so sehen wir in der *Gegenwart unseres* Wahrnehmungsapparates die *Vergangenheit seines* Zustandes). Wo er sich *jetzt* befindet, welche Struktur er jetzt hat oder ob er überhaupt noch existiert, wissen wir nicht. Daß wir ihn sehen, besagt also nichts darüber, ob er noch existiert. Die Kunde, die sein Licht uns von ihm bringt, hinkt ja zum Zeitpunkt der Beobachtung 2.000.000 Jahre hinter seinem tatsächlichen momentanen Zustand hinterher.

Aber auch bei näher liegenden Sternen wissen wir nicht, ob sie zum Zeitpunkt der Beobachtung noch existieren. Wir sehen sie bzw. ihr Licht noch, aber sie können nach seiner Abstrahlung und vor dem Akt seiner Wahrnehmung z. B. in gewaltigen physikalischen Reaktionen explodiert sein (Supernova) – und damit einen Vorgang ausgelöst haben, dessen tödliche Strahlung mit Lichtgeschwindigkeit auf unsere Erde zurast. Auch wenn das Weltall beim Blick nach oben zur Zeit sehr ruhig und beruhigend schön erscheint, so könnte in der physikalischen Wirklichkeit längst das Gegenteil der Fall sein – explodierende Sterne oder ineinander krachende Galaxien, deren Auswirkungen zeitlich verzögert unsere Erde zerreißen.

Kopf macht Schall schneller

Nun haben wir es bisher bei den genannten Beispielen des Vergangenheitslichtkegels mit sehr großen Entfernungen zu tun – bei unserer Sonne immerhin schon mit 150 Millionen Kilometer. Der Effekt der zeitlichen Verzögerung macht sich aber auch bei viel kleineren, irdischen Distanzen bemerkbar, also bei solchen, die unseren Alltag direkt betreffen, in dem das Beobachtungsfeld in der Regel nur wenige Meter beträgt. Auch hier gilt: Selbst bei der Beobachtung der allernächsten Umgebung sehen wir aus den genannten physikalischen Gründen immer nur die Vergangenheit von ihr, auch wenn der physikalische Effekt und damit der zeitliche Betrag der Verzögerung aufgrund der geringen Distanz und der hohen Geschwindigkeit des Lichtes sehr viel geringer ausfällt. Aber vorhanden ist er *immer* – und fällt gelegentlich auch ins Gewicht.

Vor einem technischen Beispiel darf ich zunächst einmal Erfahrungen aus der frühen Kindheit nennen, als mir zum ersten Mal ein spezieller Unterschied zwischen Auge und Ohr auffiel, der mich überraschte. Gegenüber dem Haus meiner Eltern gab es auf der anderen Rheinseite eine Wiese, die gelegentlich als Weide für Kühe genutzt wurde. Wenn sich dort etwas ereignete (z. B. wenn im Frühjahr die ersten Kühe dorthin getrieben wurden), beobachtete ich das Geschehen mit dem Fernglas. Wenn die Bauern dann z. B. Pflöcke in die Erde trieben, fiel mir folgendes auf: Der Aufschlag des Hammers auf dem Pflock war immer früher zu *sehen* als zu *hören* (als ich den, durch den Aufschlag des Hammers auf den Eisenpflock verursachten, Schall *hörte*, *sah* ich, daß der Hammer schon wieder in der Rückwärtsbewegung war, also schon keinen Kontakt mehr mit der Berührungsfläche des Pflockes hatte, so daß der nächste Schlag vorbereitet werden konnte). Ich versuchte mir diesen Unterschied zu erklären und kam zu folgendem (falschen) Ergebnis: Mit dem Auge sehe ich den Vorgang direkt, während das Ohr auf die Ankunft des Schalls erst warten muß. Natürlich wußte ich nicht, daß hier Photonen zu meinen Augen und Schallwellen zu meinen Ohren unterwegs waren und schon gar nicht, daß erstere sich schneller ausbreiten als letztere (Licht: 300.000 km/s; Schall: 330 m/s). Aber was nachdenklich machte und hängenblieb, war eine erste Ahnung von einem besonderen Unterschied zwischen dem Sehen und dem Hören, der auf eine geheimnisvolle Weise mit der Geschwindigkeit im Zusammenhang stand (den Effekt der unterschiedlichen Wahrnehmungszeiten kennt jeder auch bei Blitz und Donner).

Dieser Unterschied in der Ausbreitungsgeschwindigkeit von Licht und Schall interessiert nun nicht nur neugierige Kinder und forschende Physiker, sondern hat ganz praktische Folgen – z. B. bei der Frage, ob eine Warnanlage mit optischen oder mit akustischen Signalen warnen soll. Schlaumeier wissen es schon: Licht ist von Vorteil. Aufgrund seiner größeren Geschwindigkeit wird bessere Geeignetheit vermutet: Wenn ein Lichtsignal schneller das Auge erreicht als ein akustisches Signal das Ohr, kann der zu Warnende beim Lichtsignal früher auf die Gefahr reagieren. Die Entscheidung ist aber nicht ganz so einfach, wie es auf den ersten Blick scheint. Zwar hat Licht *immer* eine größere Ausbreitungsgeschwindigkeit, es ist aber dennoch – auch unter dem Aspekt der Geschwindigkeit – nicht immer die bessere Lösung. Welche Lösung für die Praxis die bessere ist, hängt nämlich von der Entfernung ab, in der das Warngerät im Verhältnis zu dem, der gewarnt werden soll, plaziert wird. Die Frage nach der *spezifischen* Entfernung stellt sich jetzt deshalb, weil nicht nur die Entfernung zwischen dem Objekt und dem Rezeptor (Auge oder Ohr) zu berücksichtigen ist, sondern zusätzlich die spezifische *Verarbeitung* der optischen und akustischen Signale durch das Gehirn. Abhängig ist die Entscheidung für die akustische oder die optische Lösung von der Entferung zwischen dem Warngerät und demjenigen, den die Signale erreichen sollen, deshalb, weil die Teile des Gehirns, die akustische Signale verarbeiten, ihre Arbeit schneller erledigen als die Teile, die optische Signale verarbeiten. Die Geschwindigkeit des Signals in der Außenwelt ist also *eine* Sache, die Geschwindigkeit des Signals in der Innenwelt unseres Gehirns eine *andere*.

Hierzu gibt es experimentell ermittelte Ergebnisse: Sind optisches und akustisches Warnsystem 10 m von demjenigen entfernt, der gewarnt werden soll, so reagiert der Betreffende auf beide Systeme gleich schnell. Der Neuropsychologe Pöppel nennt dies „Gleichzeitigkeitshorizont". Werden die Warnsysteme dagegen *unter* 10 m Abstand positioniert, reagiert der Betreffende auf das *akustische* Signal schneller, und bei *über* 10 m reagiert er auf das *optische* Signal schneller. Die Erklärung ist einfach: Mit der Veränderung der Distanz zum Warngerät verändert sich das Verhältnis zwischen der Geschwindigkeit der Signalausbreitung vom Warnsystem zum Auge bzw. zum Ohr und der Dauer der jeweiligen Weiterverarbeitung im Gehirn. Wir reagieren also nicht unmittelbar mit dem Auftreffen des Lichtsignals auf die Netzhaut oder des Schalls auf das Trommelfell, sondern erst *nachdem* diese ins Gehirn weitergeleitet, dort bewertet und dann z. B. in Befehle für Muskelkontraktionen (z. B. Weglaufen) umgesetzt wurden. Auf diese Problematik einer gehirnabhängigen und damit subjektiven Erfahrung, welche der vorher genannten zeitlichen Problematik der *äußeren* Welt hinzugerechnet werden muß, kommen wir später bei der Behandlung der Funktionsweise des Gehirns noch einmal zurück.

Schon jetzt steht fest: Mit den bisherigen Ergebnissen über die zeitlichen Verzögerungen des Bewußtseins gerät die gesamte, von Plato inspirierte und von dem Philosophen und Kirchenlehrer Augustinus (gest. 430 n. Chr.) zum Höhepunkt gebrachte Philosophie der Zeit außer Tritt. Gegen die Erkenntnisse der Physik behauptet sie nämlich bis heute, daß in der Wahrnehmung der Welt immer ein Bewußtsein von ihrer *Gegenwart*, von ihrem Jetztzustand entsteht. Daß der *Akt* des Bewußtseins nur in der Gegenwart geschieht, ist richtig, für die *Gegenstände* des Bewußtseins trifft die Gegenwartsbeschränkung zum Zeitpunkt des Bewußtseinsaktes dagegen nicht zu. Das Gegenteil ist richtig: Die über unsere Sinne wahrgenommene Außenwelt ist immer eine Wahrnehmung ihrer *Vergangenheit*. Wir beobachten *jetzt*, aber *was* wir beobachten, ist der Zustand einer *vergangenen* Welt. Wer das bestreitet und dennoch ernst genommen werden will, muß vorher nicht zuletzt Einsteins Relativitätstheorie widerlegen – ein schwieriges Unterfangen.

Energetisch sind wir so alt wie die Welt

Personalausweise dokumentieren und verbürgen das Datum, an dem Menschen geboren wurden – sie weisen jedoch nicht aus, wie alt sie sind. Die Frage nach dem Zeitpunkt der Geburt und die Frage nach dem Alter sind nicht identisch. Wann haben wir also wirklich begonnen zu existieren? Die Antwort hängt wesentlich von der Bedeutung ab, die wir dem Personalpronomen „wir" zuschreiben. „Wir" signalisiert zunächst einmal, daß es nicht um irgendeine Form, sondern um die *personale* Form der Existenz geht. Aber wie geht es weiter? Es ist auch hier wie beim Sonnenuntergang: Eine auf den ersten Blick einfache Frage ist nicht einfach zu beantworten – jedenfalls dann nicht, wenn man der bürokratischen Autorität von Stempeln in Ausweisen nicht die volle Ausschöpfung der auf den zweiten Blick schwierigen Frage überläßt.

Zunächst ist die Frage nach den Dimensionen aufzuschlüsseln, die Menschen haben: eine physikalische, eine biologische, eine psychosoziale und eine geistige Dimension. Je nach Dimension wird die zeitliche Dauer der Existenz ganz unterschiedlich sein. Daß „wir" nicht erst mit dem im Personalausweis eingetragenen Datum beginnen, ist unter der biologischen (und auch psychosozialen) Dimension offensichtlich: Unsere personale Existenz beginnt *vor* der Geburt (im Leib der Mutter). Die Wissenschaft weiß heute sehr genau, daß über die Ausbildung organischer Funktionen hinaus schon in dieser Zeit *psychische* Funktionen nicht nur heranreifen, sondern wirksam sind. So empfindet der Organismus im Mutterleib z. B. Angst oder Wohlbefinden und empfängt und bewertet über Sinnesorgane auch Signale aus der Außenwelt. Bei der Frage, wer diese Empfindung z. B. des Wohlbefindens hat, muß die Antwort „wir" und damit unter der Annahme einer personalen Identität lauten – so haben wir also nicht erst mit der Geburt in personaler Form zu existieren begonnen.

Gehen wir dann in der Zeit immer weiter hinter den Zeitpunkt der Geburt zurück, stellt sich die Frage, ab wann das personale „wir" in eine vorpersonale Existenz übergeht. Am wievielten Tag nach der Zeugung der biologische Prozeß eine personale Form erreicht, kann niemand exakt beantworten. Nur eines ist sicher und für uns hier wichtig: Sie beginnt *vor* der Geburt. Und auch das ist sicher: Unser Körper enthält die Gene unserer Vorfahren, die weit in die Vergangenheit der Geschichte des Lebens zurückreichen. In den Zellen der Keimbahnen wird sogar der Tod überwunden. So gesehen ist weder die Geburt der Anfang noch der Tod das Ende – jedenfalls unter einer biologischen Betrachtung der Altersfrage, die nichts mit religiösen Vorstellungen zu tun hat.

Irgendwann beginnen die Grenzen unscharf zu werden; biologisch gesehen genau dort, wo Gattung und Individuum nicht mehr auseinandergehalten werden können. Positiv gewendet: „Wir" beginnen spätestens dann, wenn der Organismus *individuelle* Formung zeigt – und das ist allemal vor der Geburt. Nun könnte man diese frühe Terminierung einer personalen Existenz mit dem Argument zurückweisen, daß dem Organismus in dieser Phase noch *Selbst*bewußtsein fehlt, was notwendig zu einer personalen Identität gehöre. Eine solche Kopplung ist möglich, hat aber zur Folge, daß die personale Form der Existenz dann nicht einmal mit dem Zeitpunkt der Geburt beginnt. Denn wir wissen schon: Kleinkinder haben noch kein Selbstbewußtsein (sie erkennen sich noch nicht im Spiegel, und ihr Finger ist ihnen genauso fremd oder vertraut wie ein Bleistift ihrer Umgebung) – sie bilden es erst im zweiten Lebensjahr aus. Die Kopplung von personaler Identität und Selbstbewußtsein überzeugt also nicht. Deshalb bleiben wir beim Merkmal der Individuation des Organismus. Und die beginnt vor der Geburt.

Schon unter der biologischen (und psycho-sozialen) Perspektive gibt es also bei der Frage nach dem Alter eine Irritation, die sich weder mit dem Blick in Personalausweise noch mit dem Blick auf Totenscheine auflösen läßt – eine Irritation, die letztendlich vielleicht sogar beruhigend wirkt. Für juristisch-bürokratische Erfordernisse mögen Geburts- und Totenscheine ausreichen, für die wissenschaftlich-philosophische Frage nach der zeitlichen Eingrenzung unserer personalen Identität geben sie wenig her.

Noch irritierender wird die Frage nach dem Alter unter der *physikalischen* Perspektive. Wir haben einen Körper, der nicht alles, aber ein wesentlicher Teil unserer personalen Identität ist (siehe den interessierten Blick in den Spiegel). Als Materie-Energie-Verbindung fällt er auch und wesentlich in den Zuständigkeitsbereich der Physik. Und die gesamte Physik basiert auf Erhaltungssätzen, z. B. auf dem Ersten Hauptsatz der Thermodynamik. Zur Erinnerung: Er besagt, daß Energie weder erzeugt noch vernichtet, sondern nur umgewandelt werden kann – z. B. in Materie. Aber auch der umgekehrte Vorgang ist möglich und die Menschheit macht ihn sich viel zunutze. Wieviel Energie in der Materie der Welt steckt, ist an den Wirkungsgraden der Umwandlung von Materie in Energie erkennbar: Bei der Verbrennung, z. B. von Kohle, wird nur ein Zehnmilliardstel der Masse in Energie umgewandelt, bei der Kernspaltung ein Zehntelprozent und selbst bei der Kernfusion nur ein Prozent. Wie auch immer die Umwandlungsprozesse stattfinden, sie kommen am ehernen Gesetz der Thermodynamik nicht vorbei: Die Gesamtenergie des Universums ist für alle Zeiten gleich. In der Physik gilt der Satz von der Erhaltung der Energie als fundamental, und Einstein nahm an, daß er sich niemals als falsch erweisen werde (er vertraute der ewigen Geltung der Thermodynamik mehr als seiner eigenen Relativitätstheorie). So weit so gut.

Was hat nun der Erste Hauptsatz der Thermodynamik mit der Frage nach unserem Alter zu tun? Sehr viel und das auf folgende Weise: Wenn auch nicht die *biologisch* organisierte Materie, so stammt doch die *Energie* unseres Körpers vom ersten Moment der Entstehung der Welt. Und die Atome unseres Körpers entstanden kurz danach, nämlich aus energiereichem Licht vom Anfang der

Zeit, indem sich nach der berühmten Einsteinschen Gleichung $E = mc^2$ (Energie = Masse mal Lichtgeschwindigkeit zum Quadrat) Energie in Materie verwandelte. Die Atome, aus denen wir bestehen, sind in stellaren Kernprozessen entstanden und haben sich nach Milliarden von Jahren schließlich und auf wundersame Weise zu unseren Körpern gefügt. Information über unseren Körper ist insofern immer auch Information über die Welt und umgekehrt.

Unter der Sicht des *physikalischen* Alters unseres Körpers geraten wir also in die Zeitzone des frühen Universums (nach den Annahmen der Standardtheorie: in die Zeit vor 14 Milliarden Jahren). Für den Zusammenhang von Welt- und Selbstbild bringt der Erste Hauptsatz der Thermodynamik damit eine entscheidende Konsequenz: Wir sind nicht nur *Teile* des riesigen Universums (das ist banal), sondern unser Körper *enthält* Teile bzw. ist aus Bestandteilen zusammengesetzt (seine Atome und insb. seine Energie), die vom Ursprung der Welt stammen, und die nach unserem Tod erhalten bleiben und über die wir mit allem in der Welt Existierenden (über das Biologische hinaus) einen gemeinsamen Ursprung und eine gemeinsame Zukunft teilen. Nimmt man die christliche Redewendung „Staub bist du und zu Staub kehrst du zurück" als Metapher, so gibt die Atomtheorie ihr heute das Gewicht einer wissenschaftlichen Weisheit.

Auf welcher Ebene der Geist organisiert ist (physikalisch, biologisch, sozial oder in einer Mischung aus allem), weiß die Wissenschaft noch immer nicht genau, aber wäre sein Platz auf der Ebene von Energie und Teilchen, er wäre (fast) unsterblich. Der Atomphysiker Charon u. a. stellen Vermutungen dieser Art tatsächlich an. So weit wollen wir hier nicht gehen. Insgesamt ist Zurückhaltung geboten, sonst geraten richtige physikalische Annahmen in philosophischen Spekulationen außer Kontrolle. „*Wir* sind so alt wie das Universum" wäre unter dem gegebenen Stand des Wissens und insb. unter der Einschränkung auf eine *personale* Form der Existenz eine unzulässige Antwort auf die Altersfrage. Aber daß wir in unserer körperlichen Existenz *Teile* vom Anfang der Welt enthalten, ist eine zwingende Konsequenz des Ersten Hauptsatzes der Thermodynamik, dessen Geltung niemand ernsthaft in Frage stellen kann.

Die auf den ersten Blick einfach scheinende Frage nach dem Alter ist also komplex und mit vielen Implikationen gepflastert: Die Frage ist auch (und wesentlich) eine Frage nach unserem Körper. Und die Frage nach unserem Körper ist auch (und wesentlich) eine Frage nach seiner Energie. Und die Frage nach seiner Energie ist auch (und wesentlich) eine Frage nach dem Universum. Und die Frage nach dem Universum ist auch (und wesentlich) eine Frage nach seinem Ursprung. Aus diesen (biologisch und sozial zu ergänzenden) Verweisungszusammenhängen folgt, daß die Frage nach dem Alter nicht durch eine einzelne Zahl (also nicht auf der Grundlage unseres Perso- nalausweises), sondern nur durch eine Verteilungsfunktion beantwortet werden kann, in der die *unterschiedlichen* Alter unserer körperlichen, psycho-sozialen und geistigen Identität berücksichtigt sind. Und der insb. über die Energie hergestellte Zusammenhang mit dem Universum als Ganzem – und das mit seiner Vergangenheit, Gegenwart und Zukunft – ist nicht nur eine unbestreitbare wissenschaftliche Tatsache, sondern eröffnet darüberhinaus die Möglichkeit, auch ein *emotional* positives Verhältnis zu ihm zu gewinnen: Wenn die Energie unseres Körpers vom Anfang der Welt stammt, verlieren die Größe und Rätselhaftigkeit des Weltalls vielleicht ein Stück ihrer bedrohlichen Fremdheit. Noch einmal: Wir haben den Anfang der Welt in uns! So können wir der Rechtsgemeinschaft mit der biologischen Natur eine allumfassende Energiegemeinschaft mit der physikalischen Natur hinzufügen. Weltbild und Selbstbild sind zwei Seiten derselben Medaille. So wollen wir nun den Streifzug durch physikalische Theorien abschließen. Motiv war die Teilhabe am großen Wissen der Menschheit, das über der Vielfalt von Kulturen und Ideologien einen Beitrag für die Integration einer Informationsgesellschaft leisten sollte. Großes Wissen, das durch epochale Leistungen der Wissenschaften entsteht, richtet nun aber nicht nur den Blick in die Welt, sondern regt Selbstreflexionen an, nicht zuletzt über das Organ, das dieses Wissen erzeugt oder verstehen macht. Somit wird Gegenstand der Betrachtung nun das Gehirn.

III. Gehirn

Bakterien bereiten den Weg

Am Anfang war Dunkelheit, nicht Licht – jedenfalls hier auf der Erde. Vor 4,5 Milliarden Jahren aus wirbelartigen Verdichtungen einer riesigen Gas- und Staubwolke entstanden, waren die ersten 500.000 Jahre lebensfeindlich, nicht zuletzt wegen der Dunkelheit. Die Erde hatte zwar eine Atmosphäre (zuerst aus Resten der Urgaswolke (insb. Wasserstoff und Helium) und danach aus Partikeln vulkanischer Aktivität), aber sie ließ zu dieser Zeit das lebensspendende Licht der Sonne nicht durch: Der sichtbare Teil des Spektrums wurde reflektiert, also in den Weltraum zurückgeworfen, und der tödliche ultra-violette Teil wurde absorbiert, also zur Erde weitergeleitet. Zum Glück blieb es nicht so. Nach und nach löste sich nämlich die lebensfeindliche Atmosphäre von der Anziehungskraft der Erde und entschwand auf Nimmerwiedersehen im Weltall. Erst dann hatte der sichtbare Teil des Sonnenlichtes freie Bahn – eine erste und wichtige Bedingung für die Entstehung höheren Lebens war erfüllt.

Leben gibt es seit 4 Milliarden Jahren, als die ersten Bakterien (Archäbakterien) entstanden. Zu dieser Zeit war die Verdunklung der Erde durch das Nachlassen der Vulkantätigkeit schon stark zurückgegangen, aber das einfallende Licht reichte für die später so wichtig werdende Photosynthese der Organismen noch immer nicht. Für die Archäbakterien war dieser Mangel kein Problem, denn ihre Lebensprozesse bedurften der Photosynthese nicht. Erst nach weiteren 500.000 Jahren und allmählich zunehmender Helligkeit gab es mit einem neuen Typ Bakterien den entscheidenden Sprung in der Evolution des Lebens: Cyanobakterien (Blaualgen) erfanden die Photosynthese (= Verwertung der Lichtenergie für die Prozesse des Lebens) und produzierten das, was bis dahin fehlte: Sauerstoff. Infolge dieser Photosynthese entstand eine neue und damit dritte Atmosphäre: Der freigewordene Sauerstoff führte zu einer O_2-haltigen Umgebung der Erde und dann zur Ozonschicht, die genau umgekehrt zu den beiden ersten Atmosphären der Erdzeit tödliche ultraviolette Strahlung reflektierte und den sichtbaren Teil des Lichtspektrums zur Erde durchließ. Das, was wir heute dabei sind zu zerstören, verdanken wir also zu einem großen Teil dem durch Photosynthese geregelten Leben dieser frühen Bakterien. Sie waren es, die der Erde das „neue Medium Luft" schenkten.

Aber was unterscheidet eigentlich Leben von Nichtleben? Die Photosynthese kann das Kriterium nicht sein, denn die ersten Lebewesen, die Archäbakterien, existierten ohne sie. Allgemein anerkannt ist folgende Unterscheidung: Lebende Materie ist vor unbelebter dadurch ausgezeichnet, daß sie zum Stoffwechsel und zur Selbstvermehrung fähig ist. Über diese beiden entscheidenden biologischen Grundmechanismen hat sich das Leben dann 3,8 Milliarden Jahre lang in immer komplexere Formen weiterentwickelt – bis (nach einer Kette von Hominiden) schließlich vor ca. 200.000 Jahren im schwarzen Afrika der erste weise Mensch (homo sapiens sapiens) auf der Bildfläche erschien. Die Wiege der Menschheit liegt also in Afrika, und zwar im Osten (Äthiopien, Kenia, Tansania), und von hier aus breitete sich die Menschheit, getrieben von Hunger und/oder Neugier, vor 150.000 Jahren rund um den Erdball aus – zuerst nach Asien und zuletzt nach Europa. Auf diesen langen Wegen und in Zeitspannen von tausenden von Jahren entstanden die unterschiedlichsten Kulturen, die den Ursprung der Menschwerdung und ihre evolutionäre Vorbereitung jedoch mehr und mehr vergessen machten – zumal das augenfällige Merkmal der schwarzen Hautfarbe aufgrund der veränderten klimatischen Bedingungen außerhalb Afrikas allmählich verschwand. Um so wichtiger ist es heute, unsere Herkunft wieder zu wissen und zu akzeptieren: Afrika. Wir alle sind „Exafrikaner, die ihre Pigmente verloren haben" (Jonathan Kingdom).

Ist die „Geburtsstunde" der Menschheit auch die Geburtsstunde des Geistes oder gibt es Geist, solange es Leben gibt, also schon 4 Milliarden Jahre? Die Philosophie ist bis heute darüber zerstritten. Den Geist erst mit dem Auftreten des Menschen beginnen zu lassen, wäre konform mit christlichem Selbstverständnis, aber einfältig – dann jedenfalls, wenn man Geist und Gehirn im Zusammenhang sieht. Nicht nur gibt es Gehirne lange vor dem Menschen, sondern die in der tierischen Evolution am weitesten entwickelten, die Gehirne der Säugetiere nämlich, unterscheiden sich weder im Aufbau noch in der Struktur vom Gehirn des Menschen. In der Abgrenzung zur Tierwelt ist also zumindest Bedacht geboten. Andererseits: Die Entstehung des Geistes schon mit der Entstehung des Lebens zu datieren, also vor 4 Milliarden Jahren, wäre wohl zu weit gefaßt.

Diesem Streit gehen wir hier aus dem Wege und suchen nicht nach dem Entstehungsdatum des Geistes, sondern nach seinen Merkmalen und Funktionen. Daß Menschen Geist haben und damit denken, ist unbestritten – zumal auch *falsche* Aussagen, Fehler und ausgemachte Dummheiten nicht nur menschlich-allzumenschlich sind, sondern ein geistiges Vermögen immer schon voraussetzen. Ein Stein kann eine mathematische Gleichung weder richtig noch falsch lösen. Nur wer ein geistiges Vermögen hat, kann irren und Regeln (hier: die der Mathematik) nicht nur befolgen, sondern auch verletzen. Der Stein, der dem physikalischen Gesetz der Gravitation unterworfen ist, hat diese Fähigkeit nicht: Aus eigener Kraft kann er niemals nach oben fallen. Im Unterschied dazu sind Menschen aufgrund ihres geistigen Vermögens zwar nicht in der Lage, physikalische Gesetze zu verletzen, wohl aber, ihre Verletzung zu *denken*.

Aber *wo* wird gedacht, wo ist der Sitz des Geistes? Menschen der Moderne lokalisieren ihn ohne Zögern im Gehirn: Das Denken findet im Kopf statt. Was uns heute selbstverständlich erscheint, war es nicht immer. Z. B. sah der griechische Philosoph Aristoteles (gest. 322 v. Chr., erster Logiker) das noch ganz anders:

Nicht das Gehirn, sondern das Herz war für ihn der Sitz des Geistes. Unter allen Organen war es das wichtigste, und dies aus zwei Gründen: Nach Aristoteles spielten sich Fühlen *und* Denken im Herzen ab. Das Gehirn hatte nur eine zweitrangige Aufgabe: das heiße Herz (und das Blut) zu kühlen. Nun wissen wir heute, daß die Lokalisierung des Denkens im Herzen nicht zutrifft. Mehr noch: Das *Gehirn* ist für Beides zuständig: für das Denken *und* für das Fühlen (dazu später mehr). Mit dieser Lokalisierung im Gehirn wissen wir nun, *wo* naturwissenschaftlich bei der Frage nach dem Geist zu suchen ist bzw. in welche Richtung die ersten Schritte zu machen sind.

Gehirn contra Geist

Ob das, was die Philosophie „Geist" oder „Seele" nennt, sich ausreichend beantworten läßt, wenn die für das Gehirn zuständige Wissenschaft, die Neurobiologie nämlich, befragt wird, ist mit der Lokalisierung des Denkens im Gehirn allerdings noch nicht gesagt. Hier scheiden sich seit langem und bis heute die Geister. Die einen gehen davon aus, daß Gehirn und Geist zwei vollständig verschiedene Angelegenheiten sind. Die Annahme: Selbst wenn die Naturwissenschaften alles über das Gehirn wüßten, so wüßten sie noch immer nichts oder nichts Ausreichendes über den menschlichen Geist. Diese Auffassung vom Unterschied zwischen Geist und Gehirn hat das gesamte abendländische Denken unter der Bezeichnung „Dualismus" entscheidend geprägt. Es gibt viele Spielarten von ihm, die sich in der Radikalität und Klarheit der Positionen unterscheiden. Wir interessieren uns hier nur für die radikale Variante: Geist und Gehirn sind *wesensmäßig* voneinander verschieden. Die Folge: Für die Frage nach Gehirn und Geist sind verschiedene Wissenschaften zuständig (Naturwissenschaften auf der einen und Geisteswissenschaften/Philosophie auf der anderen Seite). Unter dem Einfluß des dualistischen Denkens haben sich weitere Dualismen entwickelt, z. B. der zwischen Denken und Fühlen, und immer war mit ihm eine ungleiche Bewertung verbunden: Das Denken war das spezifisch Menschliche und damit Höherwertige, während das Fühlen als ebenso untilgbares wie unliebsames Erbe unserer tierischen Vergangenheit betrachtet wurde. In welcher Spielart auch immer, im dualistischen Denken kam die Natur immer zu kurz.

Historischer Ausgangspunkt des Dualismus sind die Philosophien von Plato und Aristoteles: Geist und Seele werden nicht mehr wie bei den Naturphilosophen materiell als Feuer, Luft o. ä., sondern erstmals als immaterielle Größen betrachtet. Der Versuch, das Reich des Geistes von der Materie zu befreien, dauert also schon über 2000 Jahre. Philosophisch zum Höhepunkt gebracht hat diesen Versuch später der französische Philosoph und Mathematiker Descartes (gest. 1650, Schöpfer der analytischen Geometrie), der das Materielle und das Geistige auf klare und einfache Weise zu unterscheiden versuchte: Alle Gegenstände der materiellen Welt haben die Eigenschaft, ausgedehnt zu sein (= res extensa); im Unterschied dazu ist alles Geistige ausdehnungslos (= res cogitans). Mit dem Metermaß war dem Geist also nicht beizukommen.

Auch in Descartes' Vorstellungen war das Geistige vom Materiellen nicht nur absolut verschieden, sondern stand auch in seiner *Wertigkeit* absolut vor ihm. Diese Asymmetrie von Denken und Sein kulminierte philosophisch in seinem berühmten Satz „Ich denke, also bin ich" (cogito ergo sum). Von den logischen Tücken, die dieser einfach scheinende Schluß vom Denken auf das Sein enthält, einmal abgesehen, bringt er die Grundhaltung vom Vorrang des Geistigen auf den Punkt. Im Gegensatz „ausgedehnt/nichtausgedehnt" formulierte Descartes nicht nur ein klares Kriterium, sondern er war es, der im Dualismus von Geist und Materie eine Besonderheit einführte: Trotz ihres absoluten *Unterschiedes* gibt es nach seiner Auffassung dennoch Wechselwirkung zwischen beiden, d. h. Einflußnahme vom einen auf das andere. So nahm er an, daß die Zirbeldrüse (ein materieller Teil des Gehirns) direkt durch einen Anstoß der menschlichen Seele bewegt und in Aktion gebracht werde. So weit ein erster Einblick in das dualistische Denken.

Der philosophische Gegenpol zum Dualismus von Geist und Materie ist der sog. Monismus. Der berühmteste und konsequenteste Vertreter dieser Position ist der französische Arzt und Philosoph Lamettrie (gest. 1751). Er bestritt den Unterschied von Materie und Geist grundsätzlich, faßte Materie als das einzig Wirkliche auf und betrachtete – als (entfernte) Folge davon – den Menschen als Maschine (wenn auch als komplizierte). Alles in allem: Menschen funktionieren in *allen* Dimensionen nach den Gesetzen der Materie und nur nach diesen, und Seele und Geist sind religiös inspirierte Produkte einer ungezügelten und unwissenden Phantasie, die der wissenschaftlichen Überprüfung nicht standhalten. Geist ist nichts weiter als eine Folge oder Erscheinungsform der Materie: So wie die Niere Urin, so sondert das Gehirn Gedanken ab.

Dualismus und Monismus haben sich als philosophische Grundhaltungen bis heute gehalten und stehen sich bis heute unversöhnlich gegenüber. Wie äußert sich der Konflikt nun heute? Zunächst zum Monismus unserer Tage, der wesentlich durch die Biologie bestimmt wird: So wie die Schwerkraft eine Eigenschaft der physikalischen Materie, so ist das Denken (der Geist) eine Eigenschaft der biologischen Materie (des Gehirns). Der Nobelpreisträger Edelman z. B. vertritt diese Auffassung. Bei seinem Versuch, nach jahrtausendelanger philosophischer Irrfahrt „den Geist zurück zur Natur zu bringen", will er die Frage nach Geist und Denken also rein biologisch beantworten, allerdings unter der Maßgabe, daß keines der Gesetze der Physik verletzt werden darf. Der Geist *ist* zwar nichts Physikalisches, aber er *beruht* (auch) auf den Gesetzen der Physik. Konsequent beginnt Edelman erkenntnistheoretisch mit der Umkehrung des Descartesschen Satzes. Nicht: Ich denke, also bin ich (cogito, ergo sum), sondern: ich bin, also denke ich (sum, ergo cogito). Diese philosophische Kehrtwende markiert nicht einfach den Übergang vom Primat des Geistigen zum Primat des Biologischen, sondern macht den Geist zum *Bestandteil* der Biosphäre. Geist schwebt nicht länger *über* dem Leben, sondern ist ein *Teil* von ihm.

Edelmans Kollege Eccles, ebenfalls Nobelpreisträger, sieht das ganz anders und stellt sich ausdrücklich hinter Descartes und damit in die Tradition des Dualismus: Der Geist ist nicht Natur, sondern vollständig von ihr verschieden. Interessant und aufschlußreich an den Auffassungen von Edelman und Eccles ist, daß beide sich ausdrücklich auf die Evolutionstheorie Darwins berufen und beide ihre Modelle des Geistes auf den gegebenen Stand des neurobiologischen Wissens stützen – und doch kommen beide zu ganz unterschiedlichen Ergebnissen (Eccles ist radikaler Dualist und Edelman radikaler Monist). Die Frage, die sich dann stellt: Können die im einen Fall dualistischen und im anderen Fall monistischen Schlußfolgerungen noch „wissenschaftlich" genannt werden? Wenn auf der Grundlage von Darwins Theorie und der heutigen Neurobiologie zwei sich tief widersprechende Kognitionsmodelle entwickelt werden, ist entweder etwas faul an den theoretischen Grundlagen (Darwins Theorie und/oder moderner Neurobiologie) oder eines der beiden Modelle beruft sich zu Unrecht auf sie.

Die Sprache macht's

Wie begründet Eccles seine dualistische Auffassung? Zunächst: Er war ein tief religiöser Mensch. Seine Religiosität als einzigen Grund seines Denkens anzuführen, wäre aber zu einfach. Was führt er also *wissenschaftlich* ins Feld? Die Berechtigung des Dualismus liegt nach Eccles zunächst einmal und wesentlich darin, daß die *Sprache* in der Entwicklung und in der Funktion des menschlichen Geistes eine entscheidende Rolle spielt. Das Argument: Da das Wesen der Sprache zum Wesen des Geistes gehört und Sprache naturwissenschaftlich nicht begriffen werden kann, ist auch der Geist dem naturwissenschaftlichen Zugriff entzogen. In der Tat: Wenn Menschen miteinander sprechen, sind nicht nur physikalische *Schall*wellen vom Mund zum Ohr im Spiel, sondern *Wortbedeutungen*, die nicht von den Schallwellen abgeleitet werden können. Zum Beweis: Mit ein und derselben physikalischen Schallwelle hat z. B. das Wort „Schloß" zwei ganz unterschiedliche Bedeutungen („Schloß" als Verschlußteil und „Schloß" als historisches Gebäude). Und noch ein Beispiel: Die Worte „Kopf" und „head" erzeugen gesprochen ganz unterschiedliche Schallwellen (und sind geschrieben ganz unterschiedliche optische Muster) – und haben doch dieselbe Bedeutung. D. h. mit Physik kommt man hier nicht weiter. Aber was genau macht Sprache zu einem *nicht*naturwissenschaftlichen Phänomen, was sie ja sein muß, so sie zur Begründung des Dualismus in Anspruch genommen wird? Zur Erinnerung: Der Dualismus macht nur dann einen Sinn, wenn Geist und Materie als *wesensmäßig* verschieden angenommen werden, d. h. wenn die in einem Bereich geltenden Gesetze im jeweils anderen Bereich keine Geltung beanspruchen können.

Sehen wir zunächst einmal, unter welchen Funktionen Eccles die Sprache erläutert. Er unterscheidet 4 Funktionen, die von 1 nach 4 in der Qualität der Geistigkeit zunehmen:

1. die expressive Funktion (Worte z. B. als Ausdruck von Freude),
2. die Signalfunktion (mit dem Wort „Hunger" zum Beispiel zeigt der Sprechende einen Mangelzustand an),
3. die deskriptive Funktion (wenn der Sprechende z. B. beschreibt, was er beobachtet) und
4. die argumentative Funktion (z. B. bei der Begründung einer Aussage).

Die jeweils niedrigeren Funktionen sind in der Regel in der höheren enthalten: So sind Argumentationen (Stufe 4) meist mit der expressiven Funktion (Stufe 1) vermischt: Wollen wir jemanden überzeugen, so spricht unser Körper in Mimik, Gestik und Haltung immer mehr oder weniger mit.

Es gibt gute Gründe, Eccles hoher Gewichtung der Sprache bei der Frage nach dem menschlichen Geist zu folgen. In jedem Fall ist sie ein guter erster Indikator in folgendem Sinne: Immer dann, wenn ein System sprachfähig ist, können wir annehmen, daß es ein geistiges Vermögen hat. Ob allerdings die in dieser Argumentationslinie angelegte weitergehende Auffassung Wittgensteins zutrifft, daß die Grenze unserer Sprache die Grenze unserer Welt ist oder die Annahme der Künstliche-Intelligenz-Forschung (KI), daß Geist immer und nur mit der Verwendung von Sprache entsteht, ist damit noch nicht entschieden. Wir müssen die Möglichkeit im Auge behalten, daß es Formen geistiger Aktivität auch außerhalb einer symbolischen Sprache gibt. Und das Entscheidende: Auch wenn es stimmt, daß Sprache – jedenfalls für den menschlichen Geist – von großer Bedeutung ist und sich physikalischer Erklärung entzieht, so liefert diese Besonderheit nicht schon für sich die Begründung einer dualistischen Position. Daß man mit Elektronen nicht reden kann, schließt nämlich nicht aus, daß Elektronen dennoch tragende Elemente des geistigen Vermögens sind. Und außerdem: Daß die *Physik* nicht in der Lage ist, das Phänomen der Sprache angemessen zu erfassen (insb. nicht ihre Bedeutung), heißt nicht, daß *keine* der naturwissenschaftlichen Disziplinen dazu in der Lage wäre (auch die Biologie ist Teil der Naturwissenschaft). Die durchgehende Unfähigkeit der Naturwissenschaften zur Erklärung der Sprache hat Eccles jedenfalls bisher nicht gezeigt. Was bleibt, ist der Hinweis auf ihre wichtige Rolle für das menschliche Denken; was fehlt, ist der Nachweis, daß dies zum Dualismus führt.

Der Dualist ruft die Physik zu Hilfe

Aber sehen wir weiter. Vielleicht liefert das zusammen mit dem Wissenschaftsphilosophen Popper entwickelte Drei-Welten-Modell ein schlagendes Argument für den Dualismus. Das Modell soll erstens den *absoluten* Unterschied zwischen Geist und Materie zeigen und zweitens, daß beide dennoch miteinander *wechselwirken* (= Interaktionismus). Mit anderen Worten: Descartes' Dualismus soll mit den Mitteln der modernen Wissenschaft bewiesen werden. Das Drei-Welten-Modell:

Welt 1 Physische Gegenstände	Welt 2 Bewußtseins- zustände	Welt 3 Objektiviertes Wissen
– anorganisch (z. B. Steine) – organisch (z. B. Gehirne) – technisch (z. B. Werkzeuge)	– wahrnehmen – fühlen – denken – erinnern	– philosophisch – wissenschaftlich – künstlerisch – technologisch

Wir beschränken uns hier auf eine kurze Betrachtung des Verhältnisses zwischen Welt 1 und Welt 2. Zur Erinnerung: Beide sind nach Eccles vollständig verschieden und wechselwirken dennoch miteinander. Wir dürfen gespannt sein, wie Eccles diese radikal formulierte Verschiedenheit von Geist und Materie mit ihrer Wechselwirkung auf einen Nenner bringt. Zunächst versucht er die Wechselwirkungshypothese mit einem Beispiel aus der Tierwelt zu belegen. Im Unterschied zu Descartes, der Tieren jeglichen Geist absprach und sie deshalb als „Automaten" bezeichnete, billigt Eccles Tieren also eine geistige Dimension zu. In dem vorher genannten vierstufigen Sprachmodell: Tiere können Stufe 1 und 2 erreichen (sie können durch Laute oder Gesten Gefühle zum Ausdruck bringen und/oder Zeichen geben).

Daß sie Geist tatsächlich und im Sinne des Dualismus haben, findet Eccles in folgendem Experiment bestätigt: An den Hirnströmen höherer Primaten wurde festgestellt, daß im Zusammenhang mit Sachverhalten der Außenwelt Gehirnaktivität ohne auslösenden *äußeren* Sinnesreiz entstehen kann. Zum Beispiel hat man einen Makaken (eine asiatische Affenart) gelehrt, einen Hebel immer dann zu betätigen, wenn er Futter wünschte. Nachdem er den Zusammenhang zwischen der Erfüllung des Futterwunsches und der Betätigung des Hebels gelernt hatte, überließ man ihn der Situation. In der Umgebung des Makaken gab es keinerlei optische oder akustische Reize mehr, die ihn zur Betätigung des Hebels veranlaßt hätten – was es gab, war nur noch der Wechsel von Hunger und Nichthunger, d. h. vom Wunsch, Futter zu erhalten zu seiner Erfüllung. Und genau dann, wenn er den Wunsch verspürte, hat der Affe den Hebel betätigt. In solchen Vorgängen sieht Eccles seine Hypothese bestätigt, daß Geist (= Wunsch nach Futter) Materie (= Gehirnprozesse + Armbewegung + Bewegung des Hebels) ausgelöst hat. Moderner gesagt: Information hat Materie bewegt. Dieser kausale Zusammenhang gilt für jedes absichtsvolle Verhalten – z. B. wenn jemand die Absicht hat, ein Fenster zu öffnen (= geistiger Zustand der Welt 2) und dies dann auch tatsächlich tut (= physischer Prozeß der Welt 1). Auf den ersten Blick vielleicht ein plausibles Argument für den Dualismus. Auf den zweiten und genaueren Blick treten aber nicht nur Probleme, sondern gewaltige Probleme auf. Erstens wird in der Beschreibung der Prozesse schon unterstellt, was eigentlich erst zu beweisen wäre (petitio principii), nämlich a., daß das, was im Kopf des Affen vor sich geht, angemessen als „Wunsch" beschrieben werden kann und b., daß der Wunsch (so denn die Beschreibung angemessen wäre) den gemessenen Hirnströmen *voraus*geht *und* von ihnen absolut *verschieden* ist – was ebenfalls erst zu beweisen wäre, Eccles aber nicht bewiesen hat. Soweit ein logisches Problem beim Begründungsversuch des Dualismus.

Darüber hinaus gibt es zweitens auch ein schwerwiegendes physikalisches Problem. Wir erinnern uns, daß es in der Physik eine Theorie gibt, die Thermodynamik nämlich, die einen fundamentalen Erhaltungssatz aufgestellt hat, mit dem die gesamte Physik steht und fällt: Der Satz von der Erhaltung der Energie. Und dieser Satz von der Erhaltung der Energie gilt für die Welt 1 des Ecclesschen Drei-Welten-Modells. Die Frage: Wie ist es möglich, daß Welt 1 (die physikalische Welt, für die der Erhaltungssatz gilt) mit Welt 2 (die geistige Welt, für die der Erhaltungssatz nicht gilt) *wechsel*wirkt? Und Eccles meint *reale* Wechselwirkung, d. h. der (geistige) Wunsch von Welt 2 *verursacht* die Hirnströme und die Bewegung der Hand zum Betätigen des Hebels. Wechselwirkung kann aber nach der Physik dann und nur dann eintreten, wenn ein Energie*übertrag* von der Ursache auf die Wirkung stattgefunden hat – sonst bewegt sich nichts in der physikalischen Welt.

Wenn der Wunsch des Makaken nach Futter also das Betätigen des Hebels *wirklich* ausgelöst hat, müßte ein bestimmter Energiebetrag vom Wunsch auf die Bewegung der Elektronen im Gehirn (und von diesen auf die Bewegung des Arms und von diesem dann auf die Bewegung des Hebels) übergegangen sein. Mit anderen Worten: Es wäre Energie von Welt 2 (Geist) auf Welt 1 (Materie) übertragen worden, so daß sich die Gesamtenergie der materiellen Welt 1 genau um diesen Betrag *erhöht* hätte. Nach dem o. g. fundamentalen Gesetz der Physik von der Erhaltung der Energie ist dies aber ausgeschlossen; denn die Gesamtmenge der Energie des physikalischen Universums kann weder erhöht noch vermindert werden – sie war, ist und bleibt für alle Zeiten gleich.

Eccles würde von der Gemeinschaft der Forscher nicht ernst genommen, würde er den Ersten Hauptsatz der Thermodynamik und dazu auf diese Art und Weise verletzen. Andererseits ist er nicht gewillt, seine *dualistische* Hypothese von der verursachenden Kraft des Geistes aufzugeben. Die entscheidende Frage, die er beantworten muß, ist also: Ist ein Kausalzusammenhang möglich, in dem die Ursache etwas bewirkt, ohne daß dabei von der Ursache auf die Wirkung Energie übertragen wird? Eine schwierige Frage, denn die Antwort muß *auch* physikalisch befriedigen; denn Eccles behauptet *realen* Einfluß des Geistes auf die physikalische Welt.

Aus dieser ausweglos erscheinenden Lage versucht er sich durch eine Hypothese zu retten, die sog. Mikrolokalisationshypothese. Er borgt sie sich bei einer schwierigen physikalischen Theorie, nämlich der Quantenmechanik, die sich, wie wir schon wissen, mit den physikalischen Vorgängen im Kleinsten, also mit dem Mikrokosmos befaßt. Zur Erinnerung: Die Elemente des Mikrokosmos (z. B. Elektronen) sind so klein, daß sie sich der direkten Beobachtung entziehen. Beginnt hier schon eine Brücke zum Geist, der ja ebenfalls (schon aufgrund seiner Eigenschaft der Ausdehnungslosigkeit) nicht beobachtbar ist?

Bei dem Physiker Margenau scheint Eccles fündig geworden zu sein. Er vertritt die Annahme, „daß gewisse Felder wie etwa das Wahrscheinlichkeitsfeld der Quantenmechanik weder Energie noch Materie enthalten". Und weil die Bausteine des Gehirns (dazu bald mehr) so wie die Untersuchungsgegenstände der Quantenmechanik extrem klein sind, glaubt er, diese Besonderheit der Materie- und Energiefreiheit des quantenphysikalischen Wahrscheinlichkeitsfeldes auf die Prozesse an den Schaltstellen des Gehirns (Synapsen) übertragen zu können – und Eccles nutzt dieses Angebot, um das problematische Verhältnis von Welt 1 und Welt 2 ohne Verletzung des Satzes von der Erhaltung der Energie zu entschärfen. So wie das Wahrscheinlichkeitsfeld der Quantenmechanik wäre auch der Geist ein Feld ohne Masse und ohne Energie und könnte dennoch in der Materie des Gehirns mikroskopische Wirkungen auslösen, die sich dann bis in makroskopische Prozesse (z. B. zur Armbewegung des Makaken) fortpflanzen. So hätte der Geist Materie bewegt, ohne daß Energie auf diese übertragen wird, so daß die verursachende Wirkung des Geistes nicht den Satz von der Erhaltung der Energie verletzen würde. Aber was, wenn nicht Energie/Materie ist es dann, das die verursachende Kraft besitzt? Seine Antwort: Information.

Diese Auflösung des Problems ist aus wenigstens zwei Gründen unbefriedigend: Erstens greift Eccles zur Lösung eines Welt-*zwei*-Problems auf die Lösung eines Welt-*eins*-Problems zurück und hebt schon darin den absoluten Unterschied dieser beiden Welten und damit seinen Dualismus insgesamt auf. Wer zur Beschreibung der Besonderheiten der *geistigen* Welt auf Besonderheiten der *physikalischen* Welt zurückgreifen muß, hat seine These von der absoluten Verschiedenheit beider Welten schon verletzt (indem er den Interaktionismus rettet, gibt er den Dualismus auf). Zweitens bleibt der logische Status des energiefreien quantenmechanischen Wahrscheinlichkeitsfeldes ungeklärt: Ist das Feld eine rein *mathematische* Konstruktion oder hat es *physikalische* Realität? Trifft die erste Deutung zu, dann ist das Wahrscheinlichkeitsfeld selbst schon Bestandteil von Welt 2 und kann insofern das aufgeworfene Problem nicht lösen. Und soll die zweite Deutung gelten, so stünde der empirische Beweis noch aus. Außerdem hätte man sich eine folgenreiche Unverträglichkeit mit der Allgemeinen Relativitätstheorie eingehandelt: Nach Einstein kann es energiefreie Felder nämlich nicht geben. Also: Die

Philosophie des interaktionistischen Dualismus von Geist und Materie ist mit schwierigen logischen und physikalischen Problemen belastet, die *zuvor* gelöst werden müssen. Fazit: Ein konsequent vertretener interaktionistischer Dualismus ist zur Zeit mit wissenschaftlichen Mitteln nicht begründbar. Was am Ende als Ausweg bleibt, sind religiöse Rettungsversuche, die Eccles auch tatsächlich in Anspruch nimmt: „Jede Seele ist eine neue göttliche Schöpfung, die irgendwann zwischen der Empfängnis und der Geburt dem heranwachsenden Fötus ‚eingepflanzt' wird. ... Ich behaupte, daß keine andere Erklärung haltbar ist". Nichts gegen religiöse Annahmen, aber das war nicht der Weg, den wir zur Klärung der Geistfrage eingeschlagen haben. Soweit ein paar der dualistischen Ratlosigkeiten.

Geist macht Physik verlegen

Gibt die Philosophie des Monismus eine zufriedenstellende Antwort, die Auffassung also, daß Geist keine eigene Qualität gegenüber Materie/Energie hat und demzufolge rein *natur*wissenschaftlich erklärt werden kann? Es sieht nicht so aus, denn einiges spricht dafür, daß es doch eine Lücke zwischen Gehirn und Geist gibt, die – jedenfalls zur Zeit – naturwissenschaftlich nicht geschlossen werden kann. Zunächst am Beispiel des o. g. quantenmechanischen Wahrscheinlichkeitsfeldes: Nehmen wir an, Einstein hat recht, so daß das quantenmechanische Wahrscheinlichkeitsfeld rein mathematischer Natur wäre. Wenn es also keine materie- und energiefreien *physikalischen* Zustände gibt, wenn also Welt minus Energie/Materie auch mikrosopisch physikalisch zu existieren aufhört, dann hätten Physiker wie Margenau im Modell des Wahrscheinlichkeitsfeldes etwas *gedacht*, was es *natur*wissenschaftlich nicht gibt und nicht geben kann. Dem Produkt des Geistes, nämlich der *Annahme* der Energiefreiheit, entspräche keine *physikalische* Realität. Und was es naturwissenschaftlich nicht gibt, kann mit naturwissenschaftlichen Mitteln nicht erklärt werden. Die (relativistische) Leugnung der Möglichkeit des energiefreien *Feldes* ist aber nicht gleich der Leugnung der Möglichkeit des *Gedankens* davon. Was also – so Einstein recht hat – bleibt, ist nicht das Wahrscheinlichkeitsfeld, sondern die Realität des *Gedankens* von ihm. Die Physik bleibt hier ratlos. Nehmen wir noch ein anderes Beispiel aus der Physik: das Elektron. Im klassischen Modell wird es als Massepunkt einge- führt. Und ein Massepunkt hat besondere Eigenschaften: Er hat zwar eine Lage (und einen Impuls), aber keine Ausdehnung (inso- fern hat er die Eigenschaft der Descartesschen res cogitans). Mit hoher Wahrscheinlichkeit handelt es sich auch hier wieder um eine rein mathematische Konstruktion (es gibt im übrigen schon neue Modelle – z. B. in der Superstringtheorie –, in denen die Annahme der Ausdehnungslosigkeit von Elektronen aufgegeben wird). Dann hätten Physiker also auch hier eine Eigenschaft ange- nommen, die es nicht *physikalisch*, sondern nur als *geistige* Re- präsentation des Elektrons im Kopf des Physikers gibt. Menschen können also etwas geistig repräsentieren, was es physikalisch nicht gibt. Die gegen den Monismus gerichtete kritische und verallge- meinerte Frage: Wie ist es möglich, *falsche* (oder nichtempirische) Aussagen über die Natur zu machen, wenn der Geist selbst Natur und nichts als Natur ist?! Wie soll z. B. die falsche Annahme, daß sich selbst überlassene Gegenstände nicht zur Erde, sondern zum Himmel fallen, im *Inhalt natur*wissenschaftlich erklärt werden? Wichtig ist: Die Frage zielt nicht auf die Erklärung der *Falschheit* der Annahme, sondern der *Existenz* ihrer Falschheit. Physikalisch bestritten werden kann nur die *Richtigkeit* des Inhaltes der Annahme, nicht aber seine *Existenz*. Die These: Alle Unwahr- heiten (aber auch bestimmte Abstraktionen und virtuelle Welten) entziehen sich in ihrer kognitiven Existenz dem naturwissen- schaftlichen Zugriff. Was sie bezeichnen, existiert, aber nur als Gedanke, nicht als physikalische Realität. Unter Bezug auf das Gehirn als naturwissenschaftliches Objekt: Wie ist es möglich, daß ein Gehirn, das auf allen seinen Ebenen (anatomisch, neurophy- siologisch etc.) und in allen seinen Elementen (Neuronen, Synapsen etc.) eine Ausdehnung *größer* Null besitzt, ausdeh- nungs*lose* Objekte (wie z. B. das Elektron) denken kann?! Sind also Geist und Gehirn doch nicht deckungsgleich? Ist Geist also zumindest doch nicht *alleine* mit naturwissenschaftlichen Mitteln erklärbar?

Die vorher genannten Ratlosigkeiten des Dualismus sind jedenfalls nicht schon für sich ein Argument für die Gültigkeit des Monismus. Die Beispiele zeigen: Was naturwissenschaftlich nicht sein kann, behält dennoch eine bestimmte Form der Existenz, nämlich die einer geistigen. In jedem Fall ist Vorsicht geboten, daß wir im Zeitalter der alles dominierenden Naturwissenschaften nicht Wesentliches von der Wirklichkeit des Geistes verlieren. Mit anderen Worten: Wir müssen auf der Hut sein, uns nicht im Trugschluß des Kantschen Fischernetzes zu verstricken: Ein Netz hält nur solche Fische zurück, die größer als die Maschen sind – worauf der Fischer das gefüllte Netz als Beweis dafür nimmt, daß es keine kleineren als die gefangenen Fische gibt. Ist das naturwissenschaftliche Netz also zu großmaschig, um all das aufzufangen, was zum Wesen des Geistes gehört?

Selbst eingefleischte Monisten wie Edelmann kommen gelegentlich ins Wackeln und machen Aussagen, die im Widerspruch zu ihren theoretischen Grundlagen stehen: „Wir sind einzigartige Wesen, die ... tief eingebettet sind in weltliche wie in geistige Materie". Wenn erklärte und radikale Monisten zwischen „weltlicher" und „geistiger Materie" zu unterscheiden beginnen, verliert der Begriff des Monismus seinen Sinn. Dualisten wie Eccles beginnen dualistisch und enden religiös, Monisten wie Edelmann beginnen monistisch und konvertieren zum Dualismus (oder oszillieren zwischen beiden). In den klassischen Kategorien von Dualismus und Monismus und in den etablierten Formen der philosophischen Auseinandersetzung kommen wir also nicht weiter.

Um zumindest die *Chance* für eine konsistente Beantwortung der Frage nach dem Verhältnis von Geist und Gehirn zu erhalten, benötigen wir dringend anatomisches und neurophysiologisches Grundwissen über die Struktur und die Funktionsweise des Gehirns – auch wenn die zuständige Wissenschaft, die Neurobiologie, noch ganz am Anfang steht. Hirnforscher räumen selbst ein, daß die Erklärungskraft ihrer Theorien unter *kognitiven*

Interpretationen aus vielerlei Gründen noch sehr zu wünschen übrig läßt. Nicht nur das junge Alter der Disziplin ist der Grund für das im Vergleich mit der altehrwürdigen Physik noch unvollständige und manchmal auch unpräzise Wissen (für den Reifegrad naturwissenschaftlicher Theorien gibt es einen guten Indikator: ihr Mathematisierungsgrad), sondern auch der Umstand, daß das Gehirn die möglicherweise komplizierteste und komplexeste materielle Struktur des Universums ist, mit Sicherheit jedoch die schwierigste, mit der sich die Wissenschaft heute befaßt. Von diesem Anfangszustand, dem besonderen Schwierigkeitsgrad des Untersuchungsgegenstandes und dem damit verbundenen gelegentlich unbefriedigenden Zustand der Theorie lassen wir uns aber nicht abschrecken, denn erstens verfügen wir über keine bessere Quelle, zweitens hat die Neurobiologie in den letzten Jahren große Fortschritte gemacht und drittens wußte schon Shackles: Es ist besser, vage ungefähr Richtiges als sehr präzise Falsches zu sagen. Mit rein philosophischen Debatten ist jedenfalls kein Ergebnis zu erwarten.

So gehen wir in die nächste Runde mit der festen Überzeugung, daß die Frage nach dem Geist mit rein geisteswissenschaftlichen Mitteln nicht beantwortet werden kann. Nach über 2000 Jahren vergeblicher oder unzureichender philosophischer Erklärungsversuche ist nun die Neurobiologie gefragt. Sicher ist: Ohne ihr Wissen kann die Frage nach dem Denken nicht wissenschaftlich beantwortet werden. Der Grund: Ohne Aktivität des Gehirns stellt sich kein Denken ein. Nicht sicher dagegen ist, ob die Neurobiologie die Frage zureichend beantworten kann. Hier erwarten wir eher das Gegenteil: Es werden Fragen offen bleiben, möglicherweise solche, welche die Neurobiologie schon deshalb nicht beantworten kann, weil Denken vielleicht doch mehr als ein *neuro*biologischer Vorgang ist.

Herz des Verstandes

Das Gehirn ist unbestritten das Zentralorgan unserer gesamten Existenz. Sogar der Tod eines Menschen wird am Tod seines Gehirns bestimmt: Stellt es seine Aktivität ein, hört der Mensch – auch als juristische Person – auf zu existieren. In (fast) alles involviert, produziert es (im Glücksfall) nicht nur die anspruchsvollsten Gedanken, sondern regelt auch die banalsten Ereignisse des Alltags. Ein Beispiel: Legt jemand von hinten seine Hand leicht auf meine linke Schulter, so drehe ich den Kopf nicht nach rechts, sondern nach links. Das Besondere: Obwohl physikalische Prozesse im Spiel sind, ist der *Grund* für die Drehung nicht physikalischer Natur. Nicht das als Druck empfundene *Gewicht* der fremden Hand macht meinen Kopf drehen, sondern im Gehirn gespeicherte und dann verwertete *Information*: Der Druck der Hand ist ein *Zeichen* dafür, daß jemand hinter mir steht und etwas von mir will, und *deshalb* drehe ich den Kopf. Wie kommt ein solches Leistungsspektrum des Gehirns zustande, das von der Aufnahme einfacher Signale und der Steuerung einfacher motorischer Funktionen bis zur Formulierung der epochalen Relativitätstheorie reicht? Was macht das Gehirn so leistungsfähig?

Nicht die unserem Gehirn zugrundeliegende Materie (Kohlenstoff, Sauerstoff, Wasserstoff, Stickstoff etc.) ist das Besondere, sondern deren spezielle Organisation. Grob gesehen, ist das Gehirn zunächst in zwei (miteinander verbundene) Hälften geteilt (Hemisphären):

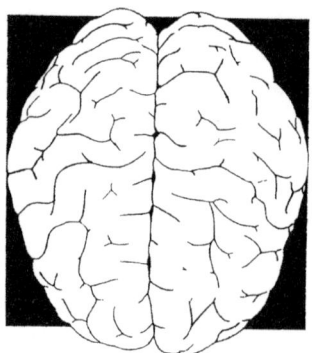

Dieser anatomischen Teilung in eine linke und eine rechte Hälfte entsprechen unterschiedliche Funktionen. So ist die linke Hirnhälfte in erster Linie für Sprache und analytische Prozesse und die rechte primär für Räumliches und Kreatives zuständig (jedenfalls in der Regel). Unterhalb dieser groben hemisphärischen Teilung gibt es weitere anatomische Differenzierung, insbesondere eine Dreiteilung nach „Reptilienhirn" (Hirnstamm), älteres und jüngeres Säugtierhirn (Zwischenhirn/Neocortex):

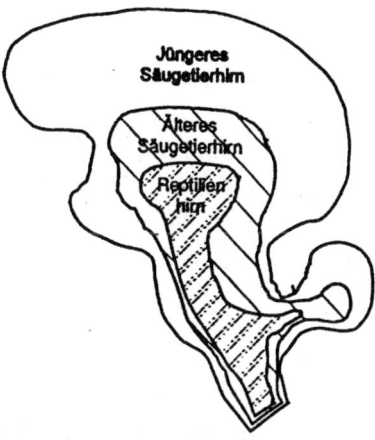

Diese drei Teile sind in der Evolution zu unterschiedlichen Zeiten entstanden und erfüllen unterschiedliche Funktionen:
- Das „Reptilienhirn" entstand vor ca. 250 Millionen Jahren. Es steuert stereotype Verhaltensmuster aufgrund von Instinkten und *Reflexen.*
- Das ältere Säugetierhirn (und das limbische System) sind vor ca. 165 Millionen Jahren entstanden und regeln *Gefühle* und Triebe.
- Das jüngere Säugetierhirn (als jüngster Teil der wiederum dreiteiligen Großhirnrinde) ist vor ca. 50 Millionen Jahren entstanden. Es ist der Ort allen *Lernens* (Lesen, Schreiben etc.) und damit der Teil, der mit dem Denken im engeren Sinne in Verbindung gebracht wird.

225

Nicht die dreiteilige Architektur und die genannte Funktionszuweisung, wohl aber ihre zeitliche Einordnung wird inzwischen bestritten. Nach Roth sind nämlich alle drei Hirnteile zur *gleichen* Zeit entstanden (und alle Wirbeltiere sind mit allen drei ausgestattet). Welche Auffassung die richtige ist, können wir nicht entscheiden. Aber unabhängig davon, stoßen wir schon hier auf eine erste zeittheoretisch interessante Besonderheit: Eine entwicklungsgeschichtlich viele Millionen Jahre zurückliegende Vergangenheit ist in der Gegenwart unseres Gehirns wirksam. Wer *jetzt* denkt, tut dies auf der Grundlage einer anatomischen Struktur, die weit in die *Vergangenheit* zurückreicht und stammesgeschichtlich weit *vor* der Entstehung des Menschen datiert (z. B. „Reptilienhirn"). Das Besondere: Die Vergegenwärtigung dieser fernen Vergangenheit hat keine materielle, sondern eine informationelle Form: Nicht die Materie unseres Gehirns ist viele Millionen Jahre alt, sondern die Information, die diese Vergangenheit repräsentiert. Diese informationelle Vergegenwärtigung der Vergangenheit leistet das Gehirn unabhängig davon, ob McLean oder Roth in der zeitlichen Einordnung der drei Gehirnteile recht hat: In jedem Fall ist unser jetziges Verhalten durch Information (mit-)bestimmt, deren Entstehung in graue Vorzeit zurückreicht (siehe z. B. auch den Saugreflex des Säuglings). Den Streit um die zeitliche Zuordnung lassen wir hinter uns und interessieren uns jetzt für die neurobiologisch unbestrittenen Strukturen, Funktionen und Eigenschaften des Gehirns, insb. von Neocortex und limbischem System.

Beim menschlichen Gehirn (wie auch bei Delphinen und Elefanten) ist der Neocortex außergewöhnlich groß: Er beansprucht etwa die Hälfte des gesamten Hirnvolumens. Auffällig an seinem Aufbau ist die starke Faltung. Durch sie ist es möglich, im kleinen Volumen unseres Schädels so viel Masse unterzubringen: Der Neocortex hat eine Fläche von immerhin 2200 cm^2. Der Grad seiner Faltung und seine Größe (im Verhältnis zum Gesamthirn) sind ein guter erster Indikator für das Entwicklungs*niveau* eines Gehirns (so ist im Unterschied zum Menschen der Neocortex bei Salamandern klein und ungefaltet). Da er insb. für Lernprozesse zuständig ist, hat er in einem besonderen Maße eine besondere Eigenschaft: Plastizität. Die (innere) Struktur des Neocortex steht also nicht ein für allemal fest, sondern ist in ständiger Veränderung. Unter der Schädeldecke geht es zu wie in einem Ameisenhaufen: Bewegung, Bewegung, Bewegung. So und nur so kann sich das Gehirn an sich ständig ändernde Umwelten anpassen. Würde ihm die Eigenschaft der Plastizität fehlen, hätte sich der Mensch nicht aus Afrika entfernen und um den Erdball ausbreiten können.

Auch aus einem anderen Grund ist der Neocortex von besonderer Wichtigkeit: Er ist der Bereich des Gehirns, in dem Sinnesreize aus der Außenwelt, Daten des Erinnerungssystems aus der Innenwelt und Bewertungen der Daten und Reize zusammentreffen. Aufgrund dieser Besonderheit einer „Konvergenzzone" ist der Neocortex der Ort, wo Bewußtsein und Selbstbewußtsein entstehen und wo die drei Modi der Zeit (Vergangenheit, Gegenwart, Zukunft) unterschieden und erfahrbar werden. Da Bewußtsein und Selbstbewußtsein, Sprache und Zeiterfahrung tragende Komponenten der menschlichen Individuation sind, ist der Neocortex für uns von besonderem Interesse. Ist er geschädigt, schlägt das Herz zwar noch weiter, aber die Persönlichkeit hört auf (oder ist dramatisch gestört).

So sehr er sich unter den genannten Funktionen vom Hirnstamm und Zwischenhirn abhebt, isoliert ist er nicht, im Gegenteil: Er wechselwirkt ständig mit ihnen. Philosophisch besonders interessant ist seine enge Beziehung zum limbischen System. Nicht nur deshalb, weil letzteres der Ort ist, wo unsere Gefühle entstehen und geregelt werden, sondern auch deshalb, weil wider Erwarten nicht der Neocortex, sondern das limbische System die zentrale *Bewertungs*instanz des *gesamten* Gehirns ist (es ist sozusagen das Herz des Verstandes). Wir sind an einem wichtigen Punkt: Denken und Fühlen sind nicht unabhängig voneinander. *Alles*, was wir denken (mag der Gedanke auch noch so abstrakt sein), muß vor der Bewertungsinstanz des limbischen Systems bestehen. Der Psychoanalytiker Sigmund Freud (gest. 1939) hat den Gedanken als erster in die Welt gesetzt: Das seit dem klassischen Griechenland geltende Modell des Menschen als animal rationale (als verstandesgeleitetes Lebewesen) hat Freud durch das Modell des „animal emotionale" ersetzt. Mit der zentralen Bewertungsfunktion des limbischen Systems hat die Neurobiologie Freud auf ihre Weise empirisch nachträglich bestätigt: Nicht der Neocortex (Verstand), sondern das limbische System (Gefühl) entscheidet darüber, ob etwas zum Gedanken wird – und zwar nach dem Lust-Unlust-Prinzip (oder davon abgeleiteter Prinzipien). Nun verstehen wir etwas besser, warum Mathematiker von der „Schönheit" und „Eleganz" eines Beweises sprechen und seine Wahrheit meinen, und Heisenberg die Symmetrien physikalischer Theorien mit ihrer Schönheit begründet. Da das limbische System als Herz des Verstandes mitten in selbigem schlägt, wundert es nicht, daß bei all dieser Lust und Unlust der Gedanken gelegentlich ihre Wahrheit auf der Strecke bleibt.

Wir wollen festhalten: Das Gehirn ist hochgradig dynamisch und funktional differenziert, es denkt und fühlt (und das in Abhängigkeit voneinander), und es hat besondere Eigenschaften (Plastizität *und* Erinnerungsvermögen), die ihm die Erfahrung der Zeit, also des Unterschiedes von Vergangenheit und Zukunft, ermöglichen. Wer an altes sich erinnern wie auch neues sich vorstellen kann, gehört immer schon zur Spitze der Evolution. Daß das Gehirn bei diesen hohen und sehr unterschiedlichen Anforderungen viel zu arbeiten hat, zeigt sich in seinem Energiehaushalt: Ein menschliches Gehirn verbraucht 20-25 % der gesamten Körperenergie – obwohl es mit einem Gewicht von 1,5 kg nur ca. 2 % einer durchschnittlichen Körpermasse ausmacht. Warum und auf welche Weise verbraucht das Gehirn so viel Energie? Aus den groben anatomischen Erläuterungen (hemisphärische Aufteilung, dreiteilige Architektur) läßt sich der hohe Energieverbrauch noch nicht erklären. So steht bald ein Wechsel von der anatomischen zur neurophysiologischen Beschreibungsebene an, von der Funktion zur Arbeit, denn Energie wird nur in *Prozessen* verbraucht. Welche Bausteine regeln die Prozesse und was passiert in unserem Kopf, wenn er das tut, was wir so einfach „denken" nennen? Klar muß sein: Das Unterfangen ist zirkulär, denn der Versuch ist, das Gehirn mit dem Gehirn zu erforschen.

Abermilliarden von Neuronen

Die zentralen Grundbausteine des Gehirns sind die Neurone. Sie leisten viel und sind rund um die Uhr im Einsatz – ob wir träumen, rechnen, lieben oder hassen. In erster Näherung kleinen Computern vergleichbar, beträgt ihre Anzahl nach konservativen Schätzungen 10^{11}, also 100 Milliarden pro Gehirn (neuere Schätzungen gehen sogar bis zu einer Billion). Diese 100 Milliarden Neurone, jedes mit einer individuellen Gestalt, sind nicht isoliert voneinander, sondern hochgradig verbunden. Die Kontaktstellen heißen „Synapsen". Ein einzelnes Neuron hat im Durchschnitt 10.000 davon, also 10.000 Verbindungen zu anderen Neuronen. Die Gesamtzahl der Verbindungen wird auf 10^{15} geschätzt. So hat jedes Gehirn 1 Billiarde Synapsen (nach den neueren höheren Schätzungen der Anzahl der Neuronen wäre die Anzahl der Synapsen entsprechend höher). Damit nicht genug. Hinzu kommen sogenannte Gliazellen, die in der Anzahl die der Neuronen noch weit übertreffen und deren Aufgabe es ist, diese zu stützen und zu nähren.

Schon diese Elementzahlen unseres Gehirns sind so gewaltig, daß uns jede konkrete Vorstellung dafür fehlt. 100 Milliarden kleine Computer im Kopf? Die Schwierigkeiten beginnen also schon hier, in der quantitativen Erfassung der Zahl der Bausteine unseres eigenen Gehirns. Noch schwieriger wird es sein, zu begreifen, wie aus dieser riesigen Anzahl von Elementen eine Koordinationsleistung hervorgehen kann, die das erst ist, was wir „denken" nennen; denn es sind nicht einzelne Neurone, sondern komplexe und über das ganze Gehirn verteilte und parallel arbeitende Verbindungen von ihnen, die denken machen. Und alles passiert, ohne daß wir etwas davon bemerken.

Vielleicht sind wir hier schon beim „ignorabimus" („wir werden nicht erkennen"): So können wir zwar wissen, *was* wir denken, aber nicht wissen, *wie* wir denken. Doch zum Aufgeben ist es zu früh! Bevor wir nach der Art der Wechselwirkung und Koordination der Neuronen fragen, versuchen wir in Anlehnung an Edelmann zunächst eine konkretere Vorstellung über die

Elementzahlen des Gehirns. Am Beispiel der Synapsen: Wenn ein einzelner Mensch die 10^{15} Synapsen seines Gehirns zählen sollte und als Zählzeit für eine Synapse eine Sekunde zur Verfügung stünde, so müßte er 32 Millionen Jahre alt werden, weil er 32 Millionen Jahre lang ununterbrochen zählen müßte, bis er die letzte der 10^{15} Synapsen abgezählt hätte – also eine wirklich gigantische Elementezahl (zum Vergleich: Die Anzahl der Elementarteilchen des Universums wird auf 10^{82} geschätzt, und die Anzahl der Menschen auf dem gesamten Erdball beträgt zur Zeit 6 Milliarden).

Da die *Ausmaße* des Gehirns relativ zur Anzahl seiner Elemente klein sind (es paßt in eine große Hand), muß die *Dichte* seiner Elemente extrem hoch sein. So enthält Gehirnmasse von der Größe eines Streichholzkopfes ca. 1 Milliarde Synapsen. Und im sog. primären visuellen Kortex befinden sich auf einem Quadratmillimeter bis zu 350.000 Neurone. Und alles ist miteinander hochgradig verschaltet und ständig in Aktion. Würde man alle Schaltleitungen des Gehirns zu einer einzigen Kette verbinden, ergäben sie eine Strecke von ca. 500.000 km (also mehr als 10 mal um den Erdball).

Welche Koordinationsleistungen das Gehirn bei dieser gigantischen Anzahl von Elementen und Verbindungen zu erbringen hat und auch tatsächlich (und im Regelfall fehlerfrei) erbringt, d. h. daß aus einem solchen Wirrwar von Komponenten und Leitungen klares Denken entsteht, kann nur Staunen machen. Jedenfalls bestätigt sich die These, daß unser Gehirn das komplexeste stoffliche Gebilde ist, mit dem sich die Wissenschaft zur Zeit befaßt – und vielleicht jemals befassen wird.

In der Neurobiologie gibt es, trotz unterschiedlicher Auffassungen in manchen Details, ein allgemein gültiges Dogma: Alle Leistungen des Gehirns (Denken, Fühlen, Wahrnehmen etc.) sind Folgen der aufeinander abgestimmten Leistungen einzelner Neurone. Ein davon unabhängiges und höher liegendes Geheimnis gibt es nicht. Philosophisch gesehen, bewegen wir uns also im Modell des Monismus: Denken *ist* neurobiologische Aktivität des Gehirns. Der Dualismus von Geist und Materie hat in diesem Modell keinen Platz. Wir wollen deshalb jetzt wissen, wie diese alles leistenden Neurone aussehen und wie sie miteinander wechselwirken. Dazu eine grobe Schematisierung von Edelmann:

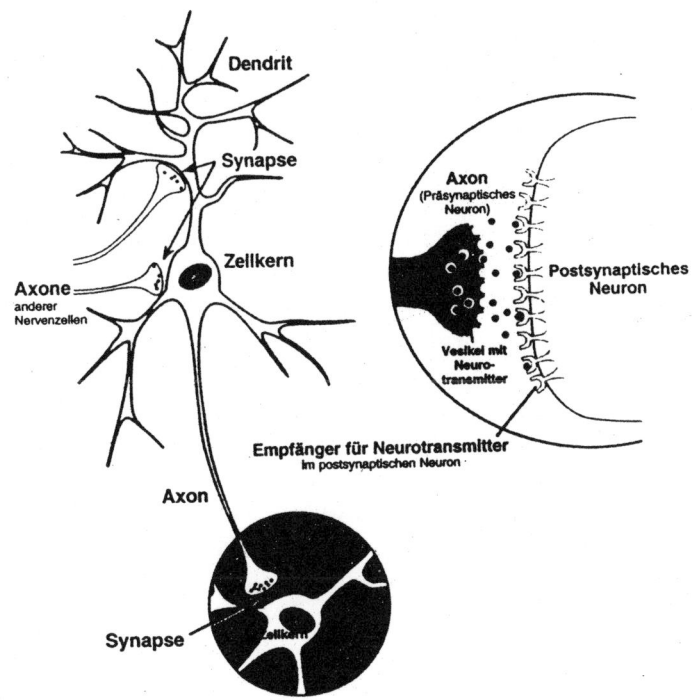

Ein Neuron besteht aus einem Zellkörper mit einem Zellkern, in dem genetische Information gespeichert und der von Zellplasma umgeben ist. Daß genetische Information im Zentrum der Zelle sitzt, heißt nicht, daß unser Gehirn nur durch unsere Vorfahren, also durch die Vergangenheit bestimmt wird. Die Information legt nämlich im Regelfall lediglich die Rahmenbedingungen fest, unter denen das Gehirn arbeitet und sich entwickelt – bestimmt aber nicht die konkrete Ausgestaltung seiner Struktur. Letztere entsteht durch Wechselwirkung mit der

Außenwelt. *Daß* gedacht werden kann, ist in den Genen begründet, *was* gedacht wird, hat dagegen andere, äußere Ursachen. Deshalb verfügt jedes Neuron über (meist mehrere, weit verzweigte und sehr unterschiedlich geformte) Dendriten, die für eingehende Signale als Empfangssystem der Zelle dienen. Hat ein Dendrit ein Signal aus der Außenwelt (z. B. ein akustisches) empfangen, so leitet er es an den Zellkörper weiter. Hier summieren sich die eingehenden Signale. Erreicht ihre Intensität einen bestimmten Schwellwert, so leitet die Zelle die Nachricht an eine Nachbarzelle weiter. Diese Aufgabe hat das Axon. Sind die Dendriten also das Empfangssystem der Zelle, so hat das Axon die Aufgabe eines Sendesystems. Wie bei den Dendriten, so gibt es auch hier keine Einheitlichkeit: Die Länge der Axonen ist von Zelle zu Zelle sehr unterschiedlich, sie kann Bruchteile von Millimetern oder mehr als einen Meter betragen.

Aber wie kommt die Übertragung der Signale zustande? Ihren Vollzug regeln die Synapsen. Sie sind die Schaltstellen der Zellen, in denen Signale an Nachbarzellen weitergegeben werden. Es gibt zwei Typen von Synapsen: erregende und hemmende. Erregende Synapsen setzen entweder am ‚Dorn' eines Dendriten oder direkt an ihm an, hemmende Synapsen am Zellkörper. Auf den einfachsten nachrichtentechnischen Nenner gebracht: Neurone bestehen aus einem Empfänger, einer Verarbeitungseinheit und einem Sender.

Das Gehirn sieht, nicht das Auge

Nun wollen wir etwas genauer wissen, was bei einem konkreten Wahrnehmungsakt in unserem Kopf passiert, wenn wir also z. B. die Sonne betrachten. Unsere Alltagsvorstellung darüber, wie Wahrnehmung funktioniert, steht erstens unter der Grundannahme, daß wir mit unseren Augen sehen und zweitens, daß der Akt der Wahrnehmung einer einfachen Abbildung gleicht. So hat die Sonne, die wir beobachten, die Geometrie einer Kreisfläche. Und wir sehen sie deshalb als rundes Objekt, weil sie in der physikalischen Wirklichkeit die Eigenschaft der Rundheit besitzt und weil diese Eigenschaft „irgendwie" von der Sonne zu unserem Auge übertragen wird – und diese formerhaltende Übertragung ist letztendlich der Grund, warum wir die Sonne als rundes Objekt sehen. So verhält es sich mit allen Eigenschaften der Sonne. Der Wahrnehmungsakt ist also nach unserer Alltagsauffassung eine konkrete Abbildung der Form, Farbe, Größe, Bewegung etc. der Außenwelt (analog zu einer Abbildung in einem Spiegel oder in einer Kamera).

So selbstverständlich diese Beschreibung aus der Sicht des Alltags auch sein mag, sie widerspricht *vollständig* dem heutigen Stand des neurophysiologischen Wissens. In einem Satz: Nicht das Auge sieht, sondern das Gehirn. Sehen wir also die Sonne, so ist das, *was* wir sehen (ihre Farbe, ihre Form etc.) keine Leistung des Auges, sondern des Gehirns. Das Auge ist nur das Fenster zur Außenwelt, und die dort ankommenden Signale müssen ins Innere des Gehirns weitergeleitet werden – und erst dann sehen wir. Die Analogie zur Kamera gilt nur für den ersten Moment (und auch das nur beschränkt) bzw. genauer: nur für die *Vorbereitung* der Wahrnehmung, wenn die Augenlinse nämlich auf die Netzhaut ein (umgekehrtes) Bild des betrachteten Gegenstandes wirft. Wir müssen uns an die Merkwürdigkeit des Sachverhalts erst noch gewöhnen: Mit dem optischen Vorgang der umgekehrten Abbildung des Außenweltobjektes auf die Netzhaut des Auges *sehen* wir noch *nichts*, denn die Abbildung muß in einem zweiten Schritt von der Netzhaut ins Gehirn weitergeführt werden. Zunächst ist es so, als würden wir *hinter* einem Spiegel stehen: Die Sonne wäre zwar auf dem Spiegel abgebildet, aber wir würden sie noch nicht sehen. Wie erlangt das Gehirn dann Kenntnis von dem Vorgang im Auge, und das auf eine Weise, daß aus dem optischen Vorlauf des Signals im Auge eine Wahrnehmung im Gehirn entsteht? Was zwischen dem Auge und dem für visuelle Signale zuständigen Bereich des Gehirns mit den Bild-Signalen der Außenwelt geschieht, wirft alles um, was uns an Vorstellung über diese Übertragung intuitiv zur Verfügung steht.

Zunächst geht es um eine entscheidende Schnittstelle, nämlich um die zwischen dem *optischen* Bereich des Auges, für den die bekannten physikalischen Gesetze gelten (Lichtbrechung in der Augenlinse etc.) und dem *neuralen* Bereich des Auges, der von anderen Gesetzen bestimmt wird. Bei diesem Übergang von der Optik zur Physiologie passiert dramatisches: Wenn die optischen Signale beliebiger Objekte der Außenwelt (Sonne, Stuhl, Mensch etc.) in Form von Photonen das Auge erreichen, so müssen sie zunächst einmal mehrere Schichten des Auges passieren (Hornhaut, Pupille, Linse), bis sie von *licht*empfindlichen Sinneszellen aufgenommen werden. Und nun das Entscheidende: Die „Sprache" des Lichtes verstehen zwar die Sinneszellen des *Auges*, aber sie wird nicht von den Nervenzellen des *Gehirns* verstanden. Allgemeiner: Das Gehirn ist für Signale der Außenwelt, hier: elektromagnetische Wellen, nicht empfänglich. Würde also mit dem Licht der Außenwelt, d. h. mit ihren optischen Signalen, an dieser Stelle nichts weiter geschehen, so könnten wir ihre Objekte niemals sehen. Deshalb haben die Sinneszellen die Aufgabe, die Umweltreize (hier: Licht) in eine „Sprache" umzuwandeln, die das Gehirn versteht. Mit anderen Worten: Die Sinneszellen des Auges müssen den Reiz der Außenwelt in eine Erregung des Gehirns umsetzen. Was passiert?

Die einzige „Sprache", auf die das Gehirn reagiert, sind elektrische Impulse. Das Problem: Licht und nicht Elektrizität trifft unser Auge. Also müssen die Sinneszellen die *optischen* Signale aus der Außenwelt *vor* dem Eintritt ins Gehirn in *elektrische* Impulse übersetzen. Licht versteht das Gehirn einfach nicht. Sind die Signale aus der Außenwelt erst einmal in der elektrischen Sprache des Gehirns codiert, so arbeiten seine Neurone immer und nur auf diese eine Weise: Sie werden durch die von den Sinneszellen kommenden Impulse in ihrem Aktivitätszustand verändert, d. h. sie werden elektrisch erregt oder gehemmt. Auf den einfachsten Nenner gebracht: es fließt Strom oder es fließt kein Strom. Die Photonen der Außenwelt, also die Lichtsignale ihrer Objekte, sind dann längst und vollständig verschwunden. Physikalisch geschieht dabei folgendes: Die in das Auge einfallenden Photonen schlagen in die Atome (bzw. genauer: in die Atomhüllen) der Sinneszellen des Auges ein, werden dort absorbiert und verändern durch Energieübertrag das Energieniveau der Atome. Nachdem komplizierte fotochemische Prozesse durchlaufen sind, können die Sinneszellen elektrische Impulse an die Nervenzellen des Gehirns weiterleiten. Die Aufgabe der Neuronen besteht dann darin, die von der Außenwelt kommende *Energie* (zunächst Licht, dann elektrische Impulse) in *Information* über diese Außenwelt zu übersetzen. Diese Übersetzung von Energie in Information ist die einzigartige Leistung des Gehirns.

Wenn wir beim Beispiel der Sonne bleiben: Nicht ihre Farbe (rot) und nicht ihre Form (Rundheit) und auch keine ihrer sonstigen Eigenschaften passieren unser Auge und gelangen in unser Gehirn, sondern ausschließlich die Klicks der elektrischen Impulse. Wir nehmen die neurobiologische Beschreibung zunächst zur Kenntnis, bleiben aber gegenüber der *totalen* elektrischen Reduktion der Außenwelt skeptisch; denn schließlich *sehen* wir ja z. B. die *Rundheit* der Sonne und erfahren nicht von der Kreisform abweichenden *Elektronen*fluß. Zwischen den *elektrischen* Klicks im Gehirn und unserer *optischen* Information über die Objekte der Außenwelt klafft noch eine Lücke.

Und es wird noch rätselhafter, denn das Gehirn verweigert sich der Konkretheit der Außenwelt nicht nur radikal, sondern auch konsequent: Es versteht überhaupt keine spezifischen Signale von ihr. Die elektrische Einheitssprache gilt also nicht nur für die Umwandlung *optischer* Signale, sondern sie gilt für *alle* Umweltereignisse: für Schallwellen (Ohr), für chemische Duftmoleküle (Nase) und auch für mechanischen Druck (Haut). Am Beispiel des Ohrs: So wie wir nicht mit dem Auge, sondern mit dem Gehirn sehen, hören wir auch nicht mit dem Ohr, sondern wiederum mit dem Gehirn. Nehmen wir also nicht das gesehene *Objekt* Sonne, sondern das gehörte *Wort* „Sonne", so geschieht exakt dasselbe wie beim Sehen. Wird das Wort „Sonne" akustisch ausgesprochen, so passiert folgendes: So wie das Licht beim Auftreffen auf die Netzhaut des Auges, wird der Schall in speziellen Sinneszellen des Ohrs ebenfalls in elektrische Impulse umgewandelt. So wie vorher das Licht, verschwindet also auch der Schall auf dem Weg ins Gehirn, und übrig bleiben elektrische Impulse, die die Nervenzellen des Gehirns erregen. Und erst *danach* hören wir. Rätselhaft ist also nicht die Umwandlung von Schall in elektrische Impulse, sondern der Zeitpunkt des *Hörereignisses*. Es erscheint uns absurd: Erst wenn in den Sinneszellen das Licht (der Sonne) ausgeknipst bzw. der Schall (des Wortes) verstummt ist, sehen bzw. hören wir.

Dieser von Neurobiologen erzählten Geschichte trauen wir aus der Alltagsperspektive noch nicht, vielleicht tut sich Neues bei der weiteren Übertragung der Signale ins Innere des Gehirns (z. B. eine Rückumwandlung der elektrischen in akustische bzw. optische Signale), das uns den Seh- bzw. Hörakt dann verständlich macht. Wie geht es also weiter? Wir stehen zur Zeit ja noch ganz am Anfang des Wahrnehmungsprozesses, an der Schnittstelle zwischen dem physikalischen und dem neuralen Bereich der Sinnesorgane – genaugenommen erst bei seiner Vorbereitung. Den Grundvorgang der Signalübertragung ins Innere des Gehirns kennen wir schon: Wenn die elektrischen Impulse von einer Sinneszelle auf eine Nervenzelle übergegangen sind, werden sie zum Zellkörper des betreffenden Neurons weitergeleitet. Dort summieren sie sich auf und werden bei entsprechender Stärke über das Axon an eine Nachbarzelle übertragen. So „kommunizieren" die Zellen miteinander und geben die Signale aus der Außenwelt an ihre Nachbarzellen weiter.

Aber der Prozeß der Kommunikation zwischen den Zellen ist im Detail nicht ganz so einfach (siehe Abbildung S. 229). Die elektrischen Impulse laufen durch das Axon in Richtung Nachbarzelle und enden zunächst einmal in einer Synapse. Zwei Arten gibt es davon: elektrische und chemische. Bei den elektrischen Synapsen ist die Kommunikation mit der Nachbarzelle einfach: Der Kontakt zu ihr ist sehr eng, so daß die elektrische Erregung direkt übertragen werden kann. Komplizierter wird die Übertragung bei den chemischen Synapsen, die den Regelfall bilden und die wir deshalb etwas genauer betrachten wollen. Hier wird die Erregung nicht wie bei den elektrischen direkt übertragen, sondern durch *chemische* Botenstoffe (Transmitter). Und das auf folgende Weise:

Chemische Synapsen bestehen aus zwei Teilen: Aus einem prä-synaptischen Teil (Präsynapse), in dem sich die Vesikel mit den Neurotransmittern befinden, und aus einem postsynaptischen Teil (Postsynapse). Der präsynaptische Teil ist meist das Endknöpfchen eines Axons, und der postsynaptische Teil z. B. ein Stück eines Dendriten einer Nachbarzelle. Das Besondere: Prä- und Postsynapse sind nicht direkt miteinander verbunden, sondern durch einen kleinen Abstand voneinander getrennt. Nun gehen wir wieder zum elektrischen Anfangszustand des Signals. Wie kommt also das elektrische Signal, das durch das Axon in die Präsynapse gelangt ist, „auf die andere Seite", zur Nach-barzelle also? Ganz einfach: Erreicht ein elektrisches Signal in aus-reichender Stärke die Präsynapse, so schütten die dort wartenden Vesikel eine chemische Substanz aus, nämlich die o. g. Transmitter (erregende Transmitter: Acetylcholin, Serotin, Glutamat etc. – nach ihrem Verbrauch werden sie erneuert). Der bis dahin elek-trische Vorgang der Signalübertragung wird hier also auf diese Weise in einen chemischen überführt. Durch die Ausschüttung der Botenstoffe (Transmitter) wird der synaptische Spalt zwischen den beiden Neuronen überbrückt (technisch gesprochen: der Schalter wird geschlossen). Die Transmittermoleküle durchque-ren den flüssigkeitsgefüllten Spalt und werden von Rezeptoren in der Postsynapse der angrenzenden Zelle aufgenommen – und dort werden sie wieder in *elektrische* Impulse umgewandelt und in die nächste Nachbarzelle weitergeleitet. Also: Der Reiz erreicht in elektrischer Form die Präsynapse, wird dort in einen chemischen Reiz umgewandelt, der im postsynaptischen Bereich der Nachbarzelle dann wiederum in einen elektrischen Reiz über-tragen und in dieser elektrischen Form in der bekannten Weise weitergeleitet wird. Die Richtung des Signalflusses ist asymme-trisch: immer vom prä- zum postsynaptischen Teil. Der Grund: Nur in den Präsynapsen befinden sich Transmitter. So erfährt das Gehirn abwechselnd auf elektrischem und chemischem Wege die Außenwelt. Und der Vorgang ist immer gleich, egal ob wir hören, sehen, riechen, schmecken oder tasten.

Einfalt der Neuronen gegen Vielfalt der Welt

Unsere Erwartung und Hoffnung, daß in der internen Verarbeitung des Gehirns eine Phase käme, in der die optischen bzw. akustischen Signale wieder *als* optische bzw. *als* akustische erscheinen, war also unbegründet. Auch daß zwischenzeitlich, nämlich bei der Übertragung von einer Zelle zu einer anderen, chemische anstatt elektrische Prozesse stattfinden, kann diese Erwartung nicht erfüllen. Das Gehirn bleibt also intern licht- und schallfrei – und zwar während der gesamten Zeit der Weiterleitung und Verarbeitung der Signale, einschließlich des konkreten Wahrnehmungsaktes als Resultat der Verarbeitung. Es bleibt also dabei: Auch in dem Moment, in dem wir das Objekt Sonne sehen oder das Wort „Sonne" hören, ist weder Licht noch Schall im Spiel. Allgemein: Die ungeheure Vielfalt der Welt wird in den Neuronen des Gehirns zur nicht unterbietbaren Einfalt elektrischer Impulse verdünnt: Klick, Klick, Klick. Die ganze Schönheit des Sonnenuntergangs, Größe, Form und Bewegung der Sonne, das sich verändernde Licht des Himmels, die scharfe Kontur des Horizontes, auch die Berührung einer Person, der Geschmack von Champagner, romantische Musik etc. – all das (und *alles* sonst) der Außenwelt verschwindet in der elektrischen Einfalt der Neuronen. Wir bleiben skeptisch.

Wie kann es sein, daß nicht die geometrische *Kreis*form der Sonne, sondern ausschließlich ihre in elektrische Impulse *umgewandelte* „Form" die Netzhaut unseres Auges passiert, wir aber dennoch die *Kreis*form sehen?! Wenn das Gehirn also nichts von der (optischen) *Geometrie* des Kreises wissen kann, weil seine Neurone für elektromagnetische Wellen unempfänglich sind, und wir dennoch den *Kreis* sehen... Das Ganze kommt uns spanisch vor – zumal uns die Neurobiologie lehrt, daß wir nicht mit dem Auge, sondern mit dem Gehirn sehen. Wenn die Sprache des Gehirns insofern neutral ist, als es jeden Vorgang der Außenwelt (akustisch, optisch etc.) in die *gleiche* Sprache übersetzt, woher kann es dann die *Unterschiede* der Außenwelt wissen? Wir zweifeln nicht daran, daß Sinneszellen Neurone elektrisch erregen, daß die elektrischen

Signale in den Nervenzellen weitergeleitet werden und über Synapsen zu den Nachbarzellen gelangen. Aber wir haben Zweifel daran, daß sich das Denken in diesen Prozessen erschöpft. Mit anderen Worten: Der Alltagsverstand stellt das Dogma der Neurobiologie in Frage und hält dagegen: Denken ist mehr als koordiniertes Feuern von Neuronen. Die Kritik mündet immer wieder in derselben Frage: Wie können wir einen *Kreis* sehen, wenn die Annahme stimmt, daß das *Gehirn* sieht, die *Geometrie* des Kreises aber nicht kennt? Und nicht einmal im Wege der Ableitung kann das Gehirn Kenntnis von der Geometrie des Kreises haben: aus elektrischer Erregung kann keine Kreisform abgeleitet werden.

Sind wir wieder an einer (dieses Mal neurophysiologischen) Lücke zwischen Geist und Gehirn? Zumindest sind wir an einer Lücke zwischen den Leistungen unseres Geistes und den Erklärungen dieser Leistungen durch die Neurobiologie. Es besteht erheblicher Erklärungsbedarf! Wir haben einiges über Funktionen, Strukturen und Prozesse des Gehirns erfahren und verstanden. Aber das Unbehagen bleibt, daß wir noch immer nicht allzuviel über das *Denken* wissen. Daß Bewußtsein nicht mehr ist als das Feuern von Neuronen, wie Dennett zum philosophischen Schutz des neurobiologischen Dogmas versichert, erscheint uns wenig überzeugend. Noch einmal: Wir haben (bis jetzt) keinen Grund, daran zu zweifeln, daß Neuronen in der (grob) geschilderten Weise funktionieren, wohl aber, daß dies schon alles ist. Andererseits räumen wir ein: Neuronen sind zwar nicht alles im Prozeß des Denkens, aber ohne Neuronen ist alles nichts, d. h. findet Denken nicht statt. Aber die Lücke zwischen elektrischen Impulsen und *Phänomen*wahrnehmung bleibt.

Da die Lücke grundsätzlicher Natur ist, also mit dem geschilderten Grundmechanismus der Einheitssprache der Neuronen im Zusammenhang steht, dürfte sich der Erklärungsbedarf kaum durch Detaillierung und Erweiterung der Information über die neurophysiologischen Vorgänge im Gehirn decken lassen. Das Grundprinzip kennen wir, aber es erklärt nicht oder nicht zureichend das, was wir „denken" nennen: Denken hat letztendlich immer und wesentlich mit *Phänomenen* (Makrozuständen) zu tun (wir sehen nun einmal Gesichter und nicht elektrische Impulse). Wissen wollen wir letztendlich, wie die *Phänomene* kognitiv entstehen – und nicht ihre (zwischenzeitliche) Umwandlung in elektrische Signale. Empirisch kommen wir an dieser Stelle nicht weiter. Was ansteht, ist ein wenig Theoriearbeit. Wir brauchen ein Modell des Denkens, unter dem die vorgestellten Ergebnisse der Neurobiologie interpretiert und vielleicht ergänzt werden können. Jedenfalls sind wir nicht bereit, die Grenzen der Erklärungsreichweite der heutigen Neurobiologie zu den Grenzen unseres Denkens zu machen. Wer nicht weiß, wie der Übergang von geometriefreien elektrischen Impulsen zur Geometrie eines Kreises im *Gehirn* vonstatten geht, ist unter *kognitions*theoretischer Frage selbst noch auf der Suche. Eines ist sicher: Kreise können nicht von elektrischen Impulsen *abgeleitet* werden. Also muß es eine Ebene der Informationsverarbeitung *jenseits* elektrischer Aktionspotentiale geben.

Dieser Schlußfolgerung versucht sich die Neurobiologie gelegentlich mit dem Ausweichmanöver „Emergenz" zu entziehen. Gemeint ist folgendes: Unsere Wahrnehmung z. B. eines Gesichtes entsteht „irgendwie" aus dem neuronalen Einheitsfeuer. Das Phänomen „Gesicht" wird nicht geleugnet, aber seine Existenz wird nicht als Hinweis dafür genommen, daß das neuronale Feuer vielleicht doch nicht alles ist, was das Gehirn tut. Das Gesicht geht „irgendwie" aus ihm hervor, nur weiß die Neurobiologie nicht wie. Aber genau um dieses „Wie" geht es, dann jedenfalls, wenn nicht das Neuron, sondern das *Denken* Gegenstand der Untersuchung ist. Auf emergenztheoretischem Wege wird das Problem nicht gelöst, sondern nur verschoben. Die Prognose: Wenn das „wie" geklärt ist, kippt das neurobiologische Dogma.

Bevor wir jedoch die Theoriearbeit aufnehmen, wollen wir unter dem unlösbaren Zusammenhang von Denken und Gehirn einige der aufschlußreichen und überraschenden Ergebnisse der Neurobiologie an konkreten Beispielen illustrieren. Im wesentlichen geht es darum, zu zeigen, daß unser Gehirn auf elektrische Reize *informationell* reagiert, daß der *Inhalt* einer Information auch von dem *Ort* abhängt, an dem sie im Gehirn repräsentiert ist und daß unsere Wahrnehmung der Außenwelt keine *einfache* Abbildung ist. *Daß* der Ort im Gehirn darüber (mit-)entscheidet, *was* wir erkennen (= topologisches Kriterium), kann die Wissenschaft heute im Experiment schon beweisen. *Wie* aus elektrischen Vorgängen eine Abbildung der äußeren Welt im Kopf entsteht, ist vom Status gesicherten und ausreichenden Wissens noch weit entfernt. Unsere kritische Haltung zur neurobiologischen Erklärung des Denkens vergessen wir nun aber zunächst einmal, sehen also ab von der Problematik, daß wir beim Anblick des Rheins keinen Elektronen-, sondern einen Wasserstrom sehen und suchen konkrete Bestätigungen für den gesicherten und bisher mehr abstrakt vorgetragenen Teil ihres Wissens, ein Wissen, das für eine Theorie des Denkens notwendig, aber nicht hinreichend ist.

Strom erzeugt Led Zeppelin

So wie Sigmund Freud über den Umweg kranker Seelen sein Bild vom gesunden Menschen entwickelte, so geben uns Neurochirurgen heute Kenntnis über unsere geistigen Prozesse und Funktionen auf dem Umweg erkrankter Gehirne – zum Beispiel von Menschen, die unter epileptischen Anfällen leiden. Heutzutage sind Operationen am Gehirn möglich, so daß die Hirnteile entfernt werden können, welche die epileptische Krankheit verursachen. Epilepsie ist eine schlimme Krankheit, die das Leben der Betroffenen beherrscht und sich ohne Vorwarnung in jeder Situation und zu jedem Zeitpunkt in einem Anfall entladen kann. Da wir schon wissen, wie komplex und wie kompliziert das menschliche Gehirn ist (100 Milliarden dicht zusammengepackte Neurone mit 1 Billiarde Synapsen), erahnen wir, wie schwierig und folgenreich solche Operationen sind – ein kleiner Fehler bei der Plazierung der chirurgischen Instrumente, und der Patient hat zusätzlich zu seiner Epilepsie z. B. noch den Verlust seiner Sprachfähigkeit zu ertragen. Gelingen sie aber, sind die

241

Betroffenen von einer großen Last lebenslang befreit und haben gelegentlich über das Verschwinden der Krankheit hinaus noch positive Nebenwirkungen: Z. B. verbessert sich in manchen Fällen das Erinnerungsvermögen nach einer solchen Operation.

Inwiefern sind nun aber Operationen für die Annahme eines unlösbaren Zusammenhanges von Geist und Gehirn im allgemeinen und für unsere Fragestellung nach der örtlichen Aufteilung von Gehirnfunktionen und der elektrischen Form ihrer Aktivitäten im besonderen, von Bedeutung? Bei aller Kritik am neurobiologischen Dogma – was die experimentelle Neurobiologie schon bewiesen hat, ist die Annahme, daß zwischen Geist und Gehirn eindeutige Korrelationen bestehen.

So schwierig, aufwendig und folgenreich operative Eingriffe ins Gehirn auch sind, sie haben im Vergleich mit anderen Operationen einen Vorteil: Sie können ohne Narkose bei vollem Bewußtsein vorgenommen werden. Der Grund: Dem Gehirn fehlen *schmerz*empfindliche Nerven. Offensichtlich ist es im Bett der starken Schädelknochen so gut geschützt, daß die Evolution auf einen Mechanismus der Vorwarnung durch Schmerz verzichten konnte. Genau diesen Verzicht machen sich Neurobiologen und Neurochirurgen zunutze, um die Funktionsweise des Gehirns auf direktem Wege zu entschlüsseln. „Direkt" heißt hier: Da der Patient nicht betäubt wird, kann der Chirurg ihn während der Operation fragen, ob und welche Wirkungen seiner Manipulationen er verspürt.

Und nun zur Sache! Wir stellen uns jetzt also eine solche Situation vor, in der ein Epilepsiepatient auf dem Operationstisch liegt. Natürlich wurde er vorher gefragt, ob er einverstanden ist, daß die Ärzte ihm nicht nur den kranken Teil (z. B. einen Tumor) aus seinem Gehirn entfernen, sondern daß sie mit ihm zusätzlich während der Operation ein paar kleine Experimente machen. Im wesentlichen bestehen sie darin, das offene Gehirn an verschiedenen Stellen mit einem elektrischen Stimulator zu reizen. Dieser Stimulator ist wie eine Art kleine Stabtaschenlampe, die in zwei Silberdrähten ausläuft, an deren Ende sich zwei kleine Kügelchen befinden, mit denen das freiliegende Gehirn berührt wird. Nach

der anderen Seite hin ist der Stimulator an einen Stromkreis ange-
schlossen. Wird er an eine bestimmte Stelle des Gehirns angelegt
und wird der Strom eingeschaltet, ist es die Aufgabe des Patienten,
seine Empfindungen mitzuteilen. Nehmen wir also an, der Patient
ist mit der Durchführung dieser Experimente einverstanden. Die
Operation kann also beginnen: Der Schädel wird aufgesägt, das
ausgesägte Stück des Schädelknochens entfernt, so daß des
Patienten Gehirn zum Eingriff freiliegt. Nun kann das Experiment beginnen.

Welche kognitiven Reaktionen bei Patienten alleine durch
schwache Stromzufuhr hervorgerufen werden können, haben der
Neurobiologe Calvin und der Neurochirurg Ojemann in beein-
druckender Weise gezeigt und beschrieben. Ein erster Eindruck:
Einmal hatten sie einen Patienten auf dem Operationstisch, dem
sie das Gehirn an einer bestimmten Stelle im sog. Temporallappen
mit dem Stimulator reizten. Der Strom ist bei diesen Reizungen
sehr schwach, weit unterhalb einer Stärke, die hektische
Reaktionen (wie bei einem „Stromschlag") auslösen könnte.
Bevor wir die Reaktionen des Patienten erfahren, versuchen wir
uns selbst vorzustellen, was passieren könnte: Der Strom ist
schwach, also wird er nicht zusammenzucken, eher ein leichtes
Kribbeln spüren oder irgendeine diffuse Wärmeempfindung
haben. Mehr fällt uns nicht ein. Was soll denn auch Großartiges
passieren, wenn man mit schwachem Strom in Berührung
kommt?! Aber wir liegen falsch mit unseren niedrigen Erwartungen. Nichts von dem Erwarteten passiert (und auch nichts
ähnliches), also nichts von einer Reaktion, die im Zusammenhang
mit dem *physikalischen* Reiz der Stromzufuhr zu erwarten gewesen wäre. Stattdessen reagierte das Gehirn des Patienten auf den
unspezifischen Reiz der Elektrizität erstens sehr spezifisch und
zweitens informationell: In dem Moment, in dem der elektrische
Stimulator mit seinem Gehirn in Berührung kam, hörte der
Patient Musik von Led Zeppelin – obwohl es weder im
Operationssaal noch außerhalb von ihm Musik (und schon gar
nicht die von Led Zeppelin) gab. Schallwellen der Außenwelt
waren also nicht im Spiel. Was es gab, war elektrische Stimulierung

– und sonst nichts. Und die Reaktion wiederholte sich, wann immer diese Stelle des Temporallappens elektrisch angeregt wurde. Gelegentlich gab es kleine Abweichungen: Zwar war es immer Musik von Led Zeppelin, aber es war nicht immer dasselbe Stück, immer aber Stücke von derselben Platte. Diese Abweichungen dürften dadurch verursacht sein, daß der Chirurg den Stimulator nicht jedesmal *exakt* an derselben Stelle, sondern mit einer gewissen Toleranz angelegt hatte – was die Richtigkeit des topologischen Kriteriums einmal mehr belegt: derselbe Stimulator mit der gleichen Stromstärke an einer anderen Stelle mit dem Gehirn in Kontakt gebracht, führt zu unterschiedlichen Reaktionen. Das Besondere: Die Reaktion des Patienten vollzieht sich auf einer neuen, höheren Ebene: Musik von Led Zeppelin ist kein elektrisches, sondern ein akustisches Phänomen. Und das akustische Phänomen kann (wie der optische Eindruck vom Rhein oder wie der Geruch von Knoblauch) nicht aus den Gesetzen der Elektrizität abgeleitet werden. *Wie* die Musik im Gehirn des Patienten entstanden ist, zeigt das Experiment also nicht. Was es zeigt ist, daß Musikempfindung durch elektrische Stimulation *ausgelöst* werden kann und daß dies an einer *bestimmten* Stelle des Gehirns geschieht. Aufgrund des Experimentes ist zu vermuten, daß das gesamte Gehirn in diesem Sinne kartographiert ist. Um diese Hypothese zu überprüfen, folgen wir weiter den Versuchen von Calvin und Ojemann und wechseln zu einer anderen Region des Gehirns.

Wieder berühren die beiden Silberdrähte des Stimulators mit den aufgesetzten Kügelchen das freiliegende Gehirn – nur eben an einer anderen Stelle. Dieses Mal sind unsere Erwartungen über seine Reaktionen konkreter als beim ersten Mal. Daß der unspezifische elektrische Reiz zu einer spezifischen Reaktion des Patienten führen wird, damit rechnen wir also schon. Aber *was* wird er bei der nächsten elektrischen Reizung über die Wirkung sagen? Hört er dieses Mal vielleicht Musik von den Rolling Stones oder von Beethoven? Nichts von alledem! Dieses Mal hatte der Chirurg das Gehirn offensichtlich in einem völlig anderen Zuständigkeitsbereich angeregt, ein Bereich, der nicht für das

Ohr, sondern für den Tastsinn zuständig ist. Unmittelbar nach dem Kontakt mit dem Stimulator sagte der Patient nämlich „Jemand hat meine Hand berührt!" Aber niemand war an dieser Stelle, der seine Hand hätte berühren können. Den einzigen Kontakt, den es zwischen ihm und seiner Umwelt im Moment der Empfindung gab, war der in einem bestimmten Bereich seines Gehirns angelegte Stimulator. Und obwohl der elektrische Reiz mit dem vom ersten Mal identisch war (er war weder stärker noch schwächer), hörte er nun also keine Musik mehr, sondern hatte das Empfinden, an der Hand berührt worden zu sein. Der Stimulator hatte offenbar die Region des Gehirns angeregt, die für den Tastsinn im allgemeinen und für den Handbereich im speziellen zuständig ist.

Dann legte der Chirurg den Stimulator noch einmal an, wiederum an einer anderen Stelle. Wiederum hatte der Patient Empfindungen, die im Zusammenhang mit seiner Hand standen, aber dieses Mal fühlte er die Hand nicht berührt, sondern bewegt. Ohne daß jemand seine Hand genommen hatte, sagte er: „Jemand hat meine Hand bewegt!" Offensichtlich war der Chirurg mit dem Stimulator in einem Bereich, der für die Motorik des Körpers zuständig ist. Wichtig ist: Der Patient *sagt* nicht nur, daß seine Hand bewegt wurde, sondern *meint* dies auch so. Das Besondere: Die Kontrolle durch seine eigenen Augen ist nicht stark genug, um der Täuschung seines Gehirns auf die Spur zu kommen. Wieder an einer anderen Stelle berührt, zog er den Mundwinkel zurück etc. etc.

Es beweist sich also immer wieder: Der gleiche elektrische Reiz in unterschiedlichen Regionen des Gehirns führt zu völlig unterschiedlichen und sehr konkreten Reaktionen. Was die Experimente zeigen: Das Gehirn hat Modelle der äußeren Welt und des eigenen Körpers gespeichert, und in einem gewissen Sinne reagiert es nicht auf die äußere *Welt*, sondern auf (in ihm selbst repräsentierte) *Modelle* von ihr (der Patient hat die Musik ja nicht aus einem Lautsprecher der Außenwelt, sondern aus akustischen Zentren seines Gehirns „gehört"). Obwohl durch die früheren theoretischen Ausführungen über die rein elektrischen neuronalen Prozesse darauf vorbereitet, ist das Ergebnis doch überraschend: Der Patient *hört* Musik, obwohl keine Schallwellen im Raum sind, *fühlt* eine Berührung seines Körpers, obwohl niemand Hand an ihn angelegt hat. Das Ergebnis läßt keine Interpretationsspielräume offen: Der Strom und nur der Strom (und immer in gleicher Stärke) hat die ganz unterschiedlichen Reaktionen des Patienten hervorgerufen. Bewiesen ist mit den Experimenten die eindeutige Parallelität zwischen mentalen und neuronalen Vorgängen, aber sie zeigen auch die Erklärungslücke zwischen beiden: Der Patient *hört* die Musik von Led Zeppelin, und *das* ist elektrisch nicht erklärbar.

Blinde sehen

Ging es oben darum, besondere informationelle Reaktionen des Gehirns durch elektrische Stimulation zur Erscheinung zu bringen, so wollen wir jetzt versuchen, am Zusammenhang von Verhalten und Gehirn seinem Geheimnis noch etwas mehr auf die Spur zu kommen. Daß wir uns dadurch auch selbst besser verstehen, ist eine erwünschte Nebenwirkung. Und es gibt beobachtbare Vorgänge, die wirklich rätselhaft sind und die wir (in erster Näherung) nur verstehen können, wenn wir die Grundannahmen der Neurobiologie ernst nehmen und uns von manchen liebgewordenen Alltagsvorstellungen und Philosophien verabschieden.

Ein Beispiel: Vor Jahren reiste die Neuropsychologin Petra Stoerig von Kongreß zu Kongreß und brachte die Wissenschaftler mit folgender Filmszene zum Staunen: Gezeigt wurde ein Zimmer, in dem sich ohne erkennbare Ordnung viele Gegenstände befanden (Kästen, Körbe etc.). In diesem Zimmer bewegte sich eine Äffin auf der Suche nach Futter sicher hin und her. Die wahllos herumstehenden Gegenstände behinderten sie bei ihrer Futtersuche nicht. Die Filmszene dauerte etwa drei Minuten – aber mehr als das oben geschilderte geschah nicht. So waren die Wissenschaftler zwar verblüfft, aber zunächst nicht über das

Verhalten der Äffin, sondern über das der Psychologin. Ein Affe, der nichts anderes tut, als sich in einem Zimmer zu bewegen, läßt nämlich keine Besonderheiten erkennen, die zur Vorführung auf wissenschaftlichen Kongressen geeignet wären. Die von früher bekannten Experimente mit Affen waren aufschluß- und folgenreich (z. B. das gezielte Ineinanderstecken von Stäben, um eine höher hängende Banane zu erreichen, womit gezeigt werden konnte, daß die Abgrenzung von Mensch und Tier durch das Kriterium des Werkzeuggebrauchs nur Folge menschlicher Unwissenheit war). Aber das hier?! Wo war die Pointe? Aber die Wissenschaftler sollten eine Überraschung erleben, denn es gab sie. Die Neuropsychologin klärte auf: Die Äffin war nicht nur zum ersten Mal in dem mit Gegenständen vollgestellten Zimmer – sie war blind!

Die unter den Kongreßteilnehmern anfangs aufgekommene Ungeduld war wie weggewischt und hatte fragendem Erstaunen Platz gemacht. Wie kann ein blindes Tier sich sicher in einem solchen Zimmer bewegen, mit anderen Worten: wie kann ein blindes Tier sehen?! Blindheit führen wir spontan auf eine Schädigung des Auges zurück, z. B. auf eine Trübung der Linse o. ä. Aber dies war bei der Äffin nicht der Fall: Ihre Augen waren voll funktionsfähig. Aber dann kann sie doch sehen und kann nicht „blind" genannt werden! Die Reaktion zeigt, daß wir beim Erklärungsversuch der Szene in unsere Alltagsvorstellungen zurückgefallen sind und vergessen haben, was uns die Neurobiologie lehrt: Wir sehen nicht mit dem Auge, sondern mit dem Gehirn. Und wenn das Gehirn an der zuständigen Stelle geschädigt oder beeinträchtigt ist, sind wir im *Bewußtsein* blind, *sehen* aber dennoch. Der Vorgang wird „Blindsehen" genannt.

Da sich die Gehirne von Mensch und Affe kaum unterscheiden, gibt es das Phänomen des Blindsehens auch bei Menschen. Werden Blindseher danach gefragt, was sie um sich herum sehen, so *sagen* sie, nichts zu sehen – und können sich dennoch, an ihrem *Verhalten* ablesbar, in dieser Umgebung – so wie die Äffin – problemlos bewegen. Der Grund für dieses merkwürdige Phänomen ist folgender: Es liegt, wie wir schon wissen, nicht an den Augen, sondern am Gehirn: Im Falle des Blindsehens fehlt in einem bestimmten Bereich der Großhirnrinde, nämlich im primären visuellen Kortex, ein Stück oder es liegt eine sonstige Störung dieses Bereichs vor – genau an der Stelle, an der visuelle Eindrücke *bewußt* werden. Die unbewußten, für das Sehen aber ebenfalls wichtigen Areale des Gehirns, dürfen allerdings nicht beschädigt sein. Im Lichte des neurobiologischen Wissens muß beim Sehen also zwischen bewußtem und unbewußtem Sehen unterschieden werden. Nicht der (optische) *Seh*vorgang war hier gestört, sondern nur seine neuronale *Bewußt*werdung. Das Ergebnis ist empirisch gesichert – und wird zur weiteren Bearbeitung an die Philosophie übergeben: Sehen und Bewußtsein sind nicht notwendig miteinander verknüpft. Wer sehen kann, ohne es zu wissen, zeigt, daß unbewußte Prozesse nicht nur mental, sondern auch komplex sind.

Verlust einer Welthälfte

Noch ein Beispiel, das die Annahme der Neurobiologie belegt: Wir sehen nicht mit dem Auge, sondern mit dem Gehirn. Maler malen gelegentlich Selbstportraits. So auch Anton Räderscheidt. Sich selbst zu malen, mag Folge von Eitelkeit oder fehlenden Fremdmodells sein, außergewöhnlich ist es jedenfalls nicht. Im Falle des Malers Räderscheidt fiel das Selbstportrait allerdings buchstäblich aus dem Rahmen: Er bemalte nämlich nur die *rechte* Hälfte der Leinwand und gab außerdem in dieser rechten Hälfte nur die *rechte* Seite seines Gesichtes wieder. Nun sind Künstler, insb. moderne, eben Künstler, d. h. die Wirklichkeit oder ihr Wesen finden in der Kunst nicht notwendig statt. Originell ist es allemal, und das reicht ja heutzutage, und außerdem läßt es Kritikern Raum für ausladende psychologische Interpretationen des Werkes. Kurzum: Warum also nicht nur die rechte Seite der Leinwand in Anspruch nehmen, und warum nicht nur die rechte Seite des Gesichtes malen?! Eine ungewöhnliche Verfremdung, die manche Betrachter wohl weniger zum Staunen über das gelungene Bild als mehr zur Nachdenklichkeit über den mißlungenen Akt oder über verborgene Absichten des Malers anregen dürfte.

Solche und andere Erklärungen mögen für die Werke von Beuys greifen, beim Selbstportrait von Anton Räderscheidt gehen sie an den Tatsachen ganz vorbei. Daß der Maler nur die rechte Seite seines Gesichtes auf die rechte Seite der Leinwand brachte, hat er nämlich weder gewollt noch gewußt. Im Gegenteil: Er war – auch beim wiederholten Blick auf sein Werk – der festen Überzeugung, von sich ein vollständiges Portrait gemalt zu haben.

Und es gibt andere Erscheinungsformen: Menschen, die sich nur die eine Seite ihres Gesichtes schminken oder nur die eine Seite ihres Gesichtes rasieren – und auch beim nochmaligen Blick in den Spiegel nichts von dieser Einseitigkeit bemerken. Und noch eine Erscheinungsform: Menschen mit dieser Beeinträchtigung der Wahrnehmung lassen die (linke oder rechte) Hälfte der Speisen auf ihrem Teller liegen und nehmen, so sie noch hungrig sind, einen Nachschlag – obwohl sie auf den Teller blicken, auf dem sich noch die Hälfte des Essens befindet. Die Fehlleistung hat längst einen medizinischen Namen: Neglektion (engl. neglect = vernachlässigen). Diese Menschen vernachlässigen also einen Teil ihrer Körper- und/oder Raumwahrnehmung – und zwar immer entweder den linken oder den rechten Teil.

Wie kommt dieser Wahrnehmungsdefekt zustande? Im Falle des Malers, der nur die rechte Seite seines Gesichtes auf der Leinwand wiedergab, war folgendes passiert: Er hatte einige Zeit zuvor einen rechtsseitigen Schlaganfall erlitten. Da wir inzwischen wissen, daß nicht unser Auge, sondern unser Gehirn sieht, sind wir nicht ganz so überrascht, daß eine Schädigung des Gehirns eine Beeinträchtigung der Wahrnehmung nach sich zieht. Aber das klärt nur im ersten Schritt auf. Erklärungsbedürftig bleibt nämlich: Wenn der Schlaganfall *rechts*seitig war, wieso ist ihm dann die *linke* Seite der Selbst- und Raumwahrnehmung abhanden gekommen? Um das merkwürdige Phänomen zu begreifen, benötigen wir mehr Information über die visuelle Arbeitsweise des Gehirns: Das rechte (bzw. linke) Auge nimmt das Blickfeld sowohl links wie auch rechts der Nase auf (schließen wir das linke (bzw. das rechte) Auge und überzeugen uns davon!) – die Nase ist also nicht die Trennwand für das Gesichtsfeld des rechten (bzw. linken) Auges. Und nun die Aufklärung: Alles, was *links* von der Mitte des Blickfeldes liegt, wird an die *rechte* Hirnhälfte weitergeleitet. Und alles, was sich rechts von der Mitte des Blickfeldes befindet, wird von der linken Hirnhälfte verarbeitet. Da der Maler einen *rechts*seitigen Schlaganfall erlitten hatte, war ihm die *linke* Hälfte seiner visuellen Welt und auch die linke Hälfte seines eigenen Körpers verlorengegangen. Entsprechend ist die Erklärung für die anderen Beispiele.

Durch Krankheit verursachte Veränderungen des Gehirns treffen aber nicht nur die Erfahrung von *Tatsachen* der äußeren Welt, sondern können je nach Schwere und Ort der Störung bis tief in die *emotionale* Sphäre der Persönlichkeit reichen. So wird vom US-Präsidenten Wilson folgendes berichtet: Während der Versailler Verhandlungen nach dem ersten Weltkrieg erlitt er einen rechtsseitigen Schlaganfall. Der Anfall war allerdings nicht so stark, daß er Lähmungen seines Körpers zur Folge gehabt hätte. So blieb er von den anderen Teilnehmern der Verhandlungen unbemerkt. Was sie allerdings mit Erstaunen und Unverständnis bemerkten, waren unvermittelte und tiefgreifende Veränderungen seiner Persönlichkeit. War er vor dem Schlaganfall ein umgänglicher, zurückhaltender und besonnener Mann, so war er danach ohne äußeren Grund das genaue Gegenteil: Unwirsch, extrovertiert und leicht erregbar.

Die Beispiele zeigen, daß unser Gehirn tatsächlich das Zentralorgan unserer gesamten Existenz ist und daß Beeinträchtigungen auf ganz unterschiedliche Weise das Verhältnis zur Welt (und zu uns selbst) verändern – ohne daß der Betroffene dies selbst bemerken muß. Immer wieder zeigt sich, daß wir durch unbewußte Prozesse bestimmt werden und daß diese keineswegs „primitiv" sind: Zum Beispiel ist der Wechsel von einem versöhnlichen zu einem unversöhnlichen Menschen ein hochkomplexer und voraussetzungsreicher kognitiver Vorgang. Alle Beispiele sind aus unterschiedlichen Gründen aufschlußreich für das bessere Verstehen unseres Denkens und Fühlens. Insb. die

Abweichungen von dem, was „Normalität" genannt wird, öffnen uns die Augen. In diesem Sinne deshalb noch zwei Beispiele.

Es gibt rechtsseitige Schlaganfälle, die ganz besondere Veränderungen hervorrufen. Die Mediziner nennen das Krankheitsbild „Ankleide-Apraxie". Der Patient ist in diesen Fällen nicht mehr in der Lage, seine Arme in die Ärmel seiner Jacke zu stecken – obwohl er seine Arme bewegen kann, der Schlaganfall also keine motorische Lähmung hervorgerufen hat. Der Patient kann auch über die Ärmel seiner Jacke sprechen und auch ihre Funktion beschreiben, aber seine Arme in sie hineinstecken kann er nicht mehr. Wieder andere erfahren nach einem Schlaganfall ihr eigenes Bein als fremd und behaupten, jemand habe es ihnen über Nacht ins Bett gelegt oder angenäht. Sie sehen also ein Bein und können auch darüber sprechen, aber sie sehen nicht mehr, daß es *ihr* Bein ist, das sie sehen und über das sie sprechen. Da helfen keine Beteuerungen oder sonstige Überzeugungsversuche des Arztes – eine Korrektur seines falschen Urteils durch Andere oder durch seine eigenen Augen und Hände läßt sein Gehirn nicht mehr zu. Wir können aufgrund unserer (wenn auch noch immer bescheidenen) Vorkenntnisse nun selbst den Grund vermuten: Der Schlaganfall hat genau die Bereiche des Gehirns zerstört, die für die Wahrnehmung des eigenen Körpers unter dem Unterschied von Ich und Nicht-Ich zuständig sind. Werden die Zusammenhänge der verschiedenen *Gehirn*areale gestört, gehen auch die Zusammenhänge der *persönlichen* Identität verloren – bis zur vollständigen Unfähigkeit, Ich und Nicht-Ich unter irgendeinem Aspekt noch unterscheiden zu können. Daß Mentales und Neuronales vollständig verschieden sein sollen, wie der Dualismus annimmt, erscheint bei diesen empirischen Ergebnissen wenig überzeugend.

Farben sind Illusionen

So einfach, wie es im Alltag scheint, sind Wahrnehmung und Erfahrung der Außenwelt also nicht. Abgesehen von physikalischen Gründen (siehe z. B. die Wahrnehmungsverzögerung beim Sonnenuntergang) gibt es eine Reihe von Ursachen für das komplizierte Verhältnis von Außenwelt und Wahrnehmung, die in der aktiven Rolle des Gehirns liegen. Das Gehirn ist nicht einfach ein Spiegel der Außenwelt, sondern steht in einem voraussetzungsreichen Verhältnis zu ihr, und das manchmal auf eine Weise, die unsere Objektivitätsvorstellung schwer erschüttert.

Kritische Überlegungen zur Objektivität unserer Wahrnehmung hat schon Aristoteles angestellt: „Es liegt auf der Hand ..., daß das Organ, das die Farbe wahrnimmt, nicht nur von seinem Gegenstand beeinflußt wird, sondern auch ihn beeinflußt". Gemessen am Stand des Wissens der vorchristlichen Zeit eine erstaunliche Einschätzung. Auch wenn Aristoteles seine Kritik nicht im Sinne der heutigen Wissenschaft gemeint hat, radikalisiert wird sie in der Wahrheit der Annahme: Die Farbe eines Objektes ist keine Eigenschaft des betrachteten Objektes, sondern des denkenden Gehirns (sie wird vom Gehirn erzeugt). Nicht die Welt *hat*, sondern das Gehirn *kennt* Farben.

Wiederum ist unsere Alltagsperspektive irritiert: Farben sind keine physikalische, sondern physiologische Phänomene? Was soll das heißen? Die Erklärung: Unsere Sehleistung basiert auf dem Energiespektrum, das die Sonne abstrahlt. Dieses Energiespektrum besteht aus elektromagnetischen Wellen, die als Lichtspektrum beschrieben werden und über folgende Farbskala reichen: Ultraviolett, violett, blau, grün, gelb, rot, dunkelrot, infrarot. Das für uns sichtbare Licht ist der innere Bereich des Spektrums: violett, blau, grün, gelb und rot. Der spektrale Gesamtbereich liegt zwischen 100 und 1000 nm (nm = Nanometer; 1 Nanometer ist 1 milliardstel Meter). Der sichtbare Bereich liegt zwischen 360 und 780 nm. Auf letzteren wollen wir uns beschränken.

Ein Beipiel: Rot können wir sehen, z. B. als Farbe einer Rose. Nun haben wir oben gelernt, daß das physikalische Objekt, hier:

die Rose, nicht Träger der Farbe ist. Daß ultraviolett und infrarot von uns nicht gesehen werden, liegt am Mangel unseres Wahrnehmungsapparates. Aber violett, blau, grün und gelb können wir doch sehen! Wenn also der physikalischen Voraussetzung zufolge das *gesamte* Lichtspektrum auf die Rose fällt, und die Rose nicht selbst Träger der Farbe ist, warum sehen wir dann nur rot und nicht auch die anderen Farben des sichtbaren Teils des Lichtspektrums? Der Grund ist die physikalische Beschaffenheit des Objektes, hier: der Rose. Erscheint sie uns rot, so deshalb, weil sie aufgrund ihrer physikalischen Eigenschaften nur den *roten* Bereich des Lichtspektrums *reflektiert* – und den gesamten anderen Bereich (blau etc.) *absorbiert*. Und da nur das *reflektierte* Licht unser Auge erreicht, kann nur dieses gesehen werden.

Nun gut! Aber bisher erklärt dies nur, warum wir beim Blick auf die Rose nur einen *Teil* des sichtbaren Spektrums sehen, nicht, warum er uns *rot* erscheint – was es der Theorie zufolge *physikalisch* ja nicht gibt. Physikalisch sind nur die Wellenlängen des Lichtes, die der betreffende Gegenstand emittiert oder reflektiert, und die unterschiedlichen Farben sind (außerphysikalische) *Folgen* von unterschiedlichen Wellenlängen, aus denen das *Gehirn* dann Farben physiologisch hervorgehen läßt. Nicht in der Außenwelt, sondern nur in unserem Kopf existieren also Farben.

Später war es ein anderer großer Philosoph, Descartes, der das Mißtrauen gegenüber der Verläßlichkeit der Sinne systematisch schürte und die Leistungen des Denkens radikal über die Leistungen der Sinne stellte. Was die Sinne falsch machen, kann nur das Denken korrigieren. Descartes einleuchtendes Beispiel: Wir sehen die Sonne zwar sehr klar, aber anzunehmen, sie sei so groß, wie wir sie sehen, ist falsch. Wir *sehen* perspektivisch (z. B. erscheinen uns zwei gleich große Objekte unterschiedlich groß, wenn sie sich in unterschiedlicher Entfernung zu uns befinden), aber die Welt *ist* nicht perspektivisch aufgebaut. Wer sich hier also auf seine Augen verläßt, verfängt sich in falschen Vorstellungen (z. B. hätte die Sonne die Größe eines Fußballes – bei einem tatsächlichen Durchmesser von 1.391.000 km kein geringfügiger Wahrnehmungsfehler).

Daß Fehler der Sinne nicht nur in der physikalischen, sondern auch in der sozialen Welt eine Rolle spielen, zeigen subjektiv ehrliche, aber objektiv falsche Aussagen von Zeugen vor Gericht. Im Unterschied zur Fehleinschätzung der Größe der Sonne können sie fatale Konsequenzen für den Angeklagten haben. Geht es z. B. um den Straftatbestand „Schwerer Raub" (nach § 250 StGB ist die Mindeststrafe hierbei fünf Jahre) und um die Frage, ob der Zeuge den Angeklagten am Tatort gesehen hat, so sind Glaubwürdigkeit des Zeugen und seine belastende Antwort nicht schon der Beweis, daß der Angeklagte tatsächlich zum fraglichen Zeitpunkt am Tatort war. In einem juristischen Forschungsprogramm wurde dieses Problem der Subjektivität der Wahrnehmung in einem kleinen Experiment auch bei juristischen Experten festgestellt. Die Szene: Auf einem Kongreß hielt ein Sachverständiger einen Vortrag. Die Kongreßteilnehmer hörten mit großer Aufmerksamkeit zu. Mitten im Vortrag ging plötzlich die Tür auf, der Hausmeister betrat den Saal und ging mit lauten Schritten nach vorne zu dem Vortragenden. Dieser unterbrach seine Rede, der Hausmeister flüsterte ihm etwas ins Ohr, dann verließ er den Saal wieder und der Vortrag wurde ohne Kommentar fortgesetzt. Am Ende der Veranstaltung wurden die Kongreßteilnehmer aufgefordert, die Person zu beschreiben, die den Vortrag gestört hatte. Das Ergebnis: In allen möglichen Dimensionen (Alter, Größe, Haarfarbe etc.) machten die Befragten ganz unterschiedliche Angaben. Die Aussage „Das habe ich mit eigenen Augen gesehen!" ist also für sich genommen mit Vorsicht zu genießen – der Tatbeitrag des Beobachtergehirns ist nicht zu vernachlässigen.

Doch zurück zu Aristoteles und Descartes. Daß ihre Skepsis gegenüber der Objektivität von Sinnesleistungen begründet war, müssen wir einräumen, aber unter dem heutigen Stand des Wissens richtet sich die Skepsis nicht mehr gegen unser Auge, sondern gegen unser Gehirn. Daß nämlich bereits das Sehen ein *Denk*vorgang ist, eben weil wir nicht mit den Augen, sondern mit dem Gehirn sehen, konnten beide nicht wissen. Das Beruhigende: Das Gehirn kommt seinen Täuschungen (im Regelfall) selbst auf die Spur (z. B. durch *Berechnung* der *wirklichen* Sonnengröße auf der Basis physikalischer Gesetze). Nicht das Gehirn korrigiert das Auge, wie Descartes noch annahm, sondern das Gehirn korrigiert sich selbst.

Aber nicht nur das, auch die Fehler, die das Auge im optischen Bereich der Verarbeitung macht, werden von ihm beseitigt – z. B. beim "blinden Fleck". Der blinde Fleck ist ja die Stelle der Netzhaut des Auges, von der aus die Nervenbahnen die von außen kommenden Lichtsignale ins Innere des Gehirns weiterleiten. „Blind" wird diese Stelle der Netzhaut deshalb genannt, weil sie keine lichtempfindlichen Rezeptoren hat. Würden wir mit unseren *Augen* sehen und/oder wäre Wahrnehmung eine photographische Abbildung des betreffenden Gegenstandes auf die Netzhaut, so müßte in jeder Wahrnehmung ein Loch entstehen – eben genau an der Stelle der Netzhaut, an der die lichtempfindlichen Rezeptoren fehlen. Es wäre wie bei einem Spiegel, der in einem Teilbereich blind ist: Genau dort fehlt ein Teil der Abbildung z. B. unseres Gesichtes. Dieser Mangel der Abbildung tritt beim Sehen aber nicht auf, und dies deshalb nicht, weil das Gehirn (und nicht das Auge) sieht und die unvollständigen Lichtinformationen – der Wirklichkeit des Objektes gemäß – *hinter* der Netzhaut zu einem vollständigen Ganzen komplettiert.

Das Verhältnis zwischen Gehirn und äußerer Welt ist also wahrhaft überraschend: Wahrnehmungen sind keine einfachen Abbildungen der Außenwelt (*nicht* vergleichbar Photographien), und dennoch ist sie erfahrbar. Angesichts der genannten Besonderheiten muß zwischen Wahrheit und Wahrnehmung unterschieden werden: Wie das Beispiel der Berechnung der *wahren* Größe der Sonne zeigt, ist Wahrheit noch immer – jedenfalls in erster Näherung – Anpassung des Geistes an die Wirklichkeit (adaequatio intellectus ad rem). Für die Wahrnehmung gilt die Formel dagegen nicht mehr (obwohl es nicht „Falsch"-, sondern „Wahrnehmung" heißt): Was wir sehen (z. B. die fußballgroße Sonne), entspricht nicht der Wirklichkeit. Manche sehen allerdings auch für die Wahrheitsfrage die adaequatio-Formel inzwischen in Frage gestellt und suchen nach neuen Lösungen. So hat der Physiker und Philosoph C. F. v. Weizsäcker vorgeschlagen, die Annahme von einer Abbildung der Außenwelt in unseren Gedanken ganz aufzugeben und sich dem wirklichen Verhältnis über die Vorstellung zu nähern, es könnte sich um ein Verhältnis ähnlich dem zwischen Schlüssel und Schloß handeln. Ein anregender Vorschlag, dennoch wollen wir die alte adaequatio-Formel noch nicht aufgeben, jedenfalls nicht ganz; denn das Denken kann Sinnesleistungen so korrigieren, daß die geforderte Übereinstimmung entsteht. Wie auch immer! Daß Denken keine einfache Abbildung im photographischen Sinne ist, sollen weitere Beispiele zeigen.

Sehen, was es nicht gibt

In gestaltpsychologischen Arbeiten tauchen immer wieder geometrische Figuren auf, an denen einmal mehr die konstruktiven Leistungen des Gehirns und der Unterschied zwischen Wahrnehmung und Wahrheit gezeigt werden können: die optischen Täuschungen. Ein paar wollen wir betrachten und kurz analysieren. Zunächst einmal die berühmte Kaniza-Täuschung:

Das Besondere dieser geometrischen Konfiguration: Wir *sehen* auf dem Papier *zwei* Dreiecke, obwohl es in der physikalischen *Wirklichkeit* der Zeichnung nur *eines* gibt. Das zweite Dreieck existiert nur in Form *virtueller* Konturen, d. h. nur als Phantasie in unserem Kopf. In bezug auf das virtuelle Dreieck kann somit keine Information*sübertragung* vom Papier in unseren Kopf stattgefunden haben. Was ist passiert? Das Gehirn hat *aufgrund* der (wirklichen) Konturen *anderer* geometrischer Figuren (ausgesparte Kreise, unterbrochene Linien des gezeichneten Dreiecks) eine *zusätzliche* Gestalt konstruiert – ein virtuelles Dreieck. Diese virtuelle Realität weist im Vergleich mit dem wirklichen Dreieck eine Besonderheit auf: Sie genügt den geometrischen Anforderungen an Dreiecke mehr als das auf dem Papier wirklich existierende Dreieck; denn die drei Seiten des virtuellen Dreiecks sind im Unterschied zu denen des wirklichen Dreiecks nicht unterbrochen (die phantasierte Gestalt ist also *geometrisch* vollständiger als die wirkliche Gestalt). Mit anderen Worten: Welt*bild* (= Wahrnehmung der Welt) und Weltbild*apparat* (= Sinne) stehen in keinem (umkehrbar) eindeutigen Zusammenhang. Die Differenz zwischen dem Gezeichneten und dem Gesehenen (wir sehen mehr als tatsächlich existiert, d. h. das Gezeichnete ist nur eine *Teil*menge des Gesehenen) ist aufschlußreich auch für das gezeichnete Dreieck: Es bleibt unvollständig, d. h. die Linien des realen Dreiecks *sind* nicht nur unterbrochen, sondern werden auch so *gesehen*. Warum das Gehirn das gezeichnete Dreieck nicht komplettiert, dürfte daran liegen, daß hier ausnahmsweise das Sinnesorgan das Sagen hat (Helligkeitsunterschiede werden nämlich schon im Auge entschieden) und das Gehirn sich seiner Autorität hier beugt. Interessant ist die Entscheidung des Gehirns deshalb, weil es intern eine geometrische Form unter der Bedeutung „Dreieck" mit *durchgehenden* Linien repräsentiert („Dreieck" ist nun mal so definiert) – und wir im vorliegenden Fall der unterbrochenen Linien dennoch und ohne Zögern die Figur als „Dreieck" interpretieren.

Daß wir ein physikalisch nicht existentes Dreieck sehen, ist für jedermann sichtbar. Doch *wie* diese virtuelle Realität, die Differenz zwischen Gezeichnetem und Gesehenem zustandekommt, ist eine schwierige Frage. Beginnen wir den

Erklärungsversuch bei dem Gezeichneten, also bei den wirklichen geometrischen Figuren. Da wir uns bei der Erklärung von Phänomenen *als* Phänomene in einer Erklärungslücke der Neurobiologie befinden, müssen wir zunächst auf das Wissen einer anderen Wissenschaft zurückgreifen: Die Gestalt-psychologie lehrt, daß Linien und Kreisbögen „von oben her" *interpretiert* werden, nämlich aus ihren funktionellen Erfordernissen in ihrer Rolle als Teile eines *Dreiecks* bzw. (ausgesparter) Kreise. Nicht die *Linien* sind also entscheidend, sondern ihre spezifische Verbindung zu einer geometrischen *Gestalt*. Die Linien erfüllen ihre funktionellen Erfordernisse nicht als *Linien*, sondern als *Grenzen* der geometrischen Figuren. Soweit in grober Näherung Projektionsvektor 1, nämlich vom geometrischen Objekt zum Gehirn.

Doch wie kommt es nun zu dem *virtuellen* Objekt, also zum Projektionsvektor 2 (= vom Gehirn zum geometrischen Objekt), über den die virtuelle Figur in die gezeichnete hineinprojiziert wird? Zunächst einmal ist die *Virtualität* zu beweisen; denn als radikale Skeptiker stellen wir probeweise die Behauptung der Virtualität in Frage und nehmen die Realität *beider* Dreiecke an. Die Annahme: Der Unterschied beider Dreiecke liegt nicht in der *Existenz*, sondern nur in der *Intensität* ihrer Konturen. Wie ist diese Annahme zu widerlegen, d. h. wie ist der Beweis der *Virtualität* zu führen? Es ist ganz einfach: Das virtuelle Dreieck verschwindet, wenn das gezeichnete Dreieck und/oder die ausgesparten Kreise verschwinden. Es hat also keine eigene, physikalische Realität. Das Gehirn benötigt für das virtuelle Dreieck diese Vorlage der *tatsächlich* gezeichneten Figuren. Sind sie vorhanden, wird das Gehirn durch ihre Realität in dem Bereich angeregt, der für die Verarbeitung von Geometrie zuständig ist (grob: in der rechten Hirnhälfte). Nach der *Interpretation* des Gezeichneten als „Dreieck" und „Teilkreise" beginnt nun die *Konstruktion* des Virtuellen. Die besondere Anordnung und Form der Kreise, insb. ihre Aussparungen, welche die Spitzen eines Dreiecks sein *könnten*, plus das reale Dreieck bringen den Betrachter in Bruchteilen von Sekunden zu der Hypothese, daß die ausgesparten Kreise *tatsächlich* die auslaufenden Spitzen eines Dreiecks *sind*. Und der Glaube versetzt Berge. Der zu dem virtuellen Ergebnis führende Zusammenhang: Weil wir nicht mit den Augen, sondern mit dem Gehirn sehen, und weil der Beobachter glaubt (Hypothese), ein zweites Dreieck zu sehen, sieht er es schließlich auch. Wahrnehmung ist hierbei also Anpassung der Sache an den Geist: Weil das virtuelle Dreieck *im* Gehirn existiert, existiert es (scheinbar) auch in der Realität der geometrischen Figuren *außer*halb des Gehirns – und nicht umgekehrt.

Dasselbe gilt für folgende Abbildung:

Die Leistung des Gehirns, ein Phantasieprodukt (hier: ein virtuelles *Vier*eck) zu sehen, erscheint in dieser Abbildung noch erstaunlicher als im Falle des Dreiecks; denn hier hat das Gehirn keinen assoziativen Anknüpfungspunkt an ein gezeichnetes Viereck (keine geometrische Vorlage), sondern konstruiert ein Viereck ausschließlich aus der speziellen geometrischen Anordnung von *Kreisen*.

Und noch ein Beispiel:

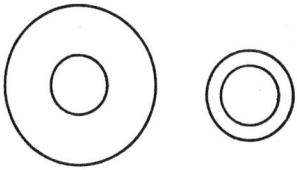

Daß der innere Kreis in der rechten Figur größer erscheint als der innere Kreis in der linken Figur – obwohl beide in Wahrheit gleich groß sind – hängt gestaltpsychologisch wieder mit dem Verhältnis von Ganzem und Teil zusammen. Wir betrachten und interpretieren die Teile einer geometrischen Konfiguration nicht für sich, sondern immer in Beziehung zu ihren anderen Teilen: Das unterschiedliche Größen*verhältnis* von innerem und äußerem Kreis erzeugt die Täuschung der unterschiedlichen *Größen* der inneren Kreise.

Nun sind die gegebenen Erklärungen tastende Versuche in erster Näherung, gestalt*psycho*logisch überzeugend. Was aber neuro*physio*logisch im Detail der Phänomenbildung passiert, weiß die Wissenschaft noch nicht. Aber die Beispiele belegen unzweideutig, was sie belegen sollen: Denken ist keine einfache Abbildung der Außenwelt. Wir sehen Farben, die es nicht gibt, Formen, die es zum Zeitpunkt der Beobachtung nicht gibt, und das, was es gibt, z. B. das Sehloch auf der Netzhaut, sehen wir nicht.

Und noch ein letztes Beispiel, das zeigt, wie kompliziert unser Verhältnis zur Außenwelt auch unter zeittheoretischer Betrachtung ist. Beim Sonnenuntergang haben wir schon gesehen: Unser Bewußtsein von der Welt läuft ihrer Realität *immer* hinterher (wir beobachten die Vergangenheit, nicht die Gegenwart der Welt). Der Grund für diese zeitliche Verspätung ist die räumliche Distanz zwischen dem Objekt der Wahrnehmung und dem Wahrnehmungsapparat, in diesem Falle dem Auge. *Was* nach dem Auftreffen der Signale der Außenwelt auf der Netzhaut passiert, wissen wir schon – jedenfalls im groben. Da nicht nur das Licht zur Überwindung einer räumlichen Distanz Zeit benötigt, sondern *jede* Signalübertragung, stellt sich die zeitliche Frage auch in der gehirn*internen* Verarbeitung. Wie lange benötigen also die elektrischen Signale von den Sinneszellen des Auges bis zu den Nervenzellen des Hirnbereichs, der für optische Signale, bzw. genauer: für ihre Bewußtwerdung, zuständig ist? Die Antwort: Es dauert je nach Komplexität des Wahrnehmungsobjektes zwischen 0,3 und 1 Sekunde. Das heißt: Nicht nur durch die zu durchquerende und Zeit verbrauchende externe räumliche Distanz zwischen Objekt und Auge entsteht eine zeitliche Verzögerung der Wahrnehmung gegenüber der wirklichen Position des Objekts, sondern zusätzlich durch die räumliche Distanz zwischen Auge und zuständigem Hirnbereich, d. h. durch die gehirninterne Verarbeitungszeit. Um die zeitliche Verzögerung des Bewußtseins präzise zu bestimmen, muß der Verweildauer der Signale zwischen Objekt und Auge die Zeit ihrer Verweildauer zwischen Auge und Bewußtwerdung hinzugerechnet werden.

Nun erscheint letztere Zeitspanne als gering, jedenfalls beim Beispiel des Sonnenuntergangs: Ob den 8 1/2 Minuten noch 0,3 Sekunden hinzugerechnet werden müssen, ist praktisch unerheblich. Und sind die räumlichen Distanzen noch größer, z. B. Lichtjahre, steigt entsprechend die Unerheblichkeit des hinzuzuaddierenden Betrages an. Eingeräumt – wenn auch mit der Einschränkung „*praktisch* unerheblich". Aber: In der umgekehrten Richtung, also wenn die räumlichen Distanzen zwischen Weltobjekt und Auge immer kleiner werden, gilt das Umgekehrte: Die Erheblichkeit der gehirninternen Verarbeitungszeit nimmt proportional zu (und – wegen der hohen Lichtgeschwindigkeit – die der äußeren Zeit ab). Ein Beispiel: Beobachten wir den Zieleinlauf von 100 m-Läufern, so sind sie – wegen der gehirninternen Verarbeitungszeit größer Null – in der Realität immer schon *hinter* der Ziellinie, wenn wir sie *auf* der Ziellinie sehen. Nehmen wir an, die Läufer benötigen für die letzten 10 Meter eine Sekunde und nehmen wir außerdem an, sie halten diese Geschwindigkeit noch ein paar Meter hinter der Ziellinie durch, dann wären sie bei einer angenommenen Verarbeitungszeit des Gehirns von 0,3 Sekunden schon drei Meter *hinter* der Ziellinie, wenn wir sie *auf* der Ziellinie sehen. Wissenschaft und Alltag sind also gleichermaßen von der zeitlichen Verspätung des Bewußtseins betroffen.

Wenn das Hirn die Welt erzeugt

Unter all den genannten Merkwürdigkeiten und Überraschungen, insb. unter der rein elektrischen Empfänglichkeit der Neuronen des Gehirns, haben die chilenischen Biologen Maturana und Varela eine radikale Theorie des Denkens entwickelt, die „Konstruktivismus" heißt. Sie besagt, daß *alles*, was wir über die Welt denken (von ihr sehen, aus ihr hören, von ihr riechen etc.), nicht ins Gehirn übertragen, sondern vom Gehirn *erzeugt* wird. Das Gehirn bildet nicht nur nicht in den o. g. Ausnahmefällen (z. B. der optischen Täuschungen), sondern es bildet *niemals* Gegenstände der Außenwelt ab und kann sie auch niemals direkt erfahren (im Lichte des Konstruktivismus ist also die alte adaequatio-Formel völlig inadäquat). Information wird nicht von außen ins Gehirn übertragen, sondern nach ausschließlich internen Regeln von ihm selbst erzeugt. Wie schon gesagt: Dies gilt für die Täuschungen nicht mehr als für die einfachsten Wahrnehmungen, von denen wir im Verständnis der Alltagswelt annehmen, daß sie *Entsprechungen* der Wirklichkeit sind (z. B. die ausgesparten Kreise der ersten geometrischen Konfiguration oder die Buchstaben, auf die wir beim Lesen jetzt blicken). In diesem Sinne ist das Gehirn nach der konstruktivistischen Theorie informationell absolut *geschlossen*. Offen gegenüber seiner Außenwelt ist es nur unter *energetischen* Gesichtspunkten. Wenn also Lichtteilchen auf unser Auge treffen, dann findet kein Informations-, sondern nur ein Energieübertrag statt, der dann elektrische Aktivität der Neuronen auslöst.

Stützen kann sich der Konstruktivismus zunächst einmal auf das uns schon bekannte Wissen der Neurophysiologie: Alles, was von außen kommt, wird *vor* dem Eintritt ins Gehirn in die Einheitssprache der Neuronen übersetzt. Das Gehirn erreichen weder Formen noch Farben noch sonstige Konkreta der Außenwelt, sondern nur das Einerlei der elektrischen Klicks, aus denen es allererst die konkrete Welt aufbaut. Einen *informationellen* Kontakt mit der Außenwelt gibt es nicht; insofern ist das Gehirn nach dieser Auffassung eben informationell geschlossen und energetisch offen. Es bildet die Welt nicht ab, sondern bringt sie hervor.

Um ihre Theorie zu stützen, haben Maturana und Varela insb. an Fröschen mit dem Ergebnis experimentiert, daß nicht die für den Frosch so interessanten Fliegen der Außenwelt die Ursache für sein Verhalten sind (über die können sie der Theorie zufolge keine Information haben und insofern gibt es sie dann auch nicht), sondern der im Kopf des Frosches sich befindende Fliegendetektor, der die Fliegen allererst hervorbringt.

Auf den ersten Blick ist die Theorie des Konstruktivismus radikal und überraschend, aber nicht jenseits wissenschaftlicher Akzeptanz (jedenfalls ist sie im Einklang mit den Ergebnissen der Neurobiologie). Doch der Alltagsverstand beginnt sich auch hier wieder gegen die hohe Wissenschaft zu wehren. Uns scheint, daß hier richtige *Teil*ergebnisse zu einer falschen *umfassenden* Theorie überzogen werden, die also weit über die Belegreichweite der empirischen Ergebnisse hinausschießt. Daß das Gehirn die Welt nicht erkennt, sondern erzeugt, erscheint uns aus vielerlei Gründen zweifelhaft. Fliegen gab es schon, bevor es Frösche gab – also macht die Aussage wenig Sinn, daß der Frosch sie erst erzeugt. Und Fliegen existieren auch dann, wenn das Auge des Frosches sie nicht erblickt. Die Annahme, daß das Schließen des Auges die Existenz des betrachteten Objektes zum Verschwinden bringt, ist einfach abenteuerlich und erinnert an Kinder im frühen Entwicklungsstadium, die das tatsächlich – in Übereinstimmung mit dem Vogel Strauß – glauben. Und auch sonst gibt es untragbare Konsequenzen dieser Theorie: Die Aussage „Paul liebt Paula" bedeutet im Lichte des Konstruktivismus folgendes: Paul liebt nicht die von ihm physisch und psychisch verschiedene Paula, sondern er liebt sein eigenes Gehirnphänomen, das da „Paula" heißt. Alles in allem: Der uns so vertraute und bewährte Unterschied zwischen einem Objekt und dem Gedanken über es löst sich ins Nichts auf. Merkwürdige Konsequenzen einer zwar spannenden, aber wegen ihrer Konsequenzen doch nicht überzeugenden Theorie.

Und eine bewertende These zum Abschluß: Der Konstruktivismus hat sich in einer Wissen*lücke* der neurobiologischen

Theorie etabliert und das (noch bestehende) Dunkel des neuro-biologischen Erklärungsmodells auf wundersame Weise in einen Scheinwerfer seiner eigenen Kognitionstheorie umgemünzt. Die schon bekannte Lücke: Die Neurobiologie weiß nicht, *wie* die Konkretheit der Wahrnehmungen (z. B. die einer Fliege) aus dem neuronalen Einerlei feuernder Neuronen entsteht. Daß weder Fliegen noch Fliege aus den elektrischen Vorgängen im Gehirn abgeleitet werden können, ist Grund genug für die Annahme, daß elektrische Vorgänge nicht alles sein können, was im Kopf passiert. Anstatt die Wissenslücke auch „Lücke" zu nennen, wird sie im Konstruktivismus zur notwendigen Bedingung für die Richtigkeit der Theorie. Die Prognose: Wenn die Lücke eines Tages geschlossen ist, weiß die Neurobiologie, daß das Feuern der Neuronen nicht alles ist. Die Wirklichkeit der Phänomene legt die Annahme nahe, daß es andere, noch zu entdeckende Beziehungen zur Außenwelt gibt, welche die These von der informationellen Geschlossenheit des Gehirns widerlegen bzw. ihren Geltungsbereich beschränken: Sie gilt nur im Verhältnis zwischen Außenwelt und *elektrischer* Aktivität der Neuronen.

Soweit die Beispiele, die einerseits viele abstrakte Annahmen der Neurobiologie bestätigt haben, andererseits das Rätsel des Geistes nur noch vergrößerten. Was ist also denken und welche Disziplin beantwortet die Frage? Eines dürfte sicher sein: So unerläßlich die Neurobiologie auch ist, alleine kann sie die Geistfrage nicht beantworten. Die Fehler der klassischen Philosophie, den Untersuchungsgegenstand „Denken" exklusiv zu vereinnahmen, darf die Neurobiologie ihrerseits nun nicht wiederholen. Kaum ein anderer Forschungsgegenstand ist so sehr auf unterschiedliche Disziplinen angewiesen wie der Gegenstand "Geist/Denken". Die sich langsam anbahnende Zusammenarbeit zwischen Natur- und Geisteswissenschaftlern/Philosophen trägt dem (spät aber nicht zu spät) Rechnung. Aber auf welchen theoretischen Grundlagen und unter welcher Führung?

Welt ist ein Beziehungsproblem

Nun steht das an, was wir vor der Ausführung der Beispiele schon angekündigt haben: etwas Theoriearbeit. Am Ende soll eine (partielle) Definition von „denken" stehen, die das bereits gesicherte Wissen der Neurobiologie berücksichtigt, aber auch Raum läßt für die noch offenen Fragen – insb. die, welche mit den gegebenen Mitteln der Neurobiologie nicht beantwortet werden können.

Wir beginnen den Theorieexkurs mit einer epochalen naturwissenschaftlichen Wende, die Heisenberg eingeleitet hat und die wir schon früher im Zusammenhang mit dem physikalischen Weltbild kurz kennengelernt haben. Für die Kognitionstheorie wollen wir sie im Sinne eines ersten Schritts zu ihrer erkenntnistheoretischen Grundlegung nutzen. Heisenberg sagt:

„Wenn von einem Naturbild der exakten Naturwissenschaften in unserer Zeit gesprochen werden kann, so handelt es sich also eigentlich nicht mehr um ein Bild der Natur, sondern um *ein Bild unserer Beziehungen zur Natur*. Die alte Einteilung der Welt in einen objektiven Ablauf in Raum und Zeit auf der einen Seite und die Seele, in der sich dieser Ablauf spiegelt, auf der anderen, also die Descartes'sche Unterscheidung von res cogitans und res extensa, eignet sich nicht mehr als Ausgangspunkt zum Verständnis der modernen Naturwissenschaft. Im Blickfeld dieser Wissenschaft steht vielmehr vor allem das Netz der Beziehungen zwischen Mensch und Natur, der Zusammenhänge, durch die wir als körperliche Lebewesen abhängige Teile der Natur sind und sie gleichzeitig als Menschen zum Gegenstand unseres Denkens und Handelns machen. Die Naturwissenschaft steht nicht mehr als Beschauer vor der Natur, sondern erkennt sich selbst als Teil dieses Wechselspiels zwischen Mensch und Natur. Die wissenschaftliche Methode des Aussonderns, Erklärens und Ordnens wird sich der Grenzen bewußt, die ihr dadurch gesetzt sind, daß der Zugriff der Methode ihren Gegenstand verändert und umgestaltet, daß sich die Methode also nicht mehr vom Gegenstand distanzieren kann. Das naturwissenschaftliche Weltbild hört damit auf, ein eigentlich naturwissenschaftliches zu sein".

Das Zitat hat es in sich, und Heisenbergs Schlußfolgerung im letzten Satz ist brisant. Daß das naturwissenschaftliche Weltbild unter den genannten Änderungen kein „eigentlich naturwissenschaftliches" mehr ist, wollen wir so verstehen. Zunächst einmal bedeutet es Abkehr von der klassischen Objektivitätsvorstellung. Das Neue: Der Naturwissenschaftler sieht die Dinge nicht so, wie sie sind, sondern macht sie so, daß er sie sehen kann. Wir erinnern uns: Um das Elektron beobachten zu können, muß der Physiker seine beiden Bestimmungsgrößen, nämlich Ort und Impuls, verändern. Erkenntnis/Wahrnehmung ist also der Zustand der physikalischen Objekte *inklusive* der verwendeten experimentellen Mittel – hinzuzufügen wäre: inklusive der verwendeten Theorie. Und der nächste, von Heisenberg nicht vollzogene, aber in seinem Argument schon angelegte Schritt: Der Physiker beobachtet, beschreibt und erklärt physikalische Objekte relativ zur Struktur seines Gehirns (eben weil wir mit dem Gehirn und nicht mit dem Auge bzw. Mikroskop sehen). Popper würden die Haare zu Berge stehen – aber wir haben keine andere Wahl. Nur unter diesen Voraussetzungen eines komplexen und mehrschichtigen Beziehungsgeflechtes zwischen Subjekt und Objekt ist die Erkenntnis der Welt überhaupt möglich. Es ist zugleich Begrenzung und Bedingung.

Was Heisenberg als Besonderheit der neuen Naturwissenschaft beschreibt (z. B. daß die Methode den Gegenstand verändert), gilt allerdings erstens auch für die Sozialwissenschaften (und wird von diesen längst akzeptiert) und darüberhinaus für *jeden* Erkenntnisprozeß. Wenn wir nicht die Welt, sondern unsere Beziehung zu ihr erkennen, ist die Beschaffenheit des Gehirns immer schon als determinierende Größe involviert (wir sehen ja keine Objekte *in* der Außenwelt, sondern unter den Bedingungen des Gehirns repräsentierte Objekte *der* Außenwelt). In dieser grundlegenden Interpretation ist das Beziehungspostulat *die* theoretische Grundlage für die Einheit der Wissenschaften.

Der Übergang von Heisenberg zur Neurobiologie vollzieht

sich im ersten Schritt problemlos: Die Erkenntnis der Welt ist keine bloße Abbildung von ihr. Uns interessiert nun sein methodisch folgenreicher und für alles Denken geltende Schlüsselgedanke: Wir erkennen nicht die Welt, sondern unsere Beziehung zu ihr. Hier ist ein theoretisches Programm eröffnet, mit dem an die Ergebnisse der Neurobiologie in der oben angedeuteten Weise angeknüpft werden kann, das andererseits aber über diese Ergebnisse in einer Weise hinausweist, die wir in der Kritik an der Neurobiologie immer wieder genannt haben. Bei aller Radikalität der Wende, die Heisenberg vor der klassischen Physik vollzogen hat: Das Subjekt schmort nicht konstruktivistisch im eigenen Saft, mit anderen Worten: das Objekt der Außenwelt kommt nicht abhanden – sonst wäre die Rede von der „Beziehung" zwischen beiden sinnlos. Bei Heisenberg wird die Welt eben nicht konstruiert, sondern immer noch erkannt – wenn auch auf kompliziertere Weise als dies die klassische Physik noch annahm. Der erkenntnistheoretische Schlüssel für das Neue liegt im *Beziehungs*charakter des Denkens. Welcher Art ist diese Beziehung?

Bedeutung ist alles

Wir treffen schon hier eine wichtige theoretische Entscheidung: Die Beziehung zwischen Subjekt und Objekt wollen wir radikal und konsequent *bedeutungs*theoretisch verstehen: Jenseits der Zuweisung von Bedeutung gibt es kein Denken. Bedeutungsfreie Prozesse sind nicht kognitiver, sondern physikalischer, chemischer oder biologischer Natur. Angewendet auf das Gehirn: Nicht feuernde Neurone als solche sind Denkprozesse, sondern erst ihre Koordination zu einer bedeutungshaften Repräsentation des Objektes. Wir *sehen* ein Objekt also erst dann, wenn eine Beziehung dadurch zu ihm entsteht, daß seine Bedeutung erkannt oder eine Bedeutung zugewiesen wird. Weder die physikalischen Prozesse im optischen Bereich noch die im neuralen Bereich, sondern erst ihre Qualifizierung durch eine Bedeutung machen sie zu einem *kognitiven* Vorgang. Somit kann die Frage nach dem kognitiven Vermögen in die Frage nach dem semantischen Vermögen überführt werden. Da die Generierung von Bedeutung der kognitive Prozeß *ist*, muß das Heisenbergsche Beziehungspostulat auf zweifache Weise erweitert werden: Wir erkennen nicht die Welt, sondern unsere qua *Bedeutung* geregelte Beziehung zu ihr. Und da Bedeutungen keine Angelegenheit eines *einzelnen* Gehirns sind, ist Denken nicht nur eine Beziehung zwischen Subjekt und Objekt, sondern auch und wesentlich eine zwischen Subjekten, also eine *gesellschaftliche* Beziehung. Das wiederum verlangt die Einbeziehung der Sozialwissenschaften in die Kognitionswissenschaft – jedenfalls wenn es um das *menschliche* Denken geht (darauf wollen wir uns hier beschränken). Der Hirnforscher Singer hat dies längst erkannt, jedenfalls für den Teil der Kognition, der „Kultur" genannt wird. Singers Grundgedanken nehmen wir auf, verallgemeinern ihn aber und wenden ihn nicht nur auf Kultur, sondern auf das Denken überhaupt an: Denken entsteht dadurch, daß Gehirne miteinander in *Wechsel*wirkung treten, sich also in der *Gemeinschaft* verhalten. Unter diesem Gesichtspunkt greifen die Mittel der Neurobiologie dann zu kurz, denn ihr Gegenstand sind nur die Leistungen *einzelner* Gehirne. Mit anderen Worten: Kognitive Leistungen entstehen nicht alleine durch Neuron-Neuron-Wechselwirkungen, sondern in wesentlichen Bereichen durch Hirn-Hirn-Wechselwirkungen. Der Übergang von der elektrischen Aktivität der Nervenzellen des Gehirns zum menschlichen Denken ist also wesentlich ein Übergang zu Gesellschaft und Kultur, die selbst nicht mehr neurobiologisch beschrieben und erklärt werden können. Und Gesellschaft und Kultur haben *immer* mit Bedeutung und Sinn zu tun. Kurzum: Es gibt drei (miteinander zusammenhängende) Beziehungsebenen: Neuron-Hirn-Beziehungen, Hirn-Hirn-Beziehungen und Hirn-Objekt-Beziehungen, und alle erreichen kognitiven Status erst dann, wenn Bedeutungen im Spiel sind.

Wir sind an dem entscheidenden Punkt! Nehmen wir ein Beispiel. Wir stehen betrachtend vor einer christlichen Kirche. Jenseits der Fragen nach architektonischem Stil, Baumaterial etc.

ist selbst die einfache Beschreibung „Ich sehe eine Kirche" nur unter folgenden Voraussetzungen angemessen: Ich weiß, daß das, was ich sehe, weder nur eine Ansammlung physikalischer Steine noch ausschließlich ihre spezifische bauliche Formung ist. Vielmehr repräsentiert das, was ich sehe, den *Sinn* einer nahezu 2000 Jahre alten Institution: ihre religiösen Praktiken, ihr Glaube an ein Jenseits etc. etc. Das Gebäude steht also für etwas, symbolisiert etwas, das nicht aus seiner physikalischen Dimension abgeleitet werden kann. Wenn wir früher schon einmal davon ausgingen, daß Denken nicht einfach elektrische Aktivität von Neuronen, sondern Zuweisung von Bedeutung ist, so sind wir erst jetzt unter der sozialwissenschaftlichen Perspektive in der Lage, diesen entscheidenden Punkt des Denkens präziser zu bestimmen. Wenn die Grundannahme gilt, daß Denken Zuweisung von Bedeutung ist, dann ist die Einbeziehung der Sozialwissenschaften in die Kognitionswissenschaft zwingend; denn Bedeutung ist wesentlich *gesellschaftliche* Bedeutung: Sie entsteht in Kommunikationen und ist somit wesentlich ein kollektives und geschichtliches Attribut.

Diese gesellschaftliche Bedingung gilt nicht nur für so komplizierte Angelegenheiten wie religiöse Institutionen, sondern ebenso für die einfachsten Objekte des Alltags. Nehmen wir wieder ein Beispiel aus einem Wahrnehmungsprozeß. Um einen Gegenstand als „Messer" zu *erkennen*, genügt es nicht, den Blick auf ihn zu richten, vielmehr ist vorausgesetzt, daß er *als* Messer erkannt wird. Und wann wird er *als* Messer, also in seiner inhaltlichen Dimension, erkannt? Wenn wir *zuvor* in einem gesellschaftlichen Prozeß der Erziehung den Umgang mit ihm und damit seine Funktion erlernt haben. Die Wahrnehmung eines Messers ist – so wenig wie die einer Kirche – niemals nur eine Abbildung vom *physikalischen* Gegenstand ins Gehirn, sondern immer schon voraussetzungsreiche, nämlich *gesellschaftlich* bestimmte Interpretation. Und diese Interpretation wiederum gelingt nur unter der Voraussetzung, daß der Wahrnehmende die empirische Funktion von Messern dadurch kennt, daß er ihre Handhabung gelernt hat: z. B. beim Zerkleinern von Mahlzeiten.

Auf den Zusammenhang von Bedeutung und erlernter Funktion ist also zu achten.

So verlangen schon die einfachsten Wahrnehmungen des Alltags nach genaueren Beschreibungen. Ein Beispiel: Man kann zwar einem Säugling ein Messer *zeigen*, aber ein Säugling kann kein Messer *sehen*, vielmehr sieht er ein physikalisches Etwas, das *wir* – als bereits Sozialisierte – „Messer" nennen. Damit wird nicht behauptet, daß der auf den Gegenstand blickende Säugling *keinerlei* kognitive Relation zum Etwas seiner Wahrnehmung hat (so sieht er z. B. Hell-Dunkel-Unterschiede und damit eine Differenz zwischen dem Messer und seiner Umgebung), sondern nur, daß ihm die kognitive Beziehung zum Gegenstand *Messer* fehlt – eben weil er das Messer aufgrund seines Sozialisationsdefizits (noch) nicht *als* Messer erkennt.

Grundsätzlich können wir festhalten: Denken beginnt erst dann, wenn Gegenstände *als Etwas* und damit in ihrer inhaltlichen Dimension erfaßt werden. Und Gegenstände als etwas zu erfassen, setzt ein Vorverständnis voraus, das als interne Repräsentation der *Phänomene* verfügbar sein muß. Dabei entstehen Hierarchien oder Tiefen der Inhaltlichkeit: Auf der ersten oder untersten Ebene des Denkens wird ein Gegenstand nur als ein *Etwas* erfaßt: „Da bewegt sich etwas!" – ohne daß der Beobachter weiß, *was* sich bewegt. Dies dürfte die kognitive Ebene des Säuglings sein, wenn er z. B. parallel zur Bewegung des Gegenstandes „Messer" seinen Kopf mitbewegt. Auf der nächsten Ebene der Inhaltlichkeit wird der Gegenstand als (physischer) *Gegenstand* (im Unterschied z. B. zu einem Wort), auf der nächsten als *Messer* und auf der nächsten Ebene z. B. als *Waffe* erkannt. Unabhängig vom Niveau der Repräsentationen ist es jedenfalls niemals das Objekt als solches, sondern die in Form der Bedeutung spezifizierte Beziehung zu ihm, die erkannt wird. Und diese Beziehung wandelt bzw. qualifiziert sich im Laufe der Zeit: Vom Säugling bis zum Erwachsenen nimmt die Bedeutung dessen, was wir „Messer" nennen, zu.

Wie wären Bedeutung und ihre Zunahme zu verifizieren? In erster Näherung so: Symbolisch durch Beschreibungen des

Objektes Messer, also in der Beantwortung der Frage „Was ist ein Messer?"; subsymbolisch durch Ausführen der Funktionen des Messers, also durch zeigende Beantwortung der Frage „Was kann man mit einem Messer tun?". Und beides wird in der Zeit zunehmen: Symbolische Beschreibungen wie auch subsymbolische Handhabungen des Messers. Soviel zur Verifikation. Wichtig ist: *Beide* Verifikationsformen sind Ausdruck interner Repräsentationen, interner Modelle der Welt. In erster Näherung wollen wir festlegen: Denken ist Repräsentation von Bedeutung – unabhängig davon, ob die Repräsentation symbolischer oder subsymbolischer Natur ist. Mit dem Gelingen einer bedeutungstheoretisch bestimmten Repräsentation ist der Übergang vom kognitionsfreien Sein der physikalischen Welt zum Denken vollzogen – wie einfach auch immer die Repräsentation sein mag! Damit wird der Schritt zur Kognition auch unabhängig davon, ob das betrachtete System biologischer oder technischer Natur ist. *Jedes* System, das repräsentationsfähig ist, denkt.

Aufgrund des systematischen Zusammenhangs von Repräsentation und Bedeutung muß der Repräsentationsbegriff präzisiert werden. Nehmen wir das obige Beispiel einer symbolischen Repräsentation – das Wort „Messer". Das Besondere und Kognition überhaupt erst begründende: Das Wort „Messer" und das Ding Messer sind wesentlich voneinander verschieden und stehen dennoch in einem unlösbaren Verweisungszusammenhang. So wäre ein System dann „kognitiv" zu nennen, wenn es den (Inhalt konstituierenden) Verweisungszusammenhang zwischen Repräsentant (Wort) und Repräsentat (Ding) herzustellen in der Lage ist und gleichzeitig die logische Differenz zwischen beiden in seinem Verhalten berücksichtigt. Bei der Aufforderung „Schneide mit diesem Messer das Brot!" löst der empirische *Verweisungs*zusammenhang zwischen Repräsentant und Repräsentat das geforderte Verhalten aus, während ihre logische *Differenz* vor dem Kognition ausschließenden Fehlverhalten schützt, mit dem Wort „Messer" das Brot schneiden zu wollen. In dieser Dialektik von Verweisung und Differenz liegt das Wesen des Geistigen, eine Bedingung auch für die Fähigkeit zur

Simulation. Nur aufgrund der Differenz ist es möglich, den Repräsentanten nicht nur anstelle, sondern auch unabhängig vom Repräsentat zu manipulieren.

So finden wir also bestätigt, daß wir dann denken, wenn wir einem Ding, einer Situation oder einem Prozeß eine Bedeutung zuweisen – niemals also tragen Objekte der Welt selbst die Bedeutung an sich. Also gibt es Bedeutungen nur aufgrund der Existenz kognitiver Systeme. Die Konsequenz: Mit der Auslöschung aller kognitiven Systeme verschwindet die Bedeutungsdimension der Welt. Unter dieser Interpretation reicht eine Sentenz Ernst Blochs zum modernen Sinn: „Die Welt ist ein Versuch, und der Mensch hat ihm zu leuchten".

Zeit in der Sprache

Bisher sind wir erst bei einer statischen Betrachtungsweise angelangt: Es geht um die Bedeutung zu einem bestimmten Zeitpunkt. Da wir Bedeutung als ein geschichtliches Attribut eingeführt haben, spielt die *Zeit* in der Bedeutung von Worten eine entscheidende Rolle. Wiederum sind wir an einer Schlüsselstelle der Kognitionstheorie. Schon im Weltbildkapitel fiel auf, daß die Zeit eine wesentliche Dimension der äußeren Welt ist. Das physikalische Faktum der Zeit ist nun auch in der Kognitionstheorie ausdrücklich zu berücksichtigen. Deshalb die Forderung: Da die (äußere) Welt wesentlich zeitlicher Natur ist (siehe ihre fortwährenden, vom Unterschied zwischen Vergangenheit und Zukunft bestimmten Veränderungen), kann sie nur von einem System erkannt werden, das selbst zeitlicher Natur ist. Soweit das Postulat. Was wir in der physikalischen Welt schon festgestellt haben, muß nun auch für das kognitive System geprüft werden. Da es um *kognitive* Systeme geht, darf die Zeit in diesen nicht nur wirksam, sondern muß repräsentierbar sein.

In seiner subsymbolischen Dimension, d. h. unter der neurobiologischen Perspektive, sind wir schon auf erste zeitliche Eigenschaften des Gehirns gestoßen. Bevor wir dieser Zeitlichkeit weiter nachgehen, werden wir zunächst nach der Zeitlichkeit der *symbolischen* Bedeutung fragen. Zur Erinnerung: Es geht um die Frage, ob das kognitive System die *Struktur* der Zeit zu *repräsentieren* (!!!) in der Lage ist. Ist dies der Fall, dann hat sich der Kreis zwischen Welt, Gehirn und Sprache zeittheoretisch geschlossen.

Zunächst also zur Sprache: Läßt sich die Struktur der Zeit auch in der Bedeutung von Worten nachweisen? Wir beschränken uns auf die natürliche Sprache. Einen ersten Hinweis auf ihre wesentliche Zeitlichkeit findet sich bereits in den Zeitmodi der natürlichsprachlichen Verben. Da *alle* grammatikalisch wohlgeformten Sätze Verben enthalten, und Verben in ihrer Funktion als Prädikate von Sätzen *immer* Vergangenheit, Gegenwart oder Zukunft zum Ausdruck bringen (Verb = Zeitwort), ist die Struktur der Zeit in der Sprache immer schon repräsentiert. Insofern ist die Zeitsprache des Alltags mit dem früher entwickelten wissenschaftlichen Zeitbegriff semantisch konsistent. *Alle* genannten Besonderheiten der Zeit finden sich in den Verben der natürlichen Sprache wieder. Z. B. hat die Vergangenheit der äußeren Welt die Eigenschaft der Abgeschlossenheit: Vorbei ist vorbei. In einer natürlichsprachlichen Aussage zeigt sich diese Eigenschaft darin, daß sich der Wahrheitswert der betreffenden Aussage nicht mehr ändern kann: Wenn es stimmt, daß es gestern (am 10. 6. 1998) in der Geleitsstraße 10 in Frankfurt/M geregnet hat, kann eine Aussage, die diesen wahren Sachverhalt zum Ausdruck bringt, niemals und unter keinen Umständen falsch werden. Im Unterschied zur Abgeschlossenheit der Vergangenheit hat die Zukunft der Außenwelt die Eigenschaft der Offenheit. Und auch hierzu gibt es eine wahrheitstheoretische Entsprechung in der Sprache: Der Wahrheitswert einer Zukunftsaussage ist zum Zeitpunkt ihrer Äußerung nicht entscheidbar: Ob wir morgen noch leben, können wir nicht sicher wissen. Soviel zur wahrheitstheoretischen Zeitlichkeit von Aussagen, Folge der Zeitlichkeit der Verben.

Aber nicht nur bei Aussagen, auch bei einzelnen Worten ist Zeit im Spiel. Ein Beispiel: Wenn wir heute das Wort „Natur" benutzen, so hat es nach der ökologischen Wende des Denkens

Bedeutungselemente erhalten, die Natur gegenüber der Gesellschaft aufwerten. Natur wird nicht mehr nur als Gegenstand wirtschaftlichen Interesses gesehen (wieviel Geld kann mit dem Abholzen von Wäldern verdient werden?), sondern als Mitspieler in einem Spiel, in dem Menschen langfristig nur überleben können, wenn sie die Regeln der Natur kennen und anerkennen. Noch ein Beispiel: das Wort „Theorie". In der Zeit des klassischen Griechenland entstanden, waren Theoretiker damals Menschen, die in passiver Einstellung die Welt nur betrachteten (Theorie = (griech.) ϑεωφια = Betrachtung). Theorie war Ausdruck einer kontemplativen Einstellung zur Welt und der Gegenbegriff zur Arbeit. In einer Zeit, in der Sklaven letztere verrichteten, überrascht dieser Gegensatz nicht. Jeder experimentelle Eingriff in die Natur galt als Verfälschung, die dem Ziel objektiver Erkenntnis widersprach – eine Auffassung, die sich erst mit Galilei langsam zu wandeln begann. Heute hat sich die Bedeutung des Wortes „Theorie" wesentlich verändert bzw. erweitert. Theorien haben auch eine *instrumentelle* Bedeutung: Wissenschaftler beobachten nicht nur im Lichte einer Theorie die Welt, sondern greifen theoretisch geleitet in sie ein (siehe z. B. Gentechnik oder Atomspaltung). Was dabei unter der Perspektive der Struktur der Zeit wichtig ist: Die *heutigen* Bedeutungen der Worte sind keine bloßen Fortsetzungen der Bedeutungen ihrer *Vergangenheit*, sondern haben qualitativ *neue* Bedeutungsaspekte hinzugewonnen, die bis ins Gegenteil der ursprünglichen Bedeutung reichen können (z. B. beim Theoriebegriff: passive Abbildung contra instrumenteller Eingriff). Damit gilt das, was für die physikalische Welt und – in erster Näherung für das biologische Gehirn – schon festgestellt wurde, auch für die Sprache: Sie ist ein zeitliches System. Bedeutungstheoretisch formuliert:

1. Ort und Zeit der Bedeutung sind keine freie Variable.
2. Bedeutung ist nicht von ihren Anfangsbedingungen determiniert.
3. Für Bedeutung gilt kein Erhaltungssatz.

Diese aufs Grundsätzliche zielenden theoretischen Ausführungen wollen wir nun zusammenfassen und in sechs kognitionstheoretischen Grundannahmen verdichten. Wichtig ist: Alle Annahmen gelten sowohl für die symbolischen wie auch für die subsymbolischen Komponenten eines kognitiven Systems, und alle sind als notwendige Bedingungen zu verstehen.

1. Wir erkennen nicht die Welt, sondern unsere Beziehung zu ihr.
An die Stelle der klassischen und absoluten Trennung von Subjekt und Objekt tritt ein Gemenge, in dem die Anteile der beiden Relationsglieder immer nur von Fall zu Fall und niemals trennscharf festgestellt werden können. Der Schlüssel zum Akt der Erkenntnis steckt weder im Subjekt noch im Objekt, sondern in der Beziehung zwischen beiden. Allerdings bleibt eine Asymmetrie insofern erhalten, als nur Subjekte diese Beziehung kognitiv aufnehmen können: Physiker können Elementarteilchen, aber Elementarteilchen können keine Physiker untersuchen.

2. Denken ist Repräsentation.
Kognitiv ist ein Prozeß dadurch, daß er die Repräsentationsfunktion erfüllt. Zunächst einmal heißt dies: Der Repräsentant „steht für" das Repräsentat. Ob die Repräsentation eine konkrete Abbildung ist (wie in einem Spiegel), nur Ähnlichkeit mit dem Abgebildeten hat oder ob jegliche Ähnlichkeit mit ihm fehlt, spielt bei dem hier verwendeten Repräsentationsbegriff keine Rolle. Wir verstehen ihn in erster Näherung im Sinne des mathematischen Abbildungsbegriffs: Durch eine Abbildung wird jedem Element einer Menge (oder jedem Punkt eines Raumes) genau ein Element einer anderen Menge (oder genau ein Punkt eines anderen Raumes) zugeordnet. Entscheidend ist, *daß* der Repräsentant *alle* in Frage stehenden Eigenschaften des Repräsentats abbildet, nicht *wie* dies geschieht. Ob die Abbildung gelungen ist, zeigt sich daran, ob vom Repräsentanten auf das Repräsentat geschlossen werden kann.

3. Kognitives und semantisches Vermögen sind äquivalent.
Nicht der Gegenstand, sondern seine Bedeutung wird repräsentiert; denn nur die Bedeutung leistet die Kennung eines Objekts. Z. B. ist die Sonne *kognitiv* nicht einfach eine aus Punktelementen zur Kreisfläche geformte Menge, sondern eine im Zusammenhang und in der Gleichzeitigkeit ihrer Elemente entstehende Bedeutungseinheit (nur als Ganzheit wird die Sonne *als* Sonne erfaßt). Was Kognition betrifft, ist somit nicht die Syntax, sondern die (Pragmatik immer schon enthaltende) Semantik sowohl die Einstiegsebene wie auch die Ebene, auf der sich Kognition erfüllt. Für die Erfüllung dieser semantischen Funktion des Repräsentanten gilt analog das schon genannte Kriterium: Er muß ohne zusätzliche Hilfsmittel den Schluß auf das Repräsentat ermöglichen – und zwar in allen Eigenschaften.

4. Die Abbildung muß simulationstauglich sein.
Diese Funktion zu erfüllen, erfordert die genannte Dialektik von Verweisung und Differenz: Der Repräsentant verweist auf das Repräsentat und ist dennoch wesentlich von ihm verschieden. Erst die Abbildung der Bedeutung (= *geistige* Repräsentation) führt zur Unabhängigkeit des Repräsentanten, und erst diese erlaubt Simulation. Im Unterschied zur Abbildung eines Objekts in einem Spiegel: Sie erlischt, wenn der Gegenstand aus dem Abbildungsbereich verschwindet. Anders in der geistigen, d. h. bedeutungsmäßigen Repräsentation: Wenn die Sonne untergegangen ist, bleibt ihre Abbildung im Gehirn erhalten (sei es als Vorstellung oder als Erinnerung).

5. Repräsentat und Repräsentant sind isomorph unter der Struktur der Zeit.
Die zeitliche Isomorphie besteht darin, daß alle Merkmale der physikalischen Zeit auf den (symbolischen und/oder subsymbolischen) Repräsentanten abbildbar sind. Damit wird die Asymmetrie zur Grundrelation jedes kognitiven Systems. Der wesentlichste Aspekt dieser Asymmetrie ist der Unterschied von Vergangenheit und Zukunft (z. B. sind die Zeitpunkte in der

Entwicklung von Gehirn und Sprache nicht gegeneinander austauschbar). Von besonderer kognitionstheoretischer Bedeutung ist der Zeitmodus der Zukunft und damit die Eigenschaft der Offenheit, die im kognitiven System repräsentiert sein muß. Abstrakt: Die Menge (der symbolischen und/oder subsymbolischen Struktur des Gehirns) ist gegenüber der Operation nicht abgeschlossen.

6. Für die Theorie gilt ein Phänomenweltapriori. Die Erklärung der Fähigkeit des Gehirns, *Phänomene* zur Abbildung zu bringen (z. B. Bilder zu sehen oder Töne zu hören), ist letztendlich der Prüfstein jeder Theorie, die sich „*Kognitions*theorie" nennt; denn Bedeutung entsteht erst auf der Phänomenebene der Realität, so daß Denken nicht einfach Repräsentation, sondern Repräsentation von Phänomenbedeutung ist. Das (reduktionistische) Dogma der Neurobiologie, daß sich Denken in den elektrischen (und chemischen) Prozessen der Neuronen und ihrer Verbindungen erschöpft, wird grundsätzlich in Frage gestellt. Die theoretische Konsequenz des Phänomenweltapriori: Im Innern des Gehirns gibt es zusätzlich zu den von der Neurobiologie beschriebenen Prozessen andere Vorgänge (z. B. informationsverarbeitende Felder zwischen Innen- und Außenwelt), welche die Phänomene *als* Phänomene zur Entstehung bringen. Phänomene im Gehirn sind *als* Phänomene nur unter zwei Bedingungen denkbar: Entweder sind die von der Außenwelt aufgenommenen Energiemuster wesentlich komplexer als die Neurobiologie bisher annimmt (also mehr als Lichtintensität und Wellenlänge im optischen Wahrnehmungsbereich) und/oder die konstruktiven Leistungen des Gehirns übertreffen die neuronalen Leistungen der elektrischen Signalverarbeitung. So ist die Hypothese von der gehirn*internen* Wirksamkeit von Photonen nicht jenseits physikalischer Möglichkeit. Warum Photonen? Die Begründung: Bewußt *sehen* kann man Objekte nur, wenn Licht im sichtbaren Bereich des elektromagnetischen Spektrums, also zwischen 360 und 780 nm, im Spiel ist. Und da *alles*, was wir sehen, *im* Gehirn passiert, müssen zum Zeitpunkt, *wenn* wir (z. B. ein

Gesicht) sehen, *Photonen* wirksam sein. Nur so sind die gehirn*internen* Phänomene erklärbar.

Die ersten vier Annahmen des Modells sind relativ unproblematisch, wenn auch noch längst nicht zureichend theoretisch geklärt. Annahme 6 hat Konsequenzen, die empirischer Überprüfung bedürfen. Sicher ist: Die tatsächlichen Leistungen des Gehirns bei der Erzeugung von Phänomenen können mit den gegebenen theoretischen Mitteln der Neurobiologie nicht erklärt werden. Sie hofft weiterhin vergeblich, die Erklärungsleistung reduktionistisch erbringen zu können, indem die Phänomene auf die Ebene des neuronalen Netzwerks (und zwar in seinem jetzigen Verständnis) zurückgeführt werden. Aber der Weg führt ins Leere, weil sich geistige Prozesse genau und nur auf der Ebene der *Phänomene* abspielen, d. h. führt man sie auf die Klicks der Neurone zurück, bringt man sie nicht zur Erklärung, sondern zum Verschwinden (Phänomene haben eine eigene Qualität). Alles in allem ist das Ganze ein untauglicher Versuch: Man kann keine Bilder oder Goethes Faust aus dem Feuern einzelner Neurone „ableiten". Insgesamt hat man den Eindruck, daß die Neurobiologie sich die Logik von Butlers Bonmot zu Herzen genommen hat: „Ein Huhn ist die Methode eines Eis, ein neues Ei zu erzeugen". Neurobiologisch gewendet: Der Geist ist die Methode eines Neurons, ein neues Neuron hervorzubringen (eingeschränkt auf den synaptischen Bereich).

Aber uns interessiert nun einmal der Geist in seinen konkreten Erscheinungsformen, z. B. in bildhaften Vorstellungen über die Außenwelt. Zugegeben, das Phänomenweltapriori steht vor schwierigen physikalischen Problemen, die gelöst werden müssen, denn Kognitionstheorie darf nicht außerhalb der Physik entstehen. So stellt sich die Frage, wie Photonen im Inneren des Gehirns entstehen könnten. Denn daß sie von der Außenwelt in die Innenwelt des Gehirns *als* Photonen übertragen werden, ist physikalisch ausgeschlossen. Wir sehen weder die Objekte direkt noch die von ihnen emittierten Photonen, sondern die von außen kommenden Photonen werden von den Sinneszellen der Augen absorbiert (und verschwinden damit *als* Photonen); der Prozeß des Sehens wird also ausgelöst durch eine spezifische Reaktion der Atome des Auges auf die von außen kommenden Photonen. Soll die Möglichkeit der gehirninternen Existenz und informationellen Wirksamkeit von Photonen nicht ausgeschlossen werden, so müssen sie für ihren Beitrag zur Phänomenentstehung von den Atomen des Gehirns allererst erzeugt werden, d. h. die Elektronen der Atome müssen Photonen emittieren – was aber ihr Energieniveau verändert. Schwierige Probleme also. Aber physikalisch unmöglich ist es nicht – und der inzwischen durch Sancar und Miyamoto bestätigte Befund, daß es lichtempfindliche Proteine *im* Gehirn gibt, spricht für das Phänomenweltapriori.

Daß das Gehirn also für elektromagnetische Wellen nicht zugänglich ist, wie die Neurobiologie annimmt, erscheint aufgrund seiner eigenen Beschaffenheit mehr und mehr fraglich. Und wenn Calvin das Bewußtsein metaphorisch als „Licht des Geistes" beschreibt, so könnte sich am Ende seine Sicht bestätigen – allerdings *nicht*metaphorisch (siehe auch die alltagsweltliche Metapher vom „inneren geistigen Auge", die sich in den tatsächlichen Leistungen des Gehirns – z. B. beim Träumen – immer schon empirisch erfüllt). Vielleicht haben auch die Gliazellen eine weitergehende und bisher nicht entdeckte Funktion, z. B. in der Repräsentation von elektromagnetischen Feldern. Wenn Libet von einem „Bewußtseinsfeld" spricht und kein rein metaphorisches Spiel spielt, so macht der Begriff nur dann einen Sinn, wenn Denken mehr ist als neuronale Aktivität der bekannten Art. Nicht auszuschließen ist also, daß das, was das Gehirn tut, nicht identisch ist mit dem, was die Neuronen tun. Vielleicht... Wir kommen hier zur Zeit nicht weiter. Lassen wir also die Erklärungslücke hinter uns und konzentrieren uns im folgenden auf Annahme 5: Repräsentant und Repräsentat müssen isomorph unter der Struktur der Zeit sein. Die Sprache haben wir schon mit positivem Ergebnis zeittheoretisch grob untersucht, so geht es jetzt also wieder ums Gehirn. Anknüpfen können wir dabei an der schon festgestellten Plastizität des Neocortex, die weiter zeittheoretisch interpretiert werden soll. Ist die geforderte zeitliche Isomorphie festgestellt, wollen wir abschließend nach Wegen suchen, wie der Zusammenhang von Zeit und Bedeutung im Gehirn zustandekommt oder aktiviert wird.

Zeit im Gehirn

Zur Erinnerung: Das Interesse an der Frage nach der Abbildbarkeit der Zeit auf die materielle Struktur des Gehirns steht unter einer Generalhypothese: Da die Welt wesentlich zeitlicher Natur ist, kann sie nur von einem System erkannt werden, das *selbst* zeitlicher Natur ist. Zur ausführlicheren Begründung der These verweisen wir zurück auf Kapitel II. Die Zeitlichkeit der Welt muß sich also in all ihren Aspekten in der Struktur des Gehirns *informationell* abbilden. Da, wie schon festgestellt, auch jede *sprachliche* Bedeutung eine Funktion der Zeit ist, ist die Zeit ein wesentliches Bindeglied zwischen Außenwelt und Gehirn, zwischen Objekten und ihrer Repräsentation.

Wir beschränken uns hier auf den Zukunftsmodus der Zeit, auf die zentrale Eigenschaft der Offenheit: Zukunft ist keine bloße Fortsetzung der Vergangenheit (= nichtmonotones Verhältnis). Die Eigenschaft der Offenheit des erkennenden Systems ist nicht zuletzt deshalb von so großer Bedeutung, weil nur offene Systeme *Neues* informationell aufnehmen können und weil wir das menschliche Denken zwar nicht nur, aber doch auch und wesentlich mit der Fähigkeit verbinden, auf Neues und Unvorhergesehenes angemessen zu reagieren – und insbesondere: *selbst* Neues hervorzubringen. Die Frage: Ist der Zukunftsmodus der (physikalischen) Zeit im Neocortex des Gehirns isomorph abbildbar?

Zunächst einmal fällt auf, daß die Masse des Gehirns im Laufe der Zeit beträchtlich zunimmt. Obwohl schon bei der Geburt alle Nervenzellen vorhanden sind, beträgt das Gewicht des Gehirns dann nur ca. ein Viertel seines späteren Gewichts von 1,5 kg (zum Vergleich: das Gehirn eines Elefanten wiegt 5 kg, das eines Pottwals 8,5 kg – und das des 30 Tonnen schweren Brontosaurus wog ca. 100 g). Diese Gewichtszunahme wollen wir als informationelle Plastizität des Gehirns verstehen. Sie ist Folge der zahlenmäßigen Zunahme der Synapsen und Gliazellen, aber auch Folge der Vergrößerung der Zellen (da sich die Neuronen nach der Geburt nicht mehr teilen, nimmt ihre Anzahl nicht mehr zu – und dennoch wird das Gehirn aus den genannten Gründen schwerer). Das Besondere: Die Zunahme insb. der Vernetzung der grauen Zellen (im lebenden Zustand sind sie allerdings rosa) *ist* Zunahme von Information und setzt sich ein Leben lang fort. Ein Beispiel: Merken wir uns eine neue Telefonnummer, dann reagiert das Gehirn an der zuständigen Stelle nicht nur mit dem immer gleichen und flüchtigen Zustand elektrischer Aktivität, sondern mit einer neuen und dauerhaften materiellen Struktur. Informationszunahme ist also am materiellen Wachstum des Gehirns ablesbar. Wann und in welcher Form auch immer etwas Neues geschieht (neues Objekt, neues Wort, neue Form, neue Idee etc.), dem Neuen entsprechen immer neue Neuronenverbindungen. Da das Neue das Alte nicht löscht, sondern hinzukommt, da das Gehirn also Vergangenheit erhält, verhält es sich unter der *Struktur* der Zeit: Z. B. war Einsteins Gehirn in der Lage, die in seinem Kopf repräsentierte klassische Physik durch die neue Relativitätstheorie zu übertreffen (die Physik Newtons und die Physik Einsteins stehen in einem nichtmonotonen Verhältnis zueinander).

Nun haben wir bisher nur die *Wirkungen* von Signalen beschrieben. Die entscheidende Frage: Wie kommt ihre *Bedeutung* zustande? Eine erste Antwort, die topologische, kennen wir schon: Von der Außenwelt kommende Signale werden nicht an *beliebigen* Stellen im Gehirn repräsentiert. Seine topologische Organisation macht es in einem ersten Schritt möglich, aus der *Einheits*sprache der Neuronen die *Unterschiede* der äußeren Welt zu erkennen. Kommen Signale vom Auge, werden sie an einer anderen Stelle repräsentiert als Signale, die zum Beispiel vom Ohr kommen. Obwohl die elektrischen Impulse selbst identisch sein können, weiß das Gehirn so „automatisch", ob es sich um optische oder um akustische Signale handelt. Es kennt dann also die *Modalität* des Reizes und hat auf diese Weise eine erste Möglichkeit zur Festlegung der Bedeutung. Und das alles passiert ständig und hochgradig dynamisch, eben unter der Struktur der Zeit. So wie die Außenwelt nicht von ihren *physikalischen* Anfangsbedingungen determiniert ist und nicht identisch bleibt (selbst der Kosmos als Ganzes ist eine Funktion der Zeit), so steht das Gehirn *informationell* nicht von Anfang an fest: Es wird insb. durch Wechselwirkung mit der Umwelt erst in Form gebracht. Dieses in-Form-bringen ist der Prozeß, in dem sich das Gehirn durch Bildung von Information selbst erzeugt. So ist das Gehirn also kein leerer Behälter, der mit Information gefüllt wird, sondern seine Struktur *ist* die unter dem Einfluß der Umwelt wachsende und sich verändernde Information – eine Unterscheidung zwischen dem Gehirn (als „Hardware") und seiner Information (als „Software") oder zwischen Form und Inhalt ist somit nicht mehr möglich.

Diese Eigenschaft der materiellen Plastizität des Gehirns hat praktische pädagogische Bedeutung: Wenn ein Säugling z. B. wenig Reize aus seiner Umwelt erfährt, wird sein Gehirn weniger vernetzt und damit weniger leistungsfähig. Mit dem Gehirn ist es also wie mit den Muskeln: Beanspruchung bildet es. Anders gesagt: Neben der genetischen, die Vergangenheit repräsentierenden Bestimmung, wird das Gehirn auch und wesentlich durch *epigenetische* Einflüsse geformt. Nur unter dieser Eigenschaft der Offenheit ist es möglich, neue Ereignisse *als* neue (und damit in ihrer Bedeutung) zu erkennen. Und auch das ist nur unter dieser Eigenschaft der Offenheit möglich: daß wir *Individuen* werden und nicht nur Exemplare unserer *Art* sind und bleiben. Denn solange nur die Gene Verhalten bestimmen, reagieren wir auf Reize der Außenwelt alle in gleicher Weise.

Aber die Offenheit hat ihre Grenze und darf nicht im Sinne von Beliebigkeit mißverstanden werden. Sie steht nämlich selbst unter zeitlichen Einschränkungen, d. h. es kann nicht alles zu allen Zeitpunkten geschehen. Mit anderen Worten: Zwischen der informationellen Strukturierung des Gehirns und der *bestimmten* Zeit dieser Strukturierung gibt es einen Zusammenhang: Wer nicht rechtzeitig z. B. die optische Erkennung von Formen lernt (spätestens bis zum 6. Lebensjahr), lernt dies nimmermehr (was

Hänschen nicht lernt...). Diese Unfähigkeit hat *nichts* mit den optischen Funktionen des Auges zu tun, sondern nur mit der zeitlichen Phasenzuweisung der Gehirnbildung. Das Gehirn hat also die zeitliche Grundeigenschaft der Asymmetrie: Die Zeitpunkte seiner Entwicklung können nicht gegeneinander ausgetauscht werden – es ist im Sinne der Zeittheorie durch und durch ein zeitliches System. Wenn die Zeit die Seele der Welt ist, wie Aristoteles annahm, so ist das Gehirn ihre perfekteste Verkörperung. Es ist nämlich nicht nur (wie alles in der Welt) der Zeit unterworfen, sondern erfährt sie, indem es sich selbst unter der Struktur der Zeit durch *Repräsentation* hervorbringt. Der destruktiven Seite der Zeit, die sich in *Zerfalls*prozessen äußert, setzt es ein Leben lang ihre konstruktive Seite entgegen: den *Aufbau* seiner Informationsstruktur.

Und sogar über seine eigene Lebenszeit hinaus ist es durch kommunikative Kompetenz in der Lage, als Erinnerung in anderen Gehirnen fortzuleben: Seine (gesprochenen oder geschriebenen) Worte hinterlassen Spuren im Gehirn der Zeitgenossen. Die Zeit als Operator ist also für den Aufbau seiner Informationsstruktur der beste Verbündete. Die dichotomische Frage, ob das Gehirn die Zeit ge- oder erfunden hat, ist niemals eindeutig zu entscheiden: Da wir nicht die Welt, sondern unsere Beziehung zu ihr erkennen, macht die Frage nach der subjektunabhängigen Beschaffenheit der Welt keinen Sinn mehr. Jenseits dieser Beziehung gibt es zwar ein Etwas, aber keine kognitionszugängliche Welt. Als Realisten nehmen wir allerdings hypothetisch immer schon an, daß die kognitiven Erfahrungen innerhalb der Beziehung zur Welt *Aspekte* dieser Welt zum Vorschein bringen, die sie tatsächlich hat. Und außerdem: Da die Beziehung zur Welt Bestandteil der Welt ist, ist ein Minimum von *Welt*ausdruck dieser Beziehung immer schon gewährleistet. Schlußendlich nehmen wir als quantenmechanisch und neurobiologisch aufgeklärte Realisten an: Nicht nur die Zukunft des Gehirns, sondern auch die der äußeren Welt ist offen. So können wir abschließend sagen: Die Struktur des Gehirns ist eine Funktion der Struktur der Zeit. Dieses zeitliche Entsprechungsverhältnis von Welt und Gehirn dürfte eine entscheidende Bedingung unseres geistigen Vermögens sein; denn wie soll ein Gehirn *Veränderungen* seiner *Umwelt* erkennen, wenn es in seiner Informationsstruktur nicht autoplastisch, also *selbst* zur Veränderung fähig ist?! Sprachtheoretisch gewendet: Wie soll ein System die Aussage „Die Zukunft ist offen" *geistig* (informationell) und nicht nur optisch (beim lesen) oder akustisch (beim hören) aufnehmen, wenn es selbst nicht offener Natur ist? Erst wenn die durch die Außenwelt ausgelösten elektrischen Reize *neue* Spuren im Gehirn hinterlassen und ins Gedächtnis aufgenommen werden, hat der Organismus sein genetisches Programm (seine Vergangenheit) hinter sich gelassen und ist fähig zur Zeiterfahrung und damit auch und insbesondere zur Individuation: Individuation des Gehirns = Individualität der Person. Solange das Verhalten eines Organismus nur durch seine Erbanlagen bestimmt ist, bleiben die Signale aus der Außenwelt nur im Zeitraum der Beobachtung des Objekts im Gehirn erhalten. Verschwindet das Objekt, verschwindet die elektrische Aktivität des Gehirns – und zwar spurlos: Sie hinterläßt keine Repräsentationen (vergleichbar einem Spiegel, vor dem ich stehe: Trete ich zur Seite, verschwindet mein Abbild und der Spiegel fällt in seinen Ausgangszustand zurück). Mit anderen Worten: Das Gehirn ist nicht mehr nur für das Jetzt, sondern ebenso für das Vorher und auch für das Nachher anregbar – also für Gegenwart (Wirklichkeit = Repräsentation), Vergangenheit (Gewesenheit = Speicherung der Repräsentation) und Zukunft (Möglichkeit = Erneuerbarkeit der Repräsentation).

Die Zeitfähigkeit des Gehirns wollen wir im Auge behalten – und das aus drei Gründen: Erstens wegen unserer Generalhypothese („Da die Welt wesentlich zeitlicher Natur ist, kann sie nur von einem System erkannt werden, das selbst zeitlicher Natur ist"), zweitens wegen des unlösbaren Zusammenhangs von Zeit und Bedeutung (Bedeutung ist eine Funktion der Zeit) und drittens wegen der Zeiterfahrung als Bedingung der Individuation (Erkennen = Individuation des Gehirns). Das Gehirn kann also die Struktur der Zeit abbilden: es kann sich erinnern, Aktuelles aufnehmen und sich auf Neues einstellen.

Rhythmus im Gehirn

Was noch fehlt, ist eine empirische Stärkung des subsymbolischen Zusammenhangs von Zeit und Bedeutung, insb. unter der Annahme, daß kognitives und semantisches Vermögen äquivalent sind. Hierfür wollen wir ein letztes Mal zu empirischen Ergebnissen der Neurobiologie zurückkehren, die für die Annahme eines gehirninternen Zusammenhangs von Zeit und Bedeutung interpretiert werden können. Wir haben schon gesehen, daß eine erste Entscheidung über den *Inhalt* einer Wahrnehmung nach topologischen Kriterien gefällt wird: Kommen Signale vom Auge, werden sie an die Stellen des Gehirns weitergeleitet, die für die optische Erkennung zuständig sind. So kennt das Gehirn die *Modalität* des Reizes, nämlich „optisch" – obwohl die in den Sinneszellen des Auges ausgelösten elektrischen Impulse identisch sein können mit denen, die von einem akustischen oder irgendeinem anderen Signal ausgelöst wurden. Der Herkunftsort entscheidet über den Bestimmungsort im Gehirn und dieser über die Bedeutung im Sinne der Modalität des Reizes. Aber die Modalität ist nicht alles, denn das Wissen, daß der Reiz optischer Natur ist, impliziert nicht das Wissen, daß er die Sonne und nicht den Mond oder andere sichtbare Objekte repräsentiert. Wie kommt also die am Phänomencharakter und damit an der Einheit orientierte *ganze* Bedeutung eines Objektes der Außenwelt (seine Bewegung, sein Ort, seine Farbe, seine Form etc.) als Repräsentation im Gehirn zustande?

Nach dem vergleichsweise einfachen topologischen Kriterium werden die Mechanismen des Gehirns unter der alles entscheidenden Frage nach dem vollen Bedeutungsgehalt wieder kompliziert und machen ratlos. Es passiert nämlich folgendes: Wenn wir die Sonne beobachten, so wird nicht nur, wie wir schon wissen, alles optische in elektrische Impulse umgewandelt, sondern darüber hinaus wird die *Einheit* des Objektes systematisch zerstört. Das Objekt wird nämlich feinsäuberlich zerlegt in seine Form, seine Farbe etc. – und diese zerlegten Bestandteile der Außenweltobjekte werden in getrennten Kanälen zur Großhirnrinde weitergeleitet und dort auch räumlich getrennt repräsentiert. Die Form des Objektes wird an einer anderen Stelle repräsentiert als seine Farbe etc. (analoges geschieht mit der Sprache: die Syntax wird im Broca-Areal und der Inhalt im Wernicke-Areal repräsentiert). Wenn wir aber, wie die Neurobiologie lehrt, mit dem Gehirn sehen, das Gehirn aber keinen *Zusammen*hang aller Aspekte z. B. der Sonne repräsentiert, wie können wir sie dann alle *zusammen* sehen und damit erst das wahrnehmen, was „Sonne" genannt wird? Nach der gehirninternen Repräsentationsverteilung müßten wir ja die Form *neben* ihrer Farbe sehen – was aber nicht der Fall ist. Sehen wir also doch nicht mit dem Gehirn, sondern mit unseren Augen?!

Die Neurobiologie besteht auf dem „Nein!" und macht seit einiger Zeit erste und vielversprechende Erklärungsversuche, ohne die Sehleistung ins Auge zurückzuverlagern. Einer ist für uns besonders interessant, weil die Zeit hier eine zentrale Rolle spielt. Noch einmal die Frage: Wie *integriert* das Gehirn Sinnesdaten zu ganzheitlichen Wahrnehmungen, obwohl ihre einzelnen Bestandteile zigtausende von Neuronen voneinander entfernt repräsentiert sind?

Das Grundproblem: Kein einzelnes Neuron ist in der Lage, komplexe Objekte als Ganzheiten zu repräsentieren. Manche Neurone (oder Neuronengruppen) codieren die Farbe, andere die Form, wieder andere die Bewegung etc. Jedes beteiligte Neuron codiert also nur einen Teilaspekt des betreffenden Objekts, und die Gesamtheit der beteiligten Neuronen ist über weite Bereiche des Gehirns verteilt und sogar durch unbeteiligte Bereiche unterbrochen. Wie wird also das dadurch für die ganzheitliche Wahrnehmung entstehende „Bindungsproblem" zwischen den unabhängig voneinander repräsentierten Teilen gelöst? Christof von Malsberg war der erste, der eine einleuchtende Erklärung vorschlug: Nicht die beteiligten Neurone (bzw. ihr Ort) repräsentieren ein Objekt, sondern die *Synchronisation* ihrer Aktivierung: Inhaltlich miteinander im Zusammenhang stehende Neurone (z. B. Form-, Farbe- etc.-Repräsentationen der Sonne) feuern im gleichen Takt. Das synchrone Feuern wäre somit die Ursache für die Ganzheitlichkeit unserer Wahrnehmung. Mit anderen Worten: Die zeitlichen Korrelationen zwischen verschiedenen Neuronen und Neuronenverbänden repräsentieren die Einheit und damit die Bedeutung eines Objekts.

Diese „zeitliche Bindung" konnte Singer zunächst an Katzen nachweisen. Er fand heraus, daß die für bestimmte Objekte zuständigen Neurone des corticalen Hirnbereichs in einer 40-Hertz-Schwingung (also vierzigmal in der Sekunde) feuerten. Diese Synchronisation erstreckt sich über das gesamte Gehirn. Sie tritt also nicht nur in nahe beieinander liegenden Bereichen des Cortex, sondern auch zwischen bestimmten Arealen der beiden Hirnhälften auf und auch zwischen Großhirnrinde und Hirnstamm. Inzwischen nimmt man an, daß die von Singer nachgewiesene 40-Hertz-Schwingung nur eine von vielen ist, daß es also verschiedene Tempi im Gehirn gibt. Llinas z. B. geht davon aus, daß die Zahl der Schwingungen mit dem Grad der Aufmerksamkeit korreliert ist: im Schlaf 2 Hertz, im normalen Wachzustand 10 Hertz und bei höchster Anspannung 40 Hertz. Francis Crick und Christof Koch gehen noch einen Schritt weiter: Die Bindungsmuster konstituieren Bewußtsein.

Soweit die Zeittakte des Gehirns. Sie gefunden zu haben, war ein großer Fortschritt der Neurobiologie. Sie machen plausibel, wie aus den über das ganze Gehirn verstreuten Teilen der Repräsentation eines Wahrnehmungsgegenstandes seine Einheit entsteht. Damit sind wir bei der Beantwortung der Frage, wie im Gehirn die Bedeutung von Objekten entsteht, ein gutes Stück weiter. Neben dem genannten topologischen Kriterium weiß das Gehirn, daß die Bereiche, die synchron feuern, inhaltlich zusammengehören (auf das nur begrenzt wirksame „Prinzip der Nachbarschaftserhaltung" und die Spezialisierung von Neuronen z. B. auf Gesichter gehen wir hier nicht ein). Aber drei Fragen bleiben offen: Was löst die Synchronisation aus? Die Antwort „Die Zusammengehörigkeit!" wäre zirkelhaft. Die Frage bleibt offen. Die zweite Frage: Wenn die Bedeutung (der Zusammenhang, die Ganzheit) eines Objektes durch die Taktgleichheit seiner Elemente hergestellt wird, wie kann dann die Bedeutung eines *anderen* Objektes repräsentiert werden? Dem Gehirn stehen nur zwei Möglichkeiten zur Verfügung: Entweder hat jedes Objekt einen eigenen Takt oder der Takt ist für alle Objekte gleich (nämlich 40 Hertz), dann wäre der *Unterschied* zwischen den Objekten in der zeitlichen Differenz ihrer Taktfolgen repräsentiert (der Takt wäre für alle gleich, aber sie würden asynchron zueinander beginnen/enden). Aber wer koordiniert dann das Ganze? Und die dritte Frage: Was macht uns z. B. *sehen* – wenn nur Elektronen- und nicht Photonenfluß die geistigen Wirkungen erzeugt? Mit dem zeitlichen Bindungsmuster sind wir den Forderungen der Theorie ein gutes Stück näher, aber alleine kann es den *Phänomen*charakter der Repräsentationen nicht erklären. Schwierige Fragen und noch keine empirischen Antworten in Sicht. Die Theorie muß sich hier über die Ergebnisse der empirischen Forschung hinauswagen, mit der Annahme von Bewußtseinsfeldern und der Wirksamkeit elektromagnetischer Wellen im Gehirn.

Nach all den Abstechern in Physik, Neurobiologie, Philosophie und Sozialwissenschaft wollen wir trotz der Lücken abschließend eine (offene) Definition von Denken wagen, die unter dem Schutz bereits gesicherten Wissens der genannten Disziplinen steht: Denken ist symbolische und/oder subsymbolische Repräsentation von Bedeutung, die in einer dreistelligen Relation zwischen Welt, Sprache und Substrat auf der Grundlage ihrer zeitlichen Isomorphie entsteht. Und immer ist zu beachten: Denken vollzieht sich auf der Ebene von Phänomenen (und nicht auf Mikroebenen, auf denen die Prozesse nicht kognitiver sondern rein physikalischer oder chemischer Natur sind). Der Anspruch besteht, eine allgemeingültige Bestimmung von Denken (und Intelligenz) gefunden zu haben. Genau in der Fähigkeit zur zeitlichen Repräsentation von Bedeutung wird der qualitative Sprung vom rein physikalischen zum kognitiven System vollzogen – wie einfach auch immer die Repräsentation zunächst sein mag (entscheidend ist nur, *daß* es zeitliche Repräsentation von Bedeutung ist). Soviel zum Gehirn.

Nachdem der Gegenstand unseres Interesses unter der Weltbildfrage zunächst physikalische Objekte und Prozesse der

288

äußeren Welt waren (Relativitätstheorie etc.), ging es oben um das Organ (Gehirn), das dieses Wissen erzeugt. Nun wenden wir uns einem Produkt dieses Organs zu, dem Computer nämlich, auf dessen Grundlage Gesellschaft und Wirtschaft derzeit dabei sind, sich grundlegend zu verändern. Die Hauptfrage: Sind Mensch und Computer unter einer *kognitiven* Perspektive Konkurrenten?

IV. Computer

Künstliche Intelligenz

Die Neurobiologie hat uns vieles über den Zusammenhang von Denken und Gehirn gelehrt, Aufschlußreiches und Überraschendes, aber manches ist unbeantwortet geblieben. Also wollen wir einen neuen Versuch unternehmen, dem Denken weiter auf die Spur zu kommen. Dieses Mal auf einem anderen Weg: Nicht durch weitere Untersuchung des Gehirns, sondern durch einen Vergleich zwischen Mensch und Computer. Damit schließt sich der Kreis zu Kapitel I, in dem die Frage nach der Rolle des Computers in der Informationsgesellschaft kritisch aufgeworfen wurde. Da der Computer *die* Maschine unserer Zeit ist, gehört Wissen über ihn zu den Selbstverständlichkeiten. Aber wir bleiben dabei, was im Kapitel I schon hervorgehoben wurde: Der Computer ist nicht Zweck, sondern – neben vielem anderen – nur mögliches Mittel zur Erreichung des Zwecks „Informationsgesellschaft". Die Grundhaltung wird nicht dadurch verletzt, daß wir ihn nun im Vergleich mit dem Menschen untersuchen, denn es sind die gesellschaftlichen Tatsachen, die diesen Vergleich längst herausfordern: Computer haben sich als informationsverarbeitende Systeme bereits neben und teilweise schon an die Stelle von Menschen gesetzt. Ob diese gesellschaftlichen Tatsachen *kognitions*theoretisch interpretierbar sind, ist damit allerdings noch nicht gesagt. Genau das ist zu prüfen. Unabhängig davon, wie das Ergebnis ausfällt: Dazulernen werden wir in jedem Fall über das menschliche Denken, ob in der Abgrenzung vom Computer oder im Befund der kognitiven Übereinstimmung mit ihm. Stützen werden wir uns dabei auf die bereits erarbeiteten theoretischen Grundlagen, insb. auf die 6 Grundannahmen des Kognitionsmodells. Aber wie können wir überhaupt beim Blick auf den Computer Wesentliches über das *menschliche* Denken erfahren? Im Jahre 1956 entstand auf der berühmten Dartmouth-Sommerkonferenz in den USA eine neue Teildisziplin der Informatik, die KI-Forschung (KI = Künstliche Intelligenz). Ihr spektakuläres Ziel: Die Simulation des menschlichen Denkens auf elektronischen Maschinen. „Simulation" war im positiven Sinne als „Realisierung" gemeint, also nicht als vorgetäuschte, sondern als wirkliche Intelligenz. Die Annahme: Denken ist Symbolverarbeitung, d. h. jedes sprachfähige System denkt – unabhängig davon, ob Menschen oder Maschinen die Leistung erbringen. Diese begriffliche Festlegung hatte eine wichtige Konsequenz. Mit dem Bau symbolverarbeitender Maschinen wurde nicht nur ein Qualitätssprung in der *technischen* Evolution angestrebt, sondern das Vorhaben sollte einen Nebeneffekt haben: Wenn es gelingt, *denkende* Maschinen zu bauen, wissen wir auch, wie unser *eigenes* Denken funktioniert, denn Denken ist Denken... Der Vorteil: Mit elektronischen Maschinen läßt sich ohne ethische Bedenken beliebig experimentieren, mit Menschen nicht. Vom Anspruch her sind wir bei der KI-Forschung also an der richtigen Adresse. Allerdings: Was die Realisierbarkeit des KI-Vorhabens betrifft, so sind wir sowohl aus der Alltagsperspektive wie auch im Lichte des neurobiologischen Wissens intuitiv skeptisch. Effizientere, schnellere, zuverlässigere und präzisere Maschinen, ja! Aber *denkende* Maschinen?! Aber intuitive Ablehnung ist das eine, argumentativer Nachweis der Unmöglichkeit das andere.

Das KI-Vorhaben war und ist umstritten, aus ethischen wie auch aus wissenschaftlichen Gründen. Daß Denken unterhalb der Biosphäre (und schon gar außerhalb von Kultur und Gesellschaft), also rein physikalisch möglich sein sollte, war ein Angriff auf das Selbstverständnis der abendländischen Kultur. *Lebe*wesen können denken, aber physikalische Materie? Die Unruhe, die früher einmal die Frage nach *tierischer* Intelligenz ausgelöst hatte, war gerade dabei sich zu legen, als das Ziel einer *maschinellen* Intelligenz neue Unruhe auslöste. Die Reaktionen waren entweder Kopfschütteln oder brüske Ablehnung. Wieder einmal war die Stellung des Menschen auf dem Prüfstand und mit dem Gelingen des Vorhabens seine Besonderheit in Frage gestellt – und dieses Mal nicht mehr von unseren nächsten Verwandten, den Affen, sondern von toter Materie.

Daß Maschinen nicht denken können und dies auch in Zukunft nicht, war außerhalb der KI (und selbst bei den meisten Informatikern) ein festes Dogma – und auch die Alltagswelt hielt das Ziel für unerreichbar. Dieses Unmöglichkeitsdogma wird zu prüfen sein. Konkurrenz aus der Maschinenwelt mag irritieren, aber intuitive und emotional besetzte Abwehr ist kein Ersatz für Begründung. Schließlich waren hier keine Science-Fiction-Autoren, sondern hochmotivierte und hochbegabte junge Forscher am Werk, die gegen den Rest der Welt etwas technisch leisten wollten, was es bisher nicht gab. Wir selbst wollen uns bei der Bewertung des Vorhabens weder von Vorurteilen und Ängsten noch von ungezügelter technischer Euphorie leiten lassen, sondern zunächst einmal gelassen hinsehen, was die KI tatsächlich geleistet hat und ob ihre Ergebnisse dem hohen Anspruch wirklich gerecht werden. Dazu benötigen wir Information.

Die KI hatte sich schon früh in verschiedene Teilgebiete ausdifferenziert, die unterschiedliche Aspekte menschlicher Fertigkeiten bzw. ihre Übertragung auf Maschinen zum Gegenstand hatten. Folgende fünf Teilgebiete wurden unterschieden:

1. Robotik (das Ziel: die Ersetzung der menschlichen Hand),
2. Bilderkennung (das Ziel: die Ersetzung des menschlichen Auges),
3. natürlichsprachliche Systeme (das Ziel: die Ersetzung eines menschlichen Dialogpartners),
4. Expertensysteme (das Ziel: die Ersetzung menschlicher Spezialisten),
5. Deduktionssysteme (das Ziel: die Ersetzung menschlicher Mathematiker/Logiker).

Das gesamte Vorhaben basierte philosophisch auf der Grundannahme, daß Rationalität *die* Eigenschaft des menschlichen Denkens ist, die unseren tierischen Verwandten angeblich fehlt. Wer logisch denkt, denkt nicht nur richtig, sondern in der präzisesten und anspruchsvollsten Form. Genau darin wähnte sich der Mensch auch nach den Demütigungen durch Darwin und Freud noch immer als unerreichte und unerreichbare Spitze der Evolution. Affen mögen ja vieles können, aber Differentialgleichungen lösen können sie nicht. Und genau diese „menschlichste" Art des Denkens sollte nun *maschinell* realisiert werden. Das Vorhaben der KI wurde damit zum gefährlichsten Angriff auf die besondere Stellung des Menschen in der Welt. Konsequent knüpfte die KI an die altehrwürdige Tradition an, die sich seit Aristoteles unter dem Modell des animal rationale (= vom Verstand geleitetes Lebewesen) entfaltet hat und die das gesamte abendländische Denken bestimmte. Nicht Fühlen, sondern Denken auf höchstem Niveau sollte die Maschine also lernen. Und in dieser Hinsicht sollte sie dem Menschen ebenbürtig, vielleicht sogar überlegen sein.

Maschine überholt Mensch

Diese (relative) Bescheidenheit der ersten Jahre ist längst Vergangenheit; denn manche der führenden KI-Köpfe haben längst weiter gesteckte Ziele: So geht Fredkin vom MIT (Massachusetts Institute of Technology) davon aus, daß die KI-Maschinen die nächste Stufe der Evolution sein werden. Ein großer Gedanke gelassen ausgesprochen: Kam der Mensch nach dem Affen, so kommen KI-Maschinen nach dem Menschen. Er müßte nicht gleich von der Bildfläche verschwinden, aber um die *Spitze* der Evolution zu erblicken, hätte er nach oben zu den Maschinen und nicht mehr auf sich selbst schauen. Aus rationaler Ebenbürtigkeit war plötzlich evolutionäre Überlegenheit der Maschine geworden.

Aber es sollte noch weiter gehen. Schon bald danach wurden

die Ziele nämlich noch einmal erweitert. Ging es zunächst nur um eine Steigerung der maschinellen *Denk*fähigkeiten, so standen plötzlich auch *Gefühle* und Moral auf dem Bauplan der Forscher. So hält es Minsky für möglich, daß die KI-Maschinen der Zukunft ein Gewissen und Humor haben und auch Neid verspüren können. Das waren Ziele, die wirklich irritierten. Mit der Idee der Programmierung menschlicher *Denk*funktionen mußte man sich nicht anfreunden, aber die Mutigen und/oder Neugierigen aus Wissenschaft und Gesellschaft waren langsam dabei, sie mehr oder weniger gelassen zur Kenntnis nehmen: Wenn eine Maschine z. B. mathematische Beweise führen kann, na und? Zumal die Philosophie inzwischen auf die Erfolge der KI reagiert und den Angriff mit einem einfachen Trick ins Leere geführt hatte. Sie definierte den Menschen einfach neu: Nicht Logik und Rationalität, sondern Intuition, Kreativität, Gefühl und Moral waren die neuen Felder des Menschen, auf denen die Abgrenzung von der Maschine mühelos gelang. Mit Minskys Ankündigungen standen auch diese Unterschiede schon wieder auf dem Prüfstand.

Aber mit den neuen Zielen, Computer mit Gewissen und Gefühlen zu bauen, hatte die KI den Bogen überspannt. Es formierte sich langsam auch der gesellschaftliche und politische Widerstand. Die Ziele wurden von manchen als Bedrohung empfunden und von anderen für wissenschaftlich unseriös, d. h. für undurchführbar gehalten. War die KI dabei, in ein verrücktes Unternehmen abzurutschen? Die Reaktionen der trendbestimmenden Forscher auf die Empörung und das Erstaunen kamen nüchtern und als betonte Zuversicht daher: Die Realisierung der neuen Ziele sei nur eine Frage der Zeit. Daß die *heutigen* KI-Maschinen noch keine Gefühle haben, liegt nach Minsky nicht an den Maschinen, sondern an den Menschen, die sie bauen. Schuld sind nämlich die Wissenschaftler, die zwar selbst Gefühle *haben*, aber noch immer nicht *wissen*, wie sie *entstehen*. Minskys Schlußfolgerung: Gibt es eine gesicherte *Theorie* der Gefühle, dann wird es Programmierern gelingen, auf der Grundlage dieses Wissens Maschinen auch Gefühle zu lehren − so wie sie ihnen vorher die Mathematik beigebracht haben.

Und Minskys Erweiterung der KI-Ziele sollte nicht die letzte gewesen sein. Schon bald überholte ihn Moravec, der draufsattelt und folgendes Szenario voraussagt: Die KI-Maschinen der Zukunft werden in einer Übergangsphase mit den Menschen, die sie gebaut haben, zusammenleben. Aber nach und nach werden die Maschinen nicht nur immer besser, sondern immer selbstständiger – bis sie schließlich ihr eigenes Glück versuchen. Mit dem Erreichen der Selbständigkeit ist der Mensch dann überflüssig geworden – und wird verdrängt. Sein Verschwinden von der Bildfläche ist aber kein Verlust, da alles Positive von ihm (sein Wissen, seine Kultur, seine Moral) in den KI-Maschinen gespeichert wird. Moravec hält diese Zeit, in der *alle* wichtigen menschlichen Funktionen ein maschinelles Gegenstück haben, für kurz bevorstehend. Diese neuen Maschinen können nach seiner Auffassung nicht nur denken und handeln wie ein Mensch, sondern sie werden auch die *kulturelle* Evolution über das *hinaus*treiben, was der Mensch bis dahin erreicht hat. Im Wettrennen der Evolution wird der Mensch also im *ganzen* Spektrum seiner Fähigkeiten verlieren und seine technischen Kinder, die Maschinen, werden ihn vollständig ablösen. Soweit Moravecs Szenario.

Von der Frage der Wünschbarkeit einer solchen Welt einmal abgesehen, hätte sie eine Besonderheit, die es niemals zuvor in der Evolution des Lebens gegeben hat: die Überlegenheit des Nachfolgers über den Vorgänger unter *allen* Gesichtspunkten. Der Computer soll Moravec zufolge ja in allen geistigen, emotionalen, sozialen, moralischen, kulturellen und physischen Angelegenheiten dem Menschen überlegen sein. Unter dieser *totalen* Ablösung des Menschen durch die Maschine in dem Sinne, daß seine Qualitäten nur eine *Teil*menge der Qualitäten der Maschine sind, macht menschliche Existenz keinen Sinn mehr. Insofern denkt Moravec konsequent.

Aber wieso wäre diese Art der Ablösung strukturell neu in der Evolution? Vergleichen wir uns z. B. mit dem Affen! Unter mancherlei Gesichtspunkten ist der Mensch dem Affen wahrhaft überlegen. So dürfen wir ohne Herablassung annehmen, daß Affen im Unterschied zum Menschen nicht in der Lage sind, z. B. Com-

296

puter zu bauen oder die Relativitätstheorie zu verstehen. Also ist der Mensch dem Affen in *dieser* Hinsicht *über*legen. Andererseits können Affen im Unterschied zum Menschen sich z. B. mit hoher Geschwindigkeit durch Baumwipfel bewegen. Also ist der Mensch ihnen in *dieser* Hinsicht *unter*legen. Wichtig ist: Der Grund für diese Überlegenheit des Tieres liegt sowohl in seiner physischen Ausstattung (Sprungkraft etc.) wie auch in der Überlegenheit seines Gehirns. Er kann sich nämlich deshalb in einer so komplexen dreidimensionalen Umwelt der Bäume so schnell und sicher bewegen, weil der visuelle und motorische Cortex seines Gehirns und insb. die Koordination beider Bereiche besser funktionieren als beim Menschen. Gewinn und Verlust halten sich in der Evolution nicht die Waage (sonst wäre die Bezeichnung schon falsch), aber sie waren *niemals* einseitig verteilt, d. h. niemals war der Nachfolger in der evolutionären Kette dem Vorgänger in *allen* Hinsichten überlegen. Und das soll nun anders werden, wenn die KI-Maschinen der Zukunft den Menschen ablösen. So weit die Zukunftsprognosen einiger berühmter KI-Forscher.

Zugegeben: Sie sind aggressiv und abenteuerlich und provozieren Ablehnung – wahrscheinlich ist auch Größenwahn im Spiel. Und *psychologisch* aufschlußreich ist die selbstdestruktive Note des Vorhabens: Wer nimmt sich ohne Not vor, Maschinen zu bauen, die den Erbauer überflüssig machen? Oder anders: Wer seine eigene Abschaffung plant, kann mit sich selbst nicht im reinen sein. Aber Vorsicht! Wir sind in der Gefahr, die Bewertung der KI-*Produkte* mit der Bewertung der Motive der KI-*Forscher* zu verwechseln. Auf die Aggressivität der Prognosen sollten wir nicht einfach mit ablehnender Empörung über die zukünftige Maschinenwelt, sondern zunächst einmal mit Nachdenken über uns selbst reagieren. Von den möglichen psychologischen Hintergründen der Aggressivität einmal abgesehen, können die Prognosen Überlegungen auslösen, die das KI-Zukunftsprojekt von seinen Übertreibungen befreien und auf seinen rationalen Kern bringen. Lassen wir uns also nicht provozieren, sondern denken wir nach! Und zwar zunächst unter zwei Gesichtspunkten: Unter dem der Machbarkeit und unter dem der Wünschbarkeit des KI-Vorhabens. Die Frage nach der Machbarkeit technischer Ziele ist schon oft falsch eingeschätzt worden und die Frage nach der Wünschbarkeit wird oft schief, d. h. unter falschen Voraussetzungen gestellt.

Grenzen der menschlichen Menschlichkeit

Zunächst ein Beispiel zur falschen Einschätzung der Machbarkeit: Der berühmte KI-Kritiker Dreyfus behauptete im Jahre 1965, Computer seien prinzipiell unfähig, gegen große Gegner Schach zu spielen. Gut 30 Jahre später stellte sich heraus, daß er sich gründlich geirrt hatte: Der IBM-Computer Deep Blue wurde Schachweltmeister. Daß Deep Blue vielleicht nur deshalb gewonnen hat, weil er schneller als sein Gegner rechnen konnte und nicht deshalb, weil er in seinen intuitiven Fähigkeiten überlegen war, mag zutreffen, tut aber nichts zur Sache. Denn es ging Dreyfus nur um die Frage, ob Computer große Gegner schlagen können – was bewiesen wurde.

Daß Dreyfus sich irrte, heißt allerdings nicht im Umkehrschluß, daß alle Prognosen der KI-Forscher rational sind. So wie ihre Kritiker nach unten, haben sie selbst allzuoft noch oben übertrieben (nach manchen Prognosen dürfte es längst keine Programmierer mehr geben, weil die Computer selbst diese Aufgabe schon übernommen haben sollten). So sagen Spötter gelegentlich, die große Aufmerksamkeit, derer sich die KI erfreue, sei nicht durch ihre tatsächlich erbrachten, sondern durch ihre angekündigten Leistungen entstanden. In diesem Sinne wäre sie eine reine Zukunftswissenschaft: Ihre Produkte existieren immer *nur* in der Zeitmodalität der Zukunft, werden also nie Realität. Soviel zum Spott. Was die Frage der technischen Machbarkeit betrifft, ist trotz der vielen falschen Prognosen der KI bei Unmöglichkeitsannahmen Vorsicht geboten – zumal dann, wenn sie nicht technisch, sondern nur philosophisch begründet werden. Wir dürfen sicher sein, daß die KI noch viele Ergebnisse erzielen wird, die ihre philosophischen Kritiker heute noch für unmöglich halten. Insbesondere die KI in Deutschland ist in den letzten Jahren in ihrer Zielbestimmung vorsichtiger geworden. Unter dem Druck einer teilweise empörten Öffentlichkeit, aber auch unter dem Druck der übertriebenen und immer wieder verfehlten Ziele wurden in letzter Zeit die hohen Ansprüche teilweise zurückgenommen. Die alte Parole „Computer statt Mensch" wurde kleinlaut durch die Parole „Computer für Menschen" ersetzt (so heißt das, was früher „Expertensystem" genannt wurde, heute vorsichtiger „Assistenzsystem"). Die neue Bescheidenheit erreichte sogar das Ziel als ganzes: Der Anspruch der Simulation des menschlichen *Denkens* wurde von manchen aufgegeben.

Sollten diese Veränderungen in der Zielbestimmung ernst gemeint und nicht taktisch begründet sein (z. B. um die Öffentlichkeit zu beruhigen), so wären sie ein Zeichen für das Scheitern des Programms. Die KI als eigenständige Teildisziplin der Informatik macht nur dann einen Sinn, wenn ihr Gegenstand maschinenförmige *Intelligenz* ist. Sonst wäre auch ein neuer Name fällig: „KI" bezeichnet nämlich nicht die Intelligenz der KI-*Forscher*, sondern die Intelligenz der KI-*Maschinen*. Und wenn die Erzeugung maschineller Intelligenz nicht mehr das Ziel ist, ist die Luft aus dem Projekt raus, nicht zuletzt deshalb, weil dann die spannenden philosophischen Implikationen des KI-Vorhabens entfallen. Maschinen, die wie Menschen arbeiten können, bewegen philosophisch nichts; Maschinen, die wie Menschen denken können, bringen die Philosophie gründlich durcheinander. Im folgenden beschäftigen wir uns nur mit der KI, die am ursprünglichen Ziel der Simulation des menschlichen Denkens festhält. In den USA ist das alte Selbstverständnis der KI ohnehin noch in voller Blüte, d. h. der Gegenstand unserer Betrachtung ist nicht rein historischer Natur. Bevor wir seine Machbarkeit an konkreten Maschinenleistungen überprüfen, zunächst ein paar Bemerkungen zur Wünschbarkeit des KI-Vorhabens.

Die meisten ablehnenden Reaktionen auf das aggressive Ziel, Menschen in allen Bereichen durch Maschinen zu ersetzen, lassen sich auf einen gemeinsamen Nenner bringen: Der Verlust des

Menschen ist der Verlust der Menschlichkeit in der Welt. Und Menschlichkeit ist etwas Gutes, und damit die Verdrängung des Menschen etwas Schlechtes. Das hört sich gut an, ist aber weitgehend Ideologie, also verbrämte Unwahrheit. Jedenfalls läßt sich die Maschinenwelt mit dem *moralisch* gemeinten Angriff, hier: mit der selbstbescheinigten Menschlichkeit des Menschen, so einfach nicht in Frage stellen. Daß Menschlichkeit (Mitgefühl, Erbarmen, Hilfsbereitschaft etc.) ein hoher Wert ist, wollen wir nicht bestreiten, wohl aber, daß sie allenthalben vorkommt oder gar eine Eigenschaft ist, die zum Definitionsbereich von „Mensch" gehört. Daß Menschen (gelegentlich) menschlich sein *können*, wird in der Ablehnung der Maschinenwelt unausgesprochen in die falsche Annahme umgemünzt, daß Menschen (immer) menschlich *sind*. Die Geschichte beweist das Gegenteil: Krieg, Raffgier, Völkermord, Psychoterror, Naturzerstörung, Ausbeutung etc. etc. sind keine Ausnahmen, sondern in allen Phasen der Geschichte und in allen bisherigen Gesellschaften Konstanten, die unsere Zukunft vielleicht mehr bedrohen als alle sonstigen Gefahren – auch die einer selbstständigen Maschinenwelt.

Die Menschlichkeit der Menschen hält sich – jedenfalls jenseits von Ideologien und beim Blick auf die gesellschaftlichen Tatsachen – sehr in Grenzen. Die moralischen *Werte* des Menschen ohne weitere Begründung zum Maßstab für die Bewertung einer maschinellen *Praxis* zu machen, lenkt also von den Fragwürdigkeiten der *gegebenen* menschlichen Praxis nur ab.

Ein böser, aber aufschlußreicher Witz bringt diese Unwahrheit einer fraglos gehaltenen moralischen Asymmetrie zwischen Mensch und Technik auf den Punkt: Ein grausamer KZ-Wächter stellte – zur Überraschung aller – einem Häftling, der besonders unter seinen Grausamkeiten zu leiden hatte, die Freiheit in Aussicht. Allerdings unter einer Bedingung. Der Wächter hatte ein Glasauge, das der Häftling identifizieren sollte – was ihm ohne Zögern gelang. Woher er dies gewußt habe, fragte der Wächter erstaunt, zumal bisher niemandem die Künstlichkeit des Auges aufgefallen war. Der Häftling antwortete, das Glasauge habe ihn, anders als das intakte Auge, immer so menschlich angesehen.

Soviel zur Menschlichkeit von Menschen und zur Kälte von Technik.

Wer spricht, der denkt

Lassen wir die Zukunftsprognosen und die Fragen ihres Realitätsgehaltes und ihrer Wünschbarkeit beiseite und befassen uns nun mit der Gegenwart, also mit dem, was KI-Maschinen heute schon können und teilweise früh schon konnten. Dabei geht es zunächst um die klassische KI, die versucht, die symbolischen Fähigkeiten des Menschen zu simulieren. Ihre Grundüberzeugung: Denken ist eine reine *Soft*wareeigenschaft. Von den genannten fünf Teilgebieten beschränken wir uns im wesentlichen auf die natürlichsprachlichen Systeme. So benötigen wir zunächst keine technischen Vorkenntnisse, und der Anschluß an den Alltag ist gewährleistet. Die natürliche Sprache spricht jeder, so daß jeder die Outputs von solchen KI-Maschinen verstehen kann. Dabei wollen wir den schon früher festgestellten Zusammenhang von Denken und Sprechen aufgreifen und in einem ersten Schritt folgendes vorschlagen: Jedes System, das so wie wir selbst die natürliche Sprache beherrscht, hat ein kognitives Vermögen. Damit ist nicht gesagt, daß es keine anderen Ausdrucksformen von Denken gäbe (andere Sprachen oder auch nichtsprachliche Formen), sondern es soll einfach nur heißen: Wer sprechen kann, kann auch denken. Wären z. B. Elektronen nicht nur durch Beschuß mit Gammastrahlen, sondern *kommunikativ* zugänglich, müßten wir auch ihnen ein geistiges Vermögen einräumen.

Mit diesem ersten Kriterium der korrekten und von unserem eigenen Sprachgebrauch ununterscheidbaren Benutzung der natürlichen Sprache können wir methodisch an einen Test anknüpfen, den der englische Mathematiker Turing im Jahre 1950 vorgeschlagen hat und der als „Turingtest" in der Computergeschichte berühmt wurde. In seinem methodischen Kern besagt er: Wenn sprachliche Antworten von Maschinen nicht von

Antworten unterscheidbar sind, die von Menschen stammen, dann müssen wir den Maschinen ein Denkvermögen einräumen – eben weil wir auch Menschen unter dem Grund der Dialogfähigkeit dieses Vermögen zuerkennen. Noch etwas abstrakter und kybernetisch: Wenn zwei Systeme auf den gleichen sprachlichen Input mit dem gleichen sprachlichen Output reagieren, dann sind beide Systeme informationell äquivalent. Um Mißverständnissen vorzubeugen: Es geht nicht (oder nicht in erster Linie) darum, ob die untersuchten Systeme *herausragende* sprachliche Fähigkeiten haben, sondern darum, ob sie *überhaupt* kommunikationsfähig sind. Wenn ja, so unsere Annahme, haben sie die Ebene des Denkens erreicht – wie einfach, begrenzt und fehlerhaft auch immer ihr sprachliches Vermögen noch entwickelt sein mag. Methodisch überzeugend ist der Vergleich zwischen Mensch und Maschine jedenfalls nur dann, wenn die Kriterien für Denken bei Mensch und Maschine in Übereinstimmung sind. Nur so bleibt der Wettbewerb fair und macht überhaupt erst Sinn.

Und nun ein Beispiel, an dem die Frage nach der Möglichkeit maschinellen Denkens zu einer ersten Entscheidung gebracht werden soll. Es geht um einen psychisch Kranken namens Parry, über den folgendes bekannt ist: Er ist 28 Jahre alt, Junggeselle und arbeitet in einem Warenhaus. Er hat wenig Kontakt zu seinen Eltern und reagiert sehr empfindlich bei den Themen Religion, Bildung und Sexualität. Sein Hobby sind Pferdewetten, und im Zusammenhang damit entstand ein Streit mit dem Wettbüro. Ausgelöst wurde er durch Parrys Behauptung, ein Gewinn sei ihm nicht ordnungsgemäß ausgezahlt worden. Nach diesem Vorfall plagte ihn die Vorstellung, die Wettbüros seien unter der Kontrolle der Mafia, und der Angestellte des Büros, mit dem er sich wegen der Gewinnauszahlung gestritten hatte, könne ihn an die Mafia verraten haben. Aus Angst vor der Unterwelt ließ er sich dann schließlich zu seinem eigenen Schutz in eine psychiatrische Anstalt einweisen. In der Anstalt wurde dann der folgende Dialog zwischen ihm und einem Psychiater geführt:

Arzt:	Wieso sind Sie hier im Krankenhaus?
Parry:	Ich bin sehr verwirrt und durcheinander.
Arzt:	Wie lange sind Sie nun im Krankenhaus?
Parry:	Ungefähr eine Woche.
Arzt:	Inwiefern sind Sie verwirrt?
Parry:	Die Leute machen mich nervös.
Arzt:	Wieso, auf welche Weise machen sie Sie nervös?
Parry:	Die Leute sehen mich manchmal so merkwürdig an.
Arzt:	Haben diese Leute etwas Besonderes?
Parry:	Nur gewisse Leute.
Arzt:	Wer sind diese „gewissen Leute" und was machen sie?
Parry:	Wissen Sie, wie die Unterwelt funktioniert?
Arzt:	Was meinen Sie damit?
Parry:	Sollte ich nicht?
Arzt:	Warum haben Sie mich nach der Unterwelt gefragt?
Parry:	Haben Sie Informationen über die Unterwelt?
Arzt:	Ich weiß nichts über die Unterwelt, aber als Sie die Unterwelt erwähnten, dachte ich, daß Sie mit denen etwas zu tun haben müßten. Darüber würde ich gerne mehr wissen.
Parry:	Ich versuche die Unterwelt zu meiden.
Arzt:	Haben Sie versucht, etwas zu unternehmen, um die Unterwelt zu meiden?
Parry:	Niemand hat die Macht über die Verbrecherbanden.
Arzt:	Wer hat Sie in das Krankenhaus gebracht?
Parry:	Die Polizei.
Arzt:	Warum wurden Sie eingeliefert?
Parry:	Die Bullen machen ihre Arbeit nicht ordentlich.
Arzt:	Na ja, ich hoffe, Sie haben sich nicht einfach nur hingelegt und sich reintragen lassen?
Parry:	Die Bullen verhaften die falschen Leute.
	etc.

Nach dem Gespräch gab der Arzt eine Diagnose mit folgendem Ergebnis: Parry leidet unter einer Paranoia. Nun gut, so etwas gibt es, insofern ist auch der Dialog nicht sonderlich auffällig.

Merkwürdige Antworten geben eben Menschen, die von Paranoia geplagt sind. Und genau darin wird der Dialog beim zweiten Blick doch interessant. Er ist tatsächlich und genau so geführt worden, jedoch unter drei Besonderheiten:

1. Er wurde nicht von Angesicht zu Angesicht, sondern über eine Datenleitung geführt (Parry und der Arzt befanden sich in verschiedenen Zimmern).
2. Parry war keine Person, sondern ein Computerprogramm, das die Person Parry nur simulierte.
3. Der Arzt war ein wirklicher Psychiater, der aber davon ausging, sein Gesprächspartner sei ebenfalls menschlicher Natur.

Weil der Psychiater fest überzeugt war, daß ein wirklicher Paranoiker seine Fragen beantwortet hatte, ist die These berechtigt, das Computerprogramm Parry sei ein angemessenes Modell für Paranoia – so angemessen, daß das sprachliche Verhalten der Maschine nicht vom sprachlichen Verhalten eines menschlichen Paranoikers unterscheidbar war. Und genau dies ist den Voraussetzungen zufolge ein Grund, dem System ein Denkvermögen einzuräumen. Zur Erinnerung: Es geht nicht um die Frage, ob ein System normal, merkwürdig oder anormal denkt, sondern darum, ob es überhaupt denkt. Und dies hat der Dialog im ersten Schritt gezeigt.

Nun liegt der Einwand nahe, daß die Bestätigung der These durch *einen* Arzt zu schwach ist. Vielleicht war er zu unqualifiziert, zu unerfahren oder nur zu unaufmerksam, um die Künstlichkeit seines Gesprächspartners zu bemerken. Der Einwand ist berechtigt, aber wir selbst haben ihn schon entkräftet: dadurch, daß auch wir – beim Lesen des Dialogs – Parry für einen Menschen hielten. Der eine Arzt und (fast) alle Leser haben die These also schon bestätigt.

Abgesehen davon und um dem Einwand sicher zu entgehen, wurde Parry vielfältigen weiteren Tests unterzogen. Zum Beispiel: Vier Patienten einer Anstalt und Parry wurden, wiederum über eine Datenleitung, von acht Psychiatern befragt, die auch dieses Mal nicht über die Mitwirkung eines Computerprogramms informiert wurden. Und wiederum bemerkte keiner der Psychiater, daß von fünf Gesprächsteilnehmern einer maschineller Natur war, und wiederum diagnostizierten alle bei Parry eindeutig eine Paranoia – obwohl die Gespräche immerhin 30-40 Minuten dauerten und ohne Standardisierung der Fragen, d. h. in einem offenen Dialog, geführt wurden. Die Protokolle dieser Befragungen wurden dann an 30 bekannte Psychiater mit der Bitte um eine Diagnose geschickt. Auch hier war das einhellige Urteil: Paranoia – und auch hier merkte niemand die Künstlichkeit des Befragten. Schließlich wurde der Test noch einmal variiert: Die Protokolle wurden an 100 Informatiker und an 100 Psychiater geschickt, die dieses Mal sogar darüber informiert wurden, daß in einem Teil der Protokolle ein maschineller Dialogpartner die Antworten gab, und ihre Aufgabe bestand darin, eben diesen Teil herausfinden. Das Ergebnis: Die Angaben der 100 Informatiker und 100 Psychiater waren zufallsgestreut, d. h. die Gesprächsprotokolle waren hinsichtlich der Mensch/Maschine-Differenz ununterscheidbar. Soweit der Test. Die Schlußfolgerung: Wegen dieser Nichtunterscheidbarkeit hinsichtlich der Verwendung der natürlichen Sprache muß man der Maschine ein geistiges Vermögen einräumen. Jedenfalls dann, wenn unsere Voraussetzung noch gilt: Die Beherrschung einer Sprache setzt ein Denkvermögen voraus. Der erste Prüfschritt ergibt also ein klares Pro-Maschine-Ergebnis.

Wer denkt, versteht

Dem Vorwurf, das Kriterium zu schwach formuliert zu haben, wollen wir uns nicht aussetzen. Nicht zuletzt auf dem Hintergrund unseres Kognitionsmodells steht jetzt eine erste Präzisierung an. „Beherrschung der natürlichen Sprache" wurde bisher im Sinne ihrer korrekten (syntaktischen) *Verwendung* verstanden. Nun schließt aber die korrekte Verwendung nicht aus, daß der Sprecher den *Inhalt* der Äußerungen nicht verstanden hat (z. B. kann er etwas auswendig gelernt haben, ohne es zu verstehen).

Auch aus diesem Grund haben wir im theoretischen Modell die Äquivalenz von kognitivem und semantischem Vermögen gefordert, d. h. zusätzlich zur korrekten Verwendung der Sprache muß der Sprecher auch die *Bedeutung* der Äußerungen verstanden haben: Wer nur spricht, aber nicht versteht, was er sagt, kann nicht „intelligent" genannt werden. Das leuchtet ein und ist eine vernünftige Zusatzforderung. Deshalb die Frage: Versteht ein Computer die Bedeutungen der von ihm verwendeten Worte und Sätze? Wir wollen wieder ein Beispiel heranziehen. Dieses Mal geht es um einen telefonisch geführten Dialog zwischen einem Kunden, der ein Zimmer sucht, und einer Hotelauskunft:

Kunde: 040293758 (Telefonnummer)
Hotel: Hotel Alsterblick. Guten Abend.
Kunde: Guten Abend. Hier spricht Briegel DFG Bonn.
Hotel: Was kann ich für Sie tun, Herr Briegel?
Kunde: Ich möchte ein Doppelzimmer für drei Nächte mit Bad.
Hotel: Gewiß, ich will mal sehen. Ein Doppelzimmer mit Bad
       bis zum 15.11. hätten Sie gern?
Kunde: Ja bitte.
Hotel: Ja da ist noch was frei. Haben Sie noch irgendeinen beson
       deren Wunsch?
Kunde: Gibt es ein Radio oder einen Fernseher im Zimmer?
Hotel: Es steht kein Fernsehgerät zur Verfügung, aber das
       Zimmer hat ein Radio.
Kunde: Ein Telefon?
Hotel: Ja.
Kunde: Ist vielleicht ein Schreibtisch vorhanden?
Hotel: Ja, ein Schreibtisch ist tatsächlich vorhanden.
Kunde: Wieviele Betten sind im Zimmer?
Hotel: Zwei.
Kunde: Hoffentlich ist eines von den Betten einigermaßen hart.
Hotel: Ja, eins von den Betten ist vermutlich hart.
Kunde: Wie meinen sie das?
Hotel: Seine Matratze ist neu. Darf ich das Zimmer für Sie
       buchen?   etc.

Schlaumeier haben aus dem ersten Reinfall mit Parry sicher gelernt. Also wissen sie schon, daß wenigstens einer der beiden Gesprächsteilnehmer eine Maschine ist. Wissen?! Vermuten kann man es allenfalls, aber nicht wissen! Und die Vermutung ist verursacht nicht durch kritische Analyse des Dialogs, sondern ausschließlich durch den ersten Reinfall mit Parry. Wir sind einfach vorsichtiger geworden. Daß es sich nicht um *Wissen* handelt, ist leicht beweisbar: Jeder möge für sich entscheiden, *wer* von beiden Dialogpartnern die Maschine war. Hand aufs Herz: Wir können nur raten! Zur Aufklärung: Der Computer hatte die Rolle des Hotels übernommen.

Im Dialog selbst (und nur darauf kommt es hier an) hätte niemand bemerkt, daß die Auskunft von einer Maschine stammt. Die Antworten sind sprachlich korrekt, realistisch – und teilweise nichttrivial (z. B. beim „weichen" Schluß von der Neuheit der Matratze auf die Vermutung ihrer Hartheit). Vielleicht mögen wir das Pro-Maschine-Ergebnis nicht, insb. deshalb, weil es der intuitiv-emotionalen Ablehnung einer maschinellen Intelligenz widerspricht. Aber das hilft keinen Schritt weiter. Die intuitive Ablehnung müßte *begründet* werden, so sie ernst genommen werden soll. Unter dem bisherigen Kriterium der Dialogfähigkeit stehen ihr jedenfalls die *tatsächlichen* maschinellen Leistungen entgegen. Im Konflikt zwischen Wünschen und Tatsachen müssen letztere den Vorrang haben.

Aber vielleicht wird die These der Denkfähigkeit von Maschinen durch die schon angekündigte *semantische* Verschärfung des Kriteriums (endlich) widerlegt. Die Hoffnung ist unbegründet: Auch an dieser Verschärfung der Anforderung scheitert der Computer nicht. Denn wie wäre zu prüfen, ob die KI-Maschine den *Inhalt* des Dialogs verstanden hat? Es gibt bisher nur eine Möglichkeit: Dadurch, daß sie die Sprache so verwendet, daß ein Dialog gelingt, *zeigt* sie gleichzeitig, daß sie die Worte auch verstanden hat. Wer so wie die maschinelle Hotelauskunft in einem offenen Dialog redet, muß sowohl die Bedeutung der Sätze des Kunden wie auch die der eigenen verstanden haben. Diese systematische Verbindung von „Verwenden" und „Verstehen" steht nicht zuletzt unter dem starken Schutz der Philosophie Wittgensteins. Seine weitergehende Forderung: Frag' nicht nach der Bedeutung, sondern nach dem Gebrauch einer Sprache. Im Alltag verhalten wir uns schon immer so: Wer verständlich spricht, zeigt, daß er das, was er sagt, auch verstanden hat. Unter der Forderung des fairen Vergleichs muß dies dann auch für Maschinen gelten. So hält der Computer also der semantisch verschärften Forderung noch immer stand. Und dennoch bleibt das Unbehagen, wenn die (unbestreitbaren) Leistungen des Computers als *Denk*leistungen aufgefaßt werden.

Bevor wir dieser intuitiven Ablehnung des bisherigen Pro-Maschine-Ergebnisses etwas genauer nachgehen, bevor also *kritische* Fragen zur Intelligenz von Maschinen gestellt werden, sollen noch ein paar Fähigkeiten genannt werden, die unter dem bisherigen Kriterium der sprachlichen Kompetenz ebenfalls als *Denk*leistungen zu werten sind. Es gibt KI-Systeme, die in der Lage sind, Zeitungsberichte zusammenzufassen, d. h. die Programme erkennen das Wesentliche eines Textes. Die Schlußfolgerung: Wer etwas richtig zusammenfaßt, muß das, was er zusammengefaßt hat, verstanden haben. Und wenn diese Fähigkeit bei einem Menschen als Ausdruck eines geistigen Vermögens anerkannt wird, muß dies bei der gleichen Leistung auch für Maschinen gelten. Jedenfalls solange wir uns im methodischen Rahmen der kybernetischen Äquivalenzformel bewegen: Wenn beim gleichen Input (hier: ein Zeitungsbericht) beide Systeme (Mensch und Maschine) mit dem gleichen Output (hier: korrekte Zusammenfassung des Zeitungsberichtes) reagieren, sind sie unter der gestellten Aufgabe kognitiv äquivalent. Immer vorausgesetzt, daß das Zusammenfassen eines Zeitungsartikels als geistige Leistung gilt – was eine vernünftige Annahme ist. Also wieder ein Punkt für die Maschine.

Andere Programme können ein Ereignis als dasselbe unter verschiedenen Beschreibungen erkennen – auch eine geistige Leistung und noch ein Punkt für die Maschine. Wiederum andere können mit Metaphern und Analogien umgehen, die der KI in ihren Anfängen große Schwierigkeiten bereitet haben. Während die ersten KI-Systeme z. B. bei der Eingabe des Satzes „Der Tod des Gouverneurs hat ganz San Francisco erschüttert" aus der Datenbank Erdbebenkontexte zum Verstehen des Satzes heranzogen, versteht das System PHRAN solche Sätze mühelos – und auch Redensarten wie „hungrig wie ein Wolf". Und bei der Eingabe des Ausdrucks „den Löffel abgeben" im Kontext eines Todesfalles sucht die Maschine nicht mehr wie zuvor nach Zusammenhängen mit Eßgewohnheiten. Metaphern zu verstehen war ein qualitativer Sprung in der Entwicklung von KI-Systemen, nicht zuletzt deshalb, weil die Kritiker der KI im Verstehen von Metaphern sogar eine prinzipielle Grenze von Maschinen behaupteten. Und wieder einmal ist die Grenze längst passiert. Alles in allem zeigen die genannten Fähigkeiten einmal mehr, daß Maschinen denken können. Jedenfalls dann, wenn nicht diffuse intuitive Abwehr, sondern das Kriterium der sprachlichen Kompetenz die Entscheidung führt.

Computer sind nicht immer logisch

Daß die Sprache für das menschliche Denken von großer Bedeutung ist, wird von niemandem bestritten. Menschen reden, weil Sprache *das* Medium ist, in dem sie ihren *Gedanken* Ausdruck verleihen. Diese besondere Bedeutung der Sprache haben zwei Philosophen auf unterschiedliche und radikale Weise hervorgehoben. Ludwig Wittgenstein nimmt an, daß die Grenze unserer Sprache die Grenze unserer Welt ist, und Jürgen Habermas macht die Sprache nicht nur zum wichtigsten, sondern zum einzigen Kriterium für die Abgrenzung von Mensch und Natur. Habermas präzisiert seine Vorstellung, indem er der Sprache verschiedene Funktionen zurechnet, insbesondere Verständigung und Handlungskoordinierung. Nun wollen wir sehen, ob KI-Maschinen Sprache nicht nur korrekt, sondern auch in den Funktionen der Verständigung und Handlungskoordinierung benutzen können. Und wiederum macht die Maschine Punkte. Schon frühe Exemplare der KI-Systeme hatten damit keine Schwierigkeiten. Ein Beispiel: In den 70er Jahren hat der KI-Forscher Winograd das System SHRDLU entwickelt, mit dem der menschliche Benutzer über natürliche Sprache eine geometrische Klötzchenwelt manipulieren konnte. Eine kleine Dialogsequenz wollen wir herausgreifen:

Anwender: „Suche einen roten Klotz, der größer ist als der, den du hälst und lege ihn in die Schachtel!"

Roboter: „Ich nehme an, daß Sie unter ‚ihn' den Klotz verstehen, der höher ist als der, den ich halte."

Beginnen wir mit der Frage, ob die Maschine die Sprachfunktion der Verständigung erfüllt. Sehen wir uns also die Antwort des Roboters an! Zunächst einmal versetzt er sich in die Rolle des menschlichen Anwenders: Er macht einen Vorschlag dafür, was der *Anwender* unter dem Wort „ihn" verstanden haben könnte. Und die Rolle des Anwenders übernimmt er deshalb, weil er sich seiner Sache nicht sicher ist. Klarer als durch Rollenübernahme unter dem Zweck der Bedeutungsklärung eines Wortes kann man nicht zum Ausdruck bringen, daß ein Dialog auf Verständigung angelegt ist. Mehr noch! In der Rollenübernahme zeigt der Roboter eine weitere und nichttriviale Besonderheit. Bei der Rückversicherung über das, was der menschliche Anwender gemeint hat, wechselt er nämlich in eine *meta*sprachliche Ebene (er macht also die Sprache selbst zum Gegenstand) – und kennzeichnet diese sogar formal korrekt mit Anführungszeichen („ihn"). Und metasprachliche Operationen werden in der Philosophie als untrügliches Indiz dafür angesehen, daß das betreffende System reflexionsfähig, also denkfähig sogar auf einem *höheren* Niveau ist. Die Forderung, daß Sprache der Verständigung dienen muß, wird von SHRDLU jedenfalls erfüllt. Und wie steht es mit der zweiten Habermasschen Sprachfunktion, der Handlungskoordinierung? Es ist zu offensichtlich, als daß hierbei lange verweilt werden müßte: Der Dialog *zeigt* den Zweck, die Manipulationen der geometrischen Objekte zu regeln.

Wie weit sich KI-Maschinen längst schon von klassischen

Maschinen entfernt haben, zeigt sich in der genannten sprachlichen Kompetenz, aber noch mehr als in ihrem bloßen Vorhandensein durch ihre *Bewertung* durch Habermas: Sprache grenzt Mensch und Natur voneinander ab. Hierbei entstehen Konsequenzen, die Habermas nicht intendiert hat und die ihm nicht recht sein können, die aber zwangsläufig unter seinem Kriterium entstehen. Ging man bisher nämlich davon aus, daß Maschinen Teile der *Natur* sind (wenn auch technisch produzierter Natur), so ändert sich das unter dem Habermaskriterium: Sprache hebt ein System aus der Natur *heraus*. Und mit „herausheben" meint er „zugehörig zum anderen Bereich der Sozial- und Geisteswissenschaften". Die Schlußfolgerung für die Maschine: Da Computer inzwischen sprachfähig sind, sind sie im Lichte der Habermasschen Theorie nicht mehr – wie klassische Maschinen – der Natur, sondern der Gesellschaft zugehörig: Sie haben sich aufgrund ihrer sprachlichen Kompetenz zu gesellschaftlichen Subjekten entwickelt. Auch damit mögen wir intuitiv wieder nicht einverstanden sein, aber der Schluß ist unter dem Kriterium der sprachlichen Kompetenz und ihrem maschinellen Vorhandensein zwingend. Das intuitive Unbehagen hilft also auch hier wieder nicht weiter.

Die Antwort des Roboters zeigt aber nicht nur, daß seine Benutzung der Sprache auf Verständigung und Handlungskoordinierung angelegt ist, sondern enthält eine weitere nichttriviale sprachliche Besonderheit, die von einem Computer nicht zu erwarten war – jedenfalls nicht unter der Annahme der KI-Kritiker, daß Computer rein *logische* Maschinen sind. Mit dem Hinweis auf Logik wollten Kritiker die Grenzen des Computers in dem Sinne markieren, daß er nur im Geltungsbereich der klassischen formalen Logik operieren kann. Sicher ist Logik nicht alles, aber ohne Logik ist alles nichts. Unabhängig von der Richtigkeit der Grenzfestlegung durch die Kritiker wäre die Fähigkeit, Logik zu beherrschen, immer selbst schon Ausdruck eines kognitiven Vermögens und die Unfähigkeit, darüber *hinaus* zu denken, nur ein Beweis für die *Begrenztheit* dieses Vermögens.

Aber stimmt die Behauptung der Kritiker überhaupt, daß die Grenzen der klassischen Logik die Grenzen des Computers sind? Die Antwort vorweg: Die Behauptung stimmt nicht. Der Roboter selbst widerlegt die Kritiker dadurch, daß seine Antwort Besonderheiten enthält, die auf den ersten Blick nicht sichtbar sind, die aber weitreichende logische Konsequenzen haben. Deshalb müssen wir etwas tiefer in die logische Analyse seiner Antwort einsteigen. Ihre Besonderheit steckt schon in den ersten drei Worten „Ich nehme an". Diese drei einfachen Worte haben es in sich. Spätestens seit der berühmten Schrift „Principia Mathematica" von Russell und Whitehead weiß man, daß Sätze, die *kognitive* Verben enthalten („annehmen", „glauben", „meinen" etc.), nicht den Anforderungen der klassischen formalen Logik genügen und nicht genügen können. Der Grund liegt nicht darin, daß Sätze dieser Art, wie so oft solche der natürlichen Sprache, nicht präzise genug wären, sondern darin, daß sie untilgbare Eigenschaften haben, die der klassischen Logik *prinzipiell* nicht zugänglich sind.

Warum? Die formale Logik fordert in der sogenannten Extensionalitätsthese, daß der Wahrheitswert einer zusammengesetzten Aussage ausschließlich vom Wahrheitswert ihrer Teilaussagen abhängt. Ein Beispiel: „Einstein ist tot und die Relativitätstheorie lebt". Die aus zwei Teilaussagen zusammengesetzte Aussage ist wahr und dies deshalb, weil die beiden Teilaussagen wahr sind. Und nun das Entscheidende: Nach der Extensionalitätsthese kann jede Teilaussage durch eine beliebige andere Teilaussage ersetzt werden, ohne daß sich der Wahrheitswert der zusammengesetzten Aussage verändert – unter einer einzigen Bedingung: der Wahrheitswert der ersetzenden Teilaussage muß mit dem der ersetzten übereinstimmen. Eine solche Ersetzungsoperation wollen wir nun vornehmen. Wir ersetzen „Einstein ist tot" durch „Heisenberg ist tot". Am Wahrheitswert „wahr" der Gesamtaussage ändert sich durch diesen Austausch nichts („Heisenberg ist tot und die Relativitätstheorie lebt"), weil auch die Teilaussage „Heisenberg ist tot" den Wahrheitswert „wahr" hat.

Der Argumentation kann man nicht widersprechen, aber sie erscheint uns selbstverständlich, geradezu banal (es sei denn, zur Banalität gesellt sich der wissenschaftliche Jargon: solche Aussagen sind „invariant gegenüber analytisch äquivalenten Transformationen"). Aber die Bewertung „banal" kam zu früh! Um dies zu zeigen, bilden wir jetzt eine andere Aussage, nämlich eine, die mit der Roboteräußerung „Ich nehme an" beginnt. Die Aussage soll lauten: „Ich nehme an, daß dies ein Computer ist". Wiederum eine einfache Aussage, die aus zwei Teilaussagen zusammengesetzt ist. Wir gehen davon aus, daß die Aussage wahr ist: Beide Teilaussagen („Ich nehme an..." und „dies ist ein Computer") seien also wahr. Nach der Extensionalitätsthese der formalen Logik müßte nun jede Teilaussage durch jede beliebige andere Teilaussage ersetzt werden können, ohne daß sich der Wahrheitswert der Gesamtaussage ändert. Die schon genannte einzige Bedingung: Die ersetzende Aussage muß den gleichen Wahrheitswert haben wie die ersetzte Aussage. Ersetzen wir die zweite Teilaussage durch „daß dies ein binäres System ist"! Die zusammengesetzte Aussage heißt dann „Ich nehme an, daß dies ein binäres System ist". Unsere erste Reaktion: Da der Computer tatsächlich ein binäres System ist, bleibt die Gesamtaussage auch nach dieser Ersetzung wahr. Also gilt die Extensionalitätsthese auch für diesen Fall! Es klingt plausibel, stimmt aber nicht. Die Begründung: In dem ersten Beispiel („Einstein ist tot...") lassen sich die Teilaussagen *immer* durch beliebige andere Teilaussagen ersetzen – ohne daß sich der Wahrheitswert verändert. Genau dies geht bei dem zweiten Beispiel („Ich nehme an...") nicht mehr. Hier reicht die Übereinstimmung des Wahrheitswertes der *Teil*aussagen nicht mehr aus. Damit der Wahrheitswert der *Gesamt*aussage erhalten bleibt, muß nämlich die Bedingung hinzukommen, daß der *Sprecher* die *Bedeutung* der verwendeten Worte verstanden hat. Soll also die Ersetzung wiederum zu einer wahren Gesamtaussage führen, muß der Sprecher die Bedeutung des Wortes „binär" kennen – was aber nicht der Fall sein muß. Der Sprecher kann also annehmen, daß etwas ein Computer ist ohne gleichzeitig anzunehmen, daß dies ein binäres System ist (obwohl dies *tatsächlich* der Fall ist). Der Wahrheitswert hängt hier also von der Bedeutungskenntnis des Sprechers ab und nicht nur vom durch die Tatsachen bestimmten Wahrheitswert der Teilaussagen. Damit ist der Geltungsrahmen der formalen Logik überschritten, und genau das hat SHRDLU durch die fehlerfreie Verwendung des kognitiven Verbs „annehmen" getan. Würden dem Computer *ausschließlich* die Mittel der klassischen formalen Logik zur Verfügung stehen, könnte er Aussagen des genannten Typs nicht korrekt verwenden (und nicht korrekt transformieren). Mit anderen Worten: Wer nicht nur Worte den menschlichen Konventionen gemäß gebrauchen kann, sondern solche, die *kognitiven* Status haben und genau darin den Geltungsbereich der formalen Logik verlassen, zeigt nicht nur einmal mehr, daß er denken kann, sondern widerlegt auf der gegebenen Analyseebene der Benutzeroberfläche diejenigen, die die Grenzen des Computers mit den Grenzen der formalen Logik gleichsetzen. Soweit eine kleine logische Analyse einer kleinen Äußerung eines Roboters – mit großen Auswirkungen für die logische Bewertung maschineller Leistungen.

Programmieren ist nicht alles

Dennoch: Auch korrekte logische Analysen können unser intuitives Unbehagen nicht aus der Welt schaffen. Wir sind noch immer nicht überzeugt, daß die genannten sprachlichen Fähigkeiten von Maschinen *wirklich* Ausdruck eines geistigen Vermögens sind. Aber wo sind die *Argumente*? Das Unbehagen muß endlich eine Form der *Begründung* annehmen, die nachvollziehbar ist und das bisherige *Pro*-Maschine-Ergebnis *argumentativ* außer Kraft setzt. Wir wollen deshalb jetzt die Stichhaltigkeit von typischen Einwänden prüfen, die immer wieder aus der Alltagsperspektive gegen die Annahme vom maschinellen Denken vorgetragen werden.

Der erste Einwand: Computer sind *voraus*programmiert, d. h. alles, was sie können, wurde vorher vom Programmierer eingegeben. Also denken sie nicht, sondern führen nur Befehle des Programmierers aus. Diese Behauptung ist erstens falsch, würde zweitens auch dann nicht automatisch den Schluß auf fehlende Denkleistung zulassen, wenn sie zuträfe, und widerlegt sich drittens selbst. Zunächst zur Falschheit. Falsch ist die Behauptung der vollständigen Vorausprogrammierung deshalb, weil das Verhalten des Computers von (wenigstens) *zwei* Faktoren bestimmt wird: vom Programmierer und vom Benutzer. Der Computer führt nicht nur aus, was der *Programmierer* ihm eingegeben hat, sondern reagiert auch relativ zu den Eingaben des *Benutzers*, die *nach* seiner Programmierung erfolgen. Also ist nicht *jede* konkrete Reaktion des Systems vorausprogrammiert. Die vollständige Vorausprogrammierung ist erstens nicht nötig und zweitens nicht möglich. Nicht möglich deshalb, weil es Programmierer, die *jeden* Anwendungsfall von komplexen Programmen vorauszusehen in der Lage sind, nicht gibt. Und außerdem: Wäre jedes konkrete Verhalten des Computers durch den Programmierer vorausbestimmt, müßten das Können von Programmierern und das Können der von ihnen programmierten Maschinen identisch sein (zumindest müßte das Können der Maschine eine Teilmenge des Könnens des Programmierers sein) – was aber nicht der Fall ist. Zwei Beispiele: Im Unterschied zur *Maschine* Deep Blue haben die *Programmierer* von Deep Blue gegen Kasparov keine Chance. Also gibt es unter der Fähigkeit, Schach zu spielen, eine *Differenz* zwischen Programmierer und Maschine – worin auch immer diese begründet sein mag. Zur Erinnerung: Unter der Frage, ob Maschinen denken können, ist die Analyseebene noch immer die Benutzeroberfläche oder allgemeiner: es geht noch immer um die Outputs der Maschine – so wie wir das bei der Bewertung menschlichen Verhaltens auch tun. Wenn es um die Bewertung des Schachspielens geht, nehmen wir nämlich ebenfalls nicht Einblick in den Kopf des Schachspielers, ja wir stellen ihm nicht einmal Fragen zum Spiel, sondern was alleine interessiert, ist die durch ihn verursachte Bewegung der Figuren auf dem Schachbrett. Dasselbe gilt dann auch für die Maschine.

Wir wollen hier kurz die Gelegenheit nutzen, um ein nicht

immer ausgesprochenes, aber häufig vorkommendes, Mißverständnis aufzuklären: Nicht erst der Gewinn, sondern schon das Beherrschen des Spiels ist ein Indiz für das geistige Vermögen. Der Gewinn gibt Aufschluß über das *Niveau* dieses (immer schon angenommenen) Vermögens. Für die Beantwortung der Frage nach der *Existenz* des Vermögens überhaupt spielt der Gewinn dagegen keine Rolle. Mit anderen Worten: Der Verlierer eines Schachspiels ist nicht nicht intelligent, operiert nicht unterhalb einer kognitiven Ebene.

Und nun zu dem zweiten Beispiel, das zeigt, daß Maschinen (gelegentlich) mehr können als Programmierer. Es gibt Computerprogramme, deren Aufgabe es ist, selbstständig mathematische Beweise zu führen (sog. Theorembeweiser). Und es gibt mathematische Theoreme, die bisher von keinem Mathematiker bewiesen werden konnten – obwohl Heerscharen und Generationen von ihnen sich mit den Beweisen versucht haben. Zum Glück gibt es Computer, die genau solche ungelösten Theoreme beweisen können. Zum Beispiel im Jahre 1996, als das Computerprogramm EQP einen aufwendigen Beweis lieferte, um den sich die mathematische Fachwelt seit den dreißiger Jahren vergeblich bemüht hatte. Fazit: Wenn Computer in der Lage sind, eine logische Leistung zu erbringen, die von Menschen bis dato nicht erbracht werden konnte, ist die Behauptung widerlegt, daß sie nur das können, was Menschen ihnen vorher eingegeben haben (nicht zu verwechseln mit der Frage, ob sie nur das tun, wozu Menschen sie aufgefordert haben).

Und nun zur Irrelevanz des Einwandes. Nehmen wir probehalber einmal an, es sei doch so, daß Computer nur das können, was der Programmierer immer schon kann. Inwiefern widerlegt diese Übereinstimmung schon die Annahme eines geistigen Vermögens? Der Computer soll deshalb, weil er nur das kann, was ihm ein Anderer beigebracht hat, nicht denken können?! Eine merkwürdige Schlußfolgerung. Wir hatten vorher von der methodischen Korrektheit des Mensch-Maschine-Vergleichs gesprochen, d. h. gleiches Maß für beide gefordert. Diese Forderung wird in dem Einwand verletzt. Das zeigt sich bei der

316

Anwendung der Argumentation auf uns selbst. Woher kennen *wir* eigentlich die Regeln zum Lösen mathematischer Gleichungen (oder die Regeln des Schachspiels)? Jedenfalls nicht von uns selbst, sondern im Regelfall von Lehrern. So wie der Programmierer der Maschine, so gibt der Lehrer dem Schüler die Regeln vorher und von außen vor, z. B. die Regeln für die Lösung von Differential-gleichungen. Und wer dann in der Lage ist, nach den *vorgegebenen* Regeln Gleichungen zu lösen, von dem nehmen wir an und das zu Recht, daß er in der korrekten Anwendung der Regeln und damit im Vollzug der mathematischen Lösung ein geistiges Vermögen zeigt.

Also zurück zum gleichen Maß und damit zum Eingeständnis, daß auch die richtige Anwendung *vorgegebener* Regeln Indiz für ein geistiges Vermögen ist. Dies gilt für Mensch und Maschine gleich-ermaßen. Der einzige Schluß, den diese Vorhaltung der vollstän-digen Vorausprogrammierung zuließe (so sie denn stimmte), wäre der auf fehlende Kreativität. Da Kreativität nur ein (möglicher, nicht einmal notwendiger) *Teil* eines geistigen Vermögens ist, kann aus ihrem Fehlen nicht auf das Fehlen dieses Vermögens geschlossen werden (auch nichtkreativen Menschen wird ein gei-stiges Vermögen nicht schon deshalb abgesprochen).

Und nun noch zur Selbstwiderlegung des Einwandes. Wer behauptet, Computer würden nur Befehle (Regeln) des Program-mierers ausführen, räumt (ungewollt) selbst ein, daß sie denken können. Die Begründung: Wer „*Befehle*" ausführen kann, muß sie *verstanden* haben – und das wiederum setzt ein geistiges Vermögen voraus. Wer *aufgrund* eines *Stoßes* zur Seite geht, tut dies aus *physikalischen* Gründen. Wer dagegen *aufgrund* des *Befehles* „Geh zur Seite!" zur Seite geht, tut dies aus *kognitiven* Gründen.

Der erste Angriff aus dem Alltag ist also nicht geeignet, das intuitive Unbehagen gegen maschinelle Intelligenz zu begründen. Vielleicht unterstützt der zweite Einwand das Unbehagen besser. Er lautet: Die Maschine reagiert nur im Rahmen eines speziellen Themas (z. B. Hotelauskunft, Theorembeweis etc.). Wird das Thema gewechselt, stürzt sie ab, schweigt sich aus oder reagiert verwirrt. Diese Vorhaltung des eingeschränkten Themenbereichs trifft, zeigt aber nicht das, was gezeigt werden soll. Daß ein Theorembeweiser nur unter *mathematischen* Fragen Antworten gibt und Lösungen erzeugt und nicht z. B. unter literarischen (etwa beim Thema „Goethes Faust"), zeigt nämlich nur die kognitiven Grenzen des Systems, und nicht das grundsätzliche Fehlen dieses Vermögens. Diese Art der Kritik ist bei Kritikern beliebt, aber sie bewegt sich immer in den Grenzen der fragwürdigen Halbe-Glas-Wasser-Methode: Was man sieht, ist die leere Hälfte des Glases, was man übersieht, ist die volle Hälfte. Hier steht Interesse vor Erkenntnis, aber das ist nicht der Weg, den unsere Prüfung nehmen soll.

So hält man KI-Systemen im allgemeinen entgegen, daß sie Schwächen in der Modellierung des Alltagswissens haben und dem schon genannten Schachcomputer Deep Blue im besonderen, daß ihm zum Beispiel Fragen der Ästhetik nicht zugänglich sind. Auch fehlende Intuition wird Computern gelegentlich vorgehalten. Die Diagnose der Schwächen ist korrekt und sie könnten zu einer langen Reihe fortgesetzt werden – aber alle Vorhaltungen verfehlen das Thema. Nicht daß Maschinen vieles (noch) nicht können, ist die Frage, sondern ob das, was sie können, Ausdruck eines geistigen Vermögens ist. Auch hier werden wir unter der Regel des fairen Vergleichs zur sauberen Argumentation gezwungen, wenn wir uns selbst auf den Prüfstand stellen. Es geht uns nämlich mehr oder weniger wie den Maschinen: Auch wir stoßen beim Themenwechsel auf die Grenzen unseres Wissens – ohne daß dies zum Urteil der Denkunfähigkeit führt.

Das Gehirn wird Vorbild

Die genannten und andere Schwächen der klassischen KI haben nicht nur philosophische Kritiker, sondern die Informatik selbst herausgefordert. So gibt es längst einen alternativen Ansatz, der sich unter der Bezeichnung „neuronale Netze" seit vielen Jahren etabliert hat. Hat sich die klassische KI an den symbolverarbeitenden, also sprachlichen Fähigkeiten des Menschen orientiert, so nehmen die neuronalen Netze direkt die Arbeitsweise des Gehirns zum Vorbild. Auch hier sind große Erfolge erzielt worden, in vielen Anwendungsbereichen, z. B. in der medizinischen Diagnostik. Und auch hier gibt es bereits konkrete Vergleiche zwischen Mensch und Maschine. So hat ein Computer im Wettstreit um die Auswertung von EKGs einen Herzspezialisten besiegen können: Der Computer stellte auf der Basis der EKGs zehn Prozent mehr richtige Diagnosen als der hochspezialisierte Arzt. Auch hier sind wieder ablehnende Reaktionen aus dem Alltag zu erwarten. Zum Beispiel: Heilung hängt nicht nur, aber auch vom Vertrauen des Patienten zum Arzt ab, das im Verhältnis zu Maschinen nicht aufgebaut werden könne. So weit so gut! Aber Heilung (insb. schwerer Krankheiten) hängt mehr noch als vom Vertrauen vom Wissen ab – und genau darin können Maschinen dem Arzt überlegen sein (wie das Beispiel gezeigt hat). Bei der ständig steigenden Flut des medizinischen Wissens und der begrenzten Aufnahmefähigkeit und/oder Aufnahmebereitschaft des Arztes könnte die Maschine in manchen Anwendungen die bessere Lösung sein. Abgesehen davon, daß nicht alle Ärzte vertrauenswürdig sind, vor die Wahl gestellt, sich von einem freundlichen, aber wenig wissenden Arzt oder von einem emotionslosen, aber wissenden neuronalen Netz diagnostizieren zu lassen, dürfte die Entscheidung – ein Minimum an rationaler Beigabe unterstellt – klar sein. Und außerdem: Die kritische Reaktion aus dem Alltag war ohnehin keine, die unsere Frage nach dem *Denken* von Maschinen betrifft.

Worin besteht nun der Unterschied zur klassischen KI? Die neuronalen Netze haben die Besonderheit, daß sie fehlertolerant und lernfähig sind. Sie organisieren ihre Lösungsschritte erst im Vollzug der Lösung ihrer Aufgaben. So spielt der Einfluß der Umwelt auf solche Systeme eine größere Rolle als bei den klassischen symbolverarbeitenden Maschinen. Aus diesem Grund ist ihr Verhalten nicht oder nicht immer vorhersagbar. Zweifellos sind Selbstorganisation und Nichtvorhersagbarkeit auffällige Besonderheiten, die von Maschinen nicht erwartet werden konnten. Aber sie sind nicht schon für sich genommen ein Beweis dafür, daß diese Maschinen *denken* können. Den theoretischen Voraussetzungen zufolge ist die Annahme eines kognitiven Vermögens gerechtfertigt nur dann, wenn die Besonderheiten im Zusammenhang mit einem *semantischen* Vermögen auftreten. Zunächst einmal sind sie neutral gegenüber der Frage nach dem Denken. Die Begründung: Selbstorganisation und Nichtvorhersagbarkeit treten auch und ständig in Systemen auf, die definitiv jenseits kognitiver Fähigkeiten liegen. So sind z. B. Laser Systeme, die sich selbst organisieren, und das Wetter entzieht sich schon der mittelfristigen Vorhersagbarkeit – und niemand kommt auf die Idee, Laser und Wolken deshalb „intelligent" zu nennen.

Selbstorganisation und Nichtvorhersagbarkeit steigern die Effizienz neuronaler Netze, sind aber für sich genommen so wenig kognitive Eigenschaften wie Geschwindigkeit zum Beispiel. Inzwischen ist die „neue KI" daran, die traditionellen Programme mit den neuronalen Netzen zu kombinieren und erzielt mit dieser Kombination der Vorteile weitere Erfolge. Unsere Einschätzung: Die These vom maschinellen kognitiven Vermögen werden sie einmal mehr bestätigen – wenn die neuen Eigenschaften als Ausdruck eines semantischen Vermögens gedeutet werden können. Aber ist die Bedingung wirklich erfüllt?!

Außen hui, innen pfui?

Die Frage nach der Denkfähigkeit von Computern mußte auf der gegebenen Analyseebene (Benutzeroberfläche) und unter dem gegebenen Kriterium (sprachliche Kompetenz) bisher mit „ja" beantwortet werden. Die Begründung war überzeugend und einfach zugleich: Ein System, mit dem man in der natürlichen Sprache einen Dialog führen kann, verfügt über geistige Fähigkeiten – in dem Sinne, daß es die Bedeutung der verwendeten Worte versteht. Zum Beispiel war es möglich, mit dem System HAM-ANS im Themenbereich „Hotelauskunft" Informationen in einer Weise auszutauschen, die dem Austausch mit einem menschlichen Dialogpartner nicht nachsteht. Insbesondere war es möglich, *aufgrund* der Verwendung der natürlichen Sprache eine *Verständigung* herbeizuführen. Selbst wenn diese Systeme gelegentlich Fehler machen, der Schluß von den Fehlern auf das Fehlen eines geistigen Vermögens ist ungerechtfertigt. Fehler machen, d. h. gegen Regeln der Sprache verstoßen, setzt immer schon ein geistiges Vermögen voraus. Und Fehler machen in dem Sinne, daß der Computer falsche, unvollständige oder gar keine Auskünfte erteilt, läßt ebenfalls den negativen Schluß nicht zu. Außerdem ist uns diese Art der Fehler bei uns selbst bestens vertraut. Hinzu kommt: Der technische Fortschritt bleibt nicht stehen, und der Ausschluß dieser Fehler und die Abschaffung dieser Mängel sind nur eine Frage der Zeit. Die These: Insbesondere dann, wenn die weiteren technischen Entwicklungen mitberücksichtigt werden, erzwingen die unter einem outputorientierten Verstehensbegriff bewerteten Leistungen der Maschine die Bejahung ihres geistigen Vermögens.

Dennoch: Mit dem bisherigen Pro-Maschine-Ergebnis stellen wir nicht schon die kritische Perspektive ein. Da die Frage auf dem Boden der Turingschen Testlogik beantwortet wurde, stand sie unter einer methodischen Besonderheit: Die Frage nach dem Denkvermögen wurde *ausschließlich* an den *Outputs* der Maschine entschieden. Ist das, was die Maschine auf ihrem Drucker oder auf ihrem Bildschirm ausgibt, relativ zu den Eingaben des Benutzers verständlich und im Prinzip von menschlichen Antworten nicht unterscheidbar, so mußten wir annehmen, daß die Maschine denken kann. *Wie* der Output maschinen*intern* entstanden ist, spielte bei der Entscheidung für oder gegen die Annahme eines kognitiven Vermögens keine Rolle, wichtig war nur, *daß* der sprachliche Output korrekt und der Situation angemessen ist. Damit sind wir nicht mehr zufrieden.

Allerdings: Die *output*orientierte Betrachtungsweise ist kein Trick der Computerwissenschaften, um das Denkvermögen von Maschinen im Schutz eines schwachen Kriteriums nur zu erschleichen; denn sie gilt im Kern auch für die Sozialwissenschaften: Auch bei Menschen wird angenommen, daß z. B. die korrekte *Verwendung* einer Sprache ein untrügliches Zeichen für ein

Denkvermögen ist – und „Verwendung" ist nur ein anderes Wort für „Output".

So wie beim Computer verlassen wir uns also auch hier darauf, was ein Mensch sagt oder schreibt und schließen davon auf sein kognitives Vermögen. Was *in* seinem Kopf *vor* seinen Antworten passiert, interessiert nicht und ist im Regelfall auch gar nicht zugänglich. Die einzige sozialwissenschaftliche Möglichkeit, das Kriterium zu verschärfen, besteht darin, den Dialog selbst zum Gegenstand zu machen (Metasprache) und die Bedeutung von Worten explizit zu klären. Aber auch hier besteht keine grundsätzliche Grenze für KI-Maschinen (siehe z. B. das System SHRDLU). Außerdem entkommen wir auf metasprachlichem Wege nicht den Grenzen des outputorientierten Verstehensbegriffs. Für die Maschine: Wenn wir sie danach fragen, wie sie die Bedeutung der verwendeten Worte versteht, also was sie mit ihrer Aussage *gemeint* hat, sind wir wiederum ausschließlich auf ihren Output angewiesen. Und wenn wir wissen wollen, wie sie ihre *meta*sprachliche Äußerung versteht, geraten wir in einen unendlichen Regreß und bleiben immer in den Grenzen, die durch Einführung der metasprachlichen Prüfungsebene überschritten werden sollte. Diese Art von Test können KI-Maschinen grundsätzlich bestehen – zumal dann, wenn man den *zukünftigen* technischen Fortschritt in Erwägung zieht.

Aber wer oder was zwingt uns, es bei der Prüfung unter dem outputorientierten Verstehensbegriff zu belassen? Damit zu *beginnen*, war naheliegend und in Übereinstimmung mit den Auffassungen ganz unterschiedlicher wissenschaftlicher Disziplinen und Richtungen. Unter dieser Betrachtung die Prüfung zu *beenden* ist angemessen aber nur dann, wenn sie bei allen Anwendungen zu überzeugenden Resultaten führt. Genau das ist nicht der Fall! Ein Beispiel: Niemand wird bestreiten, daß die weltberühmte Formel der Relativitätstheorie „$E = mc^2$" Ausdruck der Denkfähigkeit Einsteins ist. Einstein hat sie erdacht und aufgeschrieben (= Output). Bleibt aber der korrekte Output *alleine* die Beweisebene des Denkvermögens, kommen wir bei folgendem Beispiel zu unhaltbaren Konsequenzen: Es ist zwar unwahrscheinlich, aber physikalisch nicht ausgeschlossen, daß spezielle Windverhältnisse Formen in eine Sandfläche eintragen, die wir als „$E = mc^2$" lesen. Aber niemand außer Esoterikern käme auf die absurde Idee, die rein physikalisch entstandenen geometrischen Formen der Zeichen im Sand als Ausdruck der Denkfähigkeit des Windes zu interpretieren. Oder allgemeiner: Nicht jeder, der die Formel spricht, schreibt oder sonstwie ihre Existenz verursacht, hat sie auch verstanden. Aber nur bei dem, der sie verstanden hat, sind wir bereit, den richtigen Output als Ausdruck einer Denkleistung anzuerkennen. Kurzum: Das Outputkriterium ist notwendig, aber nicht hinreichend.

Wie kommen wir weiter? Erinnern wir uns an den Zusammenhang von Denken und Gehirn! Der Frage nach dem Denken sind wir auf dem Wege der Untersuchung der *internen* Struktur (und der internen Prozesse) des Gehirns nachgegangen. Genau das steht jetzt beim Computer an. Wir müssen also einen grundlegenden Perspektivenwechsel einführen: Von den Outputs (Benutzeroberfläche) der Maschine zu ihrer *internen* Struktur. Nicht *was* ein System äußert, sondern *wie* das Geäußerte *entstanden* ist, ist jetzt von Interesse und dürfte letztendlich darüber entscheiden, ob das System tatsächlich ein kognitives Vermögen hat. Der Perspektivenwechsel ist nicht willkürlich, sondern Folge der früher erarbeiteten theoretischen Grundlagen: Die Bedeutung der Outputs muß in der Innenwelt des Systems *repräsentiert* werden (was beim Wind, der die Einsteinformel in den Sand einträgt, nicht der Fall ist), denn nur so ist es möglich, daß das Verhalten des Systems durch die *Bedeutung* (eines Wortes, eines Sachverhaltes etc.) verursacht wird, und nur dann kann den theoretischen Voraussetzungen zufolge das Verhalten „kognitiv" genannt werden. Die Problemlösungsebene, nicht das Lösungsergebnis, steht also zur Diskussion. Wichtig ist: Die Anlehnung an die kognitionstheoretischen Grundlagen, die im Zusammenhang mit der Analyse des Gehirns entstanden sind, ist keine Vorentscheidung darüber, daß nur *biologische* Systeme denken können. Wir sagen z. B. nur: Der Offenheit der Außenwelt muß die Offenheit der Innenwelt des Systems entsprechen – so die Aufgabe darin besteht, die Eigenschaft der Offenheit im kognitiven System zu repräsentieren. Ob das betreffende System diese Offenheit physikalisch, chemisch oder biologisch zur Abbildung bringt, spielt dabei keine Rolle. Bevor wir nun in die Innenwelt des Computers einsteigen, ein paar historische Bemerkungen.

Schon früh fing alles an

Der Computer ist ein Kind unseres Jahrhunderts. Der erste wurde im Jahre 1941 in Deutschland gebaut. Sein Erfinder: Konrad Zuse (gest. 1995). Technisch noch vergleichsweise primitiv, arbeitete die erste Anlage noch auf der Basis von Relais, aber schon bald folgte eine Maschine mit Röhren. Die ersten Maschinen waren groß und leisteten im Vergleich zu heutigen wenig: Zuses Computer hatte die Ausmaße eines Zimmers und war leistungsschwächer als die Taschenrechner unserer Zeit. Aber die Bezeichnung „Computer" trugen sie zu Recht, denn sie arbeiteten mit *Programmen*, und genau darin unterscheiden sich Computer von klassischen Maschinen (z. B. von der Dampfmaschine). Letztere bestehen nur aus Hardware und wandeln Energie um, Computer dagegen haben zusätzlich Software und wandeln Information um. Den qualitativen Sprung von klassischen zu transklassischen Maschinen hat Konrad Zuse also vollzogen.

Die entscheidende technische Verbesserung seiner Maschine ließ allerdings noch ein paar Jahre auf sich warten – bis 1947. In diesem Jahr wurde in den USA in den berühmten Bell Laboratories nämlich der Transistor erfunden, der bis heute die gesamte Computertechnik trägt. Transistoren sind technische Schaltelemente, die (vorwiegend) auf Silizium geäzt werden und die Aufgabe haben, elektrischen Strom zu leiten, zu verstärken und ein- oder auszuschalten. All das konnte die Röhre zwar auch schon, aber im Vergleich mit dem Transistor hatte sie entscheidende Nachteile: Sie war groß, langsam, wurde schnell heiß und verbrauchte viel Strom. Transistoren dagegen sind winzig und

324

schnell. So können auf dem weniger als zwei Quadratzentimeter großen Pentium-II-Chip Millionen Transistoren aufgebracht werden, die in einer Sekunde 580 Millionen einfache Rechenoperationen ausführen können. Es hat sich also seit Zuses Erfindung im Jahre 1941 viel getan, aber der Grund, Computer von anderen Maschinen qualitativ zu unterscheiden, ist gleich geblieben: Anstelle von Energie wandeln sie Information um.

In der Geschichte der Maschinentechnik war Zuses Erfindung also ein entscheidender Durchbruch, der wie keiner zuvor und in kürzester Zeit das Arbeits- und Privatleben der Menschen verändert hat und weiter verändern wird. Noch einmal der Grund: Der Computer war nicht mehr wie die klassische Maschine eine Analogie zum menschlichen Arm, sondern zum menschlichen Geist; nicht Muskelkraft, sondern Kopf wurde maschinell ersetzt. Seine Vorteile im Vergleich zum Menschen: Er ist schneller, zuverlässiger und präziser, braucht keinen Schlaf, ist niemals schlecht gelaunt, beschwert sich nicht bei eintönigen oder gefährlichen Arbeiten (z. B. in verseuchten Gebieten) u. v. a. m. Eine Wirkung jedoch, die der technische Fortschritt immer mit sich bringt, war auch beim Computer unvermeidbar: Er verdrängte schon früh menschliche Arbeitskraft (auch qualifizierte) und produzierte so, wie alle klassischen Maschinen vor ihm, das Problem der Arbeitslosigkeit. Das ist die (für Arbeitnehmer unliebsame und von Arbeitgebern gewollte) Kehrseite der Medaille, die von Politikern bis heute schöngeredet wird, die der technische Fortschritt aber unvermeidlich mit sich bringt: In der Gesamtbilanz und langfristig werden immer mehr Arbeitsplätze vernichtet als neue geschaffen. Und außerdem: Technische Veränderungen ziehen soziale nach sich (Teleworking z. B. verändert das soziale Umfeld der Arbeitenden). Daß Computer inzwischen breiten Einzug auch ins Privatleben gehalten haben, ist unübersehbar, wurde aber früher auch von der Fachwelt ganz anders gesehen. Ken Olsen z. B., Gründer der Computerfirma Digital Equipment, war noch in den 70er Jahren der Auffassung, daß Computer in Privathaushalten keinen Platz haben werden. Und alles kam völlig anders – und das innerhalb eines Jahrzehnts!

Auch wenn der erste Computer erst in unserem Jahrhundert gebaut wurde, die Vorbereitung seiner theoretischen Grundlagen hat schon viel früher begonnen. Wesentlich ist die von dem schon genannten griechischen Philosophen Aristoteles vor über 2000 Jahren begonnene formale Logik. Ihre Besonderheit: Sie verwendet Variablen und interessiert sich ausschließlich für die *Wahrheit* (bzw. Falschheit) von Aussagen (und nicht für ihre Länge, stilistische Brillianz etc.), und Werte gibt es nur zwei: wahr und falsch (es fehlt z. B. der Wert „möglich"). Diese Zweiwertigkeit sollte für den Computer von großer Bedeutung werden.

Ein weiterer historischer Meilenstein auf dem Weg zum Computer sind die Arbeiten des deutschen Mathematikers und Philosophen Leibniz, der das Prinzip der Zweiwertigkeit aufgriff und verallgemeinerte. So entwickelte er im Jahre 1703 das erste Dualsystem, ein Zeichensystem, das nur mit zwei Ziffern (0/1) arbeitet. Leibniz hatte den Anspruch, eine universelle Sprache für die Lösung aller Probleme gefunden zu haben, eine Sprache, die weder Buchstaben verwendet noch Zahlen – außer 0 und 1. Die dieser Idee zugrundeliegende Annahme: Alle geistigen Probleme sind durch *Berechnung* zu lösen. Nicht nur die Sprache der Mathematik, sondern auch die Sprache des Alltags sollte in diese einfache Form von Nullen und Einsen überführt werden. Und Leibniz war nicht nur der Auffassung, daß diese Überführung möglich ist, sondern daß sie einen unschätzbaren Vorteil hat: Die Ungenauigkeiten der natürlichen Sprache sollten dadurch ausgemerzt werden. Dieses Programm des rigorosen Berechnens liegt der gesamten digitalen Computertechnik zugrunde, das schon in der Wortbedeutung zum Vorschein kommt: „digital" heißt „ziffernmäßig", und Computer kommt von dem englischen „compute" und bedeutet „berechnen".

Weder Aristoteles noch Leibniz hatten eine Ahnung von der weltbewegenden Maschine, die sehr viel später entstehen sollte. Sie hatten theoretische Grundlagen geliefert – nicht mehr und nicht weniger. Aber sie reichen nicht so weit, daß man mit dem Wissen über formale Logik und Dualsysteme schon weiß, wie ein Computer aufgebaut ist und wie er technisch funktioniert. Nach unserem Perspektivenwechsel von den Outputs zu ihrer maschineninternen Entstehung geht es jetzt genau um diese Fragen. Des breite Einzug des Computers in die Arbeits- und private Lebenswelt hat dazu geführt, daß (fast) jeder Computer bedienen kann – und sei es auch nur für einfache Aufgaben. Das Prinzip der Bedienung kennen Kinder, Erwachsene und Alte (Knöpfe drücken, Programme aufrufen, Befehle eingeben – und alles immer mit kontrollierendem Blick auf den Bildschirm). Dieses Bedienungswissen zu vertiefen wäre auch eine Aufgabe, aber nicht an dieser Stelle. Denn unser Interesse am Computer ist letztendlich vom Interesse am Menschen bestimmt und damit durch die zentrale Frage, ob Computer elektronische Gehirne oder Gehirne biologische Computer sind. Um diese Frage zu beantworten, reicht Wissen, wie man mit einem Computer als Benutzer umgeht, nicht aus. Wir müssen seine internen Bausteine und ihr Zusammenspiel kennen. Mit anderen Worten: Nicht die Benutzeroberfläche interessiert uns, sondern die interne Struktur der Maschine – analog zur internen Struktur des Gehirns.

Zum Kern der Maschine

Aufbau und Arbeitsweise eines jeden digitalen Computers werden durch folgende fünf Funktionsbereiche bestimmt: 1. Eingabegerät, 2. Arbeitsspeicher, 3. Steuerwerk, 4. Rechenwerk und 5. Ausgabegerät.

Arbeitsspeicher, Steuerwerk und Rechenwerk zusammen ergeben den Prozessor (= CPU = central processing unit), der alle Aufgaben löst, die der Maschine gestellt werden – unabhängig davon, ob sie natürlichsprachlicher, mathematischer, optischer oder anderer Art sind. Zwischen diesen Grundbausteinen werden Daten und Steuersignale übertragen. Den Datenfluß und den Weg der Steuersignale zeigt folgende Abbildung:

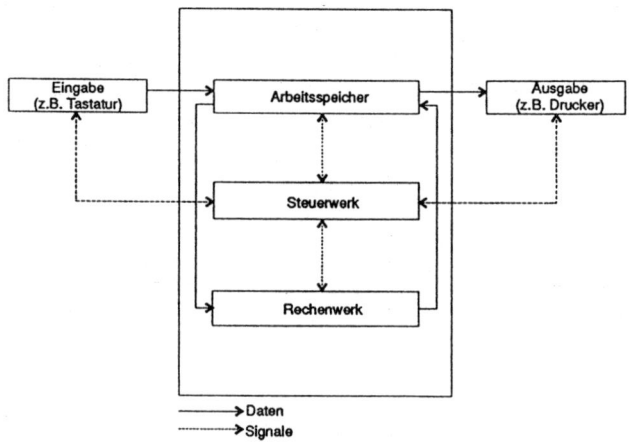

———▶ Daten

·······▶ Signale

Diese fünf Grundkomponenten haben folgende Aufgaben: Das Rechenwerk ist der wichtigste Teil der Maschine: Es führt nämlich alle Rechenoperationen aus. Wenn wir „alle *Rechen*operationen" sagen, so meinen wir, „*alle* Operationen", denn schon der Name sagt es: Computer können nur rechnen. Bereits hier wird deutlich, daß Bedienungs-Know-how nichts vom Wesen des Computers verrät: Daß er auch dann rechnet, wenn wir in natürlicher Sprache einen Brief auf seiner Tastatur schreiben, ist auf der Benutzeroberfläche des Bildschirms nicht sichtbar. Insofern täuscht der Bildschirm über das, was die Maschine in Wirklichkeit tut. Das Rechenwerk als wichtigsten Teil des Computers einzuführen, hat also gute Gründe. Es stellt den eigentlichen Verarbeitungs- und Problemlösungsteil der Maschine dar.

Doch wie ist der Prozeß? Um von einer zu erledigenden Aufgabe überhaupt Kenntnis zu erhalten, benötigt das Rechenwerk Daten (Operanden). Für die Lieferung der Daten ist der Arbeitsspeicher zuständig. Sind die zu bearbeitenden Daten ins Rechenwerk gelangt, kann die Operation, d. h. die Lösung der gestellten Aufgabe, beginnen. Ist die Operation abgeschlossen, gehen die Daten zurück in den Arbeitsspeicher. Aber die

Aufgaben des Arbeitsspeichers gehen weiter. Dort werden nämlich nicht nur Daten, sondern auch Programme bereitgehalten. Daten *sind* die Aufgaben, Programme *lösen* sie. Beides erhält der Arbeitsspeicher über das Eingabegerät (z. B. die Tastatur). Sind die Daten bearbeitet, gibt der Arbeitsspeicher sie auf Befehl an das Ausgabegerät (z. B. an einen Drucker) ab. Im Programmablauf versorgt der Arbeitsspeicher das Steuerwerk mit Befehlen und das Rechenwerk mit Zahlen. Er ist in Speicherpositionen aufgeteilt, die pro Position 1 Byte aufnehmen und numeriert sind. Die Nummern heißen „Adressen", über die das Programm die zu verarbeitenden Daten findet. Wenn wir oben gesagt haben, daß die Ein- und Ausgabegeräte die Daten zur Verfügung stellen, nämlich einmal für die Maschine und einmal für den Benutzer, so muß hinzugefügt werden: Die Daten werden hier von einer nichtbinären in eine binäre Darstellung und umgekehrt übersetzt (konvertiert). Dazu gleich mehr. Ein-/Ausgabegeräte, so wichtig sie auch sind, nennt die Informatik „periphere Geräte", wozu auch Disketten und Magnetplattenspeicher gehören. „Peripher" heißen diese Komponenten nicht deshalb, weil sie räumlich am Rande des Systems sich befinden, sondern weil sie *nichts* mit der Problem*lösung*, sondern nur mit ihrer *Vorbereitung* zu tun haben. Genaugenommen besteht der Computer also nur aus Arbeitsspeicher, Rechenwerk und Steuerwerk. Letzteres sorgt für die Umsetzung des Programms, das es sich aus dem Arbeitsspeicher jeweils holt. Es führt die Befehle des Programms dadurch aus, daß es den Arbeitsspeicher veranlaßt, die zu bearbeitenden Operanden an das Rechenwerk zu übergeben und das Rechenwerk, die gewünschte Operation an den Operanden auszuführen und das Ergebnis schließlich an den Arbeitsspeicher zu überstellen. Aus dem Arbeitsspeicher wird es dann zur Kenntnisnahme für den Benutzer in die Ausgabegeräte überführt. Auf einen Blick: Daten werden über ein Eingabegerät in binärer Form in den Arbeitsspeicher, dann von dort vom Steuerwerk zur gewünschten Bearbeitung ins Rechenwerk übergeben und schließlich dem Benutzer in den Ausgabegeräten in nichtbinärer Form zur Verfügung gestellt.

Nichts als Nullen und Einsen

Nachdem wir nun die Grundkomponenten eines Computers grob kennengelernt haben, befassen wir uns jetzt unter dem Gesichtspunkt der binären (= zweiwertigen) Darstellung etwas genauer mit Daten und Programmen. Wir wissen schon, daß Daten, die über ein Eingabegerät – z. B. über die Tastatur – in den Computer eingegeben werden, konvertiert, d. h. in eine binäre Darstellung transformiert werden. Bedienen wir also die Tastatur – z. B. tippen das Wort „DIGITAL" ein -, dann nimmt der Computer nicht diese Buchstabenfolge, sondern ihre Binärcodierung auf. Das alleine verrät noch nicht allzuviel über das Wesen des Computers, wohl aber der Umstand, daß dies so sein *muß*. Ohne binäre Konvertierung kann der Computer also nicht nur keine Daten mit dem Programm *bearbeiten*, sondern er kann sie nicht einmal *aufnehmen*. D. h.: Bevor das Rechenwerk für die Problemlösung in Anspruch genommen wird, müssen die Daten umgeformt werden. So und nur so gelangen sie in den Arbeitsspeicher, und erst dann können sie ins Rechenwerk überstellt werden. Diese *absolute* Eintrittsbedingung der Konvertierung wollen wir uns nun etwas genauer ansehen.

Das Eingabegerät (hier: Tastatur) setzt die Buchstaben des Wortes „DIGITAL" in ein vom Computer erkennbares „Bitmuster" um. Wie geht nun dieser Übergang von der Buchstabensprache der Tastatur, die wir als Benutzer direkt verstehen, in die Bit/Byte-Sprache der Maschine vor sich? Es ist ganz einfach: Heute bedient man sich einer internationalen Norm (ASCII-Code = American Standard Code for Information Interchange), um die natürlichsprachlichen Buchstaben in einer für den Computer annehmbaren Weise zu codieren. Dabei sind die binären Werte die Ziffern 0 und 1, die in einer feststehenden Weise und achtzahlig (= 1 Byte) kombiniert den Buchstaben der natürlichen Sprache zugeordnet werden. Es gibt 2^8 Möglichkeiten, d. h. mit einem 8-Bitcode lassen sich 256 verschiedene Zeichen darstellen. Für das Alphabet der Großbuchstaben gilt nach dem ASCII-Code folgende Zuordnung:

A = 01000001	N = 01001110
B = 01000010	O = 01001111
C = 01000011	P = 01010000
D = 01000100	Q = 01010001
E = 01000101	R = 01010010
F = 01000110	S = 01010011
G = 01000111	T = 01010100
H = 01001000	U = 01010101
I = 01001001	V = 01010110
J = 01001010	W = 01010111
K = 01001011	X = 01011000
L = 01001100	Y = 01011001
M = 01001101	Z = 01011010

Wenn der Computer also unsere getippte Eingabe („DIGITAL")
als Datum annehmen, d. h. zunächst in den Arbeitsspeicher aufnehmen soll, muß das Eingabegerät nach ASCII folgende
Codierung vornehmen:

01000100	01001001	01000111	01001001
D	I	G	I

01010100	01000001	01001100
T	A	L

Auf diesem binär verschlüsselten Weg gelangt unsere Eingabe
in den Datenfluß des Computers. Zur wichtigen Ergänzung: Die
Notwendigkeit der Konvertierung in Nullen und Einsen gilt nicht
nur für eine natürlichsprachliche, sondern für *jede* Eingabe. Also
auch Bilder und Schallwellen (und was auch sonst immer) müssen binär codiert werden. Der Computer versteht also nicht die
Geometrie eines Dreiecks, sondern nur ihre Umformung in Nullen
und Einsen, die das Dreieck repräsentieren. Dasselbe gilt für
mathematische Eingaben. Vom Wort „Computer" (compute =

berechnen) und von der zentralen Stellung des Rechenwerkes her sollten wir aus der Alltagsperspektive erwarten können, daß der Computer wenigstens die Sprache der Mathematik versteht. Auch das ist aber nicht der Fall. Auch hier gilt: Er kennt nur die beiden Ziffern 0 und 1 – schon mit der 2 ist er überfordert. Soviel zunächst zu den Eingabedaten, und nun zum Programm. In einem Programm wird vom Programmierer beschrieben, was der Computer mit den Daten tun soll. Dazu verwendet er Befehle, die nach bestimmten Regeln verknüpft sind. Die Befehle setzen sich aus wenigstens zwei Teilen zusammen: 1. aus dem Operationsteil, der vorschreibt, was zu tun ist, und 2. aus dem Adreßteil, der sagt, wo die Operanden zu finden sind. So ist also über den Adreßteil der Befehle die Verbindung zwischen Programm und Daten gewährleistet, indem die Namen der Daten schon im Befehl enthalten sind. Es gibt viele und je nach Anwendungsbereich ganz unterschiedliche Programmiersprachen, die alle nach „höheren" (Fortran, Lisp etc.) und nach „maschinenorientierten" Sprachen unterschieden werden. Beide sind Darstellungsmittel für Algorithmen. Und Algorithmen sind Rechenanweisungen, in denen der Rechenvorgang (= Problemlösung) durch eindeutige Regeln festgelegt ist. So präzise der Algorithmus in der höheren Programmiersprache auch geschrieben sein mag, aus der Sicht der Maschine hat er einen entscheidenden Mangel: Seine *Text*form. Das hat wie bei den Daten zur Folge, daß er zwar vom Eingabegerät angenommen, aber in der Form des *Textes* von der Maschine nicht „verstanden" werden kann. Dazu ist – Folge der Struktur der Maschine – wiederum die binäre Codierung in Nullen und Einsen erforderlich. Nicht der Computer, sondern nur der Programmierer versteht also die Programmiersprache.

Diese Übersetzung von einer höheren Programmiersprache (= Quellsprache) in die duale Maschinensprache (= Zielsprache) leistet der Compiler. Ohne Compiler geht nichts, denn erst wenn das Programm der höheren Ebene in binär codierter Form vorliegt, kann es von der Maschine ausgeführt werden. Das Maschinenprogramm (und nicht das vom Programmierer in einer höheren Sprache geschriebene Programm) ist also die „letzte" und alles entscheidende symbolische Ebene der Maschine, die nur noch aus Bitmustern (hier: der Befehle) besteht (Kombinationen von Nullen und Einsen im Octalcode).

Es ist unerläßlich, daß das in Maschinensprache repräsentierte Programm exakt den gleichen Algorithmus darstellt wie das in der höheren Sprache geschriebene Programm. Die Repräsentation gelingt dem Compiler also nur unter der Voraussetzung, daß das Quellprogramm mit absoluter Sorgfalt und unter Konventionen geschrieben wird, die der Compiler kennt. Der Compiler kann seine Aufgabe also nur erfüllen, wenn das Quellprogramm vom Programmierer *genau*, d. h.: Zeichen für Zeichen den Regeln der Syntax entsprechend, notiert wurde. Zum Beispiel kann der Compiler zwar die Zeichenkette „$(a+b)^2 = a^2 + 2ab + b^2$", nicht aber die Zeichenkette „$)a + b)^2 = a^2 + 2ab + b^2$" erkennen, und dies deshalb nicht, weil er das Quellprogramm in seine syntaktischen Bestandteile zerlegt und weil die Regeln der Syntax es eben verbieten, daß eine mathematische Klammerformel mit einer schließenden Klammer *beginnt*.

Daß hier eine Regelverletzung vorliegt, wissen wir – qua Konvention – als menschliche Rechner natürlich auch. Aber im Unterschied zur Maschine können wir die Übersetzung in die Maschinensprache dennoch fortsetzen, weil wir nicht nur eine *Abweichung* von den Syntaxregeln erkennen, sondern diese Abweichung als beim Programmieren unterlaufenen *ungewollten* „Fehler" interpretieren und *deshalb* die schließende Klammer in der Zielsprache durch eine öffnende ersetzen – ohne daß wir auf eine von *außen* geführte Korrektur der Klammernotierung oder Änderung der Syntaxregeln angewiesen sind. Das alles gelingt uns aber nur unter der Voraussetzung, daß wir die mathematische Formel und den Sinn der Übersetzung *semantisch* verstanden haben.

Von den komplizierten Einzelheiten des Compilers können wir absehen, weil hier nur eines interessiert: Wie maschinen*nah* auch immer ein Programm geschrieben ist (z. B. in Assembler), solange es in Textform oder in einer anderen *prä*binären Notation vorliegt, kann es die Maschine nicht ausführen. Erst *nach* der Übersetzung in binärcodierte Befehle kann sie ihre Aufgaben erledigen – weder Daten noch Programme erreichen vorher ihre Problemlösungsebene.

Doch wie ist es möglich, daß digitale Maschinen nach dieser Umwandlung all der unterschiedlichen Inputs in die binäre Einheitssprache wissen, ob es sich z. B. um natürlichsprachliche oder um mathematische Inputs handelt? Wenn alle Daten und Programme, gleichgültig ob Texte, dezimale Zahlen, Befehle oder was sonst auch immer, durch die binäre Codierung die gleiche Form erhalten, woher weiß dann die Maschine, daß die Eingabe z. B. eine dezimale *Zahl* und kein *Text* war? Mehr noch: Es kann sein, daß ein und dasselbe Bitmuster je nach Quellsprache ganz unterschiedliches bedeuten – woher weiß die Maschine dann den Unterschied, wo sie die Quellsprache selbst doch nicht versteht?! Der Mechanismus zur Feststellung des Unterschiedes ist einfach. Wir wollen ihn an einem Beispiel von Rechenberg zeigen:

01100001 01100010 01100011 01100100	= Bitmuster
a b c d	= Folge von ASCII-Zeichen
1 633 837 924	= ganze Zahl
$0.7608150709...x\ 2^{-30}$	= Gleitkommazahl
MUL 6447972	= Befehl

Wir haben also vier *verschiedene* Deutungen des *gleichen* Bitmusters. Die Frage: Wie kann der Computer – wenn er nur die binäre Repräsentationsform versteht und nicht die Quellsprache – erkennen, ob das gleiche Bitmuster z. B. die ASCII-Zeichen „abcd" oder den Befehl „MUL 6447972" meint? Wodurch wird seine Interpretation also geführt, wenn nur das Bitmuster in dieser vierfach interpretierbaren Einheitsform und nicht zusätzlich eine interpretierte Relation zur Ursprungsform die CPU erreicht?! Es ist ganz einfach: Das Bitmuster wird nach dem *Ort* interpretiert, an dem es in der internen Funktionsgliederung des Computers ankommt: Kommt es ins Rechenwerk für ganze Zahlen, dann wird es als ganze *Zahl* interpretiert; kommt es dagegen ins Steuerwerk, dann wird das gleiche Bitmuster als *Befehl* interpretiert etc.

Wir sind an einer entscheidenden Stelle! Die Interpretation nach topologischen Kriterien hat nichts mit der (referenztheoretischen) Bedeutung zu tun, die die ursprünglichen Zeichen in der *Quellsprache für uns* haben. So wird das, was die Maschine nach Ankunft der binär codierten Zeichen tut (z. B. eine Berechnung ausführen), nicht durch die Bedeutung der Quellsprache, sondern durch den Ankunftsort der Bitmuster ausgelöst. Die Maschine reagiert nicht auf *Bedeutung*, d. h. nicht darauf, daß „MUL 6447972" als „Befehl" zu verstehen ist, sondern auf eine *physikalische* Größe, eben den Ankunfts*ort* der Bitmuster.

Mit der (binären) Maschinensprache, mit der Programmierer (heute) nichts (mehr) zu tun haben, sind wir auf der untersten Ebene der Software der Maschine – eine Ebene, die nun den Übergang zur Beschreibung der Hardware ermöglicht.

Schalter auf, Schalter zu

Dieses Mal beginnen wir auf der *untersten* Repräsentationsebene, die als materielle Entsprechung zur Ebene der Maschinensprache verstanden werden soll: die Ebene der Schaltkreise. Hier werden alle Daten, die zwischen den einzelnen Komponenten der Maschine übertragen werden, durch binäre elektrische Spannungen „repräsentiert". Die Spannungsverläufe werden durch Schalter (und Widerstände) erzeugt, die nur zwei sich gegenseitig ausschließende Zustände kennen: „ein" oder „aus" („ein" = es fließt Strom; „aus" = es fließt kein Strom). Diese zwei Zustände der Schalter entsprechen der binären Codierung der Maschinensprache. Die Schalter bestehen heute vorwiegend aus Halbleitern in Form von Transistoren, die in großer Anzahl auf einem Chip integriert werden. Wie schnell ein Computer ist, hängt von zwei Faktoren ab. Erstens davon, wie schnell die Transistoren zwischen „ein" und „aus" umschalten können, und zweitens davon, wieviele von ihnen auf einem Chip untergebracht sind. Der Grund: Mit der Steigerung der Packungsdichte der Transistoren werden die Abstände zwischen ihnen kleiner, und das führt dazu, daß auch die Abstände, welche die elektrischen Signale zwischen den Transistoren zurückzulegen haben, kleiner werden – so daß sie in kürzeren Abständen Wirkungen erzielen können. Miniaturisierung spart also nicht nur Platz, sondern führt auch zur Geschwindigkeitssteigerung.

Die nächste Hardwareebene ist die der Schaltnetze und Schaltwerke. Hier können wir sehen, welche informationellen *Wirkungen* mit den oben genannten Schaltkreisen erzielt werden können: Die binären Signale, in den Schaltern erzeugt, können in Schaltnetzen und Schaltwerken auf bestimmte Weise miteinander verknüpft werden. Der entscheidende Unterschied zwischen Schaltwerken und Schaltnetzen besteht darin, daß erstere Speichereigenschaft haben und letztere nicht. Schaltnetze sind Verknüpfungsschaltungen, im Fachjargon „Gatter" genannt, die gewöhnlich drei logische Funktionen erfüllen: „Nicht", „Oder" und „Und". Wir wollen uns diese Verknüpfungsfunktionen beispielhaft am Oder-Gatter verdeutlichen:

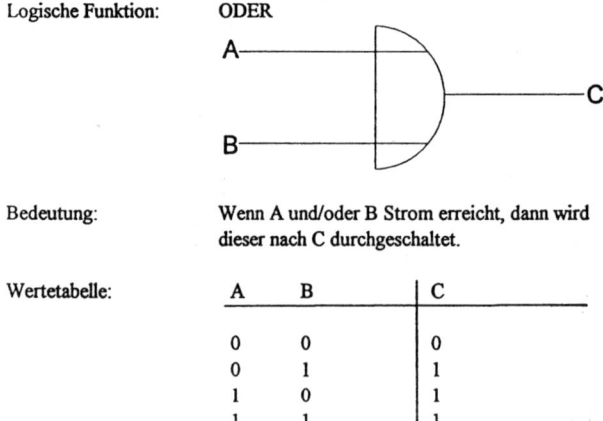

Logische Funktion: ODER

Bedeutung: Wenn A und/oder B Strom erreicht, dann wird dieser nach C durchgeschaltet.

Wertetabelle:

A	B	C
0	0	0
0	1	1
1	0	1
1	1	1

Das Ausgangssignal (C) ist in der Gatterschaltung ausschließlich von den Eingangssignalen (A, B) abhängig – im Unterschied zu den Schaltwerken (im Fachjargon: Flip-Flop-Schaltungen), bei denen das Ausgangssignal zusätzlich noch vom Zustand der Schaltung abhängt, was die schon genannte Speicherfunktion ermöglicht. Zur Illustration dieses Unterschiedes benutzt die Informatik ein Beispiel aus dem Alltag: der Getränkeautomat. Muß der Benutzer den Knopf, der den Getränkefluß freigibt, so lange drücken, bis der Becher voll ist, verfügt das System über keine Speichereigenschaft, braucht er dagegen nur einmal zu drücken und bleibt der Getränkefluß bis zur Füllung des Bechers frei, dann hat das System Speichereigenschaft (der Getränkefluß – Analogie zum Ausgangssignal – ist dann nicht mehr nur vom Knopfdruck – Analogie zum Eingangssignal–, sondern auch vom internen Zustand des Systems abhängig).

Nach dieser Ebene der Schaltnetze (Gatter) und Schaltwerke (Flip-Flops) käme nun noch die Ebene der Rechnerarchitektur, auf der Busse, Addierer, Register etc. zu beschreiben sind. Das wollen wir hier nicht weiter ausführen. Wichtig für die nachfolgende Argumentation ist, daß sich die Struktur und die Funktionen der Maschine über verschiedene Repräsentationsebenen darstellen lassen, so daß wir mit diesen Grundinformationen bei der Beantwortung der anschließenden Frage, ob Computer denken können, immer wissen, auf welcher Ebene sich die Argumentation jeweils bewegt. Weiter in die Tiefe brauchen wir nicht zu gehen, weder bei der Software (z. B. am Unterschied zwischen numerischer und symbolischer Datenverarbeitung) noch bei der Hardware (z. B. am Unterschied zwischen bipolaren und Feldeffekt-Transistoren). Ob Computer denken können, entscheidet sich nämlich nicht daran, ob die Programmiersprachen numerischer oder symbolischer Natur sind, sondern daran, wie die Maschine mit dem umgeht, was der Programmierer (allgemeiner: der Benutzer) ihr eingibt. Solange wir uns auf der Ebene der höheren Programmiersprachen befinden, beschäftigen wir uns mit den Leistungen des Programmierers und nicht mit den Leistungen der Maschine. Da nicht die Intelligenz der Programmierer, sondern die der Maschine auf dem Prüfstand steht, ist nur letzteres von Interesse. Im Lichte unseres Kognitionsmodells ist die Kernfrage dann die: Sind die Prozesse der CPU für den Computer Repräsentationen der Bedeutung dessen, was der Benutzer eingibt? Bevor wir dieser Frage nachgehen, ein kleiner Blick in die Zukunft.

Die Computer der Zukunft werden nicht die gleichen wie die von heute sein. Sicher ist: Die Miniaturisierung wird fortschreiten – und damit auch die Steigerung der Rechengeschwindigkeit. Das „Mooresche Gesetz" dürfte weiterhin seine Geltung behalten. Gordon Moore, Mitbegründer von Intel, gab vor: Alle 18 Monate sollten sich die Leistung des Mikrochips verdoppeln und ihre Preise halbieren. Intel hat sich mehr oder weniger an diese Regel gehalten. Und wenn erst einmal die Nanotechnologie berücksichtigt wird und einzelne Atome als Informationsträger benutzt werden können, wird die Computertechnik noch einmal auf eine neue Ebene katapultiert: Mit der Nanotechnologie wird die Möglichkeit eröffnet, alle Informationen aller Bibliotheken aller Länder der Erde in einem Kubik*zentimeter* Elektronik zu speichern. Ob es allerdings *qualitative* Fortschritte in dem Sinne geben wird, daß die genannten grundlegenden Funktions*prinzipien* des Computers geändert werden, wissen wir nicht. Anstrengungen gibt es, die in diese Richtung weisen. So arbeitet die Forschung z. B. an optischen Computern und an Quantencomputern. Bei optischen Computern wird in bestimmten Phasen der elektrische Strom der heutigen Maschinen durch Licht ersetzt. Aufgrund der hohen Ausbreitungsgeschwindigkeit des Lichtes dürften solche Maschinen dann um einen Faktor 100 schneller als die heutigen sein. Bedenkt man, daß die Schnellsten der heutigen Computer schon 1 Billion Rechenoperationen in einer Sekunde ausführen können, so werden das Geschwindigkeitspotential und damit die Ausweitung der Anwendungsmöglichkeiten erkennbar. Und Quantencomputer? Sie haben die Eigenheiten von Elementarteilchen: So wie die subatomaren Bestandteile physikalisch Welle *und* Teilchen sind, speichert der Quantencomputer im Unterschied zu heutigen Maschinen nicht entweder den Wert „1" oder den Wert „0", sondern speichert beide. Das berührt die Grundlogik der Maschine. Die Entwicklungen sind im Gange, aber die zu lösenden Probleme sind groß und erst die Zukunft wird weisen, ob diese Maschinen in die technische Praxis Eingang finden. Aber auch dann, wenn die neue Technik funktioniert, ist keineswegs der Schluß auf ein *kognitives* Vermögen zwingend. Zunächst einmal sind die genannten Veränderungen nämlich rein *physikalischer* Natur: Computer zu lehren, was Elementarteilchen seit 14 Milliarden Jahren schon können, kann schon deshalb noch keinen Qualitätssprung zu einem *kognitiven* Vermögen der Maschine gewährleisten. Spannender und möglicherweise folgenreicher sind deshalb neueste Entwicklungen, die in Anlehnung an die biologische Evolution unter der Bezeichnung „evolvable Hardware" in den Forschungslabors schon getestet werden. Das Besondere: Die Funktion der Chips ist nicht mehr starr vorgegeben, sondern entwickelt sich, indem im Vollzug der gestellten Aufgabe vom Computer selbst neue Schaltungen hergestellt werden. Der Ansatz ist vielversprechend, insbesondere unter der zeittheoretischen Anforderung, führt allerdings, wie alle anderen Versuche auch, nur dann auf eine *kognitive* Ebene, wenn diese neuen Maschinen ein semantisches Vermögen haben. Aber überlassen wir die Zukunft der Technik der Zukunft und versuchen nun die Frage nach dem Denken von Maschinen an der heute gegebenen und uns im Alltag bekannten Technik zu beantworten.

Gehirn gegen Computer

In welchen Schritten gehen wir vor? An einer Generalvoraussetzung kommen wir nicht vorbei: daß *Menschen* denken können. Steht das in Frage, muß die Untersuchung, ob Computer denken können, eingestellt werden. Nur wer denkt, kann feststellen, ob auch ein anderer denkt oder nicht denkt. Also sind wir großzügig und gehen bei uns selbst davon aus. Nun greifen wir auf das schon erarbeitete Wissen zurück: Am Ende des vorigen

Kapitels stand ein Kognitionsmodell, das die Ergebnisse der Neurobiologie berücksichtigte, gleichzeitig aber die noch offengelassenen oder verdrängten Fragen integrierte. Zur Erinnerung noch einmal die 6 Grundannahmen des Modells:

1. Wir erkennen nicht die Welt, sondern unsere Beziehung zu ihr.
2. Denken ist Repräsentation.
3. Der Gegenstand der Repräsentation ist Bedeutung.
4. Bedeutung vollzieht sich in der Phänomenerzeugung (Makroprozeß).
5. Der Repräsentant ist simulationstauglich.
6. Repräsentant und Repräsentat sind isomorph unter der Struktur der Zeit.

Wir haben also ein Beziehungs-/Repräsentations-/Bedeutungs-/Phänomenwelt-/Simulations- und Zeitpostulat. Unter diesen (vom menschlichen Gehirn erfüllten) Forderungen wollen wir nun prüfen, ob auch Computer denken können. Die Forderungen sind substratunabhängig, d. h. nicht logisch mit der *Biologie* des Gehirns verknüpft (sonst wäre schon entschieden, daß Computer kein kognitives Vermögen haben). Nach dem Perspektivenwechsel von den Outputs zur internen Verarbeitung steht jetzt also der *direkte* Vergleich zwischen Gehirn und Computer an. Ging es vorher um den Vergleich der Produkte des Geistes bzw. des Computers (z. B. um die sprachlichen Verlautbarungen beider), so geht es jetzt um die Art ihrer Entstehung. Dazu stellen wir zunächst die Repräsentationsebenen gegenüber, auf denen die Prüfung erfolgen soll:

GEHIRN	*COMPUTER*
Objekte	Objekte
Symbole	Symbole
Neuronen	Prozessoren
Elektronenfluß	Elektronenfluß

Die Kernfrage: Wie reagiert der Computer auf Objekte der Außenwelt oder auf sprachliche Zeichen von ihr? Mit anderen Worten: Wie ist das Verhältnis von Ursprungsform (z. B. unsere berühmte Sonne) und interner Verarbeitung? Gibt es bei dieser Übertragung und/oder internen Erzeugung spezifische und kognitionstheoretisch erhebliche Unterschiede zwischen Mensch und Maschine oder sind beide darin gleich? Im Verhältnis zwischen Ursprungsform und interner Verarbeitung müssen so wie beim Menschen auch beim Computer alle sechs Forderungen erfüllt sein. Insbesondere gilt: Die Abbildung muß bedeutungs-*erhaltend* sein. Warum ist die Bedeutung für die Kognitionsfrage so wichtig? Noch einmal ein Beispiel: Ein System, das den *Inhalt* des Wortes „Computer" nicht versteht, kann zu diesem Wort zwar viele Beziehungen haben (z. B. akustische), aber keine, welche die Bezeichnung „kognitiv" verdient. Der *kognitive* Charakter entsteht erst unter der Dialektik von Verweisung und Differenz in einer voraussetzungsreichen Kette von Abhängigkeiten. Zum Beispiel muß das System wissen, daß „Computer" ein *Wort* ist, das auf das Ding Computer verweist und dennoch wesentlich von ihm verschieden ist (mit dem Wort „Computer" kann man z. B. nichts ausrechnen), und um das zu wissen, muß es die Bedeutung des Wortes „Sprache" kennen etc. etc. So bleibt es dabei: Kognitives und semantisches Vermögen sind äquivalent.

Mit dem Perspektivenwechsel von außen nach innen hat sich auch unser Erkenntnisinteresse verändert: Ging es früher darum, nur festzustellen, was in den Outputs erscheint, so suchen wir jetzt ausdrücklich nach *Unterschieden* zwischen Gehirn und Computer. Aber wo es Gemeinsamkeiten gibt, dürfen sie nicht geleugnet werden. Sowohl bei den Unterschieden wie auch bei den Gemeinsamkeiten ist immer die Frage zu stellen, ob sie jeweils *kognitions*theoretisch relevant sind.

Computer sind farbenblind

Nun wollen wir die Untersuchung beginnen – und zwar auf der Ebene der Objekte der physikalischen Außenwelt. Dazu denken wir uns folgende Situation aus: Wir sitzen zusammen mit einem Roboter in einem Auto und haben ein paar typische Verkehrssituationen zu bewältigen. Zunächst übernehmen wir selbst die Fahrerfunktion (wir trauen dem Roboter noch nicht), und der Roboter sitzt als Beifahrer neben uns. Seine erste Aufgabe: Er soll uns immer sagen, was wir als Fahrer zu tun haben. Auf diese Weise erfahren wir in erster Näherung, ob er seine Umgebung so wie wir selbst aufnimmt. Stellen wir Übereinstimmung fest, ist zu prüfen, ob die Outputs des Roboters *kognitiv* entstanden sind. Wir nehmen an, daß der Roboter mit den für die Lösung von Verkehrsproblemen notwendigen Programmen und entsprechender Technik ausgestattet ist (er kann sehen, Entfernungen abschätzen, kennt die Verkehrsregeln etc.). Auf der Grundlage unseres technischen Vorwissens rekonstruieren wir dann jeweils, was in der Maschine gerade passiert und vergleichen dies mit dem, was bei uns selbst vor sich geht. Und nun fahren wir los!

Wir befinden uns in Frankfurt-Sachsenhausen und Ziel ist der Hauptbahnhof. Der Verkehr ist mäßig, und nach kurzer Zeit nähern wir uns einer Ampel, die gerade auf „rot" schaltet. Diese Ampel soll das erste Analyseobjekt der Außenwelt sein, das über das optische Aufnahmesystem des Roboters angenommen und in der CPU repräsentiert werden muß. Die Ampel wollen wir unter zwei Eigenschaften betrachten: unter ihrer Farbe und unter ihrer Form. Zunächst zur Farbe. Wie erwartet, fordert der Roboter uns auf, vor der Ampel zu halten, als diese von „grün" auf „rot" schaltet. Auf die erste kritische Verkehrssituation hat die Maschine also korrekt reagiert – so haben wir ein wenig Vertrauen gewonnen. Aber nun zur *kognitions*theoretischen Einschätzung des Vorgangs. Der Grund, warum *wir* den Wagen zum Stillstand bringen, ist die Rotheit der Ampel. Eine Banalität für jeden, der die Regeln des Straßenverkehrs kennt, eine Banalität aber wieder einmal nur auf den ersten Blick, denn schon haben wir eine Besonderheit und mit ihr den ersten Unterschied zwischen Mensch und Maschine: *Wir* sehen rot, der *Roboter* aber nicht. Wichtig ist: Daß der Roboter die Farbe nicht sieht, liegt nicht daran, daß sein Programm unzulänglich wäre, sondern daran, daß Roboter *prinzipiell* unfähig sind, Farben zu erkennen.

Wieso das, wo der Roboter doch zum Anhalten aufforderte genau in dem Moment, als die Ampel „rot" anzeigte?! Also liegt es nahe, die Rotheit der Ampel als Ursache für seine Aufforderung zum Anhalten zu verstehen. Zwingend ist der Zusammenhang schon deshalb nicht, weil nicht völlig ausgeschlossen werden kann, daß seine Aufforderung durch eine andere Ursache ausgelöst wurde (z. B. durch den Verkehrsstau auf der Kreuzung) und die Ampel zufällig in diesem Moment auf rot wechselte. Nun gut, dann fragen wir ihn eben selbst nach dem Grund. Seine Antwort: „Ich habe zum Anhalten aufgefordert, weil die Ampel ‚rot' anzeigte." Also dürfen wir als bestätigt betrachten, daß er die Farbe gesehen und deshalb die Aufforderung ausgesprochen hat. So schön es vielleicht wäre, es stimmt nicht. Warum? Von früher wissen wir, daß es Farben *physikalisch* nicht gibt. Was physikalisch existiert, sind ausschließlich unterschiedliche Wellenlängen des Lichtes, aus denen das Gehirn *physiologisch* Farben erzeugt. Farben sind also nicht physikalischer, sondern physiologischer Natur. Da der Roboter nicht aus physiologischen, sondern nur aus physikalischen Komponenten besteht, kann er Farben also nicht wahrnehmen. Dieses Ergebnis ist *zwingend* – jedenfalls unter der (unbestrittenen) Annahme der Physik, daß Farben keine physikalischen Eigenschaften sind.

Wir sind noch immer nicht ganz überzeugt; denn näher als das Lehrbuch der Physik im Bücherregal zu Hause ist uns die Realität des neben uns sitzenden Roboters, die das Gegenteil beweist: Der Roboter hat nicht nur verkehrsgerecht reagiert und sein Verhalten sprachlich begründet, sondern auch sein Bildschirm, auf dem er das Außenweltobjekt „Ampel" für uns sichtbar repräsentiert, *zeigt* die Eigenschaft der Rotheit. Abgesehen davon, daß Bildschirme „periphere" Komponenten des Computers sind und die Frage des Denkens in der CPU entschieden wird, ist auch das eine falsche Beschreibung. Richtig ist: *Wir* sehen die Farbe, nicht der *Bildschirm*

zeigt sie. Das vom Bildschirm emittierte Licht hat nur Wellenlängen, aber keine Farben. Die Farben entstehen erst physiologisch in unserem Kopf.

Nun gut, wir geben uns geschlagen, der Computer erkennt
also keine Farben. Aber daß ihm ein Denkvermögen überhaupt
fehlt, ist damit noch nicht gezeigt. Eine angemessen kritische
Reaktion! Nach der klaren Ausrichtung des Erkenntnisinteresses
pro *Mensch* müssen wir den Fehler nämlich vermeiden, den wir
an anderer Stelle den Kritikern der KI schon vorgehalten haben:
Aus dem Fehlen einer *bestimmten* kognitiven Fähigkeit auf das
Fehlen eines kognitiven Vermögens *überhaupt* zu schließen.
Deshalb steht jetzt eine Präzisierung dessen an, was das
Farbargument eigentlich leistet. Es widerlegt zunächst einmal den
Anspruch der KI, *alle* Funktionen des Gehirns im Computer technisch simulieren zu können. Auch wenn Computer zur Zeit vieles noch nicht können, so geht die „starke" KI davon aus, daß die
Maschinen der Zukunft das Leistungsdefizit vollständig ausglei-
chen werden. Die Hoffnung ist unbegründet. Bei der Farberkennung stößt die KI nämlich auf eine Grenze, die auf elektronischer Basis nicht überschritten werden kann. Und hier greift kein
wie auch immer verkleidetes Vertagungsargument: Solange die
Fortschritte der KI auf *physikalischer* (hier: elektronischer) Basis
stattfinden, ist die Simulation dieser menschlichen Fähigkeit *prinzipiell* ausgeschlossen.

Um ein mögliches Mißverständnis auszuräumen: Der zwischen Gehirn und Computer feststellbare Unterschied in der
Fähigkeit zur Farberkennung hat nicht zur Folge, daß der Roboter
sich im Straßenverkehr nicht angemessen verhalten könnte. *Das*
kann er sehr wohl (er hat uns ja richtig zum Stop vor der Ampel
aufgefordert). Wie wir selbst reagiert auch er auf die *Wellenlänge*
des Ampellichtes, also stoppt auch er das Auto wegen der
Wellenlänge – aus der unser Gehirn dann allerdings die Farbe „rot"
erzeugt. Trotz seiner Unfähigkeit, Farben zu repräsentieren, kann
er sich also im Verkehr so wie wir den Regeln gemäß verhalten.
Nur sieht er die unterschiedlichen *Wellenlängen* eben nicht als
unterschiedliche *Farben*.

344

Nun könnten KI-Verteidiger den Unterschied einräumen (und werden dies auch tun, weil die Physik sie sonst ins wissenschaftliche Abseits stellt), ihn aber *kognitions*theoretisch für irrelevant erklären. Das Argument: Entscheidend für die kognitive Leistung im Straßenverkehr ist, daß der Roboter sich den Regeln gemäß *verhält*. Diesem Argument folgen wir nicht, weil es ein Rückfall in den outputorientierten Verstehensbegriff ist – und dessen Grenzen haben wir schon erkannt und aus guten Gründen überschritten. Nach dem Perspektivenwechsel geht es nicht mehr um die Outputs, sondern um die systeminterne Verarbeitungsweise. Und da können Farben in der CPU des Computers aus physikalischen Gründen nicht auftreten. Nun gut, die Physik soll endgültig Recht haben, aber sind Farben nicht doch *kognitions*theoretisch irrelevant? Nein! Farben sind wichtig für unser Denken, nicht immer (z. B. nicht bei der Lösung einer Gleichung), aber häufig. Das kognitionstheoretisch fundamentale Beziehungspostulat hilft in der Begründung hier weiter. Zur Erinnerung: Wir erkennen nicht die Welt, sondern unsere Beziehung zu ihr (Forderung 1).

Sehen wir zur Verdeutlichung für einen Augenblick vom speziellen Vorgang der Wahrnehmung der Ampel ab und betrachten die grundsätzliche Natur unseres Verhältnisses zur Welt: Unsere Beziehung zu ihr ist auch und wesentlich ästhetischer Natur. Und Farben spielen in der ästhetischen Beziehung zur Welt eine große Rolle. Würden wir keine Farben sehen, wäre diese Beziehung eine wesentlich andere. Nicht zuletzt deshalb, weil Farben mit Emotionen assoziiert sind, so daß unterschiedliche Farben unterschiedliche Emotionen auslösen. Und daß der Rückgriff auf Emotionen nicht aus dem Rahmen der kognitiven Fragestellung herausführt, wissen wir schon aus der Neurobiologie: Das limbische System des Gehirns regelt nicht nur Gefühle, sondern ist die Bewertungsinstanz für alle kognitiven Prozesse. Also: Die im Zusammenhang mit unterschiedlichen Farben entstehenden emotionalen Unterschiede der Erfahrung sind erstens kognitiver Natur und zweitens verursacht nicht durch die physikalischen Unterschiede der Wellenlängen des Lichts, sondern durch die physiologischen Unterschiede seiner Farben. Wenn wir also zusammen mit dem Roboter im Auto sitzen und gemeinsam den Blick von der roten Ampel zur gerade untergehenden Sonne wenden, fehlt dem Roboter die kognitive Dimension dieser Ästhetik vollständig. Steht die Sonne glutrot über dem Horizont, so haben wir ästhetische Empfindungen, die der Roboter aufgrund seiner materiellen Beschaffenheit einfach nicht haben kann. Er kann das, was wir „Sonne" nenne n, schon aus diesen Gründen nicht erkennen. Was er repräsentiert, sind Wellenlängen, aber keine Farben. Verallgemeinert: Unsere wesentlich durch Farben bestimmte ästhetische Beziehung zur Welt ist dem Roboter grundsätzlich nicht zugänglich. 1 : 0 also für das Gehirn.

Computer sind formenblind

Nun wenden wir uns wieder von der Schönheit der Sonne ab und dem Profanen der Ampel zu. Jetzt geht es nicht mehr um die Eigenschaft ihrer Farbe, sondern um die Eigenschaft der Form. Ampelaugen sind rund, haben also die Geometrie einer Kreisfläche. Den theoretischen Voraussetzungen zufolge (Forderung 2) findet Denken über Objekte nur dann statt, wenn die Objekte bzw. ihre Eigenschaften intern repräsentiert werden. Was passiert also in der internen Verarbeitung? Für Roboter und Mensch gilt zunächst gleichermaßen: Die Ampel emittiert Photonen und diese gelangen zum natürlichen bzw. elektronischen Auge. Dort werden sie in elektrische Signale umgewandelt. Wie diese Umwandlung im Detail geschieht, und worin sich beide in der Form der Umwandlung unterscheiden, soll uns hier nicht interessieren. Entscheidend ist das Resultat: Wie alle anderen Signale und ihre Modalitäten werden auch die der geometrischen Kreise der Außenwelt zunächst in elektrischen Impulsen repräsentiert. Mit anderen Worten: Ins Innere des Gehirns und ins Innere des Computers gelangt kein Kreis, sondern nur Elektronenfluß, der den Kreis repräsentiert. Diese Art der internen elektrischen Verarbeitung der Geometrie des Kreises ist also bei uns und dem Roboter gleich. Da

346

die Repräsentationsforderung erfüllt ist, erhalten beide einen Punkt und damit steht es 2:1 für das Gehirn. Das Ergebnis ist eine Konsequenz der gegebenen neurobiologischen Theorie.

Aber: Nach der Erweiterung der Theorie um die Annahmen 3 und 4 (Bedeutungs- und Phänomenweltannahme) greift diese Sicht der Neurobiologie kognitionstheoretisch zu kurz. Nicht jede Repräsentation ist nämlich schon ein Akt des Denkens (siehe z. B. die Abbildung in einem Spiegel). Denken beginnt erst dann, wenn die *Bedeutung* repräsentiert wird, und diese entsteht nicht auf der Bitebene, sondern erst in einem *Makro*zustand der Abbildung des betreffenden Objektes (hier: in seiner Gestalt). Der ersten elektrischen Repräsentation fehlt also noch die *kognitions*theoretische Erheblichkeit. Wie wird sie nun beim Kreis erreicht? Dadurch, daß der Kreis *als* Kreis in der *internen* Struktur des Systems repräsentiert wird, wenn also das *Phänomen* Kreis zur Abbildung kommt.

Das wollen wir uns jetzt etwas genauer ansehen. Unglücklicherweise springt die Ampel gerade auf grün und wir müssen weiterfahren. Aber die Frage soll beantwortet werden: Wird die Kreis*form* der Ampelaugen im Sinne der Grundannahmen des Modells repräsentiert? Da keine Ampel mehr im Sichtfeld ist, erhalten wir und Kollege Roboter die Aufgabe in einer neuen Version, bei der gleichzeitig Annahme 5 (Simulationsfunktion) geprüft werden soll: Die Aufgabe besteht darin, sich von der kurz zuvor in der Außenwelt gesehenen Ampel eine interne *Vorstellung* zu machen, also „im Geiste" die Simulationsfunktion zu erfüllen. Um uns besser auf diese Aufgabe konzentrieren zu können und den Verkehr nicht durch unachtsames Fahren zu stören, verlassen wir die Straße und parken an der Seite. Und nun versuchen wir das Problem zu lösen.

Wir selbst erledigen die Aufgabe dadurch, daß wir die Augen schließen und uns die Ampel konkret, d. h. in ihrer Ursprungsform, vorzustellen versuchen. Mit etwas Konzentration gelingt es: Plötzlich sehen wir vor unserem „geistigen Auge" die konkrete optische Gestalt. Da die Augen geschlossen sind, kann das Phänomen, das wir sehen, im Moment der Wahrnehmung nicht

347

von *außen*, über Photoneneinschlag in die Netzhaut, entstanden sein. Und dennoch ist es als *optisches* Phänomen *im* Gehirn repräsentiert. Sogar bewegen läßt es sich im Geiste. Das Besondere: Wir benötigen keine *externen* („peripheren") Hilfsmittel (z. B. Bleistift und Papier), um das konkrete *Phänomen* Ampel zu repräsentieren. Seine Simulation passiert *direkt* in der *internen* Verarbeitung des Gehirns (*wie* das möglich ist, wissen wir nicht, aber wir wissen aus eigener Erfahrung, *daß* es möglich ist).

Und wie reagiert der Roboter auf die gestellte Aufgabe? Auch er ist in der Lage, die vorher gesehene und inzwischen optisch aus dem Sichtfeld verschwundene Ampel zu reproduzieren: Er hat sie vorher über sein elektronisches Auge aufgenommen, holt jetzt die Repräsentation aus seinem Speicher und bildet die Ampel auf dem Bildschirm als Phänomen ab. Die Abbildung ermöglicht ihm eine Simulation im starken Sinne des Wortes, denn der Roboter ist in der Lage, ohne reale Ampel mit der repräsentierten Ampel z. B. Verkehrssituationen durchzuspielen (somit beherrscht er die Dialektik von Verweisung und Differenz). Eine starke Leistung, die auch dadurch beeindruckt, daß sein Erinnerungsvermögen das unsere übertrifft. Nicht nur ist die Ampel nämlich schneller auf seinem Bildschirm als in unserer Vorstellung, sondern die Abbildung ist auch genauer. Noch einmal: Eine starke Leistung! Allerdings: Der *Ort* der Simulation des Ampel*phänomens* stört uns: Sie findet außerhalb der CPU statt und verliert dadurch ihre kognitionstheoretische Relevanz: Die Ampel existiert in der CPU nur als Elektronenfluß und nicht *als* Ampel. Und nur, wenn sie *als* Ampel auf der Problemlösungsebene des Systems repräsentierbar ist, kann die *Bedeutung* des Objektes zur Abbildung gebracht werden, und nur dann kann *Bedeutung* das Verhalten des Systems verursachen – und nur dann ist der Vorgang *kognitiver* Natur. Genau diese Möglichkeit fehlt dem Roboter: Er kann nicht die *Geometrie* des Kreises, d. h. seine *optische* Darstellung, maschinenintern zur Erscheinung bringen.

Wir wissen schon: Wenn überhaupt, findet das Denken der Maschine in der CPU statt (also im Zusammenspiel von Arbeitsspeicher, Steuerwerk und Rechenwerk). Aber diese CPU hat

348

keine Möglichkeit, *Phänomene* zu repräsentieren. Deshalb *muß* der Roboter zu ihrer Darstellung auf Ausgabegeräte (hier: Bildschirm) zurückgreifen. Und Ausgabegeräte sind *periphere* Komponenten des Computers, zu denen die CPU keine *interpretierte*, sondern nur eine physikalische Beziehung hat. An dieser peripheren Stelle verhält es sich wie bei einem Spiegel: Er bildet das Phänomen ab, aber die Abbildung ist nicht kognitiver Natur. Wir halten fest: Der Computer ist nicht in der Lage, maschinenintern *Phänomene* zu repräsentieren (eine Nebenfolge dieser Unfähigkeit: er kann keinen optischen Täuschungen unterliegen, z. B. der des Kanizadreiecks). Dazu benötigt er externe Geräte, deren „Sprache" er aber nicht versteht (siehe Konvertierung in den Ausgabe-Eingabegeräten).

Der immer noch zu erwartende Einwand der KI: Es geht um die korrekte maschineninterne *Codierung* der Außenwelt – und die ist dem Roboter gelungen, wie die nachträgliche Abbildung der Ampel auf dem Bildschirm beweist. Unter *kognitions*theoretischer Betrachtung ist der Einwand aus den genannten Gründen haltlos.

Zur Untermauerung der Zurückweisung nehmen wir ein anderes Beispiel: Die Ampelanlage ist ausgefallen und ein Polizist regelt mit einer Trillerpfeife den Verkehr. Nehmen wir an, auch hier reagiert der Roboter den Regeln gemäß; nicht mehr aufgrund von Photonen, sondern aufgrund von Schallwellen. Natürlich können die Schallwellen schallfrei *codiert* werden (nicht nur im Inneren des Computers, sondern auch auf einer Schallplatte), aber sie können nicht schallfrei *gehört* werden. Da das *Hören* der *kognitive* Akt ist, kann in einer bestimmten Phase schallfreie Codierung allenfalls eine notwendige, aber keine hinreichende Bedingung für den kognitiven Status des Vorgangs sein. Denken ist Repräsentation von Phänomenbedeutung, welche die Abbildung von Phänomenen immer schon voraussetzt. Analoges gilt für das Sehen. Folge: Wir müssen dem Roboter den Punkt von vorher wieder abziehen und können ihm auch für die Simulationsleistung keinen Punkt geben (die CPU simuliert den Kreis nicht *als* Kreis). Nur das Gehirn punktet für seine Fähigkeit, Phänome zu repräsentieren und sie darüberhinaus zu simulieren. Also steht es 3:0 für das Gehirn.

Computer verstehen keine Sprache

Um die umfassende *kognitions*theoretische Relevanz der Phänomenwelt- und Bedeutungsforderung zu präzisieren, gehen wir jetzt von der Ebene der physikalischen Objekte zur Ebene der Symbole. Wir beschränken uns auch hier wieder auf die Eigenschaft der Rundheit der Ampelaugen. Jetzt geht es also nicht mehr um die Objektrundheit selbst, sondern um ihre Symbolisierung, z. B. im Wort „Kreis". Nehmen wir an, wir unterhalten uns mit dem Roboter über die Geometrie des Kreises – ohne daß sich die Ampel in unserem Wahrnehmungsfeld befindet. Das Wort „Kreis" steht eben für das geometrische Objekt Kreis. Und wieder stellt sich die Frage nach dem Verhältnis von Ursprungsform (hier: das natürlichsprachliche Wort) und interner Repräsentation. Wir beginnen bei uns selbst!

Menschen sind in der Lage, das Wort „Kreis" in seiner natürlichsprachlichen Repräsentationsform nicht nur extern (in „Ausgabegeräten") zu gebrauchen (qua Schallwellen oder Schriftzeichen), sondern – ohne *formal*sprachliche Codierung – *intern* abzubilden. Der Beweis geht analog zur Geometrie des Kreisobjektes. So wie der Kreis durch die Kraft unserer Vorstellung als geometrisches Objekt gehirninterner Bestandteil werden kann, so gelingt dies gleichermaßen beim Wort „Kreis": Wir sind in der Lage, die natürlichsprachliche Repräsentation zum Element unserer gehirn*internen* Verarbeitung zu machen (z. B. können wir uns das Wort „Kreis" geistig vorsagen – ohne über das Ausgabegerät „Mund" Schallwellen nach *außen* zu produzieren). Genau diese Fähigkeit zur *internen* Repräsentation der Ursprungsform ist eine notwendige Bedingung dafür, die *Bedeutung* des Wortes zu verstehen. Der Grund: Die Bedeutung entsteht *außerhalb* des (individuellen) Gehirns, in einer gesellschaftlichen Praxis des Umgangs mit Worten, die wiederum in der Innenwelt des Gehirns repräsentiert werden muß. Und diese Repräsentation gelingt nur dann, wenn die extern entstandene Bedeutung mitübertragen wird, und das wiederum geht nur, wenn die Ursprungsform der Repräsentation, also der *natürlichsprachliche* Ausdruck, erhalten bleibt. Er muß Element der internen Verarbeitung werden – was danach oder davor passiert (z. B. eine binäre Transformation), ist eine andere, hier unerhebliche Frage. Jedenfalls verwenden wir in der gesellschaftlichen Praxis das Wort „Kreis" – und keine binäre Notation von ihm. Also *müssen* wir die Ursprungsform der Bedeutung des Wortes verstehen, wenn wir überhaupt seine Bedeutung verstehen wollen.

Und was macht der Roboter? Auch er kann das Wort „Kreis" erzeugen und in einem natürlichsprachlichen Dialog verwenden – aber wie schon bei der Geometrie des Kreises auch hier wiederum nur im Ausgabegerät, z. B. auf einem Bildschirm, dessen Sprache die CPU aber nicht versteht. Das Problem: Wie will die Maschine wissen, was *natürliche* Sprache ist, wenn sie diese in der CPU nicht in ihrer eigenen Form repräsentieren kann? Da die Ursprungsform nicht Bestandteil der CPU werden kann und die Bedeutung in der Ursprungsform entstanden ist, und da die CPU zur Ursprungsform auch nachträglich keine *interpretierte* Beziehung aufbauen kann, hat sie keine Möglichkeit, den Inhalt des Wortes „Kreis" zu verstehen. Und da den theoretischen Voraussetzungen zufolge kognitives und semantisches Vermögen äquivalent sind, kann sie zu natürlichsprachlichen Worten keine *kognitive* Beziehung haben. Mit anderen Worten: Menschen sind in der Lage, die natürliche Sprache im logischen Vorrang zu benutzen, Maschinen nicht (schon aus diesem Grund ist die Bezeichnung „natürlichsprachliche KI-Systeme" unangemessen). Deshalb können wir *in* der natürlichen Sprache Probleme lösen – ohne sie zuvor binär codiert zu haben. Daß dabei immer auch Elektronenfluß im Spiel ist, wissen wir. Aber *kognitions*theoretisch entscheidend ist, daß unser Gehirn das Wort als *makro*skopisches Phänomen und damit überhaupt erst *als* Wort repräsentieren kann. Aus der Benutzerperspektive: Die binären Codierungen der Maschine sind deshalb bedeutungslos, weil nicht der Zustand der

Welt (hier: das natürlichsprachliche Wort „Kreis"), sondern der Zustand der Tastatur das interne Verhalten der Maschine auslöst und bestimmt.

Aber auch das reicht nicht, denn am Anfang steht das Ding und nicht das Wort. Mit anderen Worten: In dem intern interpretierten Wort „Kreis" muß nicht irgendetwas, sondern die *geometrische* Realität des Kreises repräsentiert sein. Dies geschieht auf dem Wege der *Bedeutungs*transformation von der *geometrischen* (= optischen) Ursprungsform in die *sprachliche* Repräsentation. Und ob dies tatsächlich der Fall ist, zeigt sich darin, ob das *Wort* „Kreis" die konkrete *Geometrie* des Kreises gehirn*intern* hervorrufen kann. Genau das können wir Menschen: Den Übergang vom Wort zum Objekt (vom Repräsentanten zum Repräsentat) schaffen wir vor unserem geistigen Auge ohne Mühe. Alles in allem gibt es also folgende, mit Vorzugsrichtung ablaufende Repräsentationsfolge: Am Anfang steht der geometrische Kreis und dann das Wort „Kreis" (oder irgendeine andere zeichenhafte Repräsentation). Und nur wenn die Bedeutung von der Geometrie ins Wort mittransformiert wird, *repräsentiert* das Wort „Kreis" überhaupt das Ding Kreis. Und dies wiederum gelingt nur, wenn zuvor die Geometrie des Kreises Bestandteil der gehirninternen Verarbeitung war. Nur so können wir den Kreis *als* Kreis repräsentieren und damit erkennen (auch wenn es sich bei der Ursprungsform immer schon um eine Repräsentation handelt: Nicht die Dinge selbst, sondern Signale von ihnen passieren die Netzhaut unseres Auges und werden repräsentiert).

Die kognitionstheoretische Unverzichtbarkeit von Phänomenrepräsentationen wollen wir weiter am Beispiel der Geometrie vertiefen – am Verhältnis von darstellender und analytischer Geometrie. Letztere ist Geometrie in mathematischen Formeln (z. B. die Kreisgleichung $x^2 + y^2 = r^2$). Wir bleiben also auf der Symbolebene, gehen jetzt aber von der natürlichsprachlichen zur mathematischen Symbolik des Kreises über. Auch hier gilt die Forderung: Die geometrische *Ursprungs*form muß in der internen Verarbeitung des Systems (und nicht nur in Ausgabegeräten) generiert werden (was *nach*folgende formale oder andere

Repräsentationen natürlich nicht ausschließt). Mit anderen Worten: Was für das *natürlichsprachliche* Wort „Kreis" gilt, gilt gleichermaßen für seine *mathematische* Repräsentation. Ein System, das den Kreis *ausschließlich* mathematisch in der Formel und nicht auch und vorab geometrisch in der *konkreten* Form des Kreises auf seiner Problemlösungsebene repräsentieren kann, hat keinen kognitiven Zugang zur Geometrie des Kreises – eben weil es den Kreis unter Anwendung ausschließlich der mathematischen Gleichung nicht *als* Kreis erkennen kann.

Was macht der Roboter neben uns? Die *geometrische* Form des Kreises verschwindet gleich am Anfang schon im Eingabegerät in der binären Codierung – und das auf Nimmerwiedersehen. Nicht die binäre Codierung am Anfang ist aber der Grund, die internen Prozesse des Computers nicht „kognitiv" zu nennen, sondern seine Unfähigkeit, sie eine Phase später in der CPU (= Problemlösungsebene) *geometrisch* in der Ursprungsform zu generieren. Und da auch keine *interpretierte* Relation zum *Kreis*objekt der Außenwelt herstellbar ist (er versteht die Präsentations- und Repräsentationsformen der Außenwelt *prinzipiell* nicht), erkennt die Maschine auch in der mathematischen Formel keinen Kreis, sondern „repräsentiert" ihn in Bits bzw. Bytes, die *von sich aus* keinen Bezug auf das geometrische Ursprungsobjekt zulassen – und deshalb nicht „Repräsentationen des Roboters" genannt werden können. Die Bytes sind nur für *uns* Repräsentationen des Kreises, nicht für den Roboter. Und für uns sind sie es deshalb, weil wir die Ursprungsform des Kreises immer schon kennen und gehirnintern generieren können. Wenn der Roboter also die geometrische Eigenschaft der Rundheit der Ampelaugen auf der Grundlage der mathematischen Formel auf seinem Bildschirm abbildet, sind nur *wir* es, die den Kreis *als* Kreis erkennen.

Verallgemeinert: Analytische *Geometrie* gelingt nur unter der Voraussetzung eines immer schon vorhandenen Vermögens zur Abbildung der geometrischen Ursprungsformen der Gleichungen. Daß die historische Reihenfolge von der darstellenden zur analytischen Geometrie und nicht umgekehrt verlief, ist also nicht kontingent, sondern hat systematische Gründe. Wer *ausschließlich* die Gleichung $x^2 + y^2 = r^2$ kennt, kann niemals wissen, was ein Kreis ist (und schon gar nicht, wer nur ihre binäre Codierung kennt). Es bleibt also dabei: Ohne die Fähigkeit eines Systems, Objekte der Außenwelt in ihrer Ursprungsform *im* System (= auf der Problemlösungsebene) abzubilden, gibt es keine *kognitive* Relation zu eben dieser Außenwelt. Mit anderen Worten: Ohne Phänomenweltrepräsentation keine Welt.

Um ein mögliches Mißverständnis noch einmal auszuschließen. Die besondere Hervorhebung der Ursprungsform der zu erkennenden Objekte meint nicht, daß sie *als* Phänomene von der Außenwelt in die Innenwelt des kognitiven Systems übertragen werden. Nach allem, was die Neurobiologie uns lehrt, ist *dieserart* Phänomenübertragung auch beim Menschen ausgeschlossen. Wir wissen schon: Ob Kreise oder andere geometrische Formen – alles wird an der Schnittstelle zwischen dem optischen und dem neuralen Bereich des Auges in der elektrischen Einheitsprache der Neuronen nivelliert. Jedenfalls hört die optische Form der Signale (zunächst einmal) auf. Der neurobiologischen Beschreibung mußten wir folgen, insbesondere deshalb, weil die Transformation von Photonen in elektrische Impulse auch physikalisch zwingend ist: Photonen werden von den Atomen der Netzhaut absorbiert und hören auf *als* Photonen zu existieren. Übrig bleibt ihre Energie – und die wird übertragen. Allerdings vermuteten wir abweichend von der Neurobiologie, daß in diesen Energien Kennungen erhalten bleiben (z. B. in zeitlichen *Mustern* der Energiespektren des Lichtes), welche die *Phänomene* repräsentieren und auf deren Grundlage das Gehirn dann später das konkrete Phänomen wieder aufbaut – dann z. B., wenn wir uns bei geschlossenen Augen einen Kreis vorstellen. Alles in allem: Das Phänomenweltpostulat läßt an der Schnittstelle zwischen Sinnes- und Nervenzellen unterschiedliche Codierungen zu. Entscheidend ist nur, *daß* die Ursprungsformen der Phänomene auf der Problemlösungsebene des Systems später (wieder) erscheinen – was beim Gehirn tatsächlich der Fall ist.

354

Computer kennen keine Zeit

Nun haben wir lange genug theoretisierend am Straßenrand geparkt – wir fädeln uns wieder in den Verkehr ein. Dieses Mal übernimmt der Roboter das Steuer. Wir vertrauen ihm nun, auch wenn er keine Farben und keine Formen *erkennt* – schließlich *verhält* er sich trotz seines kognitiven Unvermögens in diesen Bereichen verkehrsgerecht. Gerade angefahren, klingelt das Telefon. Jemand ist umgezogen und teilt seine neue Nummer mit. Wir selbst und Kollege Roboter nehmen sie auf. Zur Kontrolle fordern wir den Roboter zur Reproduktion der neuen Nummer auf und stellen fest, daß er sie richtig aufgenommen hat. Keine schwierige Angelegenheit also. Jedenfalls nicht auf der Ebene des Outputs. Aber unsere Fragestellung geht ja längst tiefer. So wollen wir wissen, ob der Computer die neue Telefonnummer nicht nur auf Ausgabegeräten reproduzieren kann, sondern ob er sie in der internen Verarbeitung als neue erkannt hat.

Im Lichte des theoretischen Modells führt diese Frage zur Frage nach der Rolle der Zeit in der Kognition. Zur Erinnerung: „Neu" kann etwas für ein System nur sein unter der Bedingung seiner Offenheit. Und „Offenheit" ist eine Eigenschaft des Zeitmodus der Zukunft. Damit stellt sich jetzt die Frage, ob der Roboter Forderung 6 des Kognitionsmodells (zeitliche Isomorphie zwischen Welt und Substrat) erfüllt hat. Wir gingen von folgender Entsprechung aus: Sowohl die zeitlichen Eigenschaften des Symbolsystems wie auch diejenigen des materiellen Substrats (= Hardware) müssen den zeitlichen Eigenschaften der Außenwelt entsprechen. Nur so kann zwischen Funktion und Struktur das geforderte Entsprechungsverhältnis entstehen. Hier konzentrieren wir uns auf das materielle Substrat. Dann ist die Frage: Kann der Roboter die Zeitmodi (Vergangenheit, Gegenwart und Zukunft) in seiner Hardware abbilden? Er muß also nicht nur die Worte „neu", „offen" etc. benutzen können, sondern der Offenheit der symbolischen Dimension der Maschine muß die Offenheit ihrer materiellen Dimension entsprechen. Damit widersprechen wir der Grundannahme der KI, Denken sei eine reine Softwareeigenschaft. Wegen des Zusammenhangs von Offenheit und Neuheit beschränken wir uns auf die Frage, ob die Hardware des Roboters den Zukunftsmodus der Zeit abbilden kann.

Die Telefonnummer war der Annahme zufolge für beide neu. Und wir wissen schon: Die Eigenschaft der Neuheit der Außenwelt kann nur erkannt werden, wenn ihr eine neue Struktur der Innenwelt des Systems entspricht – und zwar oberhalb des Elektronenflusses, also in der morphologischen Struktur des jeweiligen Systems (oberhalb des Elektronenflusses deshalb, weil es für die Annahme, daß Elektronen denken können, keine guten Gründe gibt). Das Entsprechungsverhältnis zwischen der Neuheit der Telefonnummer und der (geforderten) Neuheit der Systemstruktur haben wir somit auf der Ebene der Neuronenverbände bzw. Prozessoren zu prüfen. Was passiert also auf diesen beiden Ebenen, wenn wir bzw. der Roboter die neue Telefonnummer aufnehmen? Daß die Maschine sie wiedergeben kann, haben wir schon geprüft. Aber das war die Ebene des Outputs, und da entscheidet sich, was *wir* (als Benutzer) und nicht, was der *Computer* unter ihnen versteht. Wollen wir wissen, ob der Roboter die neue Telefonnummer *als* neue erkannt hat, fällt die Entscheidung in seiner internen Struktur: der Funktion, Neues zu repräsentieren, muß eine neue materielle Struktur (z. B. eine neue Schaltung) entsprechen. Was bei uns selbst geschehen ist, wissen wir schon: Der Neuheit der Nummer entspricht tatsächlich eine neue (morphologische) Struktur des neuronalen Netzwerks; die Neuheit des Phänomens *verändert* die Vernetzungsstruktur in dem dafür zuständigen Bereich unseres Gehirns. So wirkt die Zeit als Operator der Veränderung und das Gehirn verhält sich unter der Struktur der Zeit: Der Offenheit der Außenwelt (hier: eine unbekannte Telefonnummer) entspricht die Offenheit seiner Innenwelt; auf die Offenheit der Außenwelt reagiert das Gehirn mit der Offenheit seiner eigenen Innenwelt. Technisch gesprochen: Die Menge (der Synapsen etc.) ist gegenüber der Operation nicht abgeschlossen.

Ganz anders bei der Maschine. In der CPU bleibt alles beim

356

Alten: Die Menge der Schaltleitungen ist gegenüber der Operation immer abgeschlossen. So ist die Maschine außerstande, das *nicht*monotone Verhältnis der Zeitmodi auf ihrer (materiellen) Substratebene abzubilden (nach einem „Informations"-Prozeß ist die morphologische Struktur der CPU identisch mit ihrer Struktur vor ihm – und selbst auf der Ebene des Elektronenflusses fällt sie nach dem Abschalten des Stroms wieder in ihren Ausgangszustand zurück).

Wir sind bei einem durchgehenden Grundmangel der Maschine, der es ihr verwehrt, eine *kognitive* Beziehung zur Welt aufzubauen. Sie kann zwar in der Welt operieren (z. B. aus unserer Perspektive am Verkehr teilnehmen), aber nicht kognitiv in der Welt sein; denn die Welt ist wesentlich zeitlicher Natur, so daß sie nur von einem System erkannt werden kann, das *selbst* zeitlicher Natur ist – und dies dadurch, daß es alle Eigenschaften der Zeit *repräsentieren* kann. Den theoretischen Voraussetzungen zufolge gilt diese Forderung für Soft- und Hardware (sie müssen isomorph unter der Struktur der Zeit sein, z. B. müssen sie den Unterschied zwischen Vergangenheit und Zukunft, zwischen Abgeschlossenheit und Offenheit, informationell abbilden können). Das schon bekannte Beispiel: Die Aussage „Die Zukunft ist offen" kann nur von einem System *verstanden* werden, das *selbst* die Eigenschaft der Offenheit besitzt (der Funktion, Neues zu erkennen, entspricht die Neuheit der Struktur). Wichtig ist: Die Neuheit muß sich *ober*halb der Ebene des Elektronenflusses zeigen, eben weil Kognition erst auf der Phänomenebene (und damit in der Morphologie) eines Systems beginnt. Da Computer also keine zeitlichen Systeme im Sinne der *Struktur* der Zeit sind, können sie eine wesentliche Dimension der Welt aufgrund ihrer physikalischen Beschaffenheit (nichts ändert sich in der Morphologie der CPU) nicht erkennen. Digitale Maschinen verändern nur ihren *Zustand* (Strom fließt vs. Strom fließt nicht), nicht ihre Struktur. Was beim Gehirn Kognition *ist* (nämlich Veränderung der Struktur), ist bei den heutigen Maschinen Zerstörung ihrer Funktion – daran ändern auch die bisherigen „lernenden" Maschinen nichts (denn auch bei ihnen ist die Menge der

Schaltleitungen etc. gegenüber der Operation immer abgeschlossen. Und auch eine von außen geführte Veränderung löste dieses Problem nicht; denn die Veränderung muß aus der bereits arbeitenden Struktur des Systems, also von innen entstehen. So gesehen, ist Kognition spezifisches Wachstum, das aus dem Inneren des Systems und nicht durch von außen geregelte Addition neuer Komponenten entsteht). Die klassische KI hat sich aus dieser Enge immer mit dem Trick der Einführung des Denkens als reine Softwareeigenschaft herausgemogelt.

In Anlehnung an Wittgensteins Metapher vom „Flußbett der Gedanken" und seiner Unterscheidung zwischen der Bewegung des Wassers im Flußbett (analog: Elektronenfluß) und der Verschiebung desselben: Unter der Zeit als Operator muß der Fluß der Gedanken nicht nur ansteigen oder schneller werden, sondern muß sein Bett verschieben und/oder Nebenarme bilden können – soll die Zeitlichkeit der Welt in der Zeit der Maschine repräsentiert werden und das System genau darin seinen *kognitiven* Status erreichen. Wer das Neue nicht *als* Neues erfassen kann, steht nur unter der destruktiven Wirkung der Zeit, die als Zerfall der Welt erscheint, den der eigenen Materie inklusive. Zeitliche Repräsentation von Bedeutung, also Denken, kann es unter diesen Bedingungen nicht geben. Fazit: Keines der 6 Postulate hat der Roboter erfüllen können, also steht es 6:0 für das Gehirn.

Damit sind wir nun am Ende der gemeinsamen Autofahrt. Die Verkehrssituationen hat der Roboter meisterlich bewältigt: Er hat die Regeln beachtet, ist unfallfrei gefahren und hat auch entsprechende Dialoge kompetent beherrscht. Aber Achtung! Die Leistungszuschreibung geht schon wieder zu weit, steht schon wieder unter dem outputorientierten Verstehensbegriff. Wir müssen genauer sagen: Die Maschine hat auf etwas reagiert, das *wir* „Regeln" nennen und Outputs erzeugt, die *wir* „Antworten" nennen. Alles in allem: Mensch und Maschine sind unter der Aufgabe „Teilnahme am Straßenverkehr" *funktional* äquivalent – aber nicht *kognitiv*. Unter der Perspektive des Funktionalismus *kann* die Maschine *alles*, aber im Lichte der Kognitionstheorie *erkennt* sie *nichts* (kognitiv gesehen ist der Computer also die perfekte Illusionsmaschine). Sie verletzt alle kognitionstheoretischen Forderungen: Sie repräsentiert keine Bedeutung, kann keine Phänomene generieren und simulieren, hat keine Beziehung zur Welt und ist kein zeitliches System. Mit anderen Worten: Sie verfehlt glatt die im Verlaufe der Untersuchung des Gehirns entstandene kognitionstheoretische Festlegung: Denken ist symbolische und/oder subsymbolische Repräsentation von Bedeutung, die in einer dreistelligen Beziehung zwischen Welt, Sprache und Substrat auf der Grundlage ihrer zeitlichen Isomorphie entsteht. Ein Nebeneffekt: Mit dieser (theoretisch – ! – erarbeiteten) Festlegung fällt die Logik des Turingtests: Nicht die Nichtunterscheidbarkeit der Outputs brächte Mensch und Maschine auf eine Ebene, sondern ihre Fähigkeit zur internen Repräsentation von Zeit und Bedeutung.

Auf radikale, im Mensch-Maschine-Vergleich entstandene Absagen an Modelle einer maschinellen Intelligenz versuchen technikdienliche Philosophen wie Mainzer neuerdings einen Ausweg: Trotz der genannten und anderer Probleme mache es kein Problem, von „maschineller Intelligenz" zu sprechen – nur sei sie „andersartig" als jene, die Menschen zugeschrieben werde. Auf den ersten Blick eine mögliche (jedenfalls für KI'ler versöhnliche) Argumentation, aber nur auf den ersten. Bei kritischer Betrachtung entpuppt sich der Vorschlag als fauler Kompromiß, der retten soll, was nicht zu retten ist: ein maschinelles kognitives Vermögen nämlich. Auf der grundlegenden Ebene, auf der sich unsere Untersuchungen bewegt haben, bleibt es dabei: Denken ist Denken, unabhängig von der speziellen Beschaffenheit des Systems (biologisch, elektronisch oder wie auch sonst immer). Daß es unterschiedliche Formen von Intelligenz gibt, auch beim Menschen (z. B. soziale, mathematische, ethische etc.), ist unbestritten – aber unabhängig davon müssen alle Formen die postulierten Grundeigenschaften haben (letzten Endes: zeitliche Repräsentation von Phänomenbedeutung sein). Dem von Mainzer vorgeschlagenen faulen Kompromiß folgen wir auch deshalb nicht, weil er zu unhaltbaren Konsequenzen führt – Konsequenzen, die im vorauseilenden Marketing der Elektronikbranche längst schon kursieren. Zum Beispiel wird schon von „intelligenten Zimmern" gesprochen. Gemeint sind solche, die mit Kameras und Mikrophonen ausgerüstet sind und z. B. schon an der Mimik des Bewohners „erkennen", ob er gerade beruhigende oder anregende Musik braucht und diese dann unaufgefordert folgsam zu Gehör bringen – Intelligenz, nur eben eine andere als die des Menschen. Am Ende ist dann auch der Stein „intelligent", z. B. deshalb, weil er das physikalische Fallgesetz „kennt". Schluß mit dem Unsinn! Inflationäre Ausweitung des Geltungsbereichs von Begriffen führt zurück auf die Straße zur Marketinggesellschaft – wo doch die Informationsgesellschaft das Ziel des Unternehmens ist. Es bleibt also dabei: Digitale Maschinen sind weder in Teilbereichen noch auf andere Weise intelligent – ein kognitives Vermögen fehlt ihnen ganz. Dennoch sind sie unbestreitbar höchst effektiv und können beim Aufbau der Informationsgesellschaft eine wichtige Rolle spielen. Nur denken können sie eben nicht.

Nachwort

Informationsgesellschaft, Weltbild, Gehirn und Computer waren die vier Stationen, durch die uns die Frage nach dem informierten Menschen unserer Zeit geführt hat. Die *alltags*weltliche Teilhabe am großen Wissen der Menschheit stand als wesentliches Indiz dafür, ob die Informationsgesellschaft nur leere Marketingparole ist oder einen realen Zustand der neuen Gesellschaft bezeichnet. Das Besondere des „groß" genannten Wissens: Es ist durch die Wissenschaften geschützt, hat weltbildformende Wirkungen und tritt mit universalistischem Anspruch auf, gilt also unabhängig von speziellen Kulturen und Gesellschaften. Einsteins Relativitätstheorie ist ein wesentlicher Teil dieses Wissens. Sie gilt zu Recht als größte geistige Leistung der bisherigen Geschichte – von der die Öffentlichkeit aber buchstäblich nichts weiß. Nachdem wir einige Aspekte solchen Weltwissens kennengelernt hatten, ging es im nächsten Schritt darum, die Funktionsweise des Organs zu begreifen, das dieses Wissen erzeugt. Unser Gehirn wurde Gegenstand der Betrachtung. Spätestens hier zeigte sich, daß der Dialog zwischen Natur- und Sozialwissenschaften unerläßlich geworden ist: Die Frage nach Geist und Denken können weder die Natur- noch die Geistes- und Sozialwissenschaften alleine beantworten. Vielleicht gehört die Entschlüsselung der Funktionsweise unseres Gehirns auf lange Zeit zu den spannendsten Aufgaben, die sich den Wissenschaften stellt. Jedenfalls gilt: Eine Informationsgesellschaft, deren Bürger nicht wissen, wie das Organ funktioniert, das Information erzeugt, trägt die Bezeichnung ohne Grund. Einiges haben wir erfahren, vieles ist unbeantwortet geblieben. Mit dem Unbehagen der verbliebenen Lücke ging es dann in die letzte Station unserer Reise durch die

Wissenschaften: vom Geist zu einem Produkt des Geistes, das Gesellschaft und Wirtschaft zunehmend bestimmt: zum Computer. Wichtig war: Bei aller Leistungsfähigkeit, die ihm nicht zu bestreiten ist, seine Ausbreitung führt nicht automatisch in die Informationsgesellschaft. Letztere lebt von informierten Bürgern und nicht von informierten Maschinen (schließlich reden wir von *Gesellschaften* und nicht von Maschinenparks). Erst dann, wenn Maschinen die Funktion tatsächlich übernommen haben, die *Alltags*welt nicht nur zu unterhalten, mit Fitze Fatze und Peep Piep, sondern unter dem Schutz der ersten Produktivkraft „Wissenschaft" zu informieren, leisten sie einen Beitrag für die Informationsgesellschaft. Dennoch: Wissen, wie ein Computer funktioniert, gehört schon heute zu den Selbstverständlichkeiten des informierten Menschen.

Als *gesellschaftliches* Phänomen ist er allerdings nur unter den Bedingungen der Informationsgesellschaft möglich. Auf der Suche nach beidem mußten wir einen weiten und vielleicht manchmal beschwerlichen Weg gehen. Und noch immer ist vieles nicht gesagt und vieles auch nicht gewußt. Einfach ist beides nun einmal nicht zu haben, weder im theoretischen Modell noch in der Praxis – zumal der Widerstand der heutigen Marketinggesellschaft dem Versuch sich kräftig widersetzt. Wenn Schüler mehr über Armani als über Einstein wissen, läuft etwas falsch. Was an neuer Gesellschaftsform so entsteht, ist nicht die Informations-, sondern die Bussi-Bussi-Gesellschaft.

Informationsgesellschaft und Marketinggesellschaft sind wie Feuer und Wasser – koexistieren können sie nicht. Nicht Marketing als solches ist das Problem, sondern seine zeitgeistig betrügerische Form und noch mehr, daß es über die eigenen Grenzen hinaus (und nicht zuletzt durch die „soziale" Vereinnahmung der Kinder) zunehmend die Gesellschaft als Ganze versaut. Dem schönen Schein der Waren ist zunächst einmal das gelegentlich anstrengende Sein der Information entgegenzuhalten, und die Dinge beim Namen nennen und nicht schönreden, ist der erste notwendige Schritt. Gleichermaßen wichtig und mit weitreichenden Konsequenzen verbunden ist: Eine Informationsgesellschaft ist in ihrem Wertesystem nicht einkommens-, sondern tätigkeitsorientiert. Beliebt wird man nicht dabei, es stört nicht zuletzt den Reigen der sich in den Medien vordrängenden Schönen und Reichen (und auch die Kreise derer, die sich dafür halten) – und die Neidkeule ist wieder schnell bei der Hand. Aber Achtung! Einem Teil der Bussigesellschaft steht empfindlicher Druck bevor – zumal aufs „Selbstbewußtsein". Mit der Einführung des EURO ist nämlich Gefahr der besonderen Art im Verzuge: Durch Halbierung des Zahlwertes ihres Vermögens kann der nicht ganz so vermögende Teil sich ab 1. 1. 1999 (spätestens ab 2002) nicht mehr „Millionär" nennen. Und mit der schwindenden Zahl im Geldwert welken dann Selbstbewußtsein und Schönheit meist schnell dahin; denn die Zahl, insb. die magische „Million", nicht der Wert macht solchen Kreisen Laune. Und unter eine Million und das über Nacht, das nimmt Substanz. Und krampft die Bussigesellschaft und runzelt ihren Gesellschaftern dann der Arsch, ist sie mit ihrem Hauptproblem befaßt, und wirft sie die Stirn dabei in Falten und muckt beleidigt auf, hat man ins Schwarze getroffen. Aber zurück zum Schein finden sie schnell: Der Schönheitschirurg besorgt das schon. Alles trauen sie sich dann wieder zu, haben Spaß um jeden Preis (Motto: „Mir ist nichts peinlich"), Selbstbewußtsein ohne Grund und leben Gesellschaft als Gesellschaftsspiel – und alles im Feld von Botschaften, welche die Werbung rund um die Uhr in die Welt entläßt. Wer sich dem Spiel verweigert und Sein vor Schein stellt, macht sich verdächtig und wird ins Abseits gestellt – der Ort des informierten Menschen in der Marketinggesellschaft. Neben dem körperlichen Zerfall gehört Kritik nämlich zum Schlimmsten, was ihr widerfahren kann. Intellektuell leben sie einfach in einer anderen Welt – das Feldbuschsyndrom geht in ihr um: Vor vagina pectoris schützen sie sich durch penetratio ante portas, erklären eigene Fehler zur quantité negligée, sind immer „on bussiness", leben in hormonischen Beziehungen, schätzen das saboir vivre der Franzosen im allgemeinen und Descartes' coito ergo sum im speziellen, sind geschockt vom Tod Marcello Masturbinis, lehnen die nichteuglidische Geometrie rundweg ab, spielen Orgasmus von

363

Rotterdam gegen Ignatius von Toyota aus, machen unabhängig von ihrer Provence regelmäßig Penicüre, bewerten sich selbst mit summa cum fauce und geben sich dem römisch-popolären penem et circenses hin – und neben Hoch- und Weitsprung wird Seitensprung zur neuen olympischen Disziplin. Und werden sie bei all den intellektuellen Anstrengungen doch nicht gehört, trösten sie sich mit der bewährten Formel: Der Prolet gilt nichts im eigenen Land.

Und wie reagiert der informierte Mensch? Werden seine Sinne z. B. für Werbung geöffnet, überfällt das Gefühl ihn, ein Panzer fahre ihm durch's Hirn. Und häuft sich der Vorgang und widersetzt er sich nicht, ist Gefahr im Verzuge: Sein Resthirn droht bald sich auf Bahnen zu bewegen, die der Panzer ihm fräste. Und unwiderstehlich stammelt der Bekehrte bald selbst dann die Slogans, im Ergebnis: alles ist gut oder auf gutem Wege – Fitze Fatze Peep Piep. Und wenn unter dem Motto „Mehr Schein als Sein" dann auch die Politik dem Wahn verfällt, ist wirklich Gefahr im Verzuge. Nicht diese oder jene, sondern Politik als solche ist das Problem; ihre Abschaffung wäre nötig, ist aber nicht möglich. Wir sind wohl noch nicht in der Titaniczone, dort, wo beim Untergang gefeiert wird, aber *blinder* Optimismus, also gute amerikanische Art, reibt sich mit der Ideee der Informationsgesellschaft – und macht für die *wirklichen* Chancen blind. Bei aller Kritik, die wir am Ist-Zustand vorzutragen uns erlaubten (an ProfessorInnen, die nicht forschen, AutorInnen, die nicht schreiben, SängerInnen, die nicht singen, PolitikerInnen, die nicht handeln etc. etc.), noch ist nichts verloren. Hoffnung gibt es, nicht zuletzt wegen der beeindruckenden Leistungsfähigkeit des menschlichen Gehirns, dem die Korrekturen seiner eigenen Untaten noch zuzutrauen sind. Aber auch deshalb, weil in anderen, inzwischen wichtigeren Teilen der Welt, der Prozeß des Umdenkens zu beginnen sich anschickt. Nicht zuletzt in China, wo die Zukunft der Menschheit entschieden wird. Gelingt es dem Reich der Mitte, die unselige Phase der Marketinggesellschaft zu überspringen, und Marktwirtschaft von Beginn an unter die Bedingungen der Informationsgesellschaft zu stellen, ist Zuversicht begründet. Gelingt dies nicht

– wiederhören gute Nacht! Denn die genannten Fehler der westlichen Welt dürfen nicht wiederholt werden, schon gar nicht in einem Land von der Größe Chinas, in dem 1,2 Milliarden Menschen, also 1/5 der Erdbevölkerung, leben. Ein zweites Mal verkraftet die Menschheit die begangenen Fehler nicht. Die Hoffnung: Für ein so kompliziertes und leistungsfähiges Organ wie das menschliche Gehirn muß einfach am Ende Information reizvoller sein als der Schein der Warenwelt. Vielleicht ist das alles nur idealistischer Traum. Aber siegt die Warenwelt unter dem Motto „Mehr Schein als Sein", d. h. wird Information nicht zur *Führungs*größe der Gesellschaft, wäre die Bewunderung für das Gehirn ohne Grund gewesen. Ein Organ, das das Überleben der menschlichen Gattung nicht sichert, sondern umgekehrt ihren Untergang betreibt, verdiente die Bewunderung nicht. Aber wir bleiben (gedämpft) optimistisch, nehmen also an, daß es für die Annahme der nahenden Informationsgesellschaft doch noch gute Gründe gibt.

Wichtig ist: Informationsgesellschaft ist nicht abstrakt, sondern lebt im *Alltag* der Bürger. Nicht Teilhabe am Schein der Waren, sondern Teilhabe am großen Wissen der Menschheit gehört zum Bindemittel, das diese Gemeinschaft zusammenhält. Und Persönlichkeit in der Informationsgesellschaft hat der, der ihre Merkmale hat. Zur Erinnerung: In der Werteskala steht Wissen vor Macht oder Geld. Das dürfen nicht Worte eines Grundgesetzes bleiben, sondern gehört in den Alltag von Gesellschaft und Politik. Und Natur ist Mitspieler, nicht Gegenstand der Ausbeutung. Im konkreten Handeln schließt das Nutzung nicht aus. Wo die Grenze ist? Zwar ist der Übergang von Nutzung zu Zerstörung wohl fließend, aber Ausrottung, schon Gefährdung der Vielfalt der biologischen Arten ist mit der Grundhaltung einer Informationsgesellschaft nicht vereinbar.

Jedenfalls sicher ist, daß Persönlichkeit in ihr im Miteinander von Bildung und Moral entsteht – bis in das Naturverhältnis hinein. Moralisches Handeln ist dabei als *kognitive* Leistung zu verstehen, vielleicht sogar als ihre höchste Form. Die ethischen Bewertungen sind im einzelnen schwierig. Die Rechtsgemeinschaft mit der Natur ist nur erste und grobe Orientierung. Differenzierung ist schwierig, tut aber not. *Alles* in der Natur mit uns gleich zu setzen, macht keinen Sinn. Mit einem Sandkorn gibt es die Rechtsgemeinschaft nicht (nur die auf dem 1. Hauptsatz der Thermodynamik gründende Energiegemeinschaft). Und alles in der *biologischen* Natur gleich zu bewerten, macht ebenfalls keinen Sinn. Zur Wahl gezwungen, entweder eine Weintraube oder einen Weintrinker zu überfahren, fällt die Entscheidung gegen die Traube. Selbst im Verhältnis zur tierischen Natur bleibt ein Unterschied, auch wenn die Begründung im Einzelfall hier schwieriger ist. Zur Wahl gezwungen, einen Hund oder seinen Halter zu töten, kommt im Regelfall auch hier der Mensch davon. Für die ethische Begründung der Rechtsgemeinschaft von besonderer Wichtigkeit ist das Schmerzempfinden. Also spätestens dann, wenn Organismen mit Nervensystemen ausgestattet sind, ist die Rechtsgemeinschaft mit der Natur nicht mehr ökologisch verbrämte Romantik, sondern Folge ethischer Grundeinstellung. Und bleiben wir in der Logik der Informationsgesellschaft, steht nicht derjenige in der Bewertung am höchsten, der über die *Fähigkeit* zum moralischen Bewußtsein verfügt, sondern derjenige, der danach *handelt*. Das Alles erprobt sich auch und wesentlich in unserem Verhältnis zur Natur. Maschinen können in der virtuellen Modellierung bei all dem helfen, aber den realen Umgang mit ihr ersetzen sie nicht.

Das Schwierige: Der Zusammenhang von Bildung und Moral muß individuell, also von jedem Menschen neu, erarbeitet werden. Hier ist die Sozialisationskraft der Gesellschaft gefragt. Geboren sind wir nämlich nicht zum moralischen Handeln. Im Gegenteil. Kleinkinder sind schon aus kognitiven Gründen zunächst absolut egozentrisch. Ihnen fehlen die notwendigen Bedingungen des Moralischen. So sind sie noch nicht in der Lage, sich in die Rolle eines anderen zu versetzen: Das Kind hält seine Hände vors *eigene* Gesicht und glaubt, der *andere* sähe es nicht. Der Entwicklungspsychologe Jean Piaget hat diese Unfähigkeit, welche die Unfähigkeit zur Moral nach sich zieht, in vielen Experimenten nachgewiesen. Zum Beispiel mit einem Ball, der zur Hälfte die Farbe rot und zur Hälfte die Farbe grün hat. Dem Kind werden beide Seiten gezeigt, so daß es mit eigenen Augen sehen kann und weiß, daß der Ball hälftig *unterschiedliche* Farben hat. Dann wird ihm z. B. die rote Seite gezeigt mit der Frage, welche Farbe es sieht. Seine richtige Antwort: „rot". Auf die Frage des (ihm gegenüber sitzenden) Experimentators, welche Farbe *er* sehe (er blickt ja auf die andere, nämliche grüne Hälfte des Balles), antwortet das Kind unkorrigierbar ebenfalls „rot". Diese Experimente wurden in vielen Varianten wiederholt und beweisen: Menschen sind nicht von Anfang an in der Lage, die Perspektive des anderen zu übernehmen und damit Leid zu erfahren, das *anderen* zugefügt wird. Aber erst auf dieser Grundlage können moralisches Bewußtsein und Handeln entstehen. Vordringliche Sozialisierung des heranwachsenden Kindes ist also Erlernen der Perspektivenübernahme von anderen. Nach den ersten Blicken nur auf sich selbst, geht die Perspektive zunächst in die nächste Umgebung, in die Familie, dann in die weitere soziale Gruppe. Über viele Zwischenschritte (Schule, Freunde, Nation, Natur, Kontinent) wächst diese Fähigkeit zum Perspektivenwechsel, so weit, daß die Perspektive die der Erde als ganze ist, und vollendet sich im Glücksfall in der Fähigkeit, eine *Welt*perspektive einnehmen zu können. All das gelingt, zumal nachhaltig, nur mit immer komplexeren Modellen (wie wir es z. B. in der Kosmologie versucht haben), d. h. mit Information über die Welt. So ist ein wissenschaftlich geschütztes Weltbild die höchste Form der Perspektivenübernahme und damit auch der Information. Nicht zuletzt deshalb ist diese Art Wissen in einer Informationsgesellschaft für alle Bürger so wichtig. Weltbilder, die diese Bezeichnung auch verdienen, entwöhnen systematisch von egozentrischen Perspektiven. Daß Weltbilder auch Persönlichkeit bilden, ist eine Grundüberzeugung dieser Gesellschaft. Und immer fängt es beim Einzelnen an: Auch sein Selbstbewußtsein ist auf Wissen gegründet – wenn das Wort denn eine Bedeutung haben soll. Anders in der Marketinggesellschaft unserer Tage: Alle finden sich ganz toll – und keiner weiß warum. Nur im stillen Kämmerlein drängt gelegentlich Wahrheit sich durch und kommen dann doch die Tränen. Und sie, also Krisen, sind es, die optimistisch machen – den Neuanfang und den Übergang von der Bussi- in die Informationsgesellschaft vielleicht schon signalisieren.

Ausgewählte Literatur

– Ahrweiler, P.: Künstliche Intelligenz-Forschung in Deutschland, Münster 1995
– Artamonov, I. D.: Optische Täuschungen, Frankfurt 1998
– Arzt, V., Birmelin, I.: Haben Tiere ein Bewußtsein?, München 1993
– Brockmann, J. Hg.: Die dritte Kultur, München 1996
– Calvin, H. W., Ojemann, G. A.: Einsicht ins Gehirn, München 1995
– Davies, P.: Die Unsterblichkeit der Zeit, Bern 1998
– D'Avis, W.: Können Computer denken?, Frankfurt 1994
– Dreyfus, H.L.: Die Grenzen künstlicher Intelligenz, Königstein 1985
– Eccles, J. C.: Die Evolution des Gehirns, München 1993
– Edelman, G. M.: Göttliche Luft, vernichtendes Feuer, München 1995
– Einstein, A.: Über die spezielle und die allgemeine Relativitätstheorie, Braunschweig 1979
– Feynman, R. P.: Vom Wesen physikalischer Gesetze, München 1990
– Gardner, H.: Dem Denken auf der Spur, Stuttgart 1992
– Habermas, J.: Theorie des kommunikativen Handelns 1/2, Frankfurt 1988
– Heisenberg, W.: Das Naturbild der heutigen Physik, Hamburg 1965
– Heisenberg, W.: Einführung in die einheitliche Feldtheorie der Elementarteilchen, Stuttgart 1967
– Kant, I.: Allgemeine Naturgeschichte und Theorie des Him-

mels, in: Ges. Werke Bd. 1, Werke in 12 Bänden, Wiesbaden 1960

– Klinke, R., Silbernagl, Hg.: Lehrbuch der Physiologie, Stuttgart 1996

– Lévy, P.: Die kollektive Intelligenz, Mannheim 1997

– Ludwig, G.: Die Grundstrukturen einer physikalischen Theorie, Berlin 1978

– Minsky, M.: Mentopolis, Stuttgart 1990

– Mittelstaedt, P.: Der Zeitbegriff in der Physik, Mannheim 1989

– Münch, D., Hg.: Kognitionswissenschaft, Frankfurt 1992

– Pöppel, E.: Grenzen des Bewußtseins, München 1987

– Prigogine, I., Stengers, J.: Dialog mit der Natur, München 1981

– Putnam, H.: Die Bedeutung von „Bedeutung", Frankfurt 1990

– Rechenberg, P.: Was ist Informatik, München 1991

– Ritter u. a., H.: Neuronale Netze, Bonn 1994

– Roth, G.: Das Gehirn und seine Wirklichkeit, Frankfurt 1996

– Schmidt, S. J., Hg.: Der Diskurs des radikalen Konstruktivismus, Frankfurt 1988

– Seattle: Wir sind ein Teil der Erde, Olten 1982

– Singer, W.: Hirnentwicklung und Umwelt, in: Spektrum der Wissenschaft: Wahrnehmung und visuelles System, Heidelberg 1987

– Shilo, S.: Vom Licht zur Sicht, Frankfurt 1996

– Spektrum der Wissenschaft: Kopf oder Computer, Heidelberg 1997

– Toulmin, S., Goodfield, J.: Entdeckung der Zeit, Frankfurt 1985

– Vogel, H.: Gerthsen Physik, Berlin 1997

– Weizsäcker, C. F. v.: Zeit und Wissen, München 1992

– Wertheimer, M.: Produktives Denken, Frankfurt 1964

– Whitehead, A. N., Russell, B.: Principia Mathematica, Frankfurt 1990

– Wittgenstein, L.: Über Gewißheit, Frankfurt 1970

– Wolkenstein, M. W.: Entropie und Information, Frankfurt 1990

– Zeh, H. D.: Die Physik der Zeitrichtung, Berlin 1984